# SILENCE OF THE TIDES

TERRA is part of Uitgeverij TerraLannoo bv
P.O. Box 23202
1100 DS Amsterdam
info@terralannoo.nl
www.terra-publishing.com

terrapublishing
terrapublishing

Stills distilled from the film *Silence of the Tides*

Director of Photography : Dick Harrewijn
Additional photography: Pieter-Rim de Kroon

Graphic design: Erik Rikkelman
Text: Michiel Beishuizen, Pieter-Rim de Kroon
Text editing: Lisa te Velde
Translation: Kantoor Verschoor Boekmakers
English: Angie Sullivan
German: Linda Gräfe
Danish: Marit Kramer - Scandinavische vertalingen
Lithography: DPS design & prepress studio

First print, 2020

9789089898371
NUR 653

PIETER-RIM DE KROON

# SILENCE OF THE TIDES

TERRA

# SILENCE OF THE TIDES

The film and the book

*Silence of the Tides*, the film as well as this book, is a declaration of my love of the Wadden Sea. I love the Wadden Sea unconditionally, I've done so for a long time and that love will never diminish. When I was a little boy, my parents used to take me on holiday to the Dutch Wadden island of Terschelling, and that's where it all started. At low tide, we would walk for hours across the soggy silt of the mudflats, hunting for crabs, cockles and lugworms. On some days, we would put out a fishing line between two wooden pegs, and we would wait until high tide had receded to see what we had caught. Sometimes we caught a few little fish, sometimes nothing, but the catch wasn't that important; it was more about the thrill of the great Wadden adventure.

My fascination with this mysterious region is something I retain and cherish. I travelled there countless times throughout my life, latterly with my family, and for my work as a filmmaker. Time after time, I delighted in the tidal flow, the vast surrealistic landscape with its contrasting shades of colour, the clouds scudding across the immense firmament, the constantly changing light, the level horizon, the diversity of flora and fauna, the raging storms, the 'silent' murmuring and the exhilarating scent of salt, sea and rotten egg rising from the silt.

The thing about this region I always find the most moving is the magical connection the Wadden has with the movement and force fields of the Cosmos. With the position of the Sun and Moon, and the magnetic influence on the tides. Indeed, 'the Wad' is an overwhelming, almost mystical experience for me.

Then I got the chance to make an international documentary about the Wadden Sea. It was a dream come true. It was also a major challenge, a struggle with form and content. What story is a filmmaker to tell his audience? How do you capture this unique World Heritage Site – encompassing almost 15,000 km$^2$, stretching from the Netherlands to Denmark – in image and sound? How do you portray this stunning piece of nature? How do you portray the people living and working on the Wadden islands? How do you dispense the multitude of information and interesting facts? How do you raise the issue of the positive and negative human influences on the area? What is the soul of the film? All questions with no easy answers.

At a fairly early stage, I came to the conclusion that the filmmaker in me had to start thinking, watching and listening outside of my comfort zone. I wanted to make an emotionally charged, lyrical film: no interviews or pedantic commentary.

It soon became clear to me that the great magic of the Wadden region lies in the tidal flow, which I regard as a living breathing entity. High tide, low tide, inhale, exhale.

I wanted to portray the Wadden Sea as an immense, living breathing ecosystem with its own frequency, rhythm and primal force. And its inherent vulnerability. I also wanted to emphasize the fragile relationship between the Wadden and humankind, without being pedantic or turning into an activist. After much deliberation, a loose script was created, which was no more than a guideline. The storyline continued to unfold during shooting. *Silence of the Tides* led me to develop my own observation skills and eye for detail, both visual and auditory. This resulted in the visually distinctive cinematographic style of the film.

After filming with a fantastic crew for over two years – often at virtually inaccessible Wadden locations, in harsh or even treacherous conditions, at ungodly hours – we ended up with an overwhelming amount of images and sound at our disposal. We had to sift through the lot and it was full of surprises. Gradually the storyline was reinvented in the editing. Sadly, during this delicate process, we had to chuck a lot of excellent material in the bin. Nevertheless, after months of work and many versions later, the mesmerizing cinematic film *Silence of the Tides* suddenly emerged. The footage had taken on a new weight and significance. A film story – the magic of cinema.

When we viewed the film for the first time on a massive screen – in Cinemascope format and Dolby Atmos 3D audio – we experienced the photographic eloquence and the visual impact of the enormous shots, which led to the idea for the book. A book that would 'read' like a film.

*Silence of the Tides* is 102 minutes long, 24 frames per second, amounting to 146,880 film frames. I picked the best and most powerful 'frames'. The result is a visual story on paper, in which the images lay claim to their own strength and sequence.

Every time I look at it, I experience the magic of the Wadden.

Pieter-Rim de Kroon

# SILENCE OF THE TIDES

De film en het boek

De film *Silence of the Tides* en daarmee ook dit boek is mijn liefdesverklaring aan de Wadden. Want ik houd onvoorwaardelijk van het Wad. Dat doe ik al heel lang en het zal nooit minder worden. De liefde begon toen ik een klein jongetje was. Met mijn ouders gingen we op vakantie naar Terschelling. Bij eb liepen we uren door het soppende slik van het Wad om krabbetjes te vangen, kokkels te rapen en pieren te steken. Of we zetten een vislijntje uit tussen twee houten haringen. We wachtten totdat het vloed was geweest en gingen dan kijken wat we gevangen hadden. Soms een paar visjes, soms niks. Maar de vangst was niet zo belangrijk. Het ging om de spanning van het grote Waddenavontuur.

Die fascinatie voor dat mysterieuze gebied heb ik altijd vastgehouden en gekoesterd. Talloze malen ben ik er in mijn leven naartoe gereisd. Later ook met mijn gezin en voor mijn werk als filmmaker. Steeds weer genoot ik van het getijdenproces, het weidse surrealistische landschap met zijn contrasterende kleurschakeringen, de jagende wolken in het immense zwerk, het constant veranderende licht, de rechte horizon, de diversiteit aan flora en fauna, de bulderende stormen, de ruisende stilte en de opwindende geur van zout, zee en rotte eieren die uit het slib opborrelt.

Maar wat mij vooral altijd sterk heeft beroerd is de magische verbondenheid van het Wad met de bewegingen en krachtenvelden in de kosmos. Met de stand van de zon en de maan en de magnetische invloed op de getijden. Inderdaad, het Wad is voor mij een overweldigende, bijna mystieke beleving.

Toen kreeg ik de kans om een internationale documentaire-bioscoopfilm te maken over de Wadden. Een droom werd werkelijkheid. Een uitdaging van jewelste, een worsteling met vorm en inhoud. Want welk verhaal ga je als filmer aan je publiek vertellen? Hoe leg je dat unieke stuk werelderfgoed van bijna 15.000 km$^2$ tussen Nederland en Denemarken vast in filmbeelden en geluiden? Wat laat je zien van die overweldigende natuur? Wat laat je zien van de mensen die op de Wadden wonen en werken? Hoe doseer je die veelheid aan informatie en wetenswaardigheden? Hoe breng je de positieve en negatieve menselijke invloeden op het Wad te berde? Wat is de ziel van de film. Allemaal vragen die niet zomaar te beantwoorden waren.

Al in een vrij vroeg stadium kwam ik tot de conclusie dat ik als filmer op een voor mij nog ongebruikelijke manier moest gaan denken en kijken en luisteren. Ik wilde een emotionele poëtische film gaan maken. Geen interviews of belerend commentaar.

Al snel stond het voor mij vast dat de grote de magie van het Waddengebied voor mij zit in het getijdenproces dat ik zie als een continue ademhaling. Hoog water, laag water, adem in, adem uit.

Ik wilde de Wadden tonen als een immens ademend ecosysteem met zijn eigen regelmaat, ritme en oerkracht. En zijn kwetsbaarheid. Want ook de breekbare relatie tussen het Wad en de mens wilde ik nadrukkelijk laten zien zonder belerend of activistisch over te komen. Zo ontstond na lang wikken en wegen een soort draaiboek, niet meer dan een leidraad. Het verhaal vormde zich verder tijdens de opnames. Voor *Silence of the Tides* heb ik een eigen, observerende en gedetailleerde manier van kijken en luisteren ontwikkeld die heeft geleid tot de onderscheidende visuele cinematografische stijl van de film.

En na een periode van ruim twee jaar filmen met een fantastische crew, vaak op lastig bereikbare Wadden-locaties, onder barre of zelfs riskante omstandigheden, bij nacht en ontij, beschikten we over een overweldigende hoeveelheid aan beeld en geluid. Dat zat vol verrassingen en moest allemaal uitgezocht worden. Stap voor stap werd in de montage het filmverhaal opnieuw uitgevonden. Dit was een delicaat proces waarbij veel fraai materiaal tot ons verdriet in de prullenbak belandde. Maar na maanden werk en vele versies later is er dan toch opeens een hypnotiserende bioscoopfilm, *Silence of the Tides*. De beelden hadden in de tijdlijn van de film een nieuwe lading en betekenis gekregen. Een filmverhaal. De magie van de cinema.

Toen we de film voor het eerst op een enorm bioscoopdoek in Cinemascoop-formaat zagen met een driedimensionale soundtrack in Dolby Atmos ervaarden we dat de enorme shots zo'n fotografische zeggingskracht hadden en zo'n sterk visueel verhaal vertelden dat al snel het idee voor het boek ontstond. Een boek dat zich als het ware zou laten 'lezen' als een film.

De film is 102 minuten lang, in 24 beelden per seconde, alles bij elkaar 146.880 filmframes. Ik heb de mooiste en meest krachtige 'frames' geselecteerd. En zo ontstond er een visueel verhaal op papier waarin de beelden wederom hun eigen kracht en volgorde opeisen.

Iedere keer als ik ernaar kijk ervaar ik de magie van het Wad.

Pieter-Rim de Kroon

# SILENCE OF THE TIDES

Der film und das Buch

Der Film *Silence of the Tides* ist, ebenso wie dieses Buch, meine Liebeserklärung an das Wattenmeer. Denn ich liebe das Watt bedingungslos. Und zwar schon seit langem, und das wird auch immer so bleiben. Ich war noch ein kleiner Junge, als ich mich in das Watt verliebt habe, es geschah, als ich mit meinen Eltern Ferien auf der niederländischen Watteninsel Terschelling verbrachte. Bei Ebbe liefen wir stundenlang über das Watt, wateten durch den Schlick und fingen kleine Krabben, sammelten Muscheln und suchten Würmer. Manchmal befestigten wir eine Angelschnur zwischen zwei hölzernen Heringen. Wir warteten die Flut ab, und bei Ebbe schauten wir nach, was wir gefangen hatten. Manchmal waren es einige kleine Fische, manchmal hatten wir weniger Glück. Aber eigentlich kam es ja nicht auf den Fang an. Es ging um die Spannung, um das große Wattabenteuer.

Dieses geheimnisvolle Gebiet übt eine Faszination auf mich aus, die ich in Ehren halte. Von klein auf an kehre ich immer wieder dorthin zurück. Inzwischen mit meiner eigenen Familie, aber auch um meiner Arbeit als Filmemacher nachzugehen. Ich habe nicht nur den Gezeitenprozess immer wieder bewundert. Auch die weitläufige surreale Landschaft und ihre kontrastierenden Farbnuancen, die vorüber ziehenden Wolken am immensen Himmelsgewölbe, das sich ständig verändernde Licht, der endlose Horizont, die Diversität der Flora und Fauna, die tosenden Stürme und die rauschende Stille faszinieren mich. Ich nehme das spannende Aroma des Salzes und des Meeres wahr, aber auch den Geruch fauler Eier, der aus dem Schlick aufsteigt.

Was mich seit jeher stark bewegt hat, ist das magische Zusammenspiel des Watts mit den Bewegungen und Kraftfeldern des Kosmos‘. Der Stand der Sonne und des Mondes und dessen Einfluss auf die Gezeiten. Ja, das Watt bereitet mir ein überwältigendes, fast mystisches Erlebnis.

Es bot sich die Chance, einen internationalen Kinodokumentarfilm über das Watt zu drehen. Ein Traum erfüllte sich. Eine unglaubliche Herausforderung, ein Gerangel mit Form und Inhalt. Denn welche Geschichte möchte man als Filmer dem Publikum erzählen? Wie kann man dieses einzigartige, fast 15.000 km$^2$ große Stück Welterbe zwischen den Niederlanden und Dänemark in Filmbildern und Ton einfangen? Was sollte von der überwältigenden Natur gezeigt werden? Wie stellt man die Menschen dar, die im Watt wohnen und arbeiten? Wie soll man die Vielzahl an Informationen und Tatsachen richtig dosieren? Wie bringt man die positiven und negativen Eingriffe des Menschen im Watt zur Sprache? Was ist die Seele des Films? Fragen also, die nicht so leicht zu beantworten sind.

Schon in einer recht frühen Phase erkannte ich, dass ich als Filmemacher umdenken und auf eine andere Art beobachten und zuhören musste, als ich bisher gewöhnt war. Ich wollte einen emotionalen, poetischen Film machen und auf Interviews oder belehrenden Kommentar verzichten.

Schon bald wurde mir klar, dass die große Magie des Watts der Tidenprozess ist, den ich als kontinuierlichen Atemvorgang wahrnehme. Flut, Ebbe – Einatmen, Ausatmen.

Ich wollte das Wattenmeer nicht nur als ein gigantisches, atmendes Ökosystem zeigen, dessen Ordnung, Rhythmus und Urkraft einzigartig ist, ich wollte auch seine Fragilität hervorheben.

Denn ich sah es als meine Aufgabe, auf die fragile Beziehung zwischen Wattenmeer und Mensch hinzuweisen, ohne dabei dozierend oder aktivistisch aufzutreten. Nach reiflicher Überlegung entstand eine Art Drehbuch, das allerdings nur als Leitfaden diente. Das Skript entwickelte sich während der Aufnahmen weiter. Für *Silence of the Tides* habe ich eine eigene Form des Sehens und Zuhörens entwickelt, die sehr detailliert und observierender Art ist. Das Resultat ist ein Film in einem markanten visuellen, kinematographischen Stil.

Und nach einer Aufnahmeperiode von gut einem Jahr, mit einer phantastischen Crew, oftmals an schwer zugänglichen Drehorten im Watt, unter widrigen oder sogar riskanten Umständen, bei Nacht und Nebel, hatten wir schließlich eine überwältigende Menge an Bild- und Tonmaterial erarbeitet. Es steckte voller Überraschungen und musste komplett evaluiert werden. Die Filmstory wurde bei der Montage Schritt für Schritt neu konzipiert. Das war ein heikler Prozess, bei dem viel schönes Material zu unserem Bedauern im Abfalleimer landete. Aber nach monatelanger Arbeit und viele Fassungen später wurde er dann doch endlich fertig: der hypnotisierende Kinofilm *Silence of the Tides*. In der Chronologie des Films bekamen die Bilder einen neuen Inhalt, ihre Bedeutung veränderte sich. Eine Filmstory. Die Magie des Kinos.

Als wir den Film zum ersten Mal auf einer enormen Leinwand im Cinemascopeformat sahen und den dreidimensionalen Soundtrack in Dolby Atmos hörten, wurde uns klar, dass durch die fotografische Aussagekraft der großartigen Shots eine visuelle Geschichte entstanden war. So kristallisierte sich schon bald die Idee für das Buch heraus, ein Buch, das man quasi wie einen Film „lesen“ kann.

Der Film ist 102 Minuten lang, 24 Bilder pro Sekunde, das sind insgesamt 146.880 Filmbilder. Ich habe die schönsten und aussagekräftigsten Bilder ausgewählt. Auf diese Weise ist eine visuelle Geschichte auf Papier entstanden, in der die Bilder ihre eigene Ausdruckskraft und Reihenfolge bestimmen.

Jedes Mal, wenn ich die Bilder betrachte, spüre ich die Magie des Wattenmeers.

Pieter-Rim de Kroon

# SILENCE OF THE TIDES

## Filmen og bogen

Filmen *Silence of the Tides* og denne bog er en kærlighedserklæring til Vadehavet. Jeg elsker vaden betingelsesløst, det har jeg gjort i mange år og det vil jeg fortsat blive ved med. Min kærlighed daterer sig tilbage til de allerførste barndomsår. Mine forældre tog os med på ferie til den hollandske vadehavsø Terschelling. Ved lavvande vandrede vi i timevis over de mudrede sandflader for at fange krabber, samle hjertemuslinger og grave sandorm op. Eller vi spændte en fiskesnøre ud mellem to træpæle. Ved lavvande vendte vi tilbage for at kontrollere fangsten. Et par småfisk af og til, somme tider fangede vi slet ingenting. Men fangsten var ikke det vigtigste. Det var alle de spændende eventyr på vaden, det drejede sig om.

Jeg har altid bevaret og værnet om fascinationen for dette magiske område og er taget dertil talrige gange i mit liv. Senere også med min egen familie og i forbindelse med mit arbejde som filminstruktør. Hver eneste gang har jeg nydt tidevandets rytme, det vidtstrakte, surrealistiske landskab med de kontrasterende farvenuancer, de jagende skyer hen over det mægtige himmelrum, det vekslende lys, den udstrakte horisont, den mangfoldige flora og fauna, de buldrende storme, den susende stilhed og den dragende lugt af salt, hav og rådne æg, der bobler op fra slikket.

Men det der altid har gjort dybest indtryk på mig, er Vadehavets magiske forbindelse med universets bevægelser og kraftfelter. Med solens og månens placering og den magnetiske indvirkning på tidevandet. Ja, for mig er Vadehavet egentlig en overvældende, næsten mystisk erfaring.

Pludselig fik jeg chancen for at lave en international dokumentar/biograffilm om Vadehavet. En drøm blev til virkelighed. Samtidig var det en kæmpestor udfordring, en kappestrid mellem form og indhold. For hvilken historie fortæller en filminstruktør sit publikum? Hvordan lægger man et unikt stykke verdensarv på næsten 15.000 km$^2$ mellem Holland og Danmark fast i filmbilleder og lydfragmenter? Hvordan gengiver man den storslåede natur? Hvordan laver man et portræt af de mennesker, der bor og arbejder i området? Hvordan håndterer man mængden af information og seværdigheder? Hvordan viser man menneskets både positive og negative indvirkning på Vadehavet? Hvordan fanger man filmens sjæl? En masse spørgsmål som jeg ikke kunne besvare på stående fod.

Allerede på et tidligt tidspunkt i processen konkluderede jeg, at jeg som filminstruktør var nødt til at se, lytte og tænke på en anden måde. Jeg ønskede at lave en indfølende, poetisk film. Uden interviews eller belærende kommentarer. Det gik hurtigt op for mig, at Vadehavets magiske udstråling for mig er tidevandsprocessen, som jeg opfatter som et kontinuerligt åndedræt. Højvande, lavvande, indånding, udånding. Mit ønske var at vise Vadehavet som et magistralt, åndende økosystem med en helt egen regelmæssighed, rytme og urkraft. Og sårbarhed. For uden at virke påståelig eller aktivistisk ville jeg også sætte fokus på det skrøbelige forhold mellem Vadehavet og mennesket.

Således opstod der efter mange overvejelser en slags drejebog, dog blot som retningslinje. Fortællingen tog yderligere form under optagelserne. Til *Silence of the Tides* udviklede jeg en helt speciel observerende og detaljerig måde at iagttage og lytte på, der har resulteret i filmens særegne visuelle, kinematografiske stil.

Vi filmede med et fantastisk crew i Vadehavsområdet i over to år, ofte på vanskeligt tilgængelige steder under barske og af og til også risikofyldte omstændigheder i nattens mulm og mørke. Resultatet var et omfangsrigt materiale af billeder og lydfragmenter, der indeholdt et hav af overraskelser, som krævede grundig gennemgang. Skridt for skridt begyndte den røde tråd at komme til syne under montagen. Det var en yderst delikat proces, hvori vi beklageligt nok også måtte frasortere ypperligt billedmateriale. Men efter mange måneders arbejde og forskellige versioner af filmen kan vi nu blænde op for den hypnotiserende biograffilm *Silence of the Tides*. Filmens tidslinje har givet billederne en ny ladning og betydning. En filmfortælling. Filmmagi.

Den første gang vi så filmen på et stort filmlærred i Cinemascope-format med et tredimensionalt soundtrack i Dolby Atmos, oplevede vi, at de kolossale shots havde et så stærkt fotografisk udtryk og visuel historie, at der hurtigt opstod en ide om at lave en bog. En bog, der i bogstaveligste forstand lader sig 'læse' som en film.

Filmen, der varer 102 minutter, har 24 billeder pr. sekund, i alt 146.880 filmframes. Jeg har udvalgt de smukkeste og mest fascinerende 'frames' til denne bog. På den måde er der opstået en visuel fremstilling på papir, hvor billederne generobrer deres betydning og plads i fortællingen. Hver gang jeg ser dem, oplever jeg atter Vadehavets magi.

Pieter-Rim de Kroon

# FRAMES

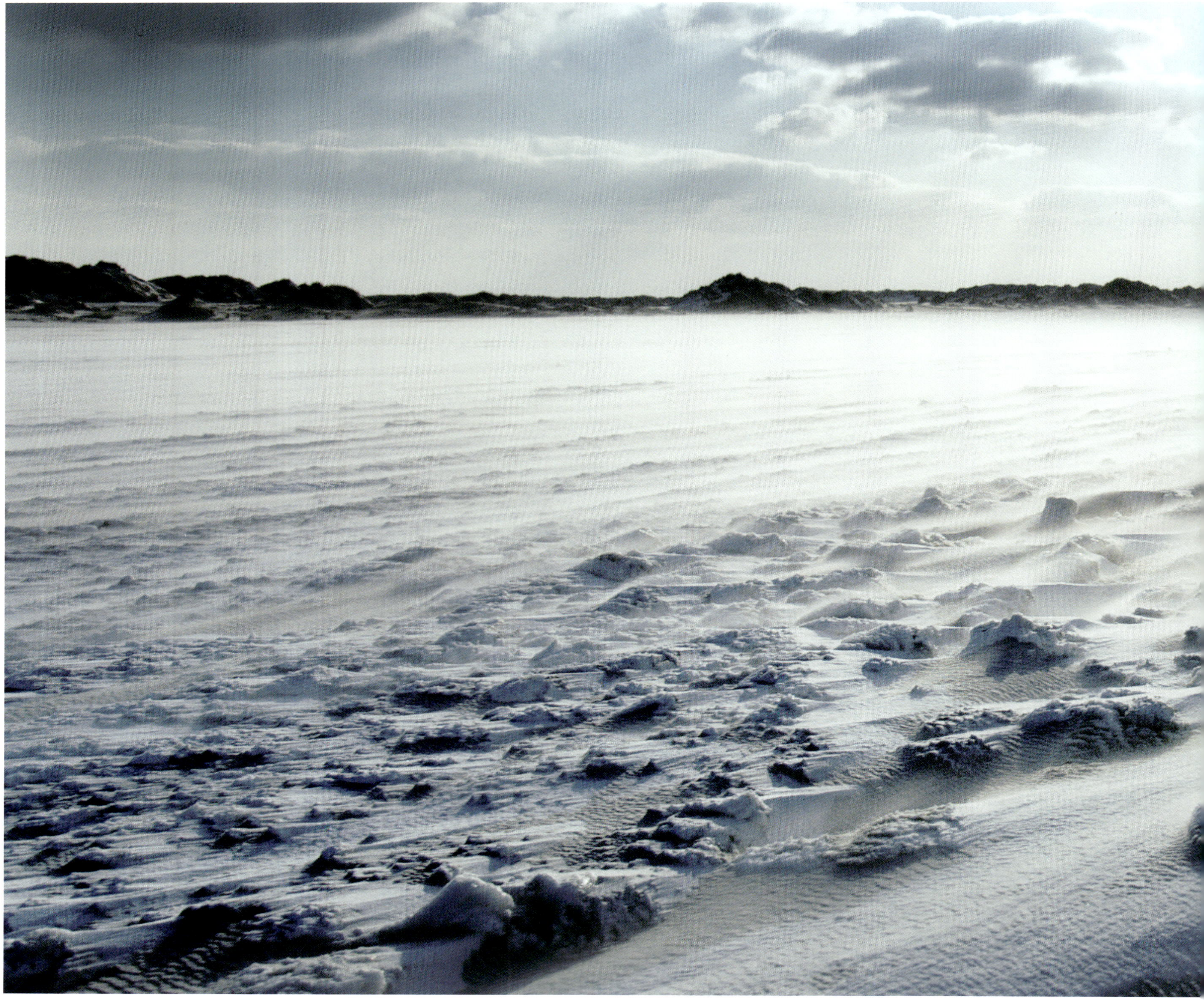

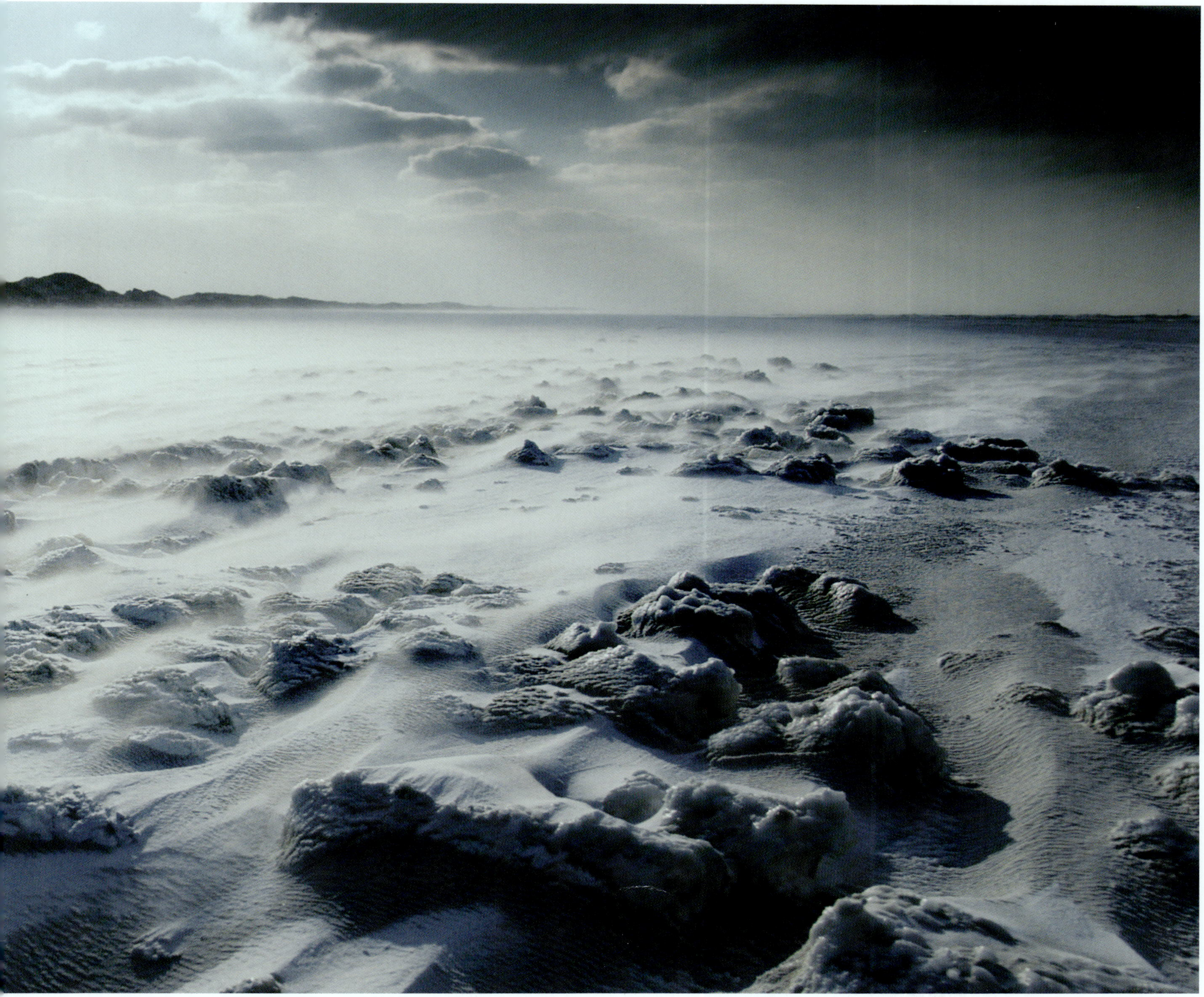

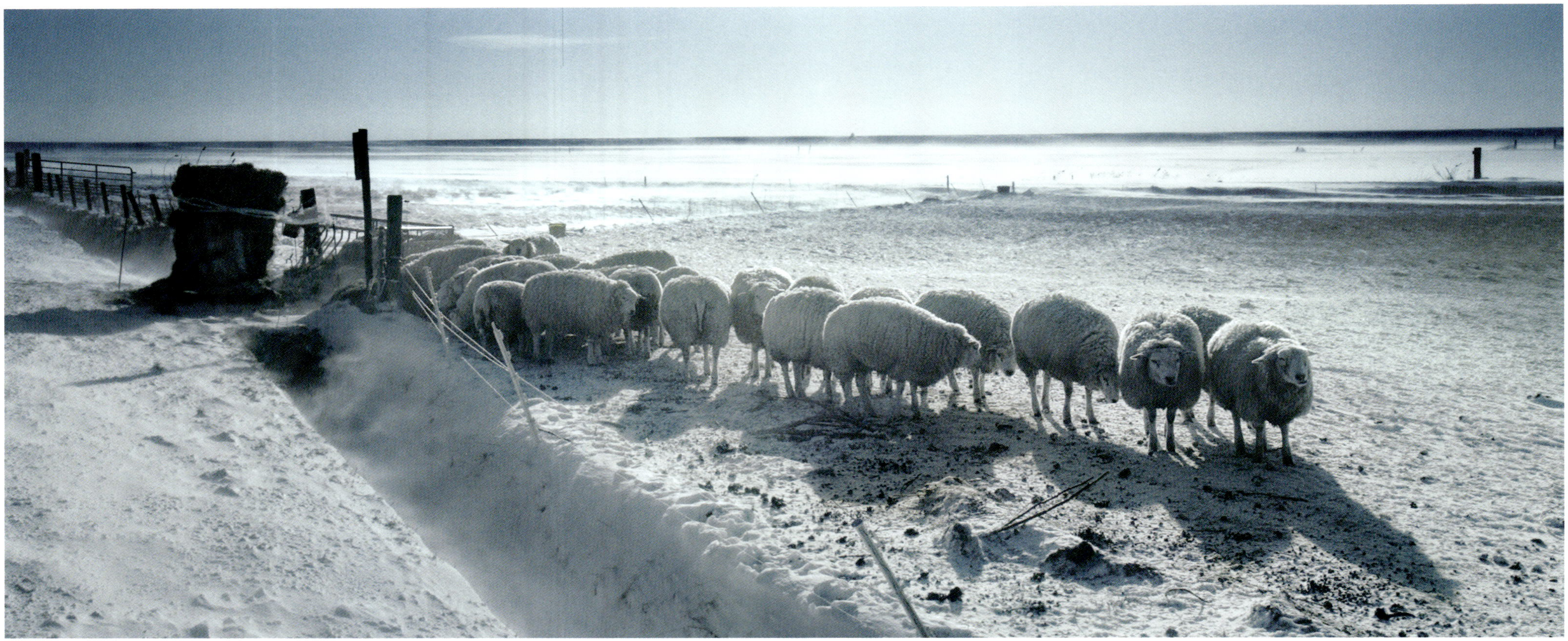

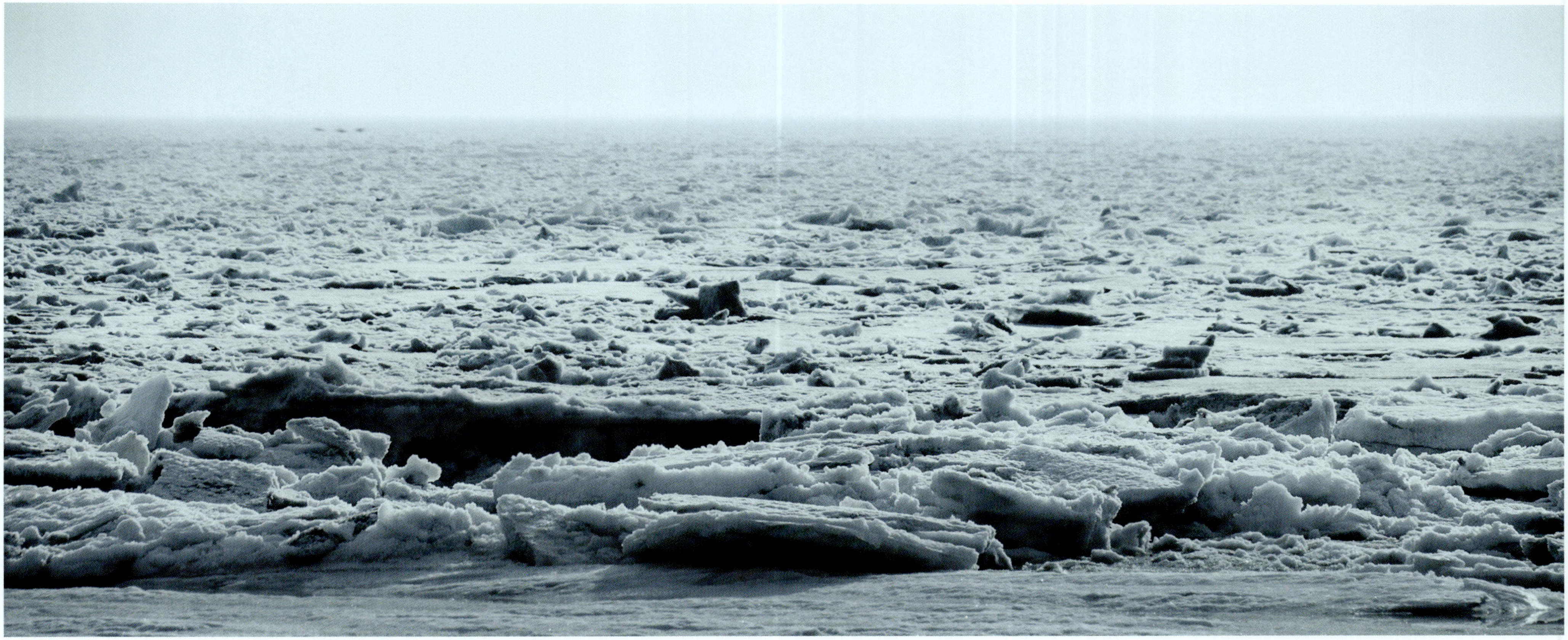

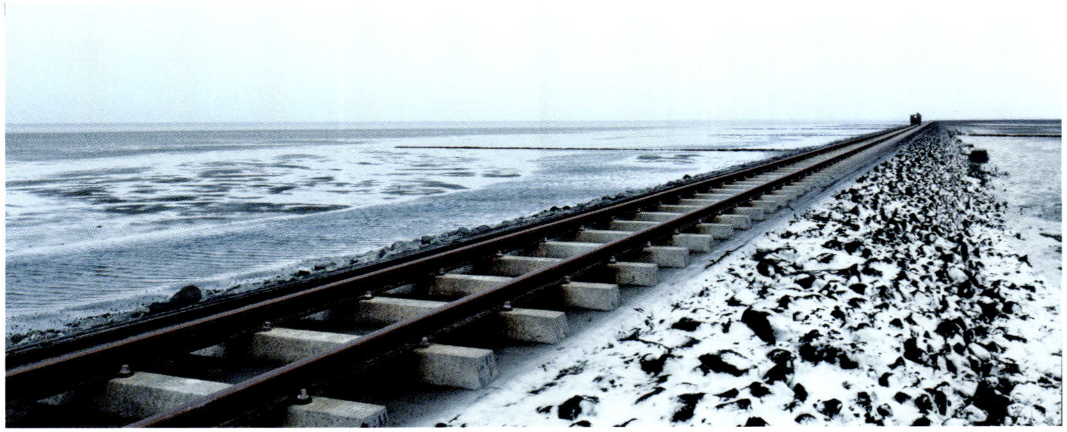

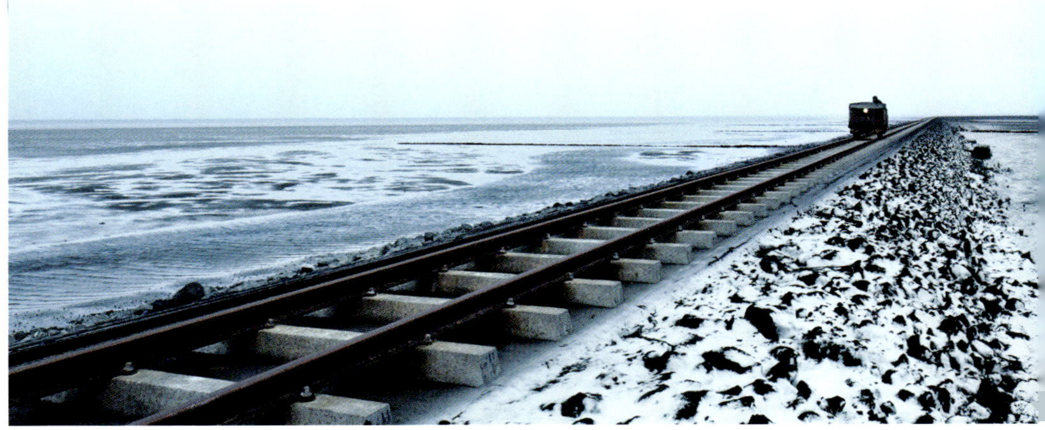

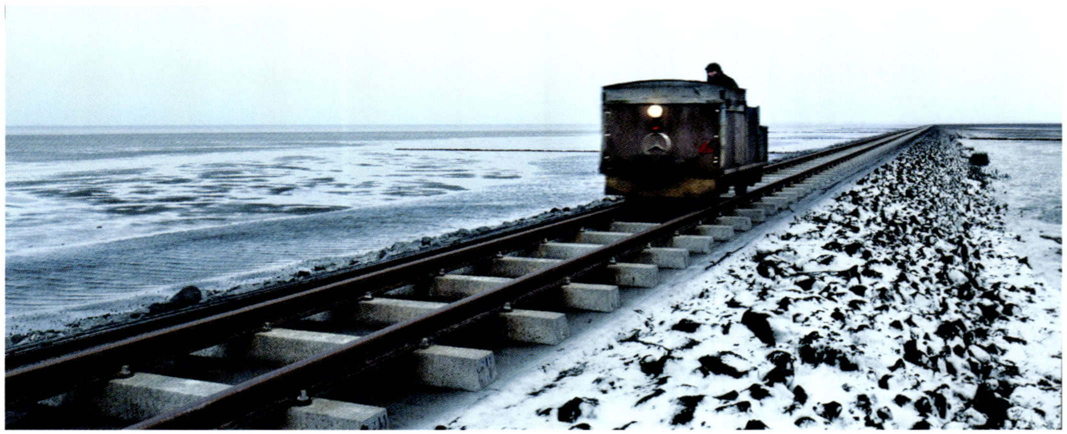

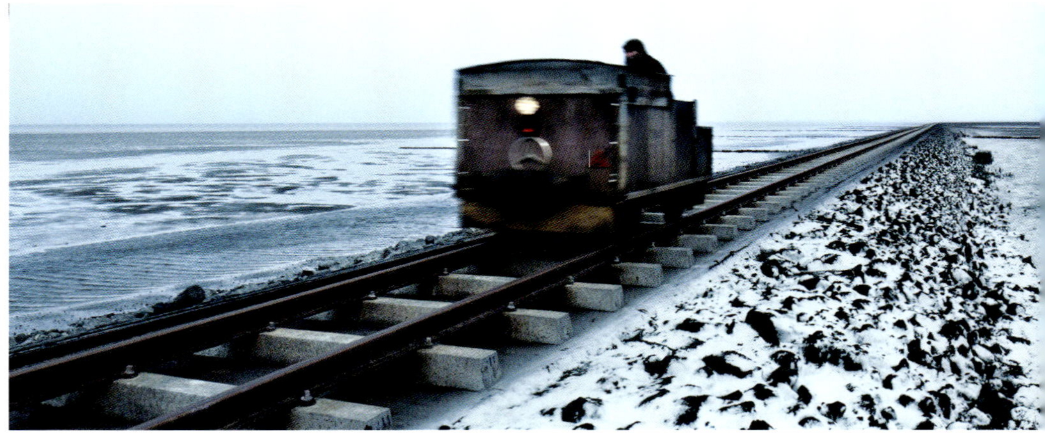

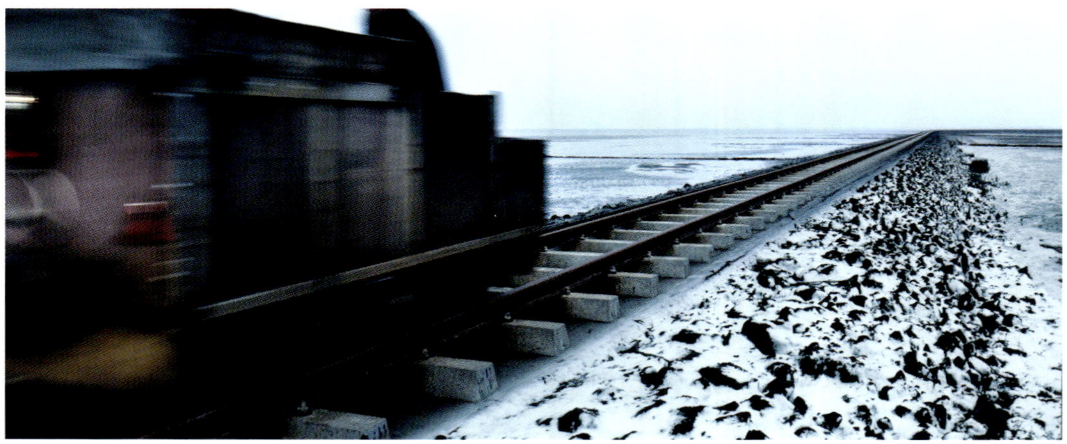

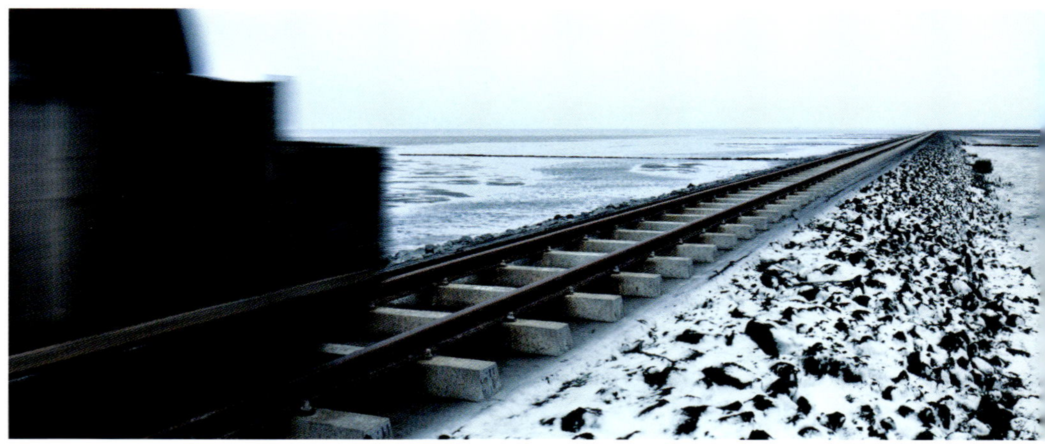

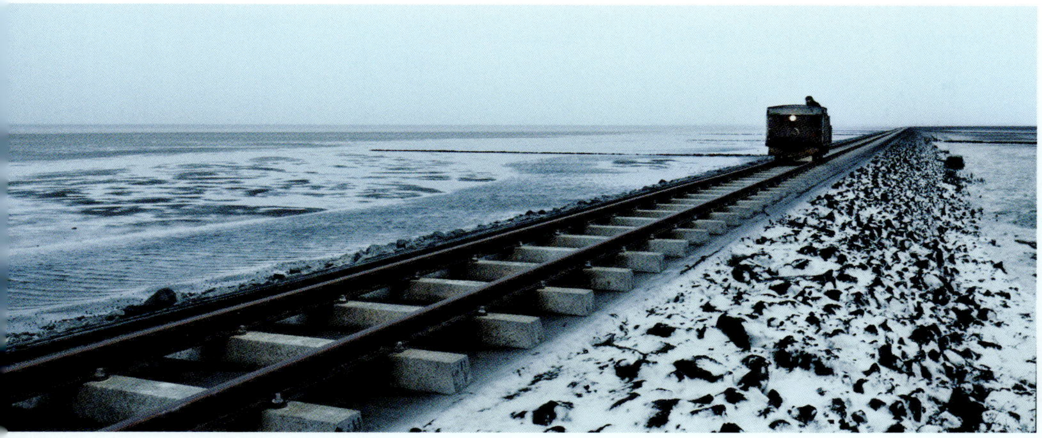
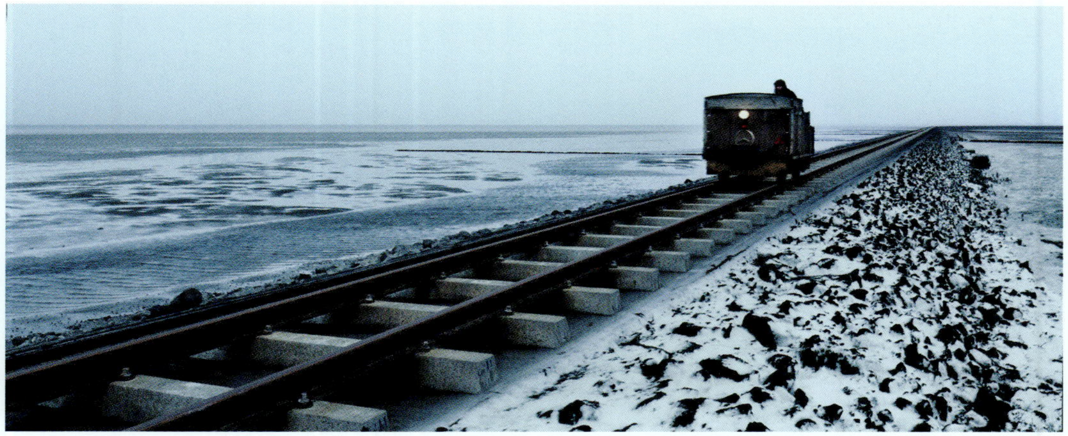
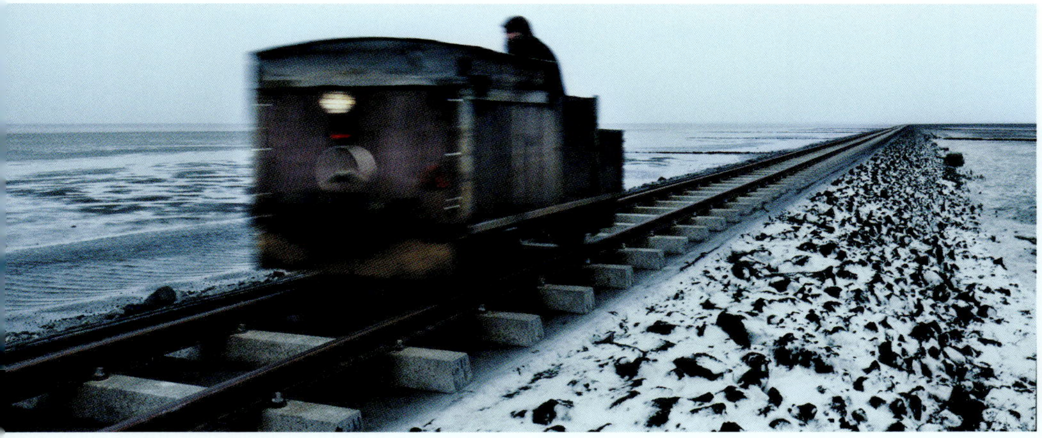
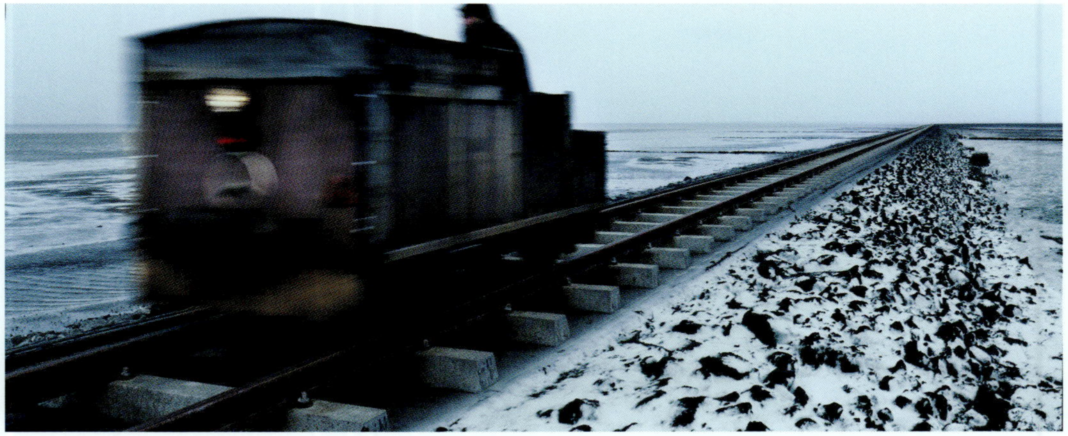
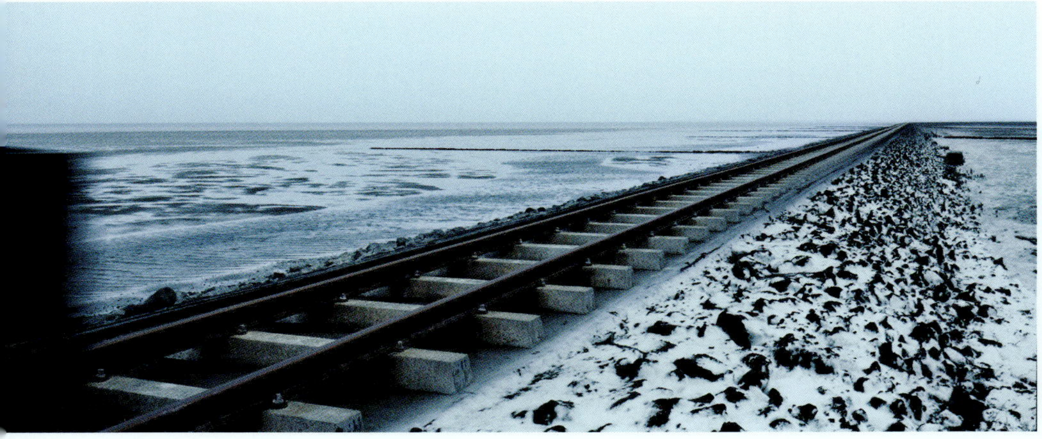
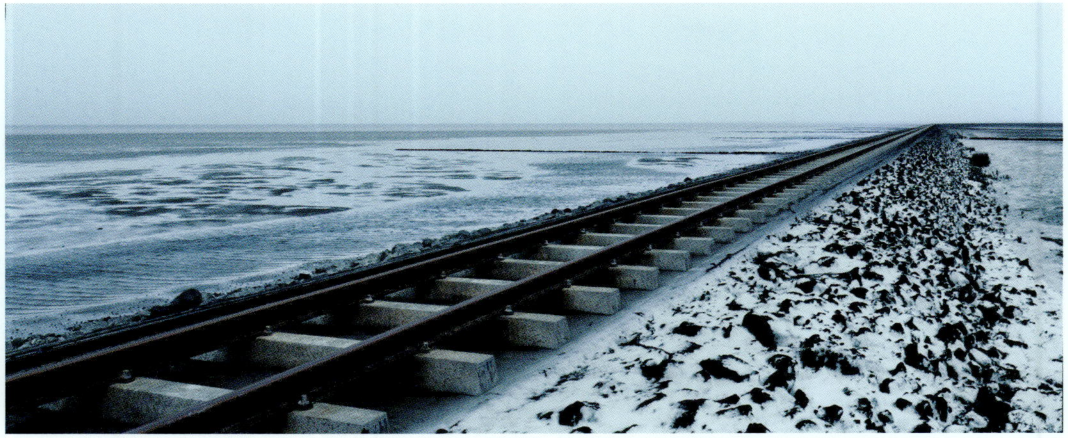

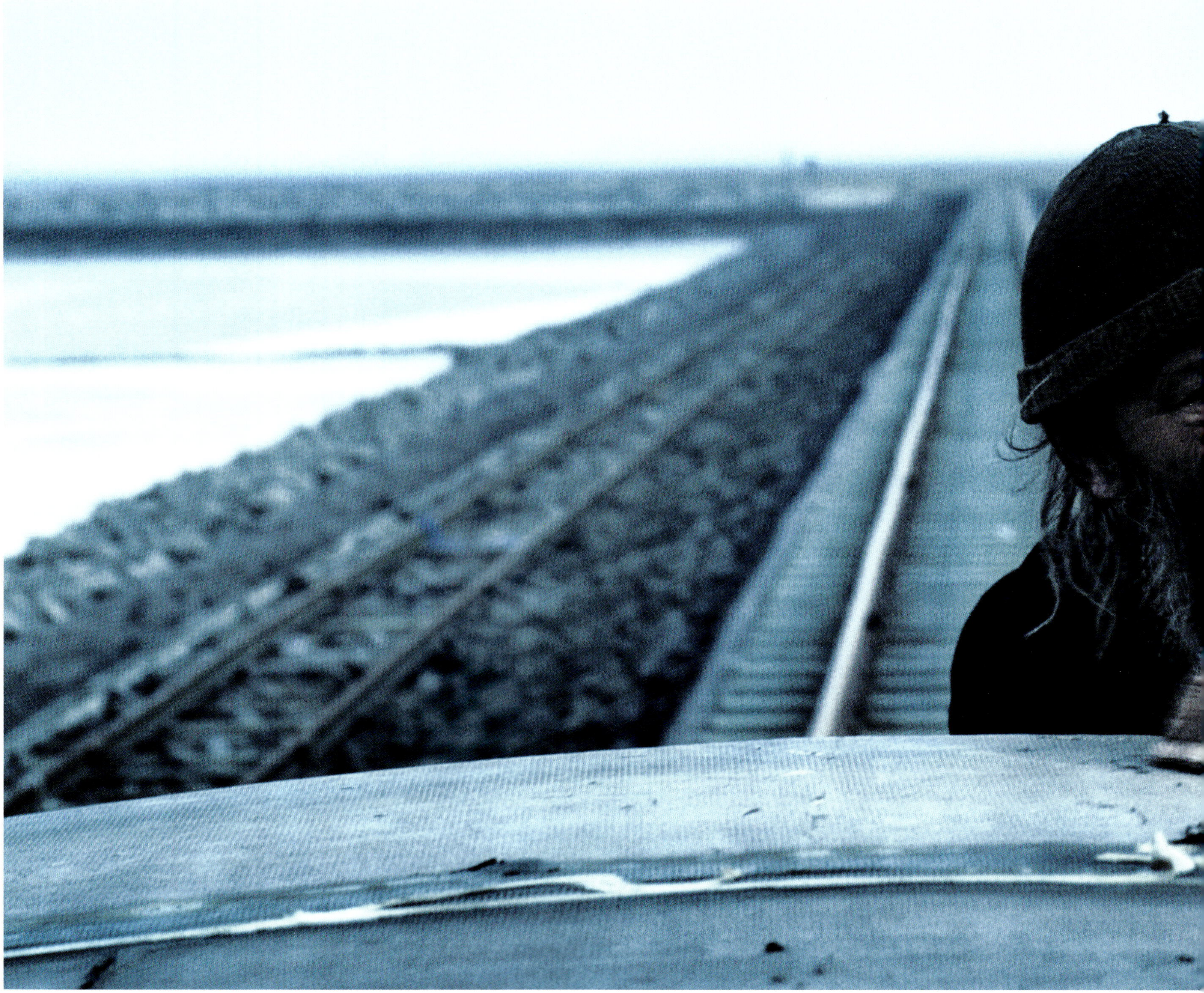

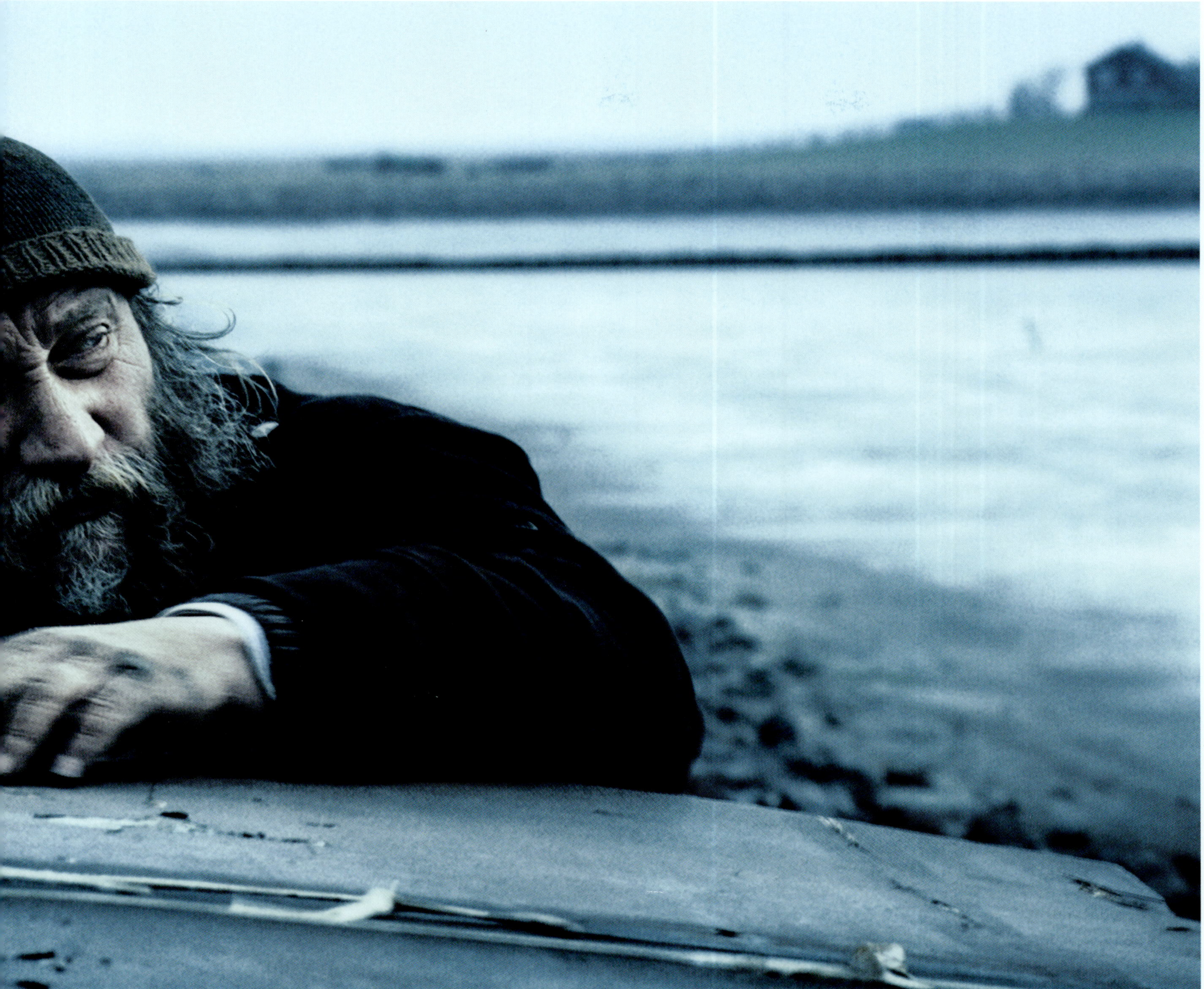

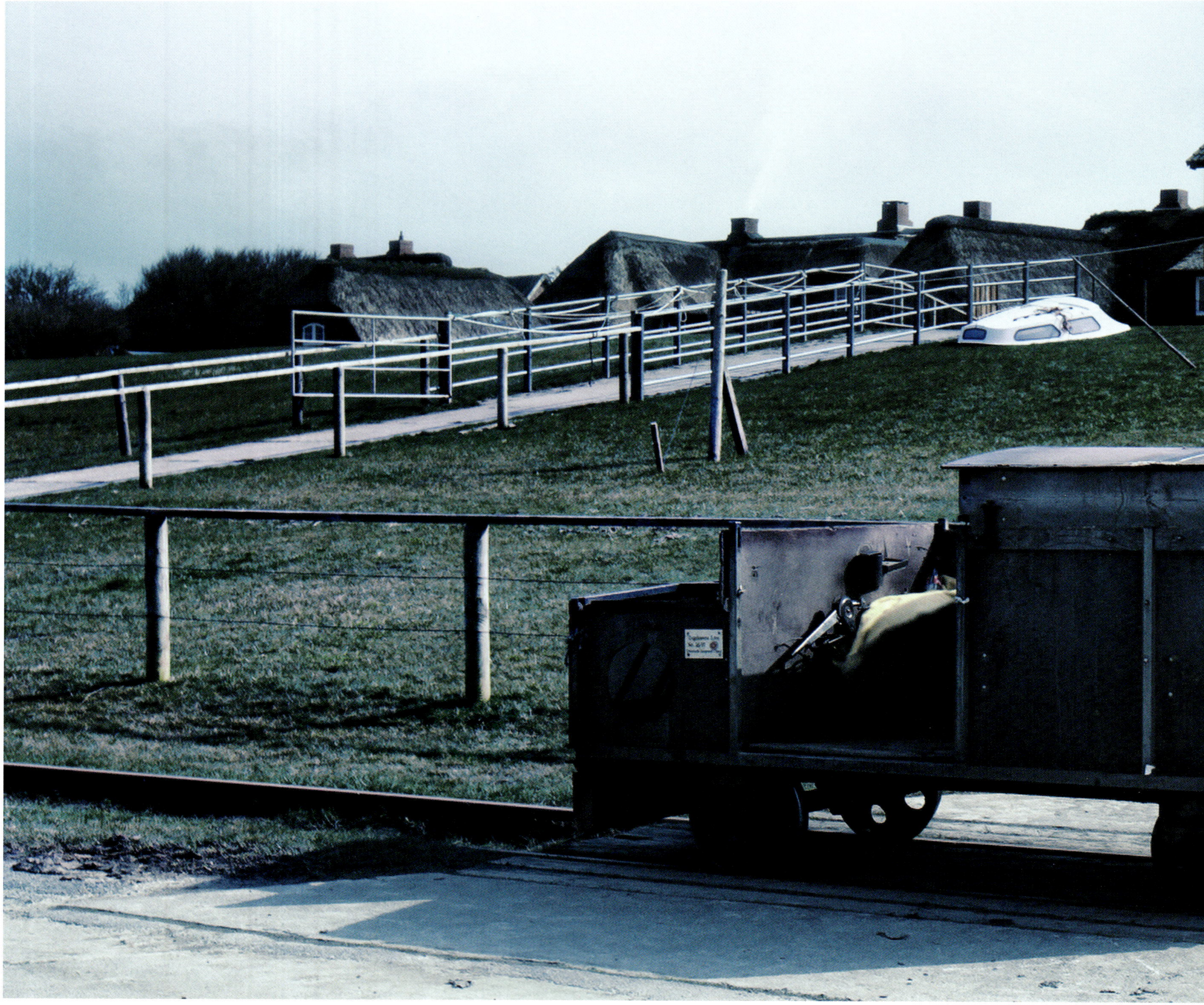

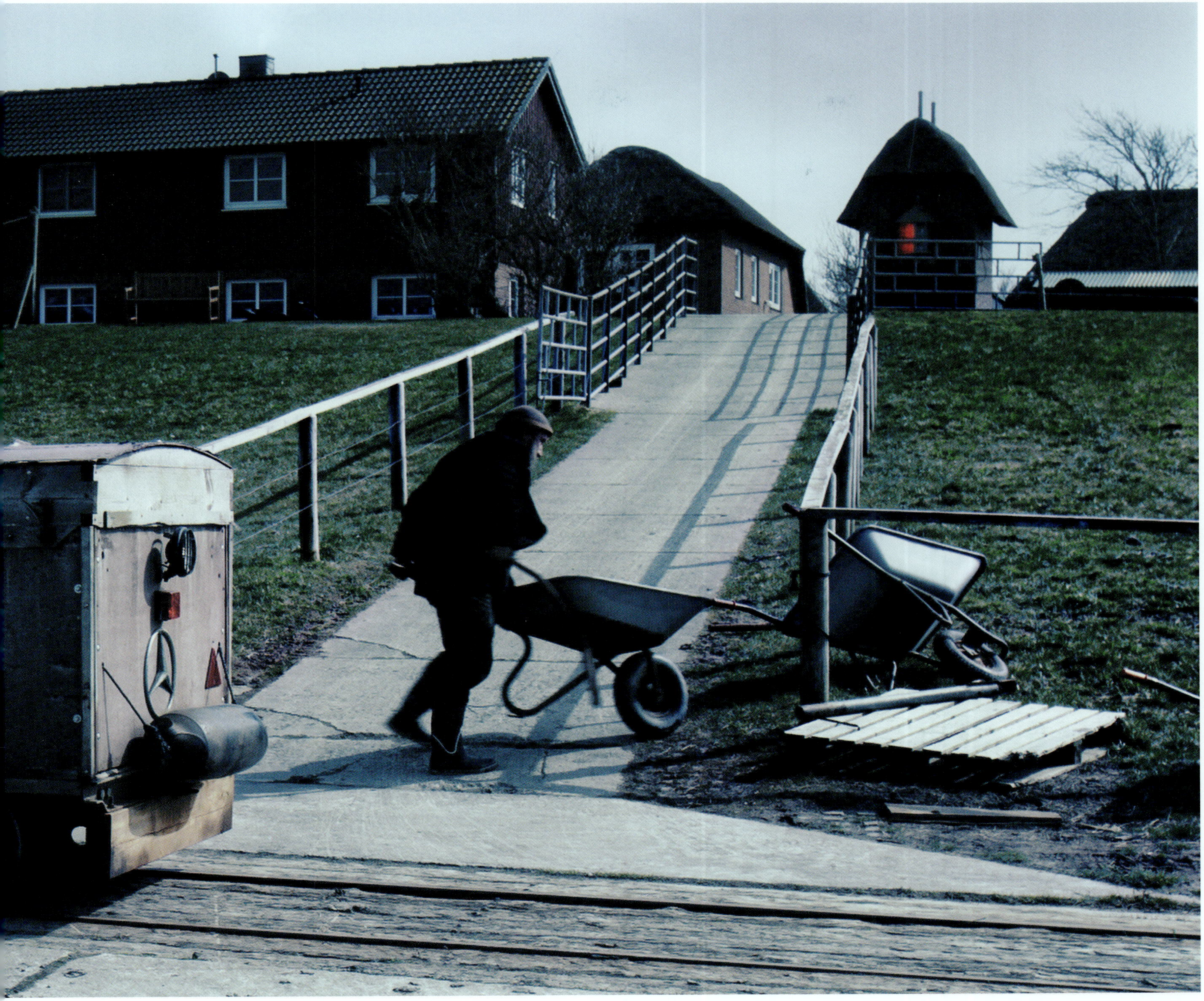

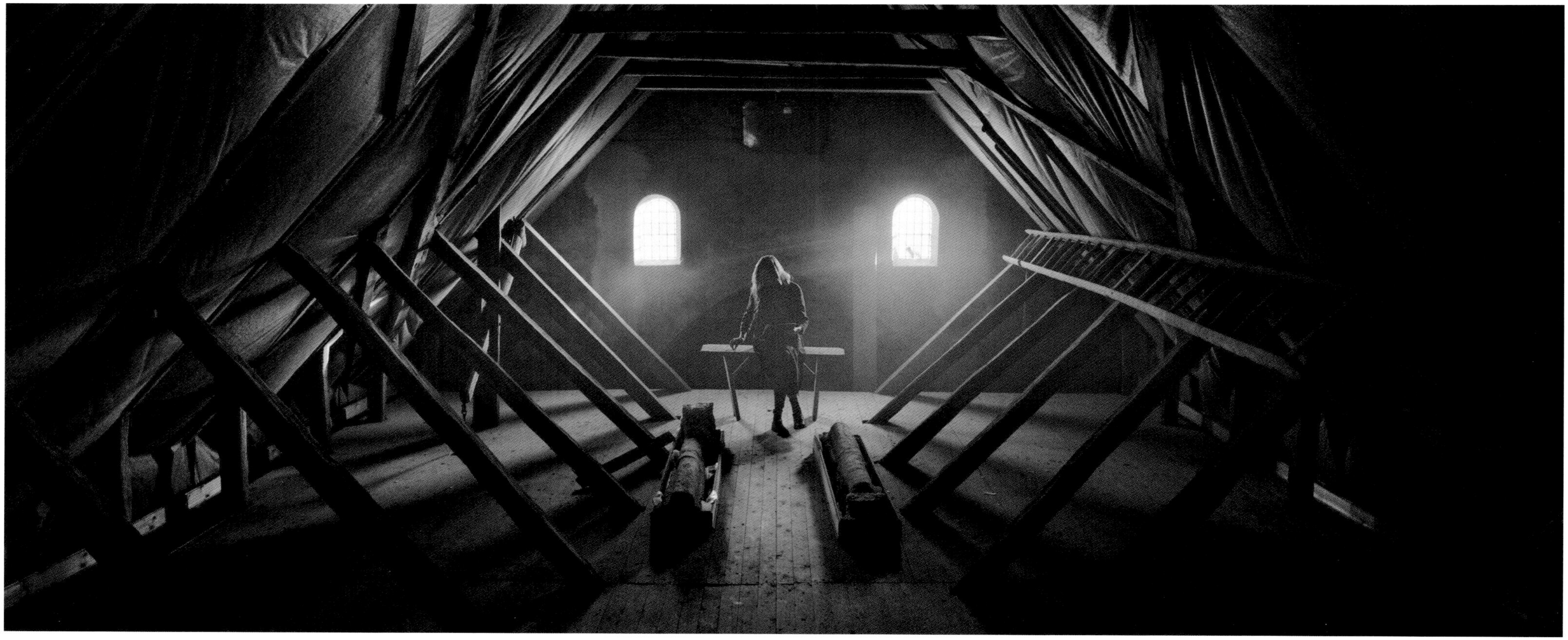

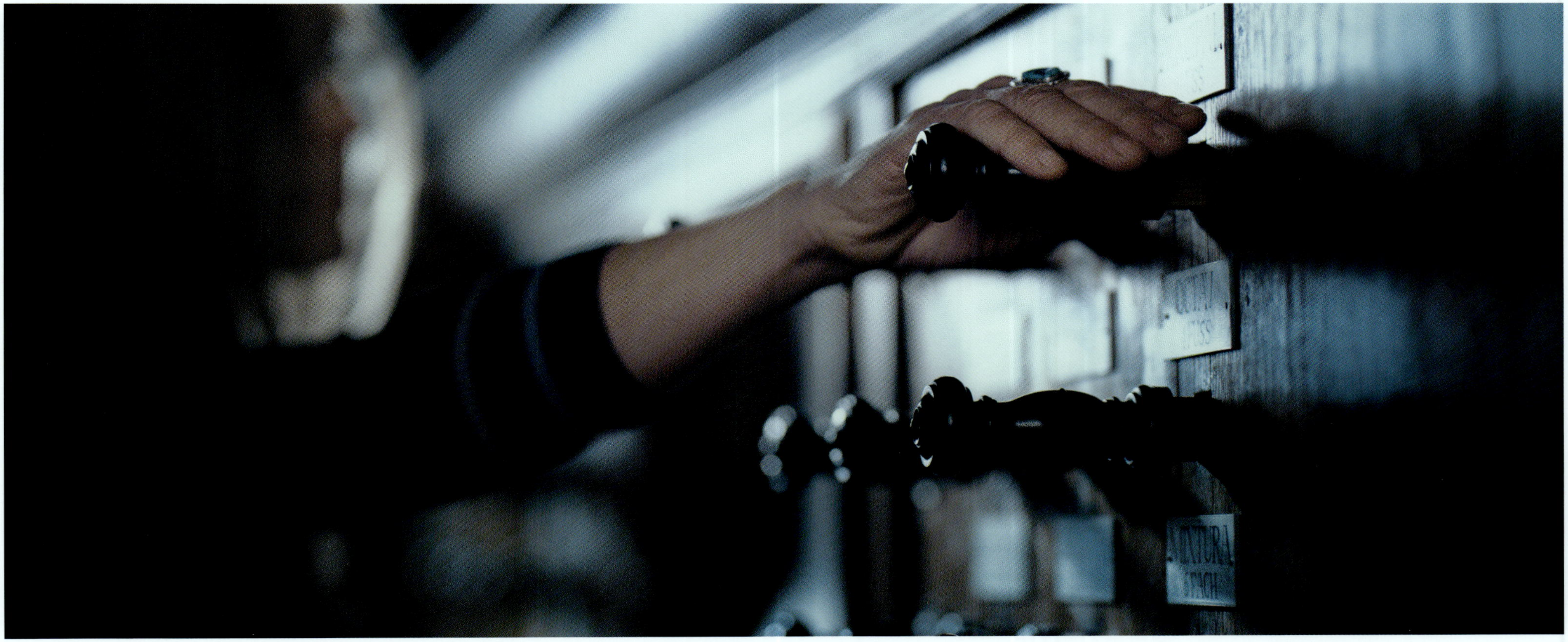

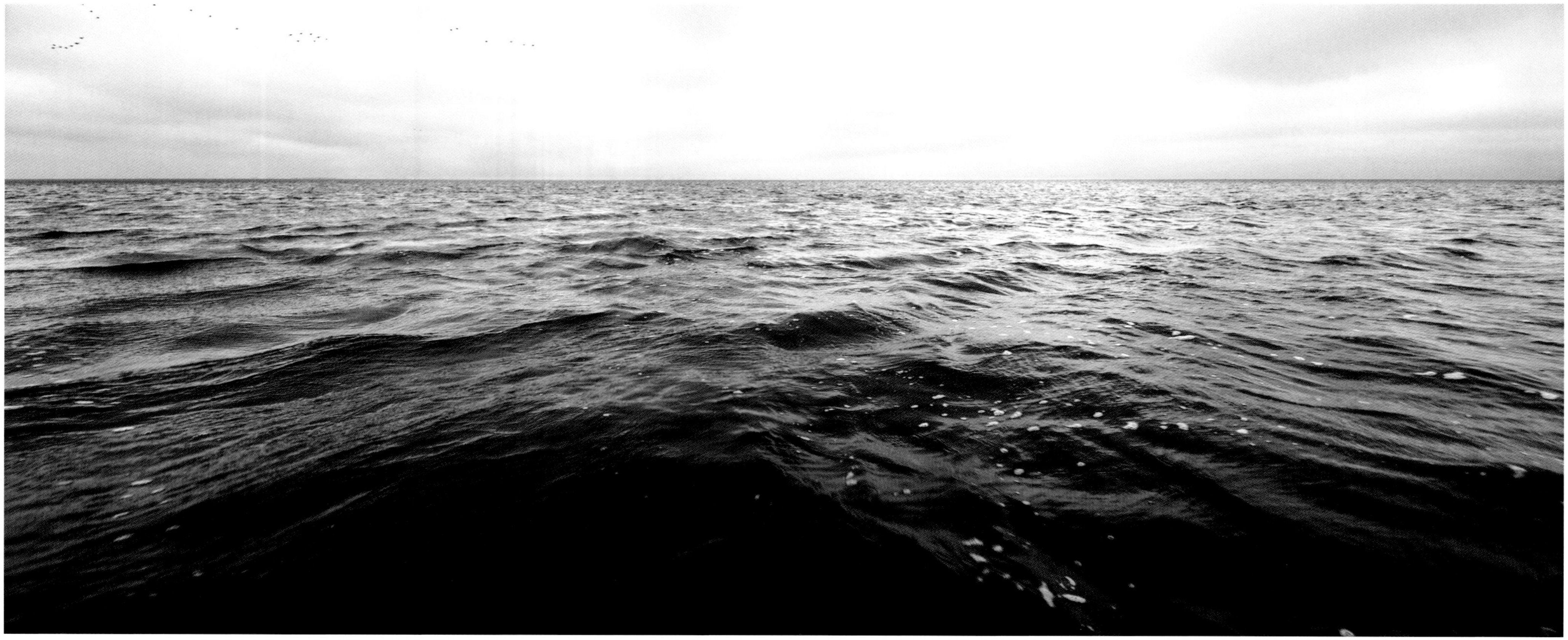

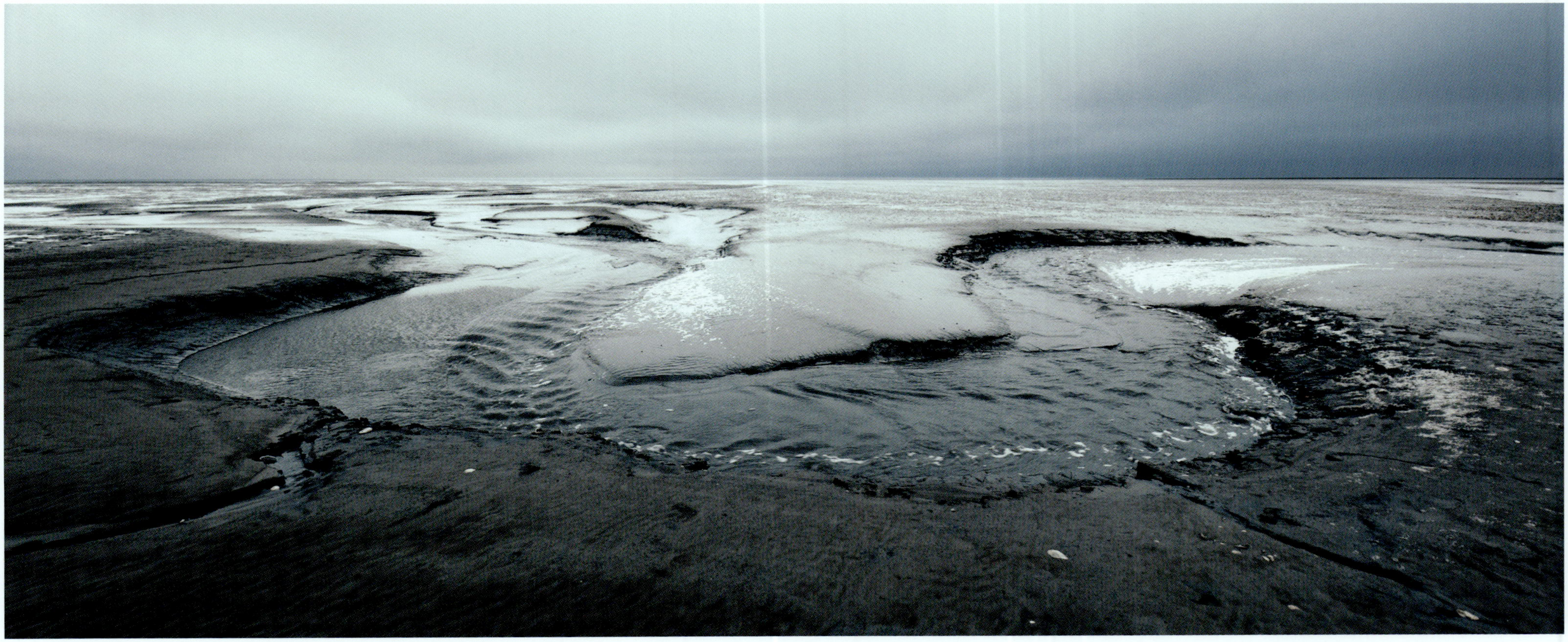

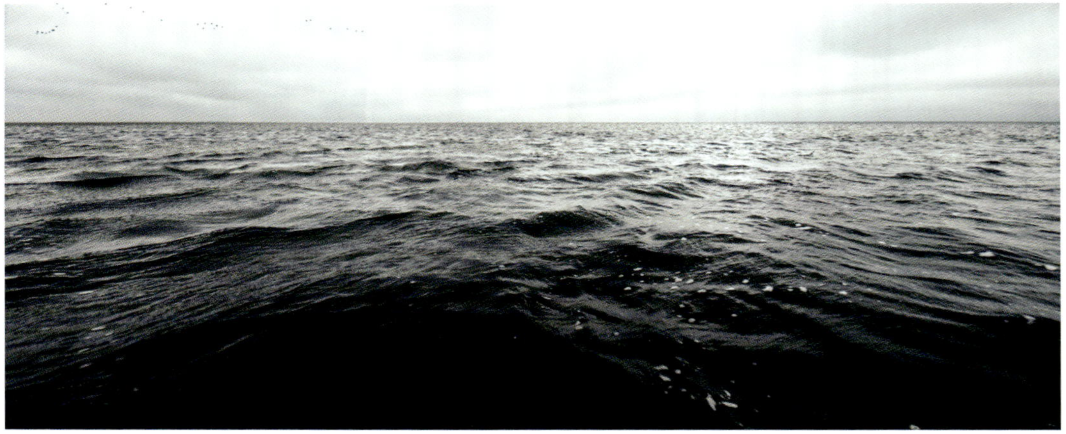
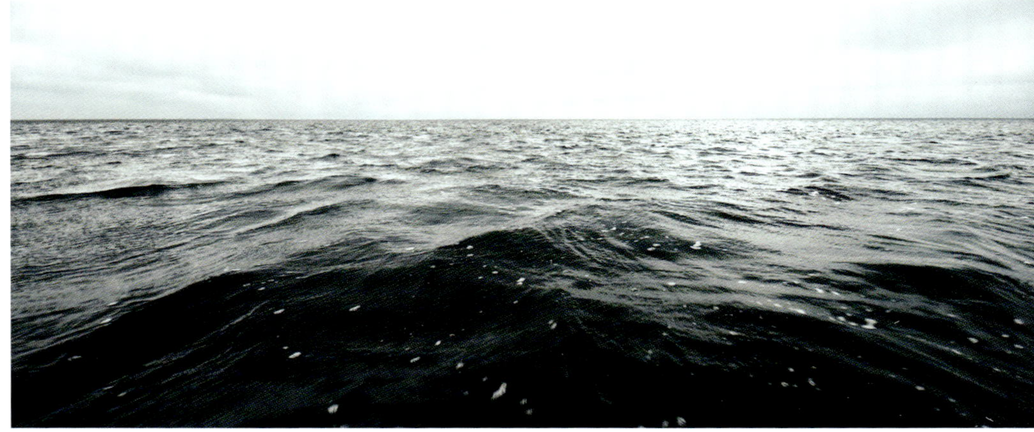
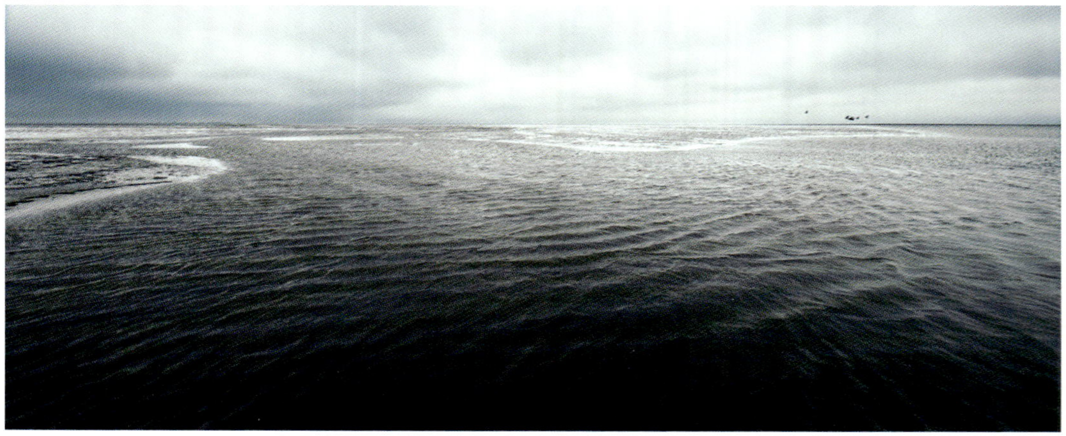
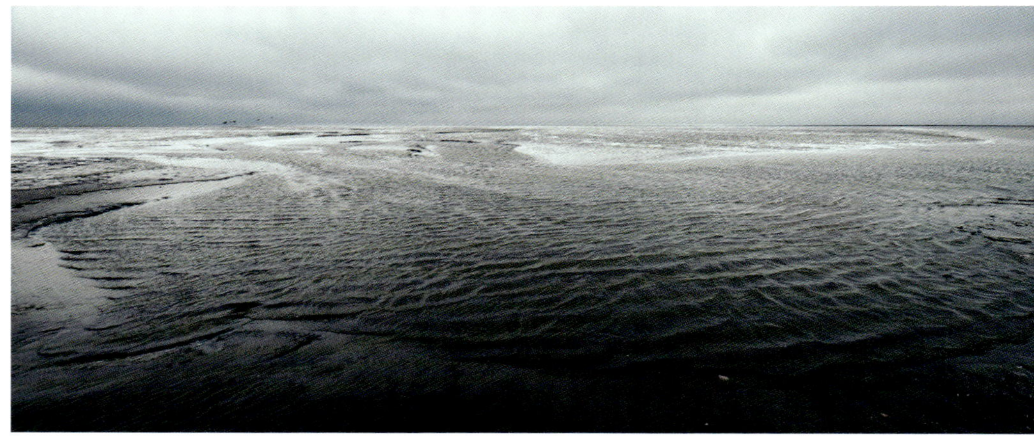
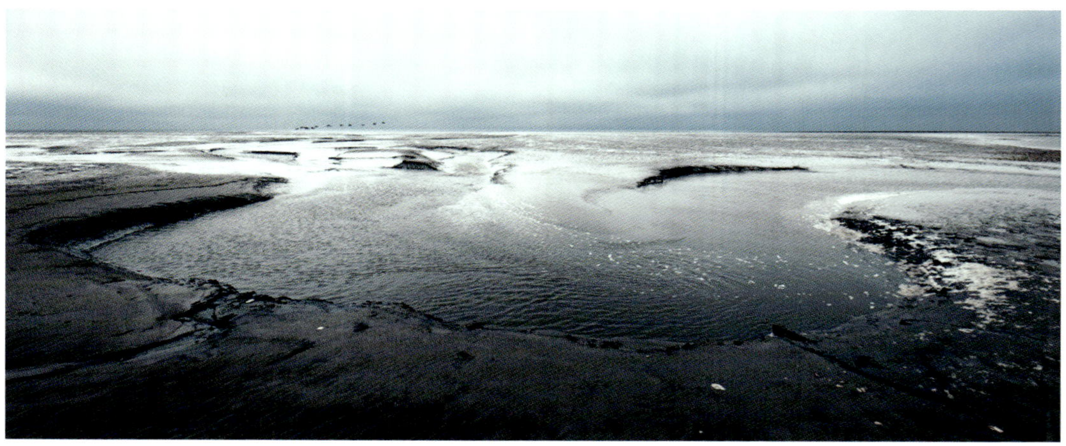
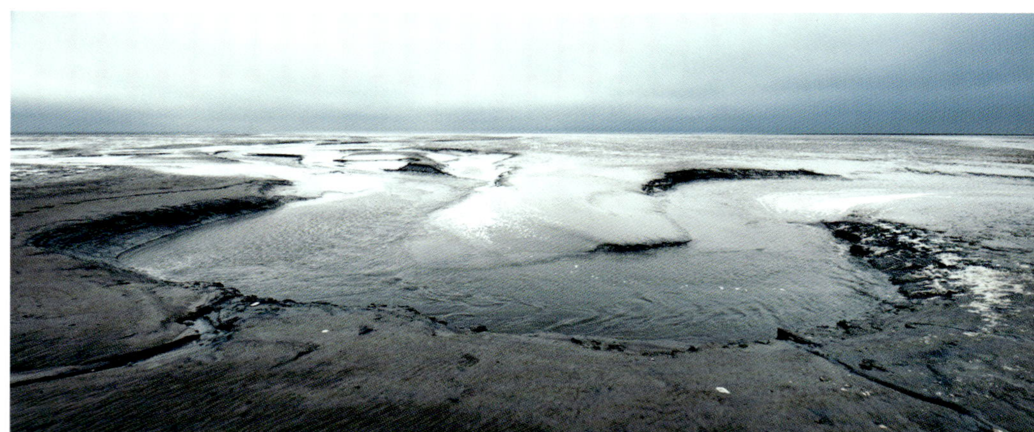

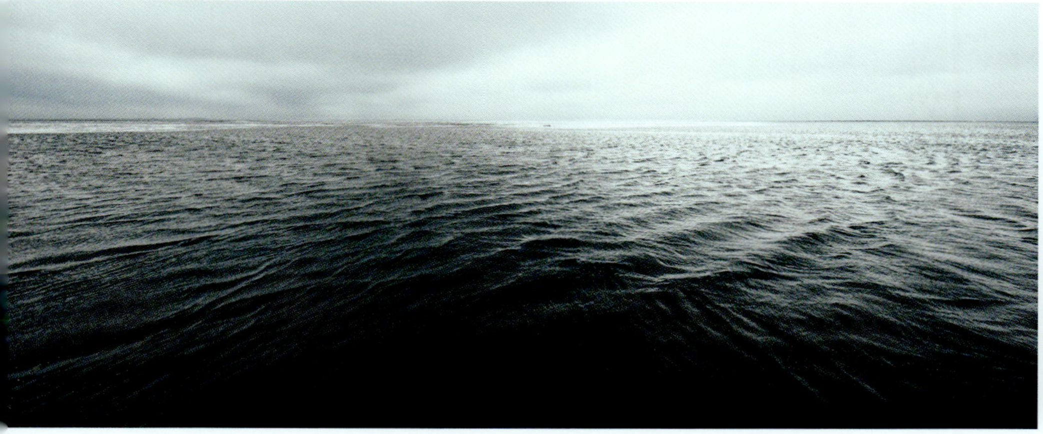
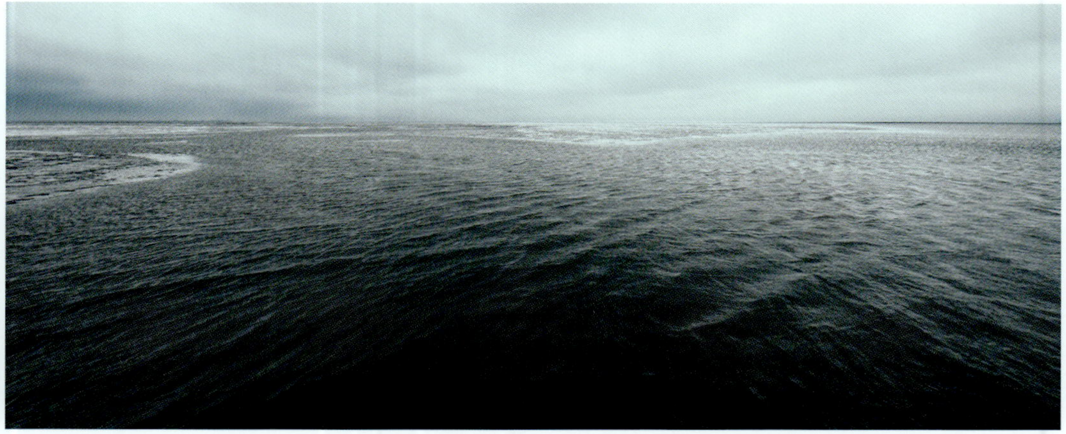
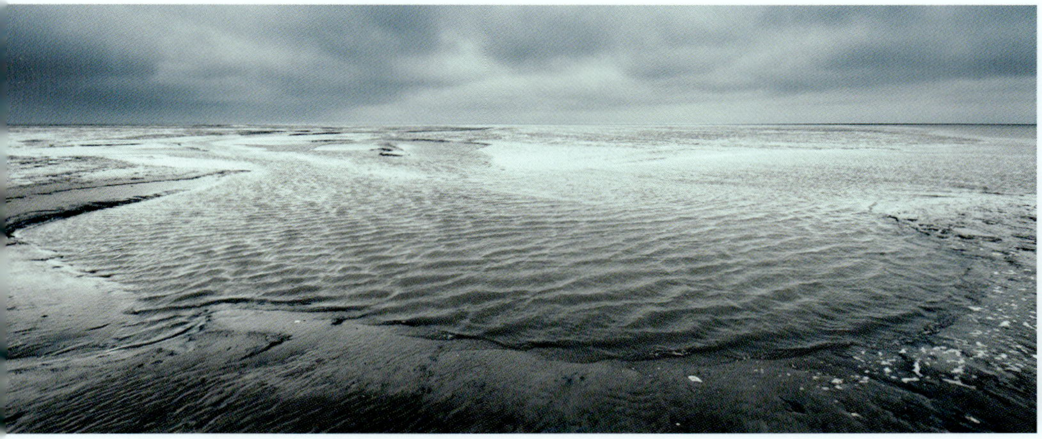
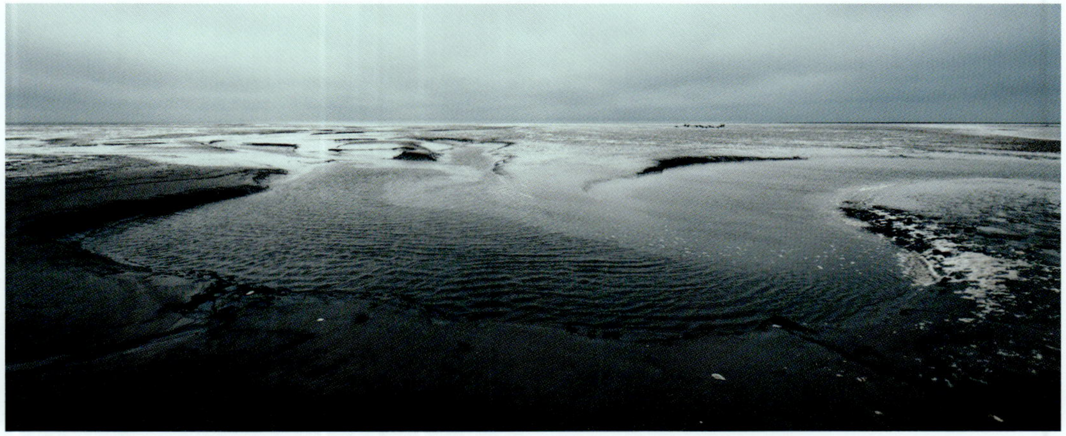
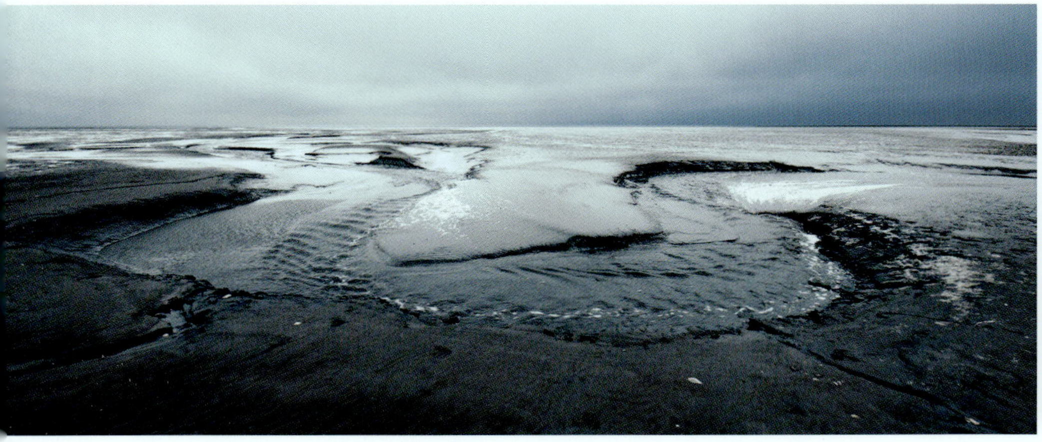
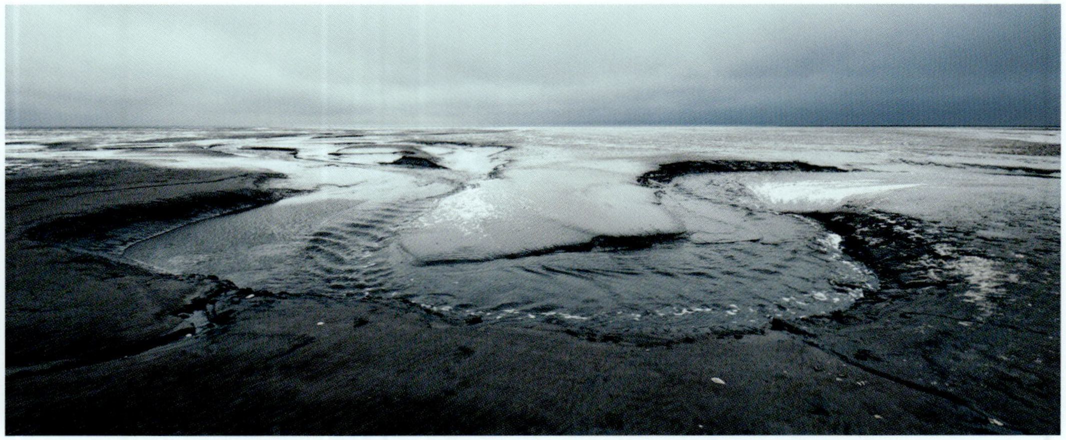

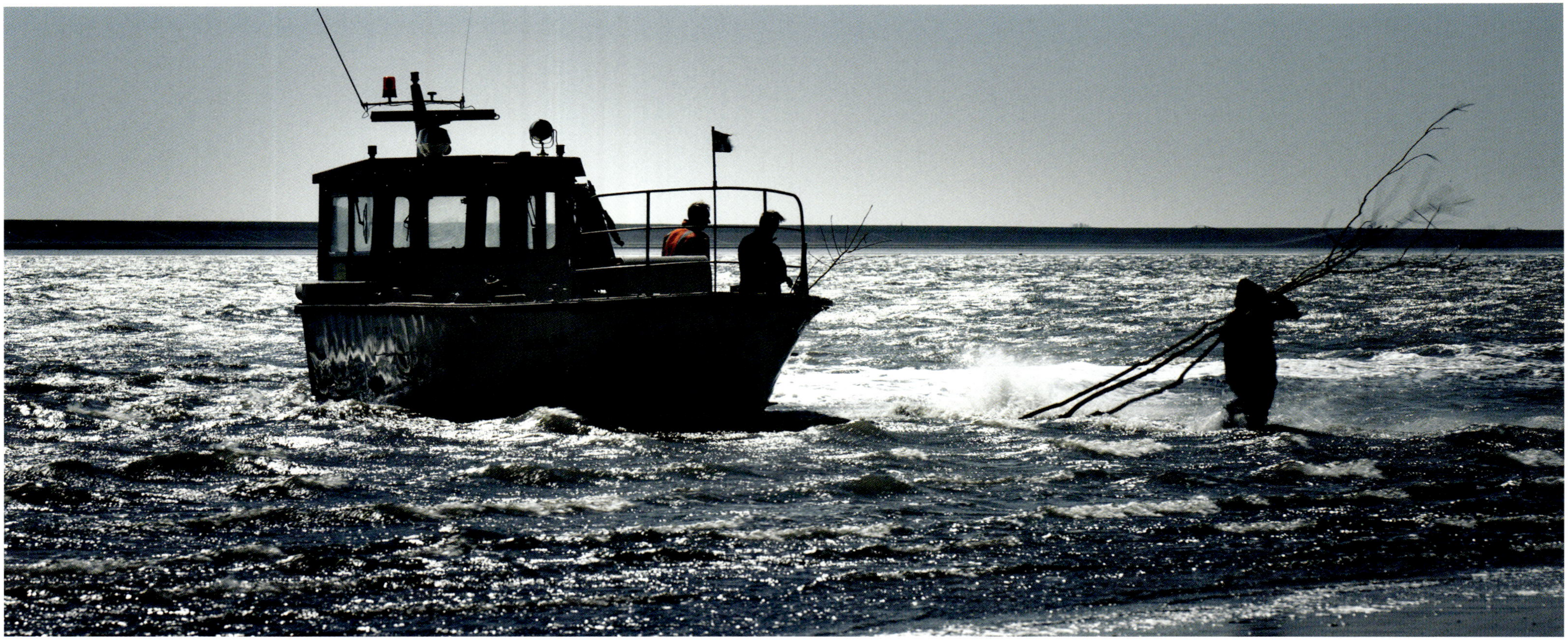

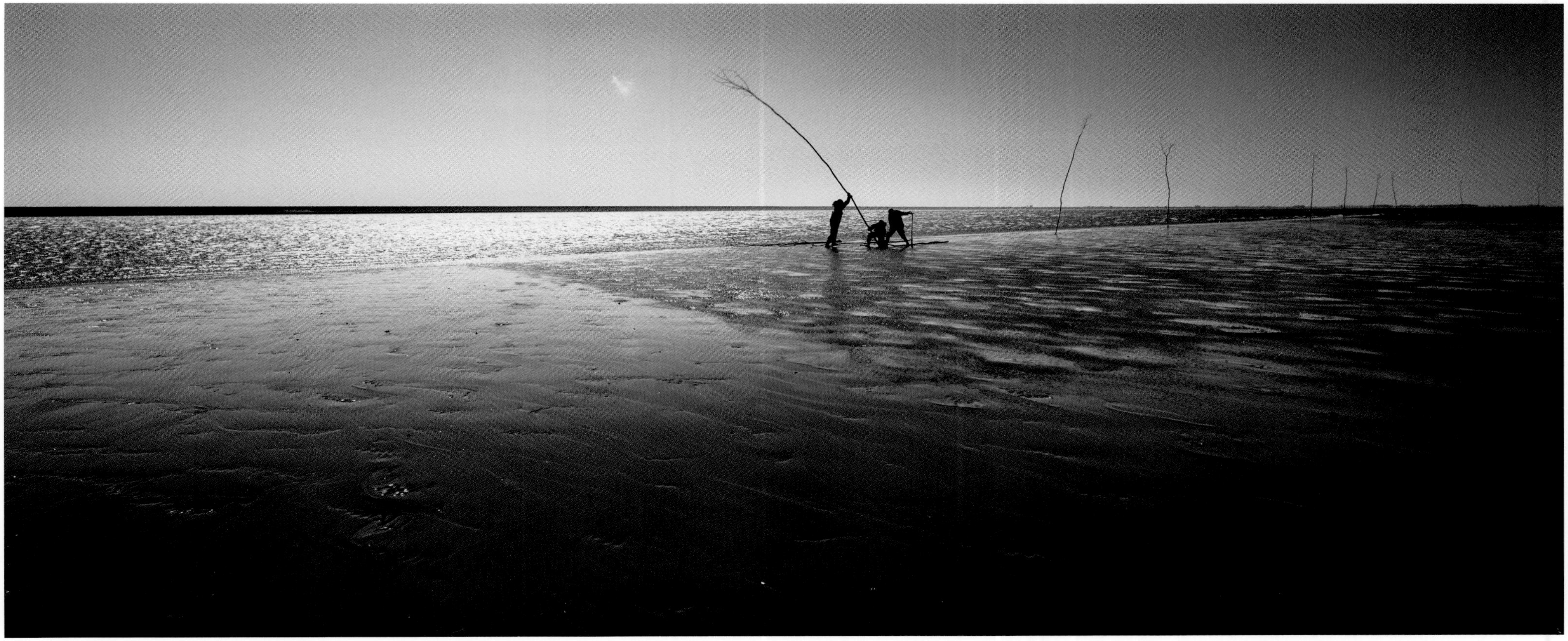

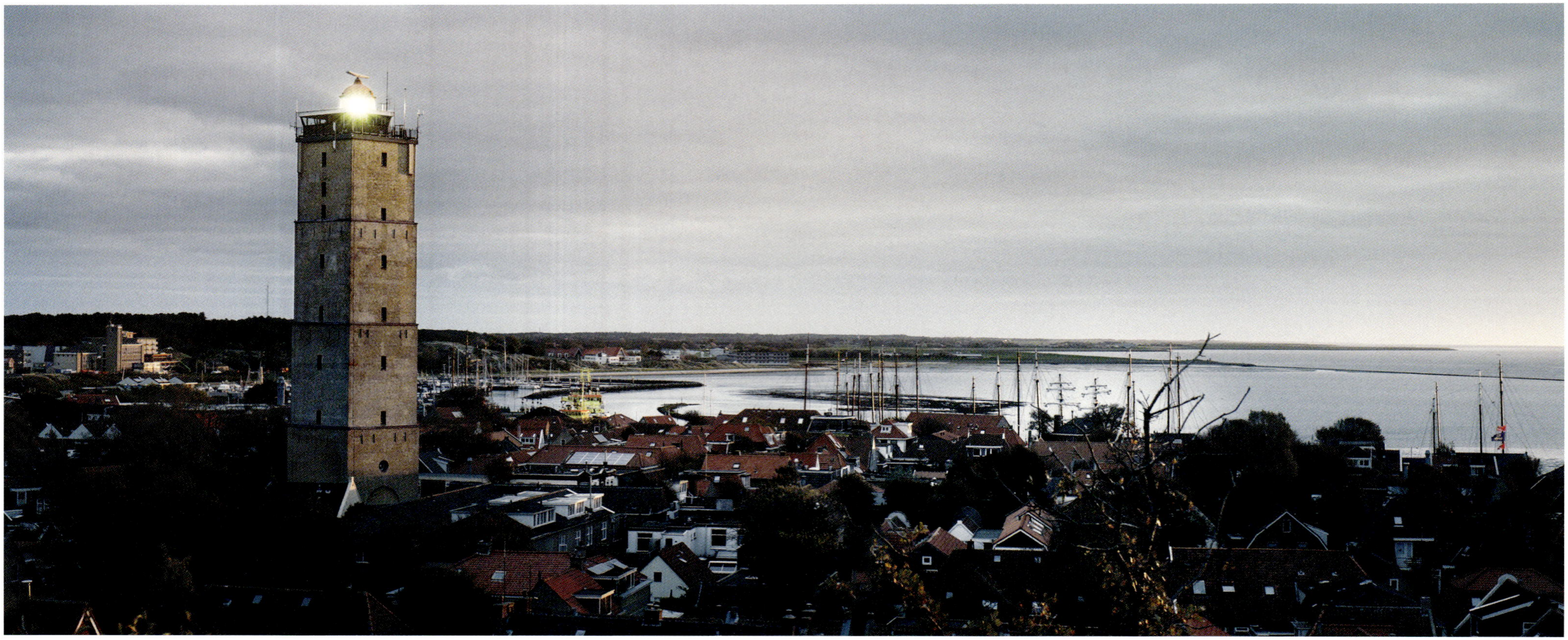

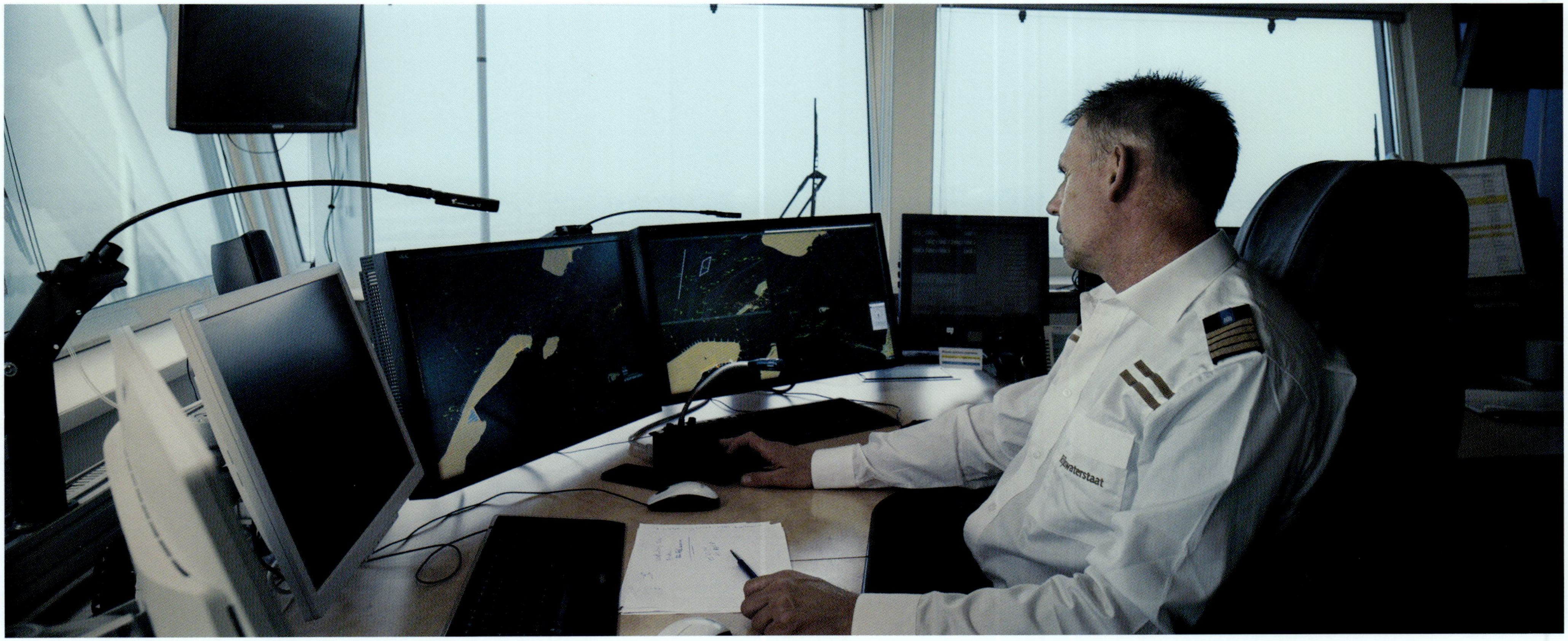

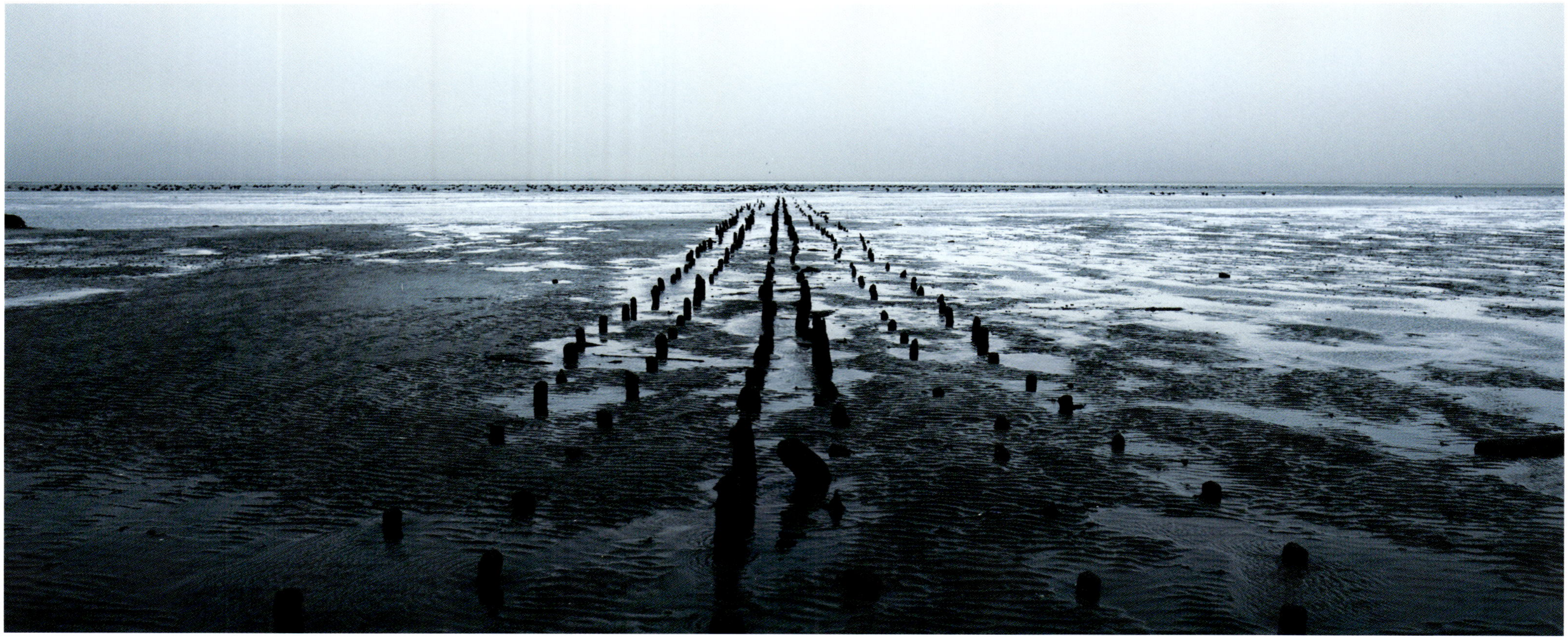

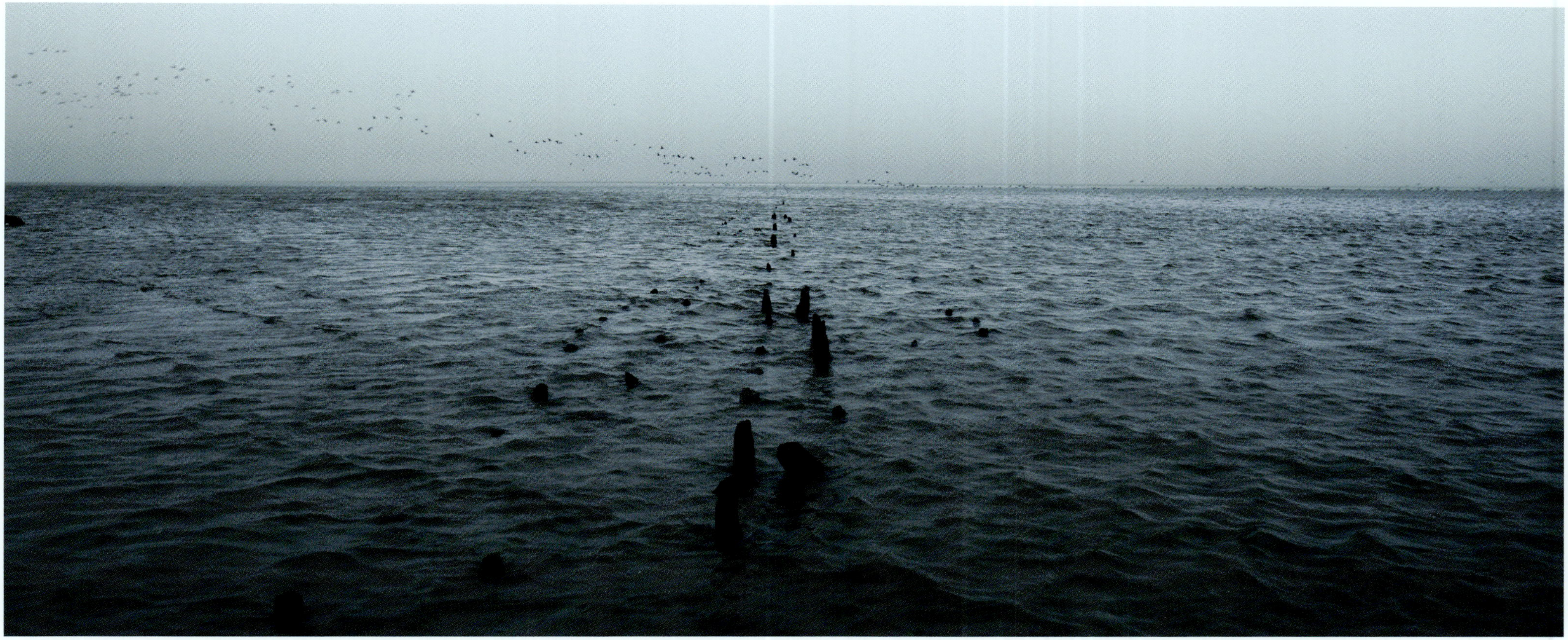

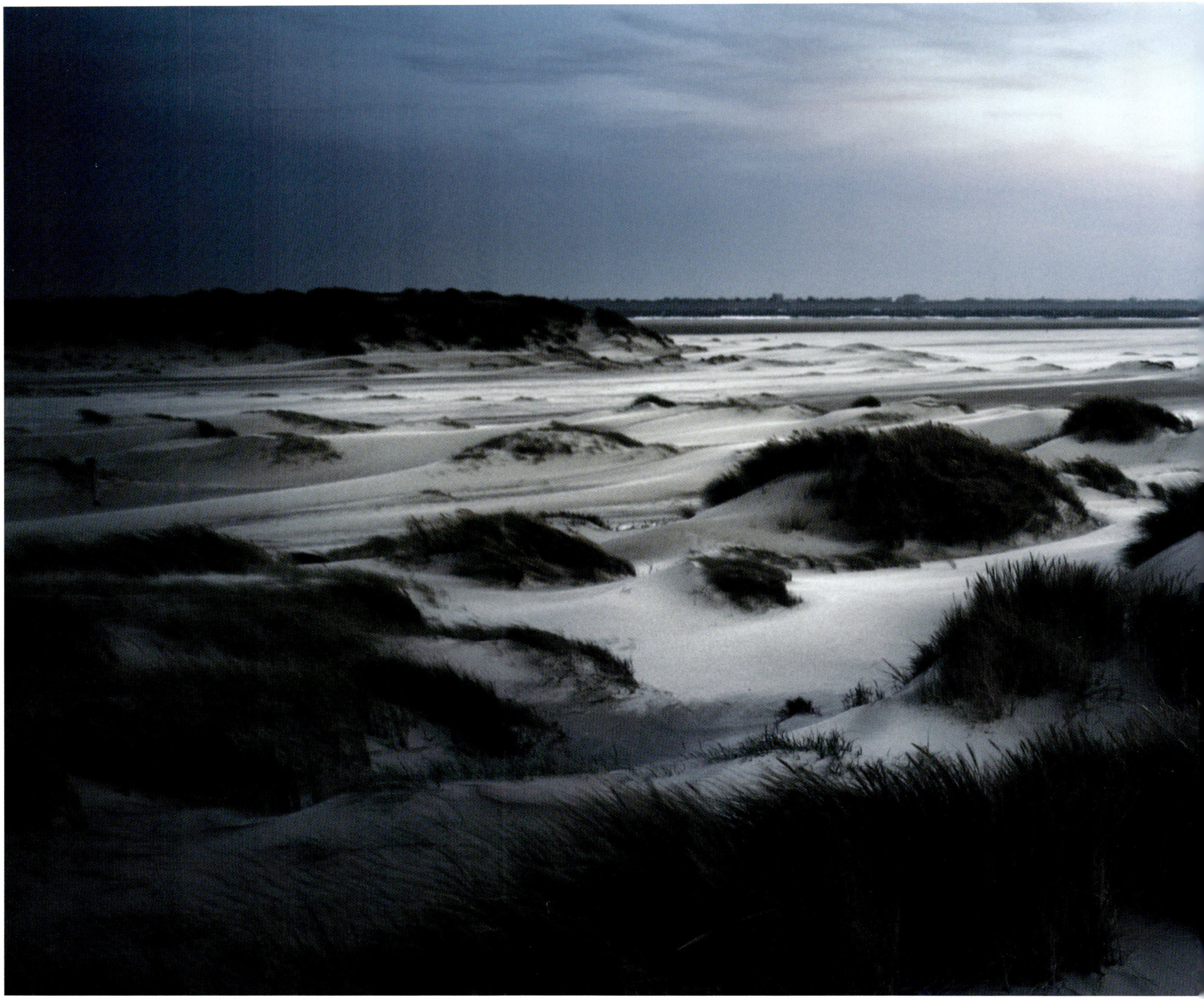

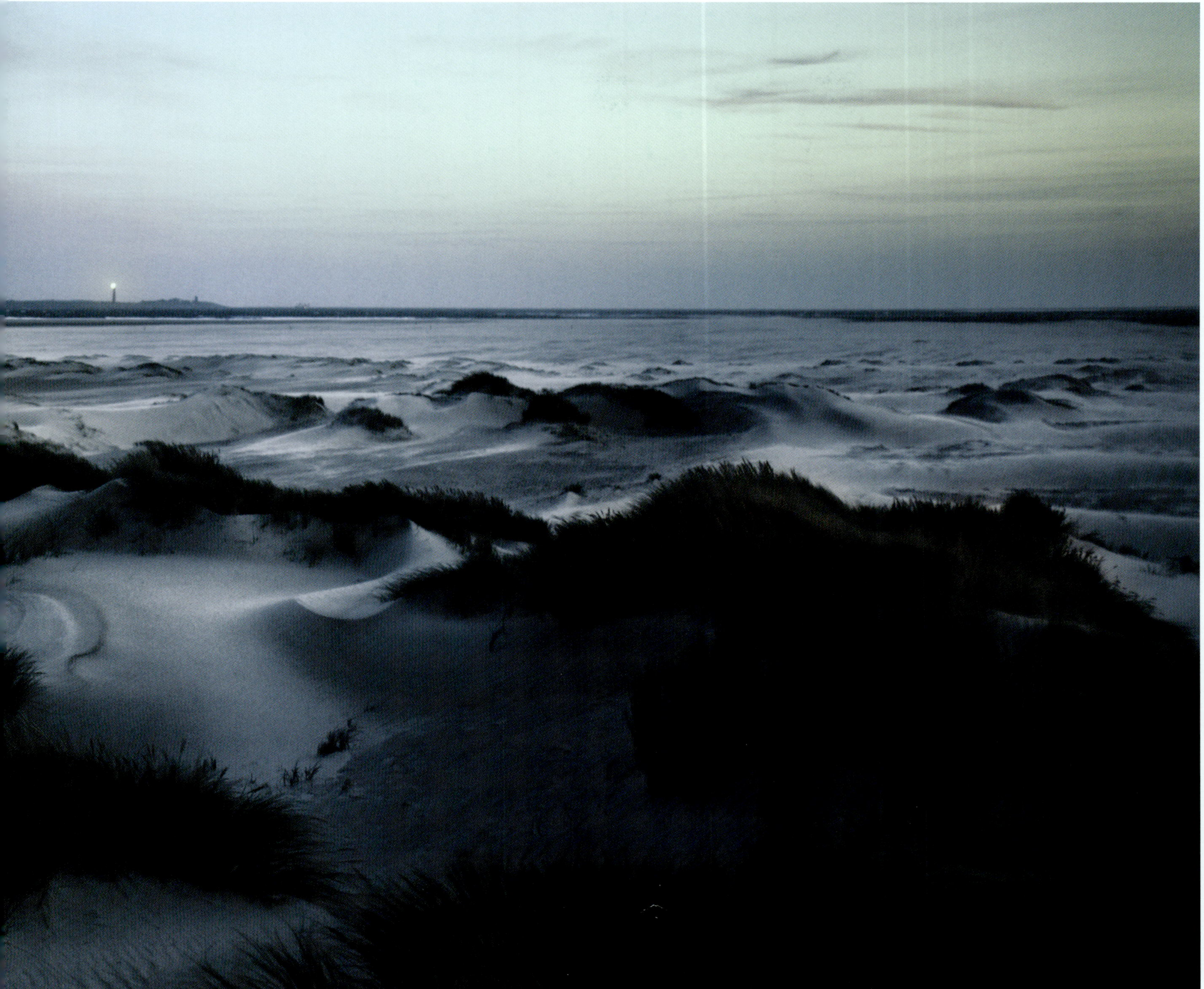

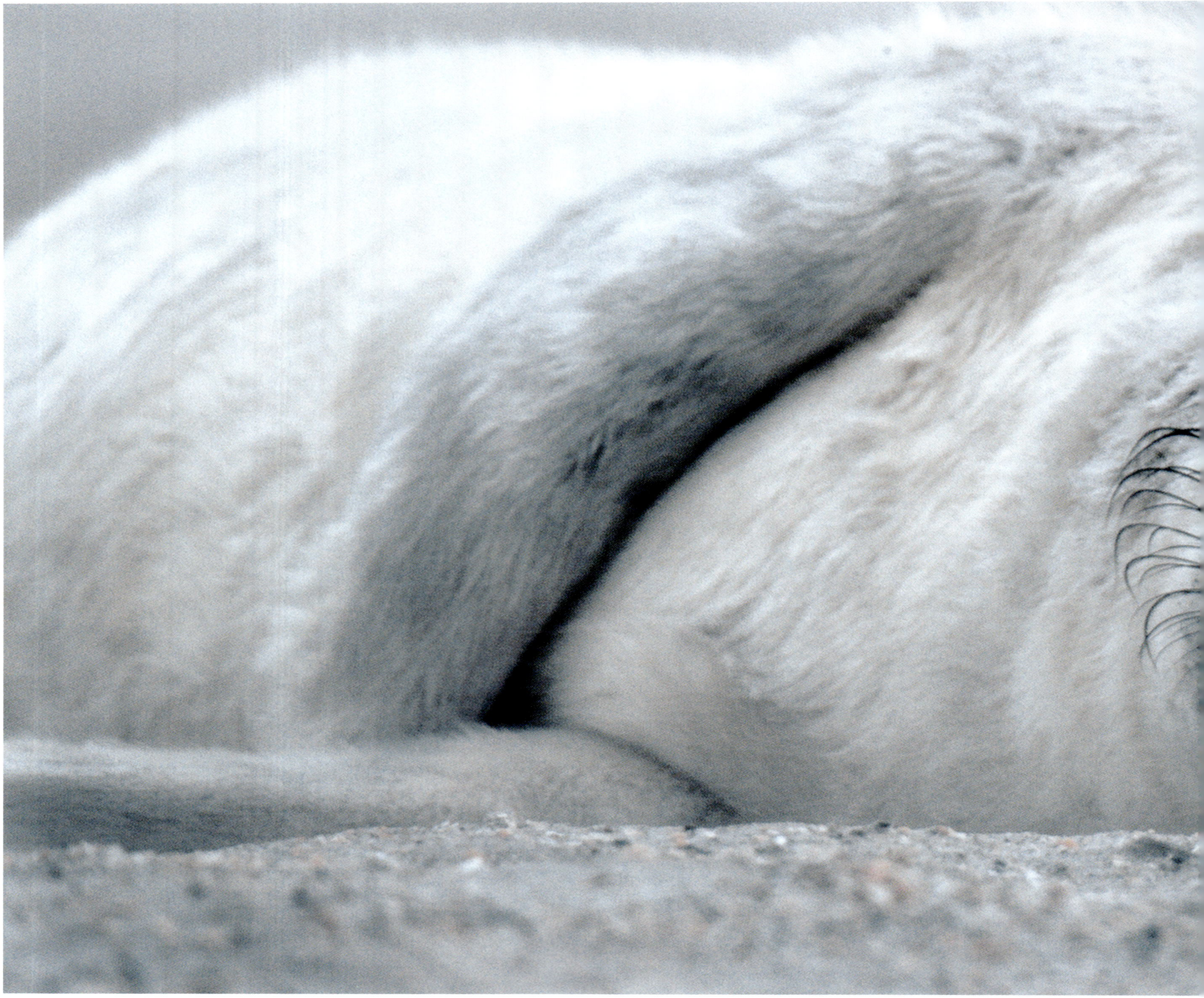

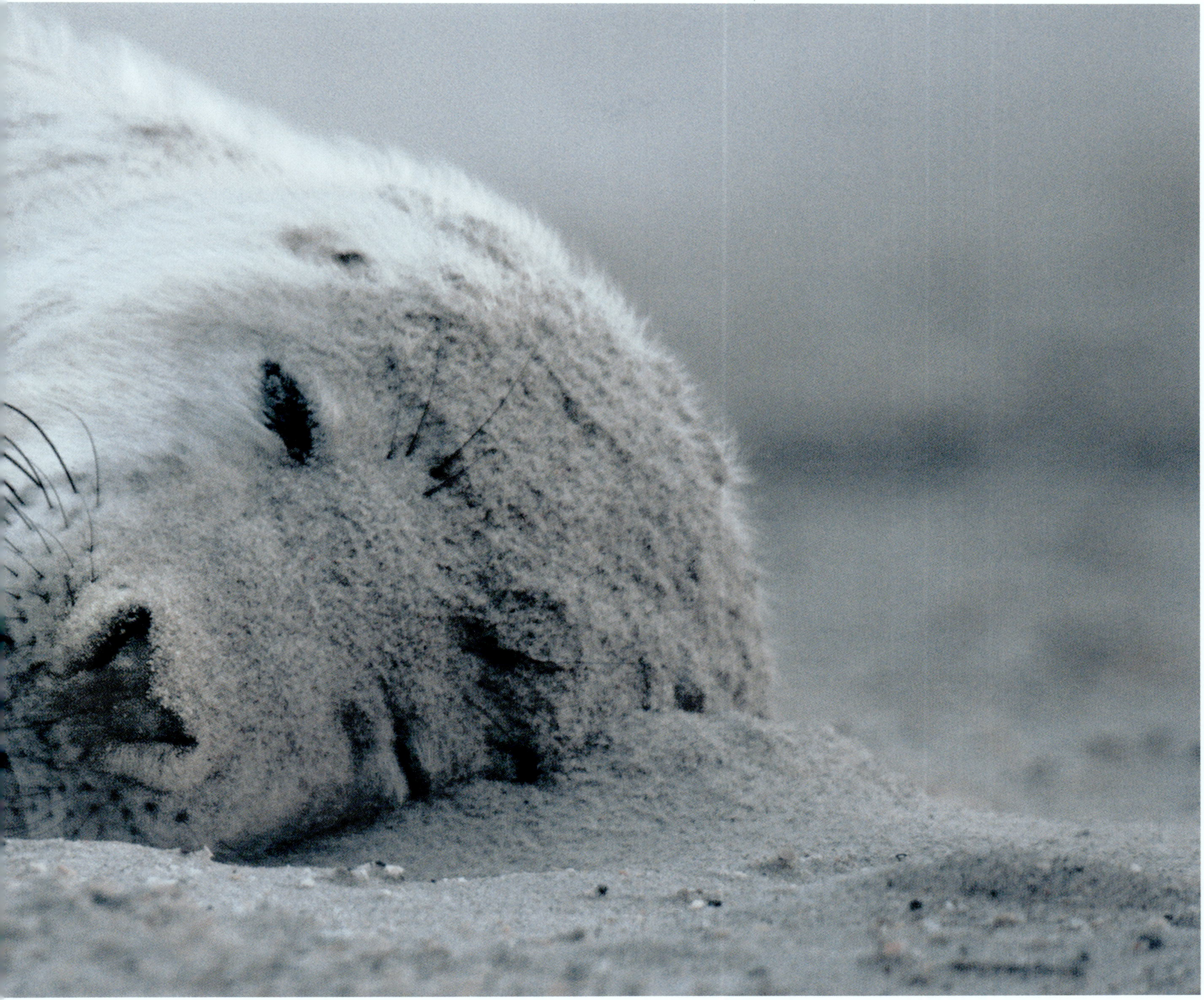

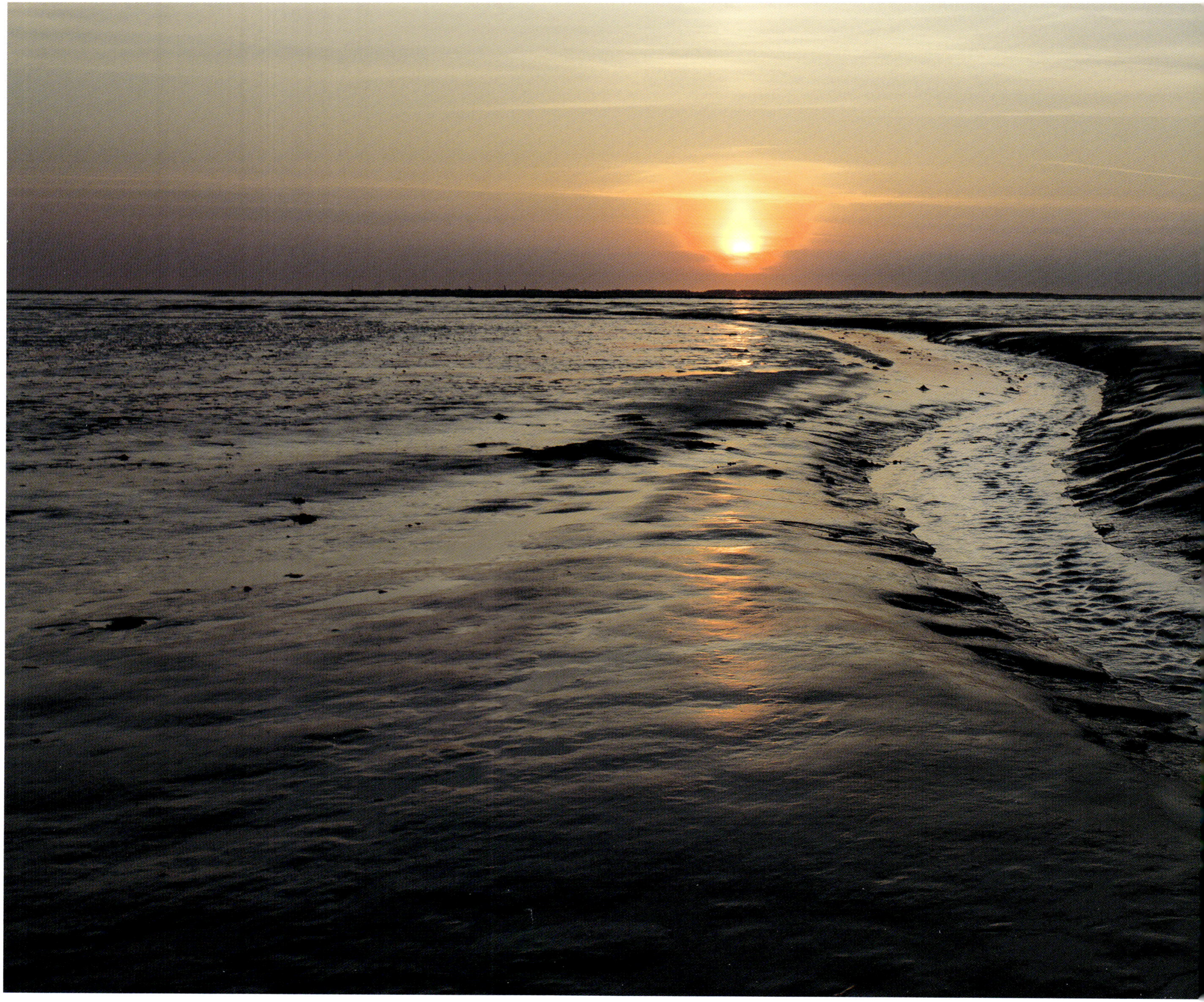

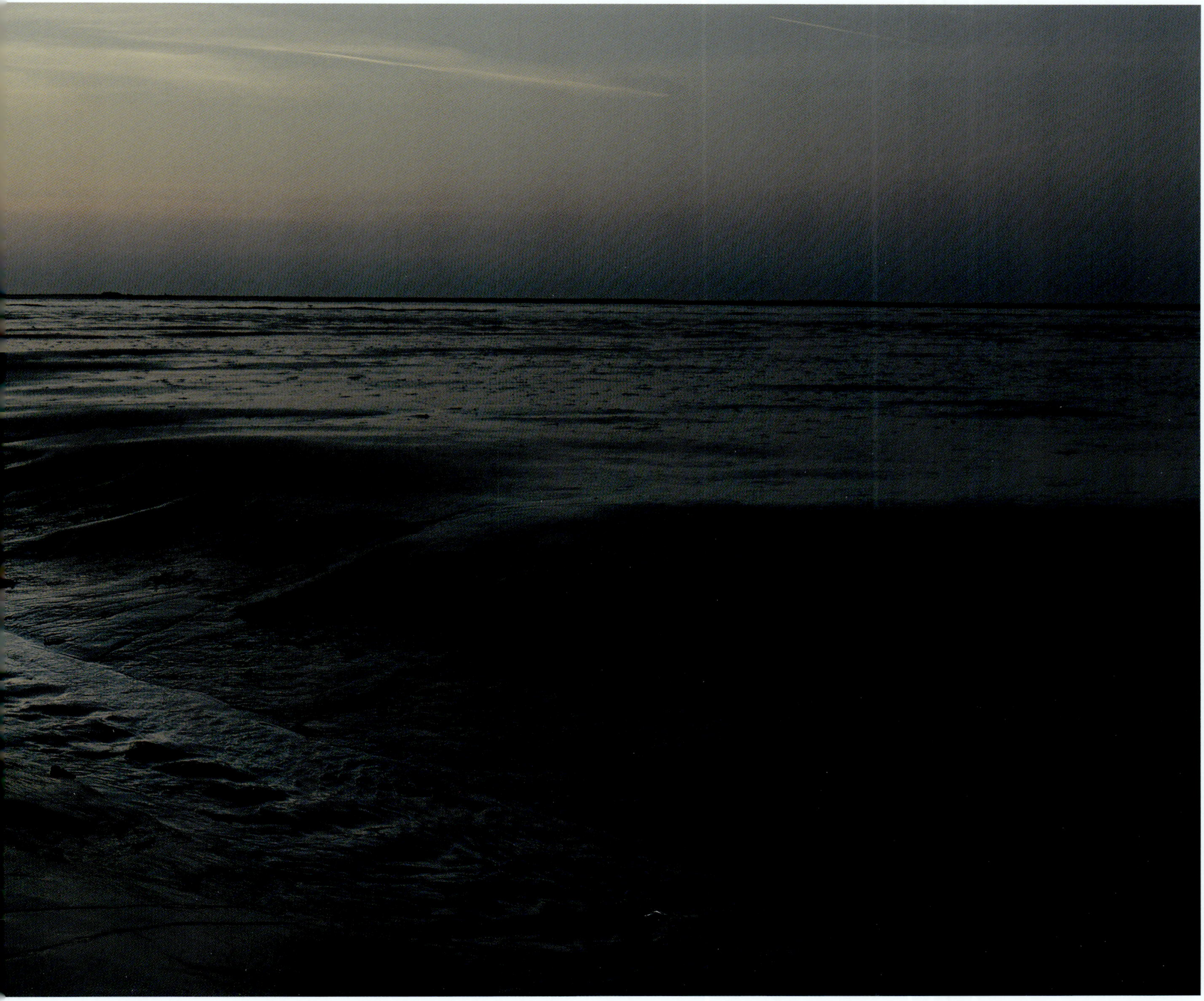

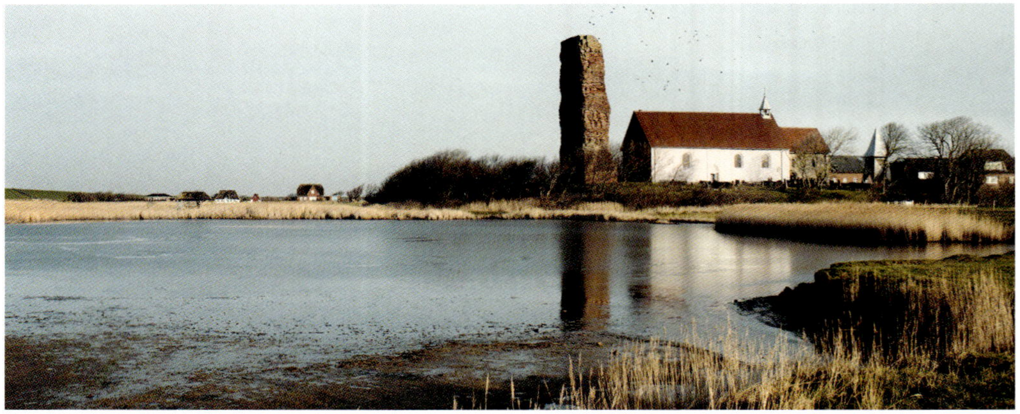

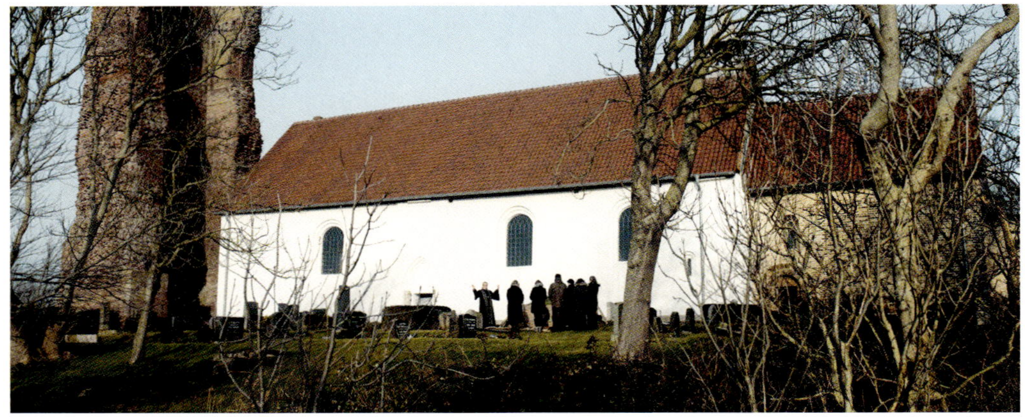

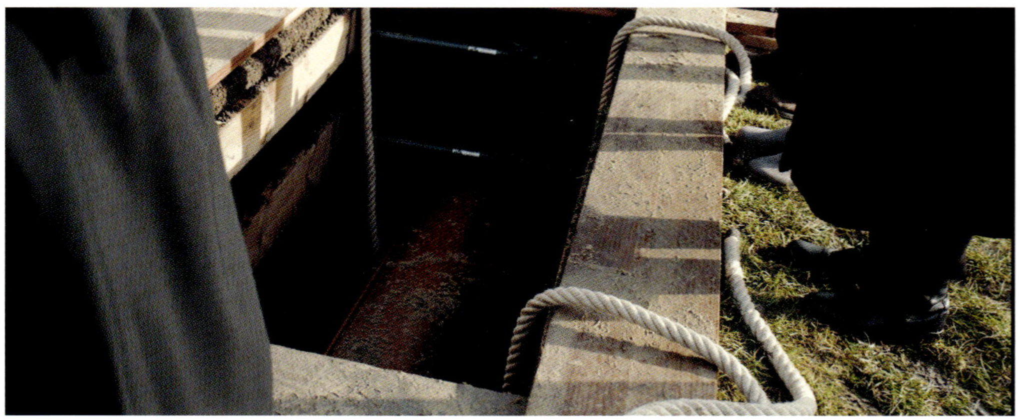

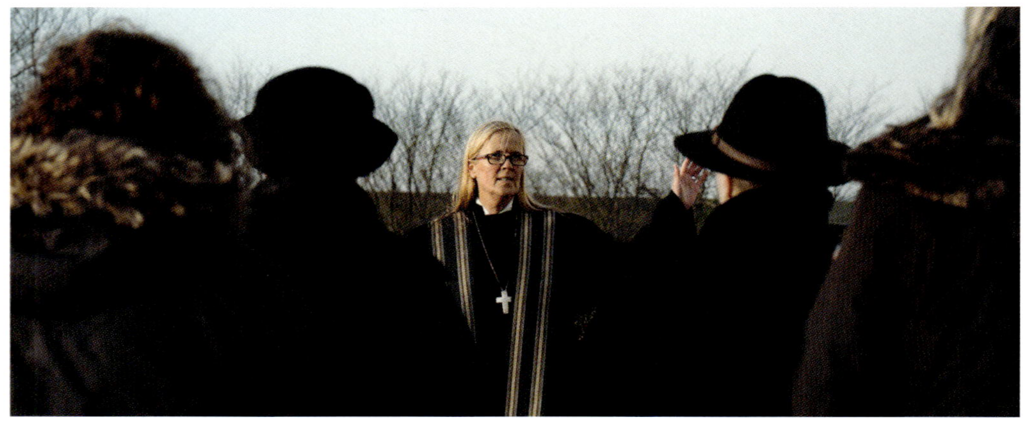

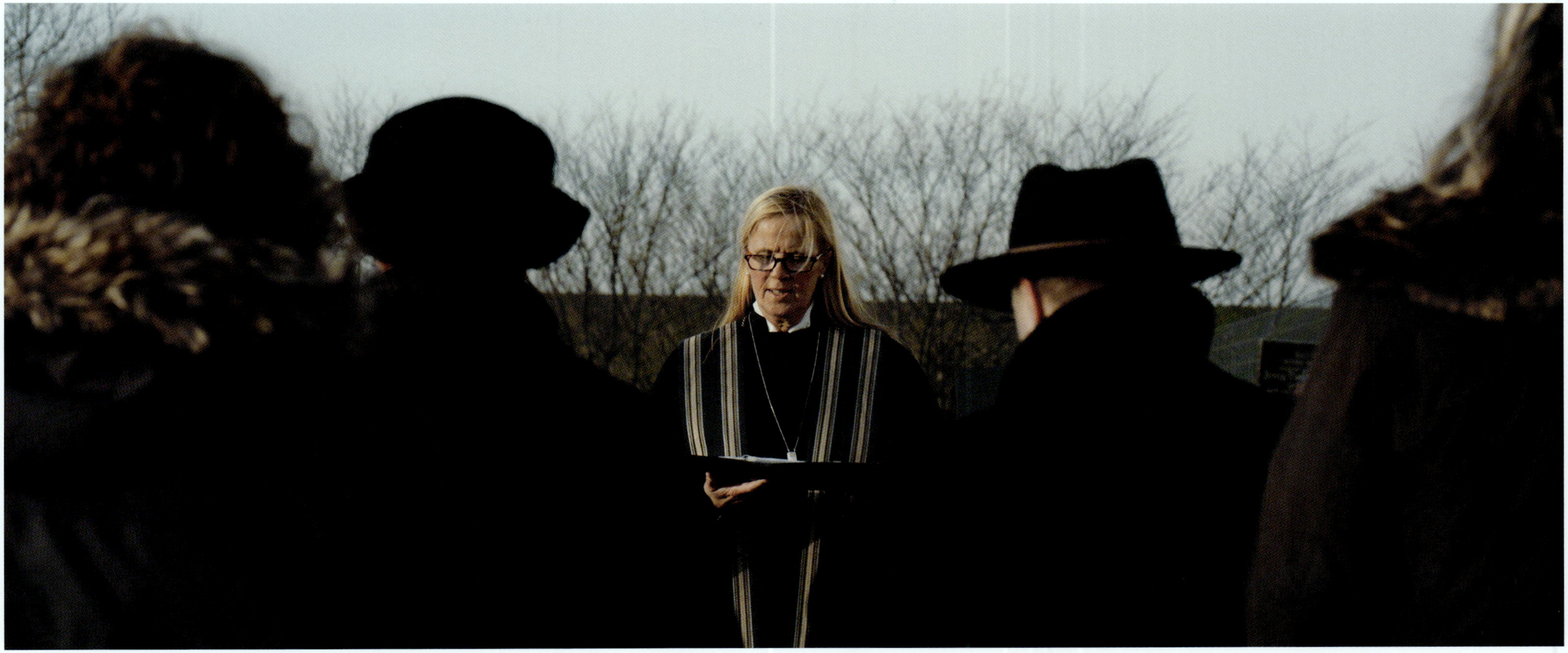

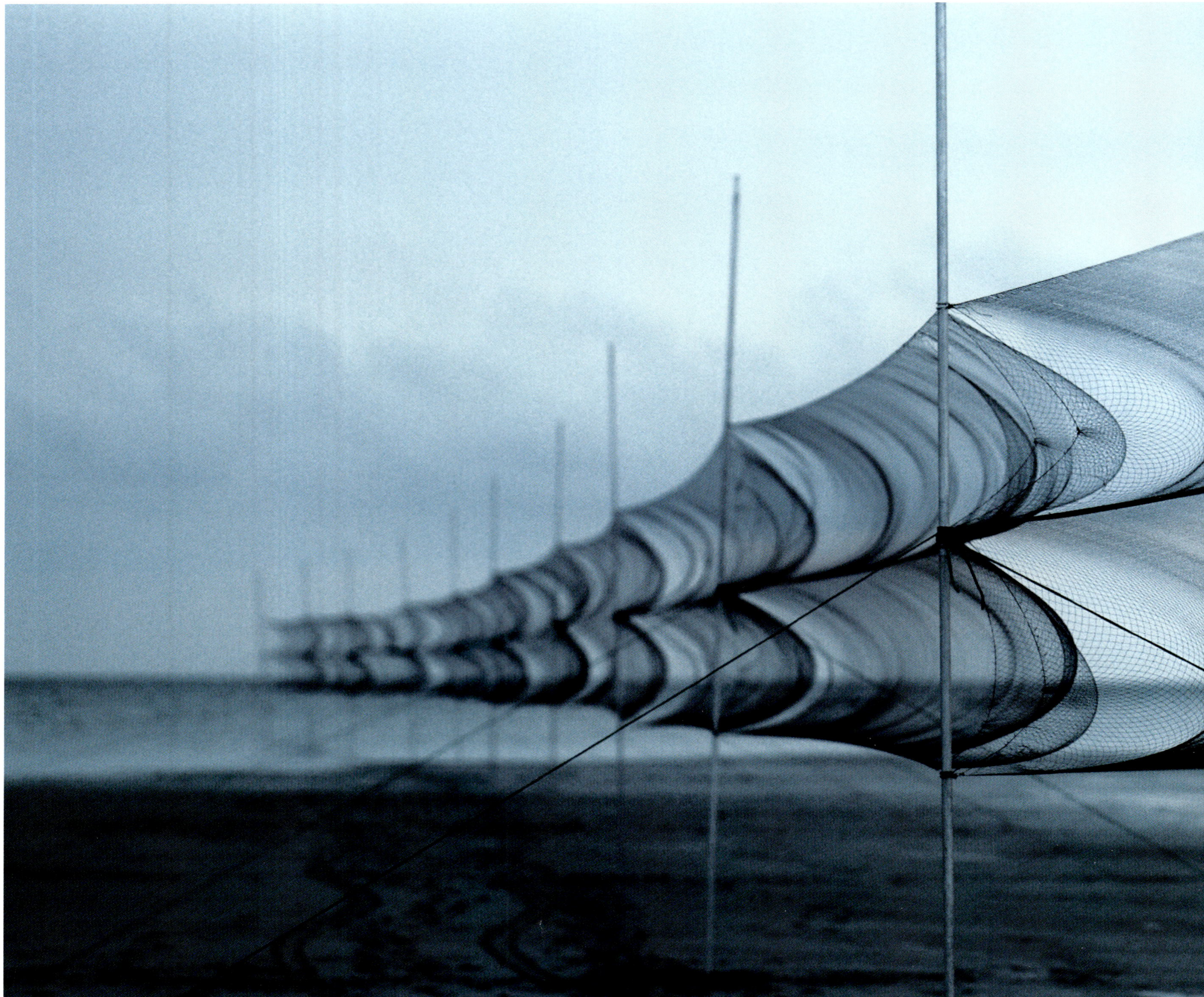

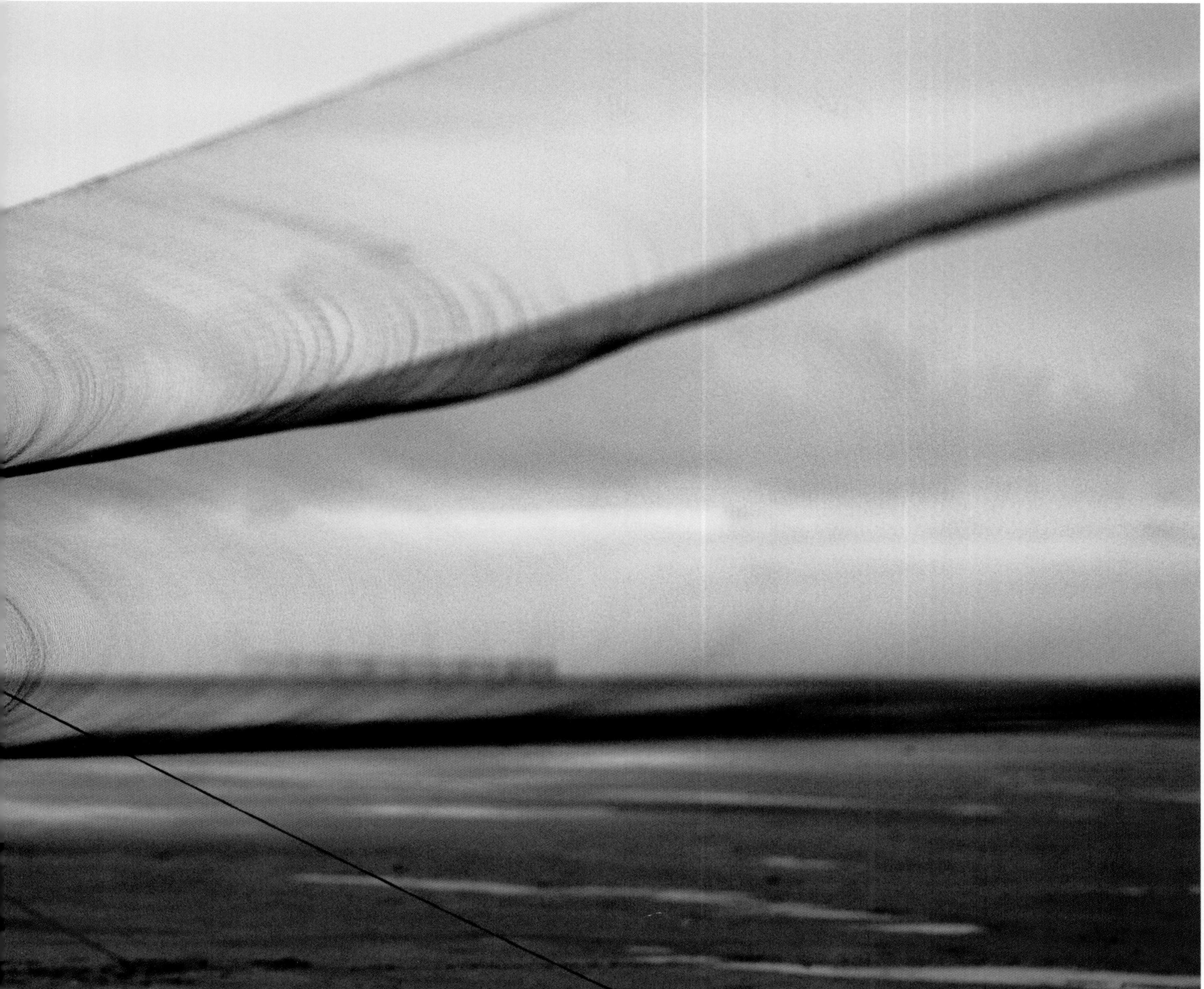

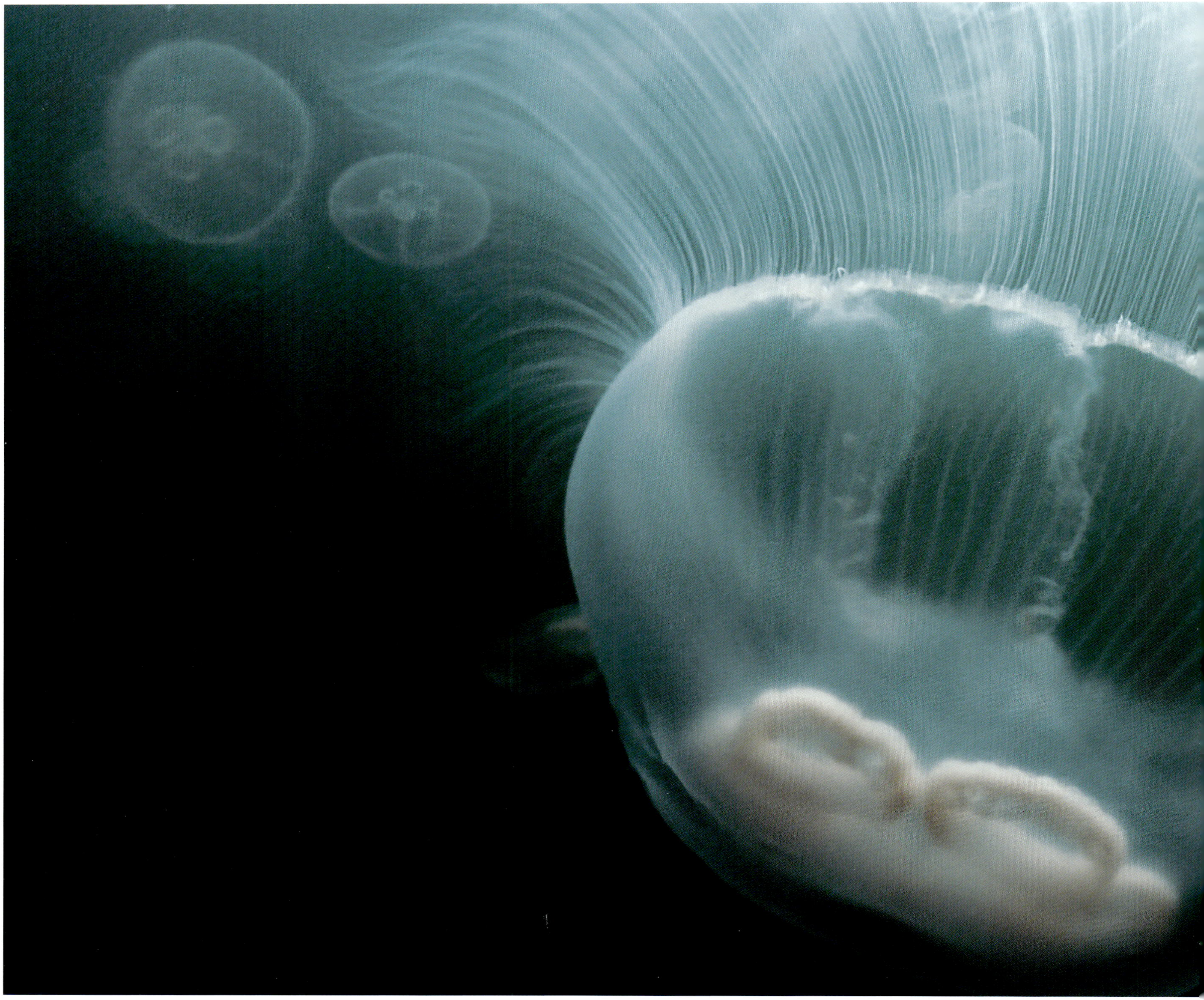

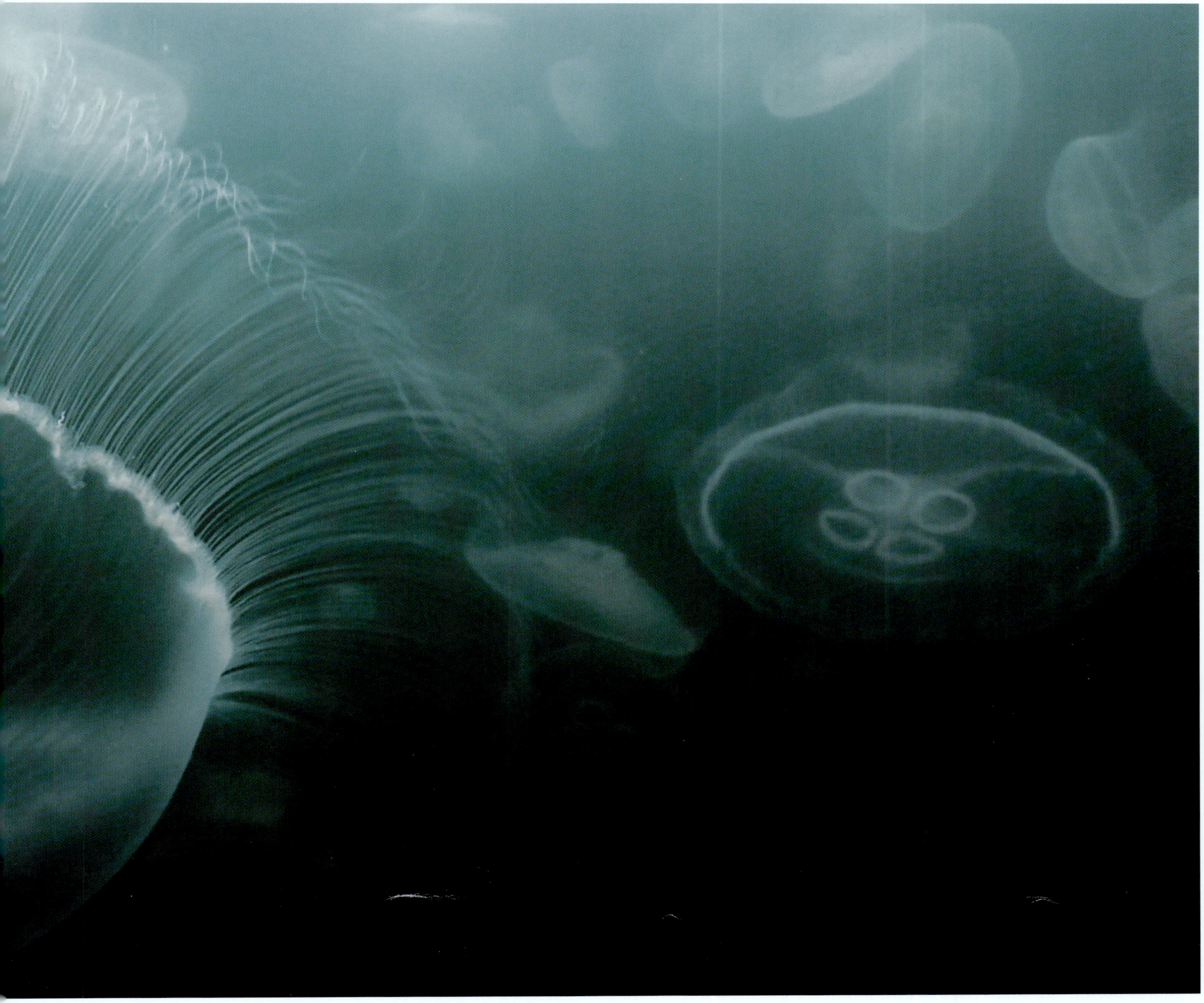

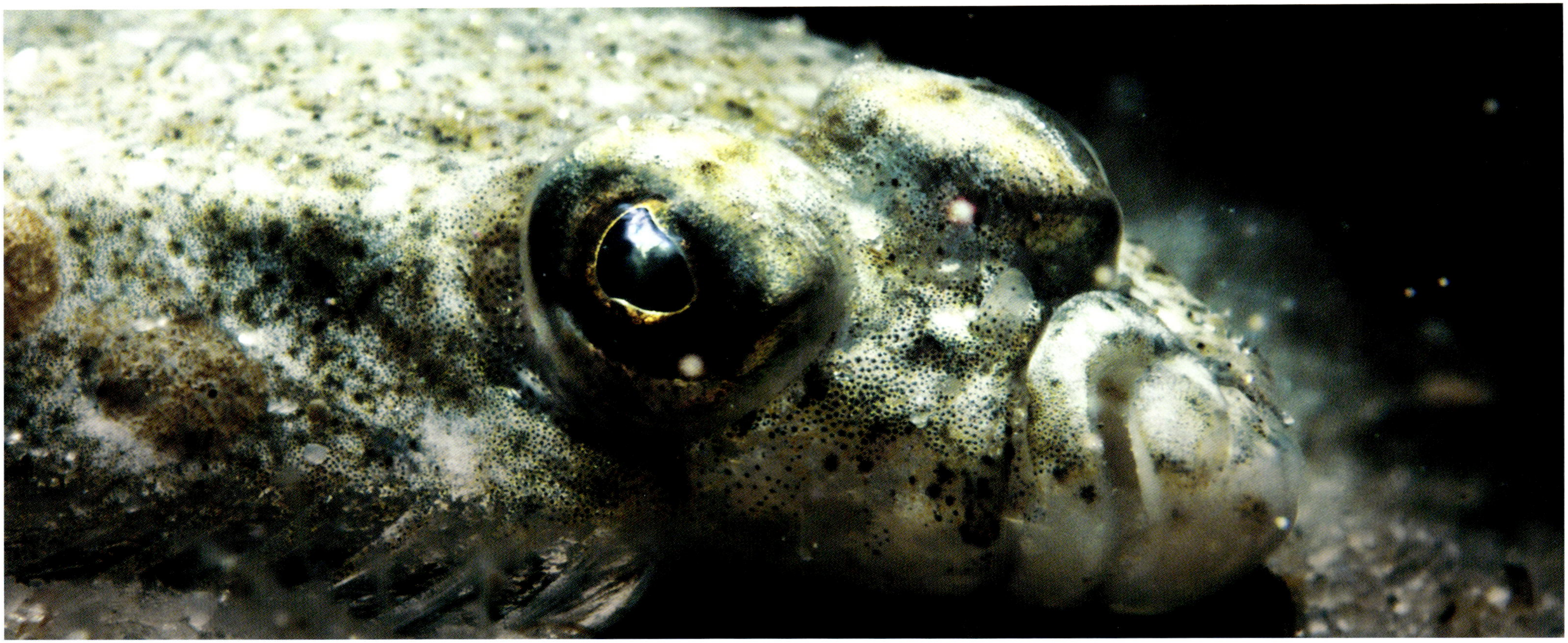

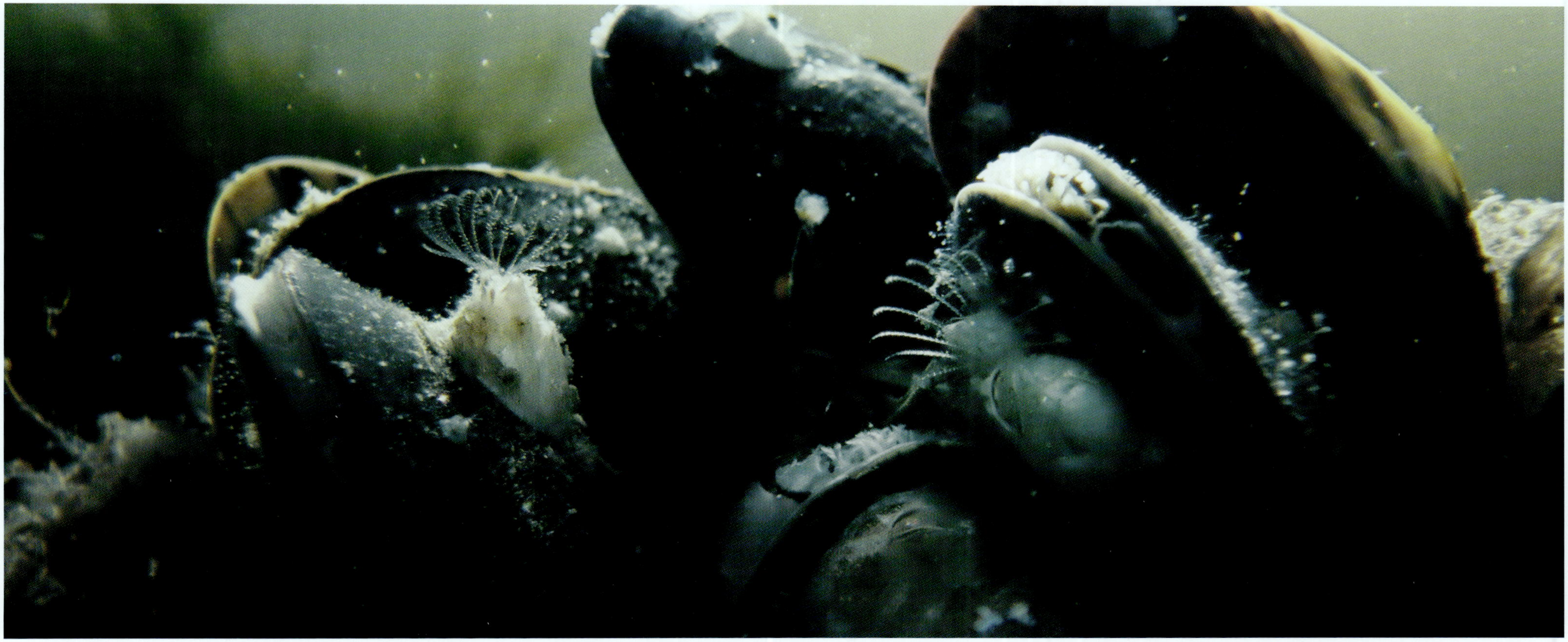

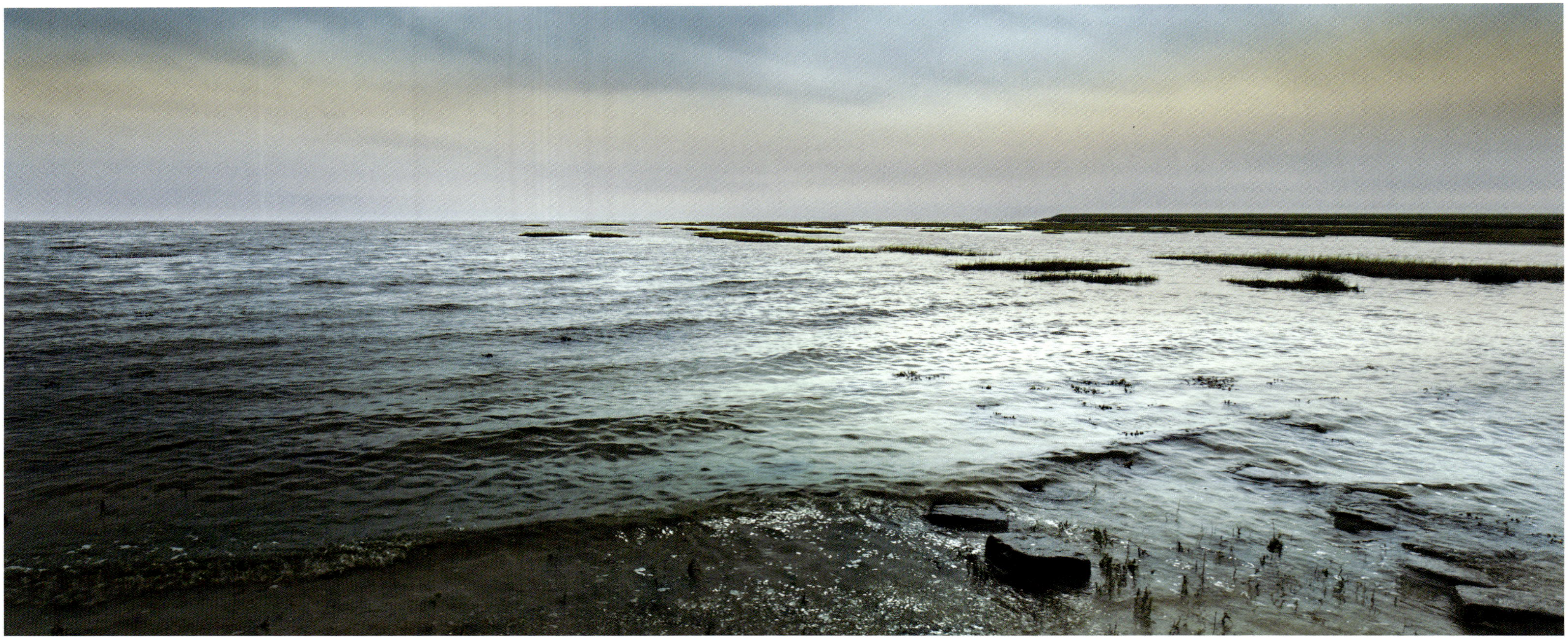

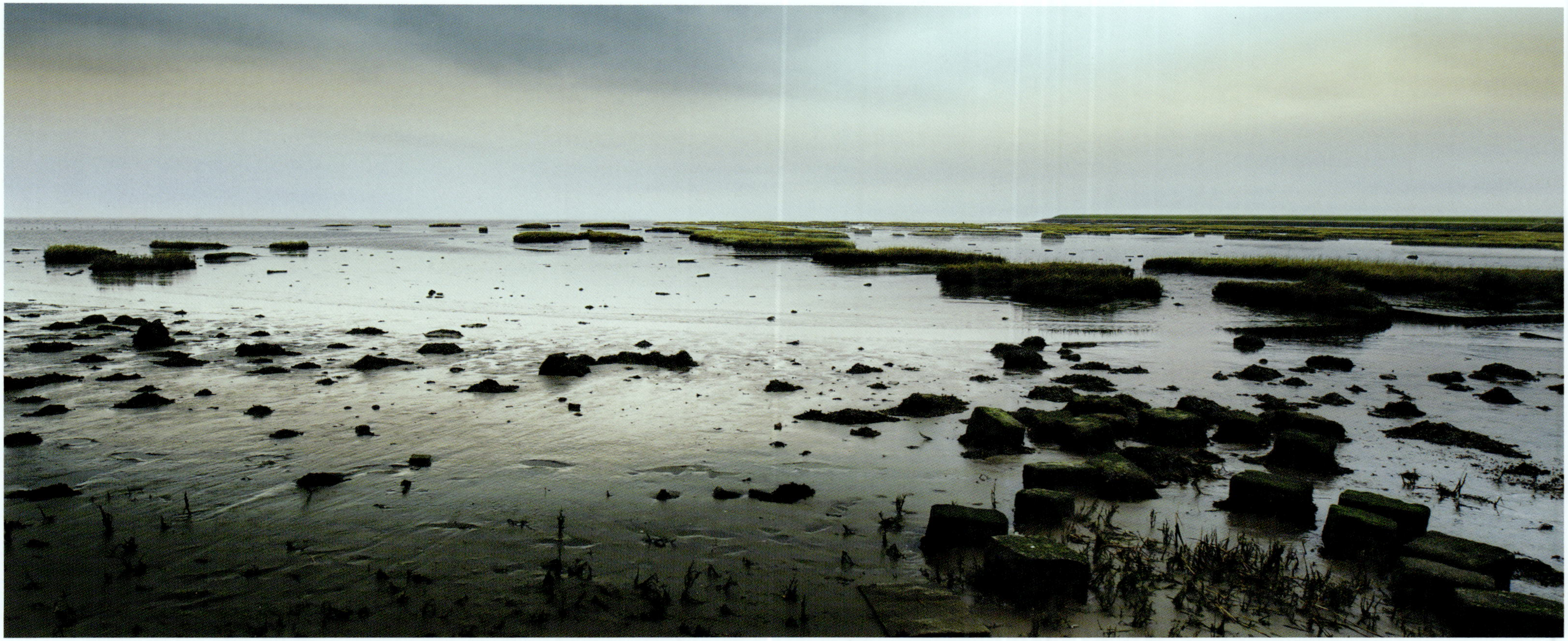

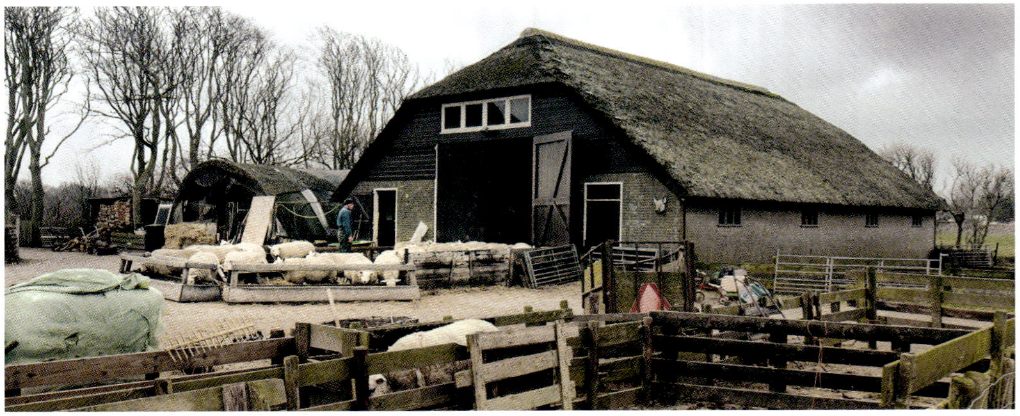
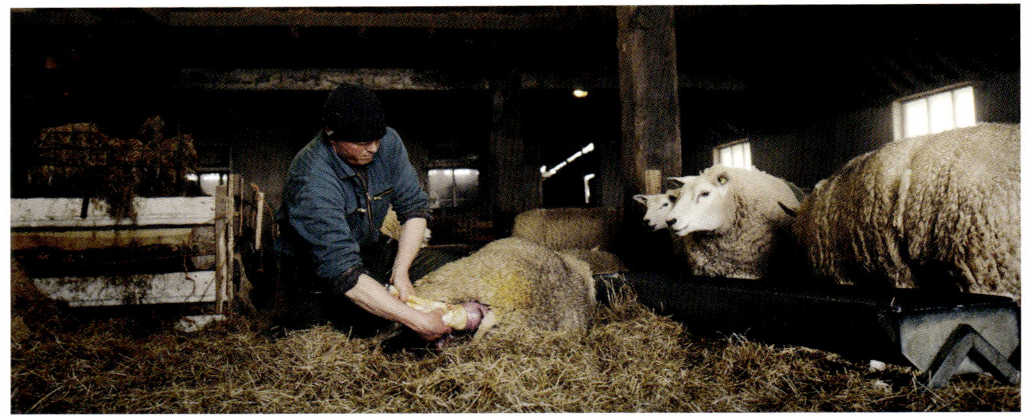
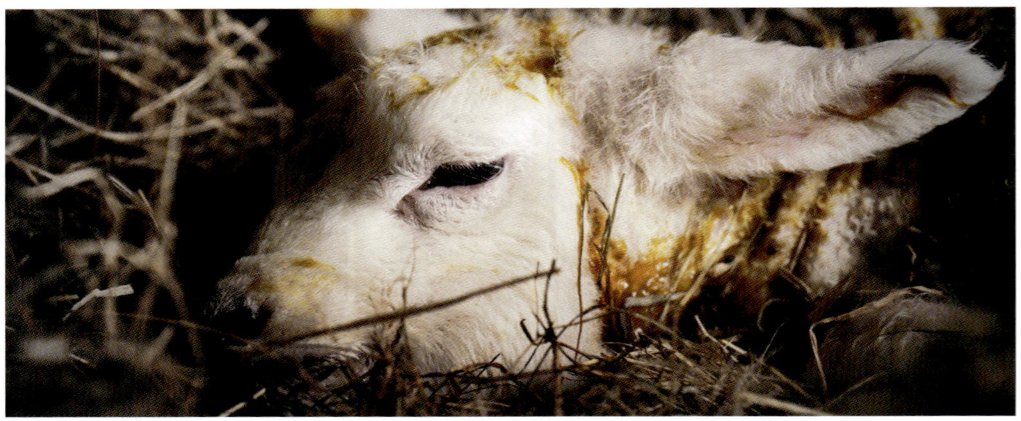
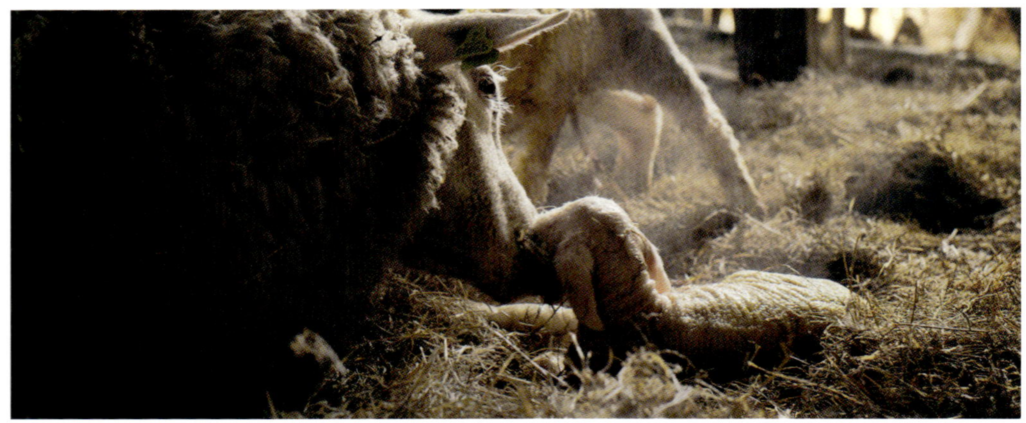

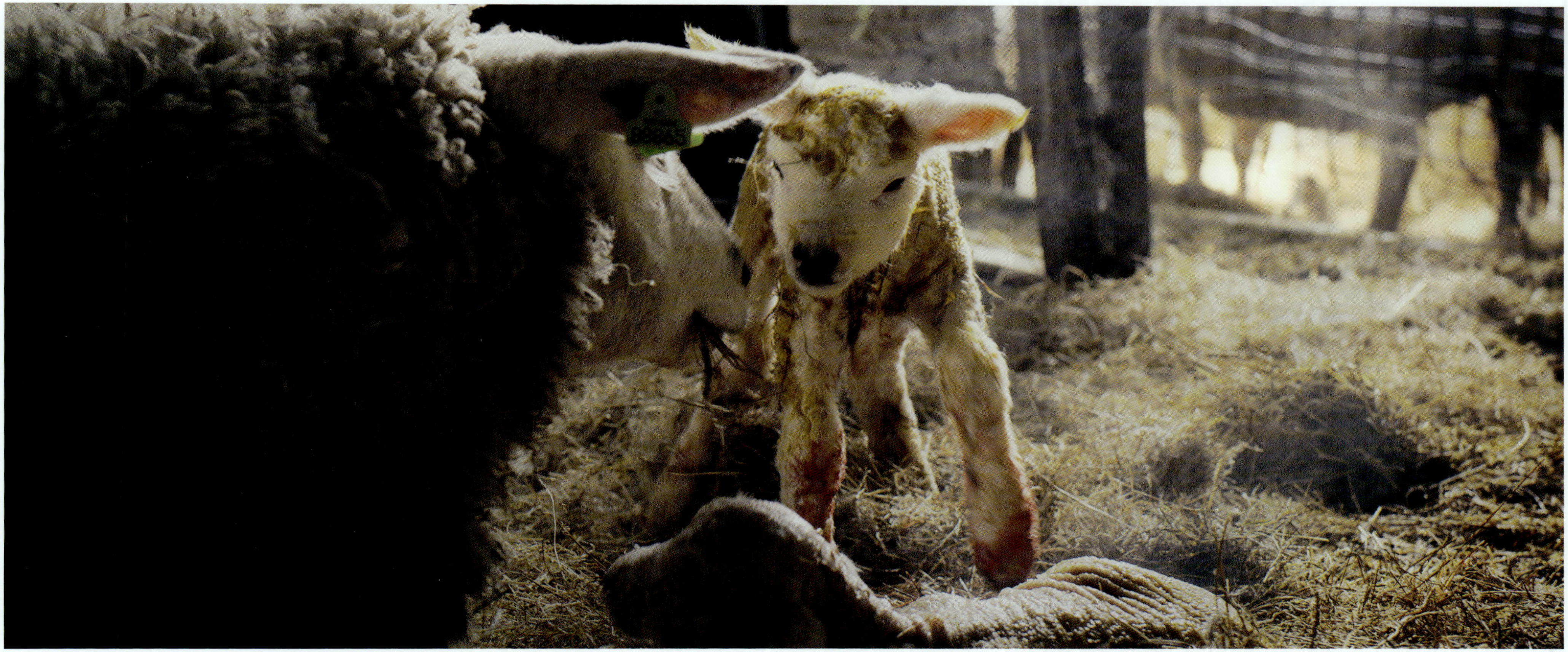

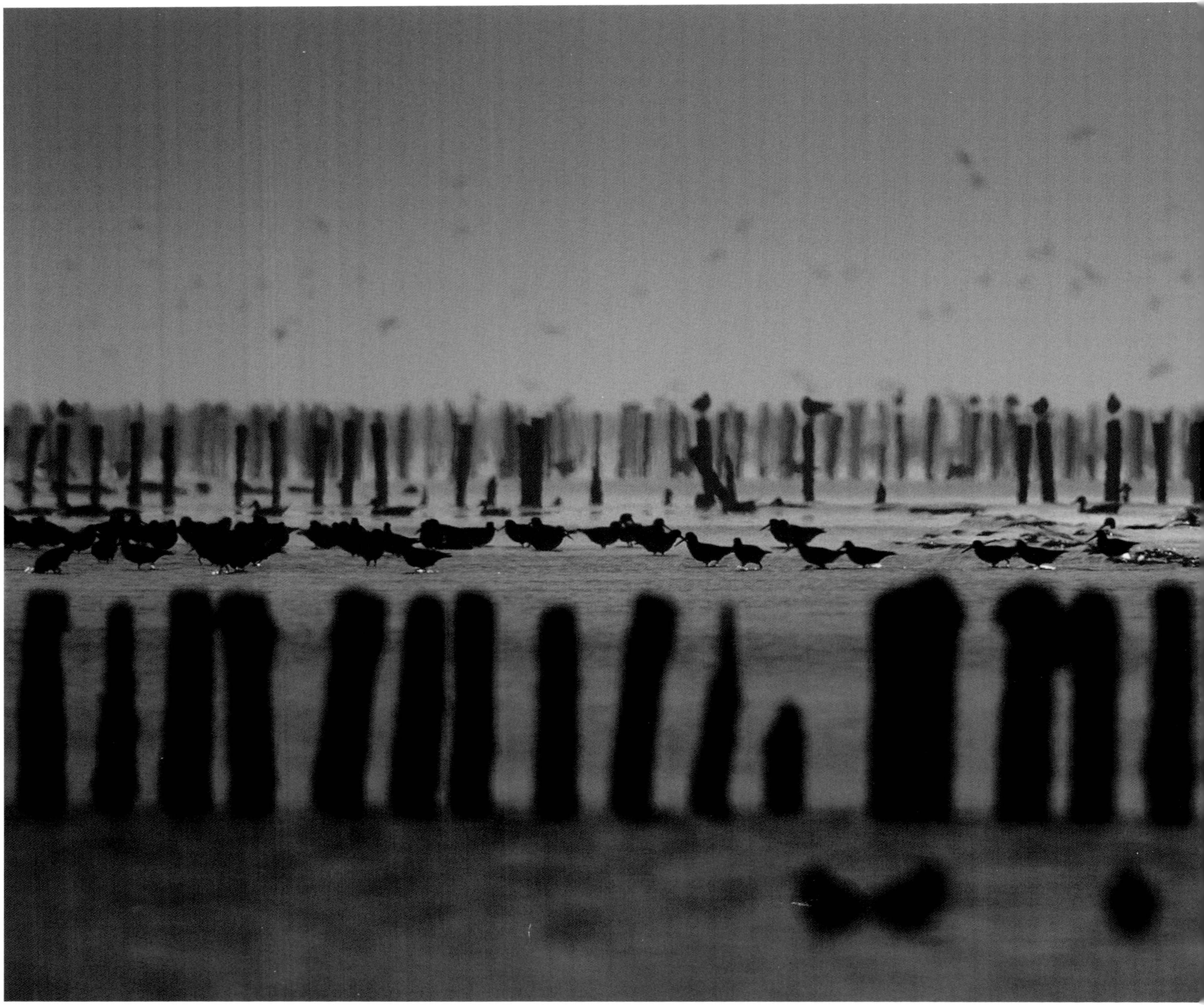

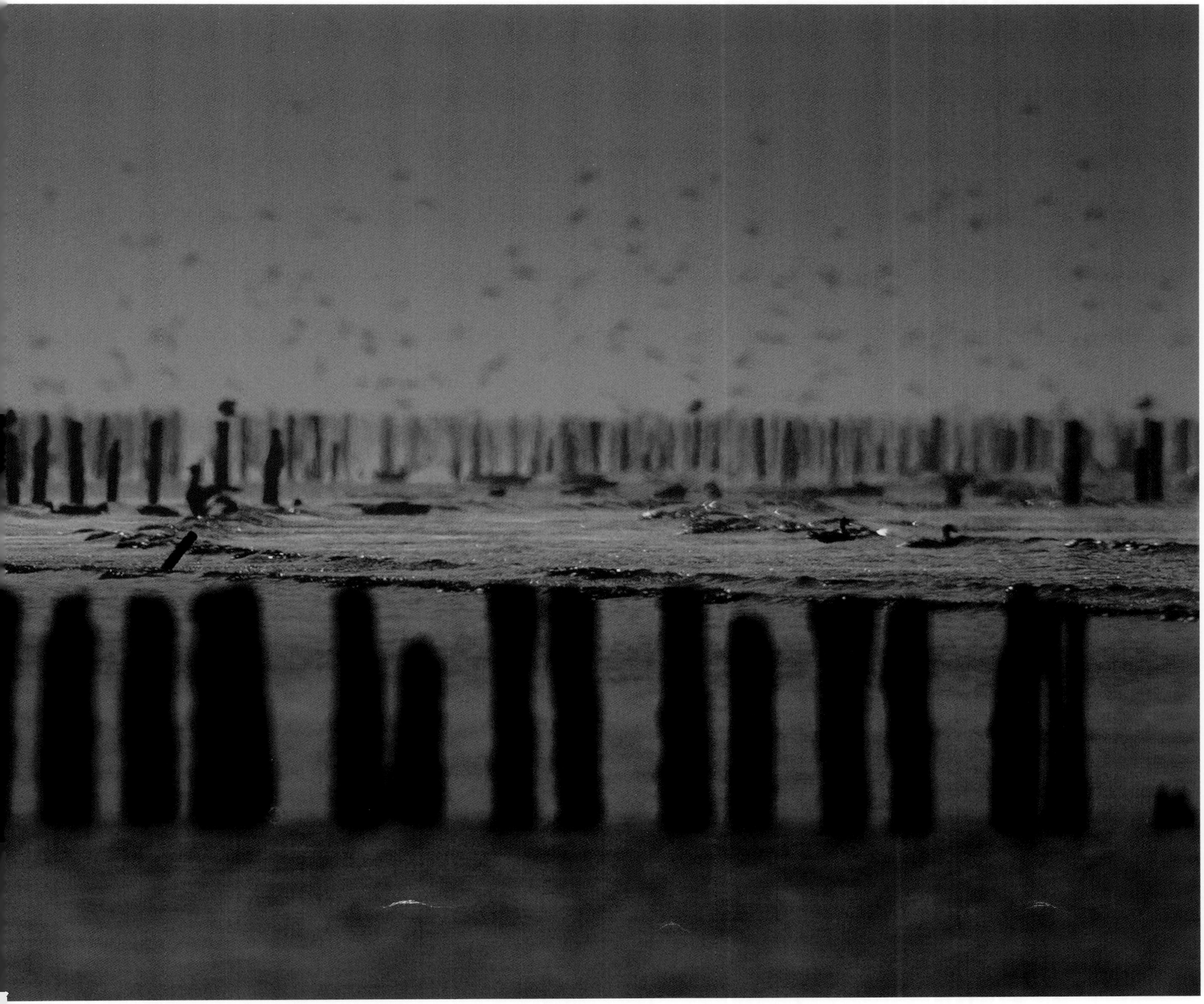

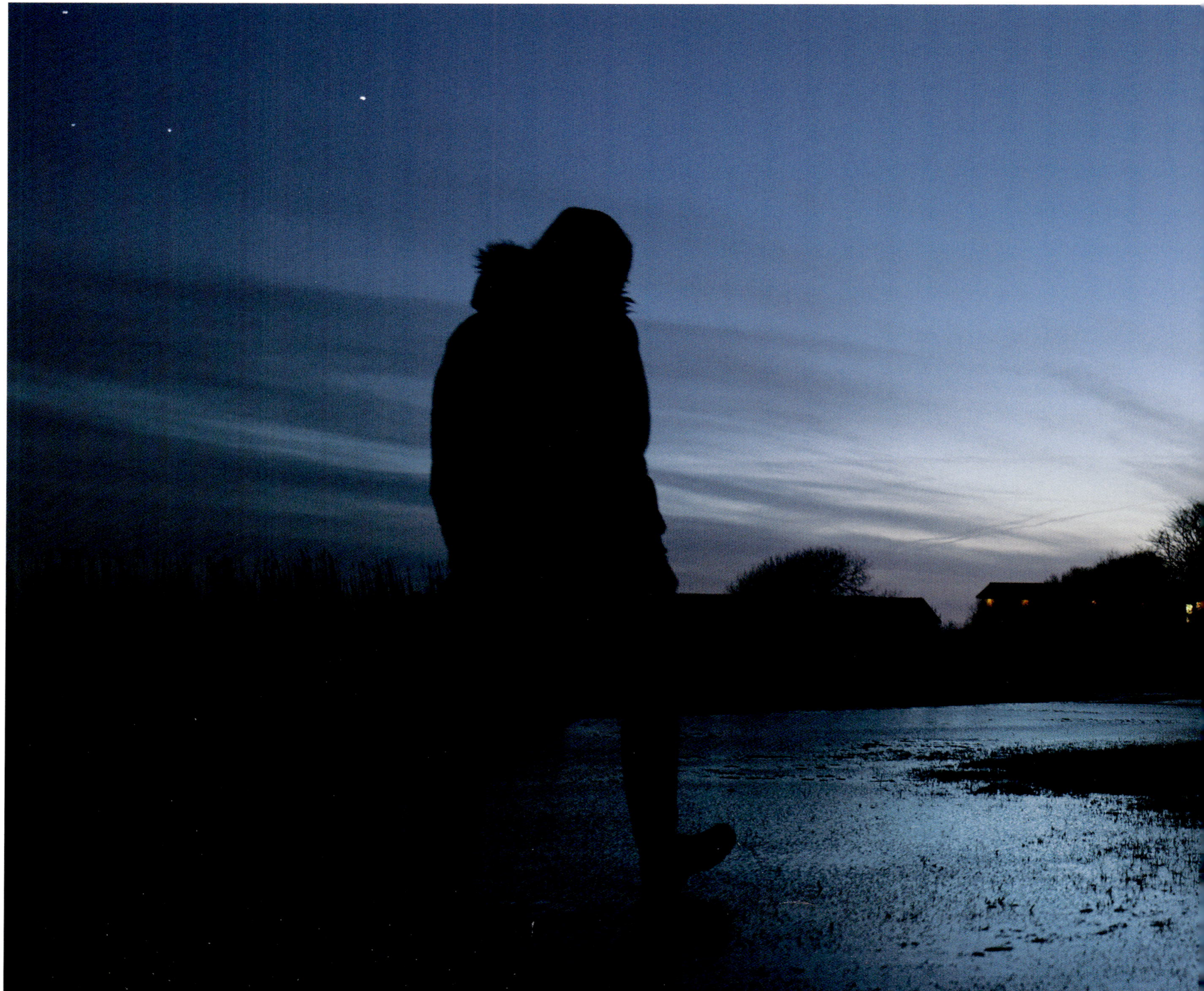

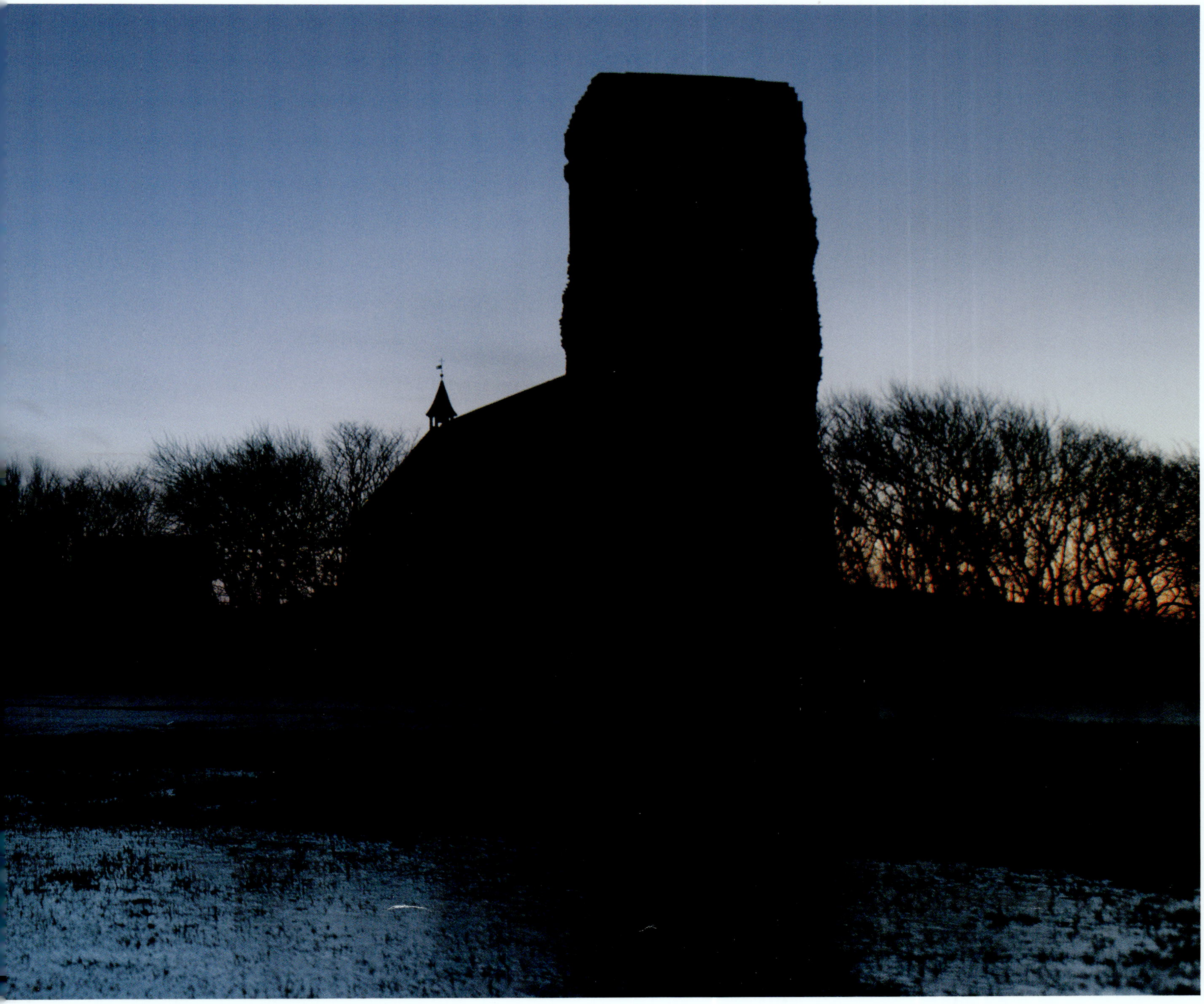

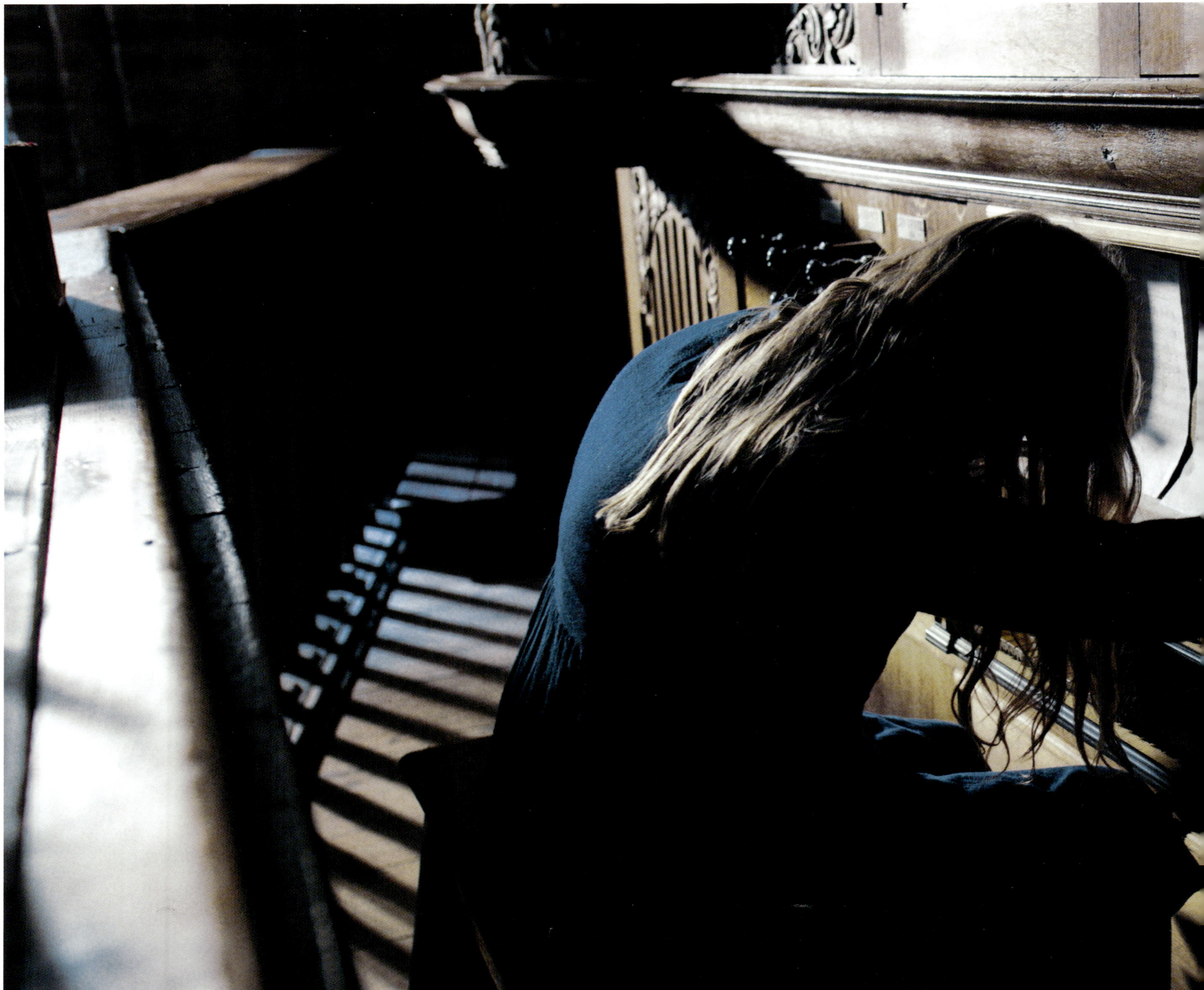

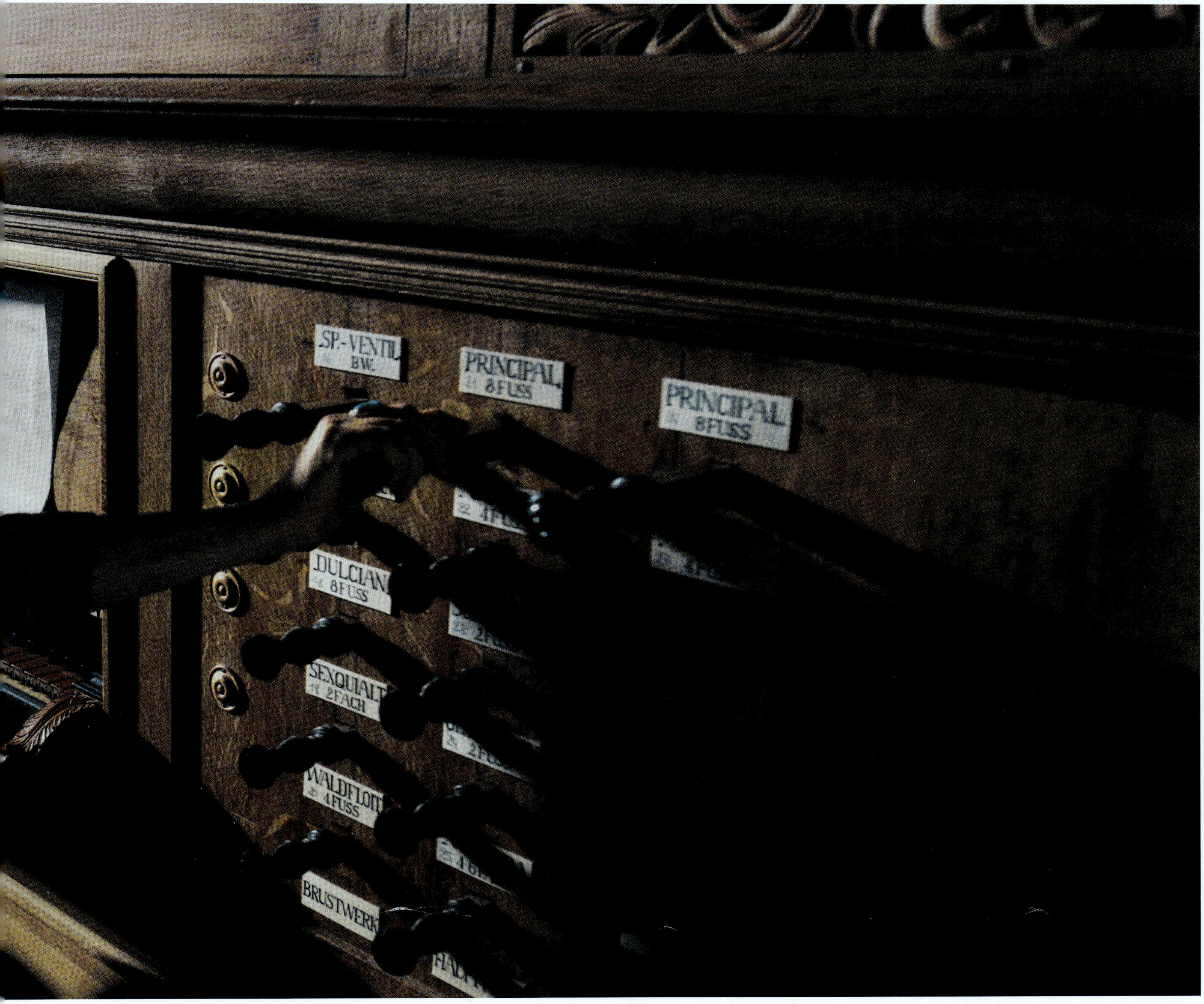
SP.-VENTIL
BW.
PRINCIPAL
8FUSS
PRINCIPAL
8FUSS
DULCIAN
8FUSS
SEXQUIALT
2FACH
WALDFLOIT
4FUSS
BRUSTWERK

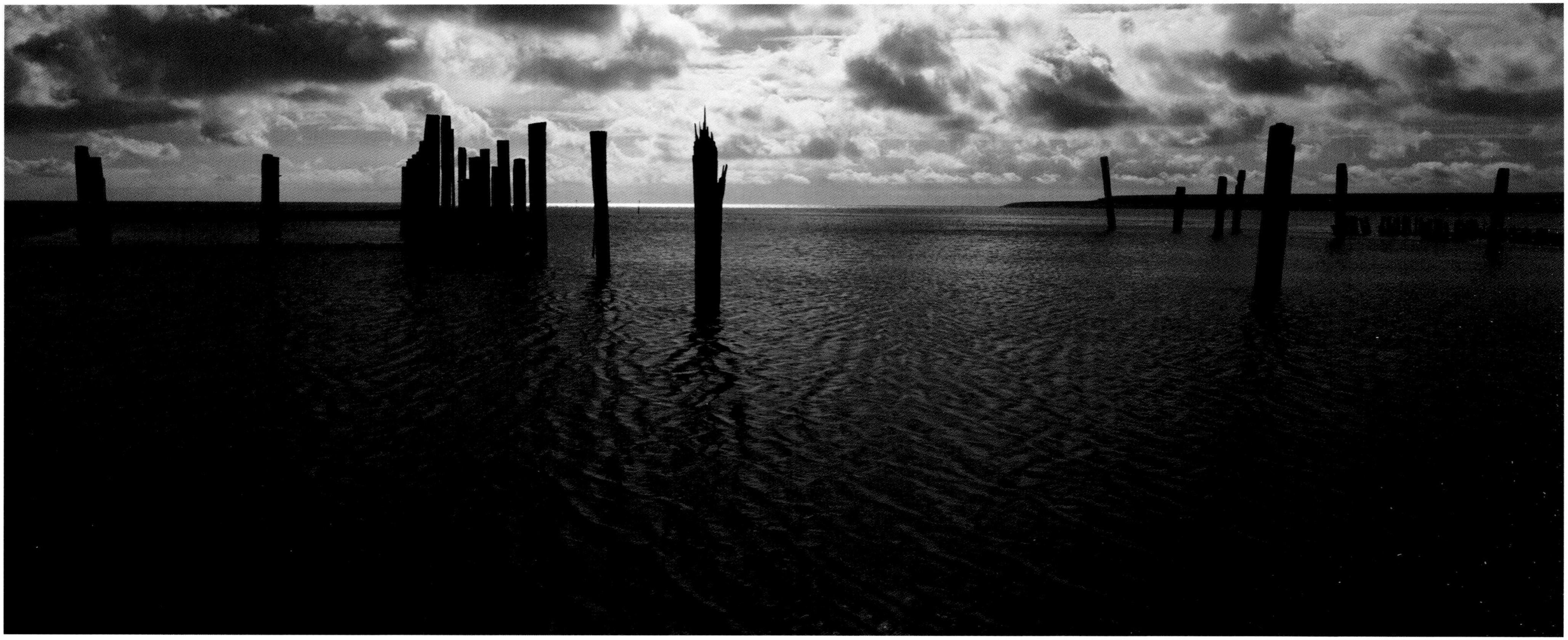

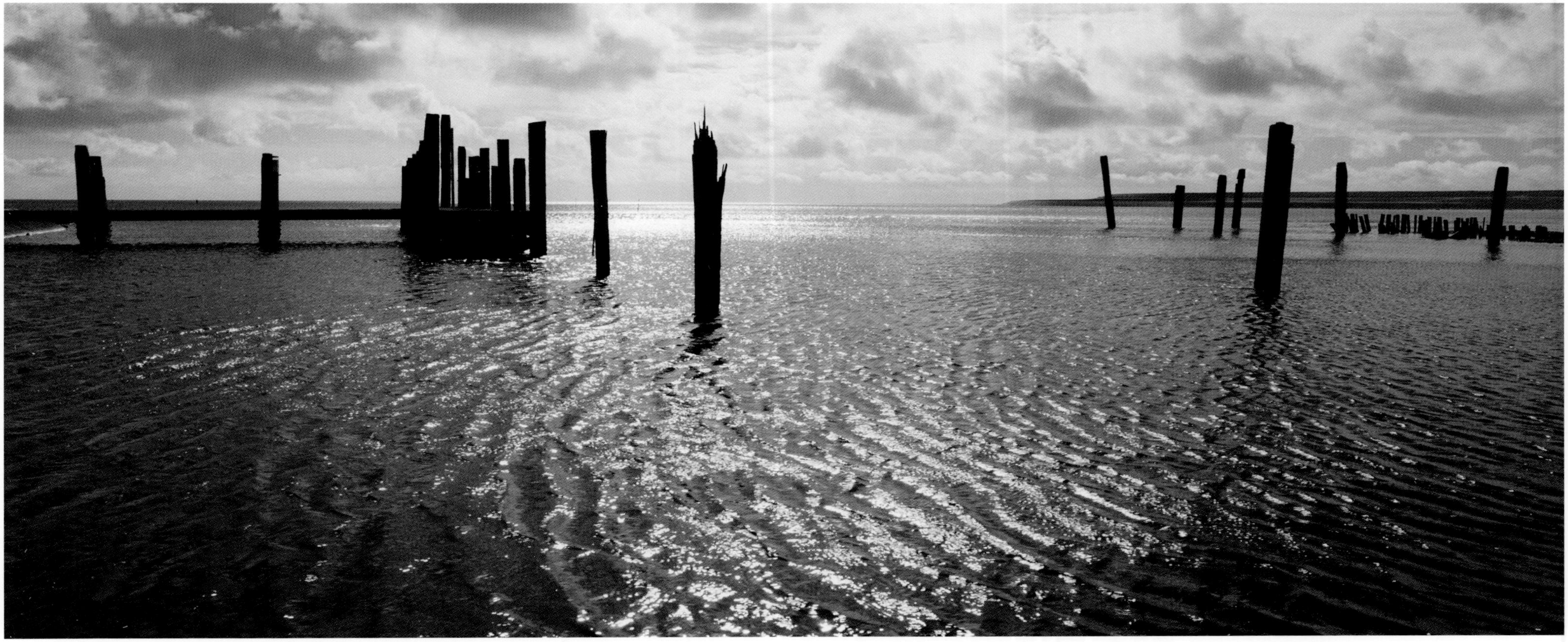

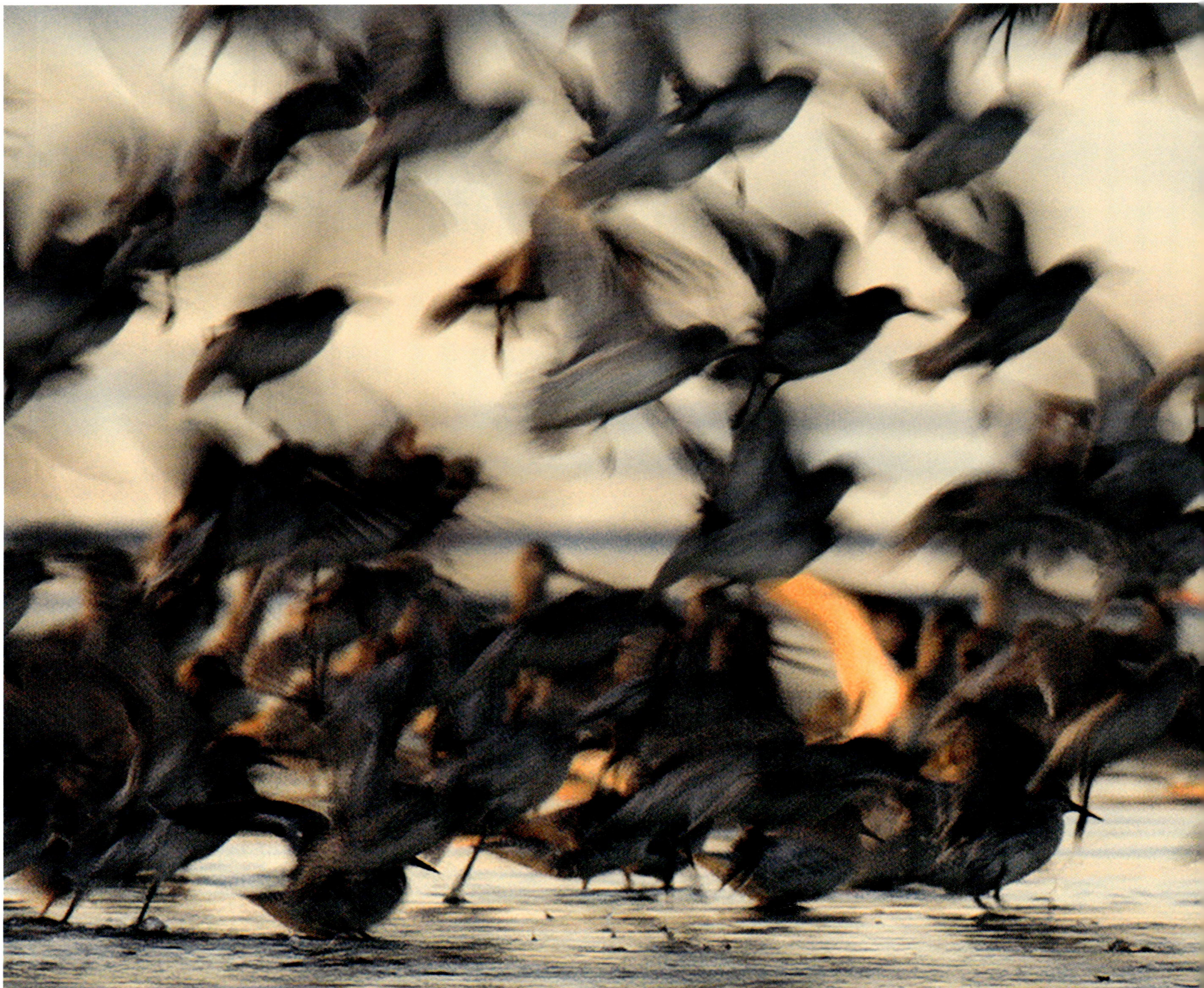

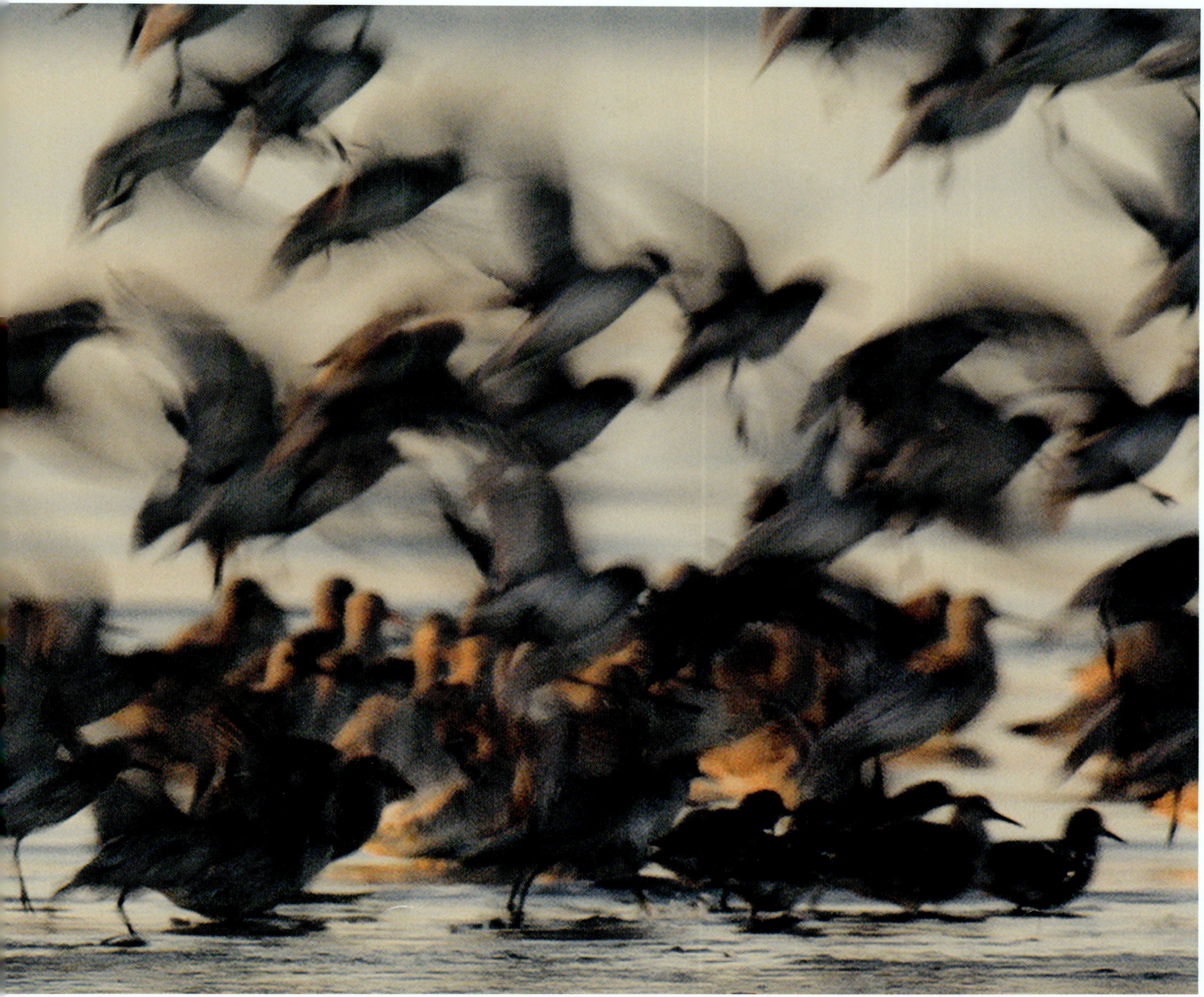

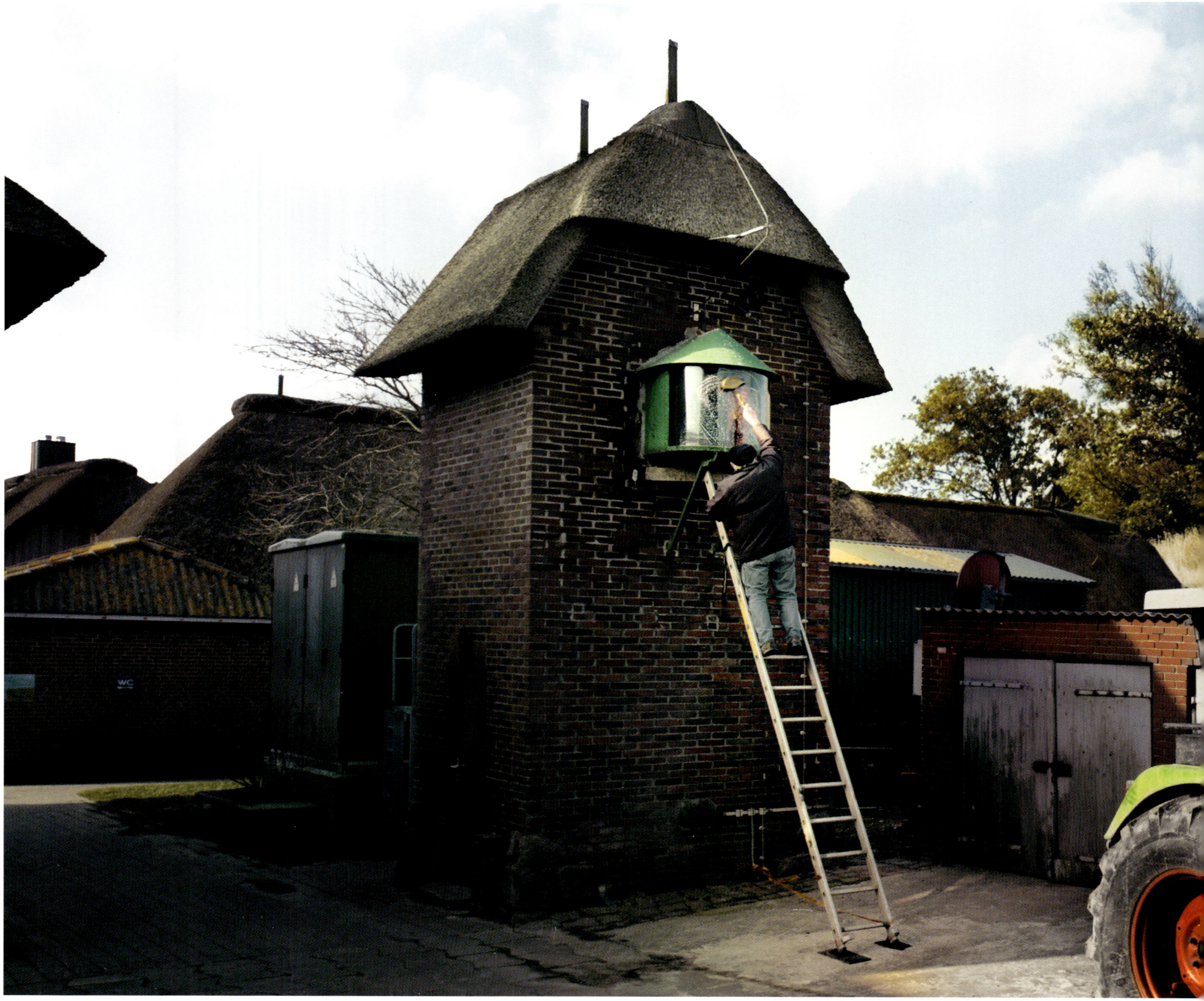

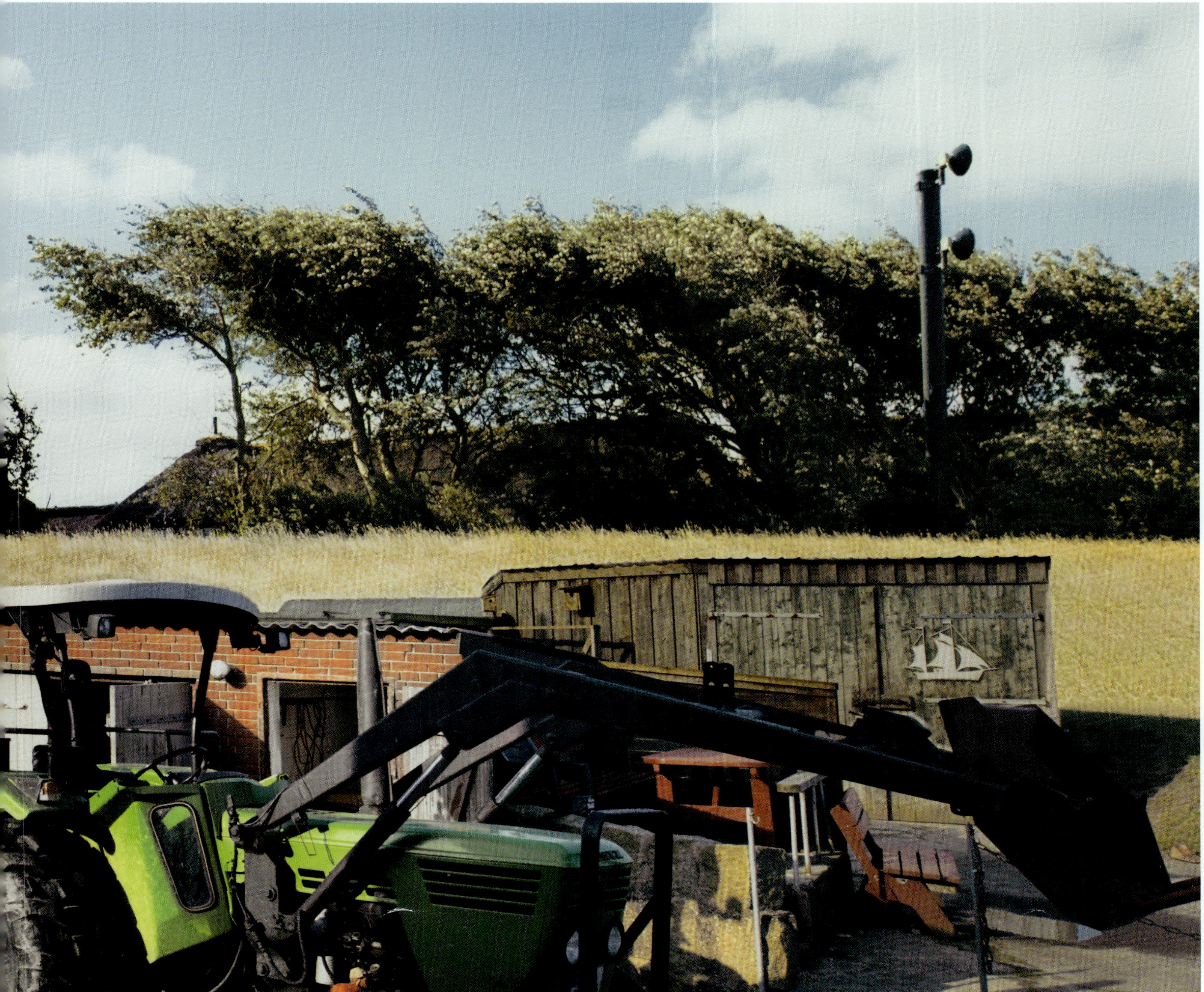

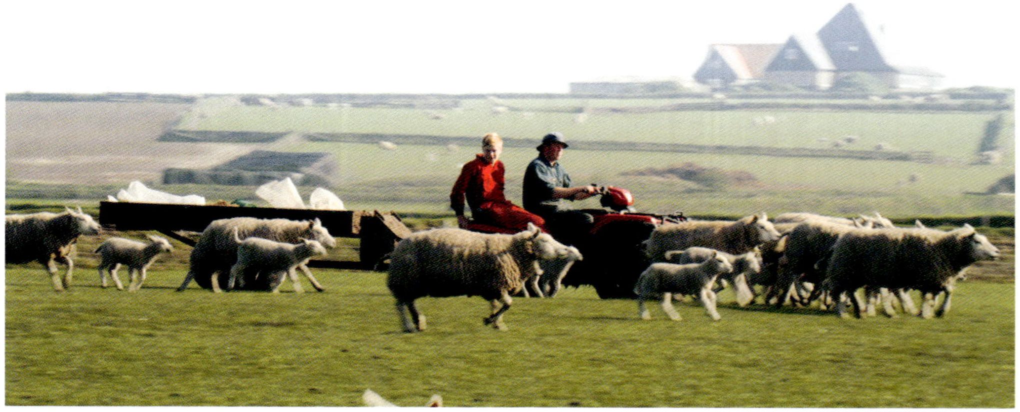
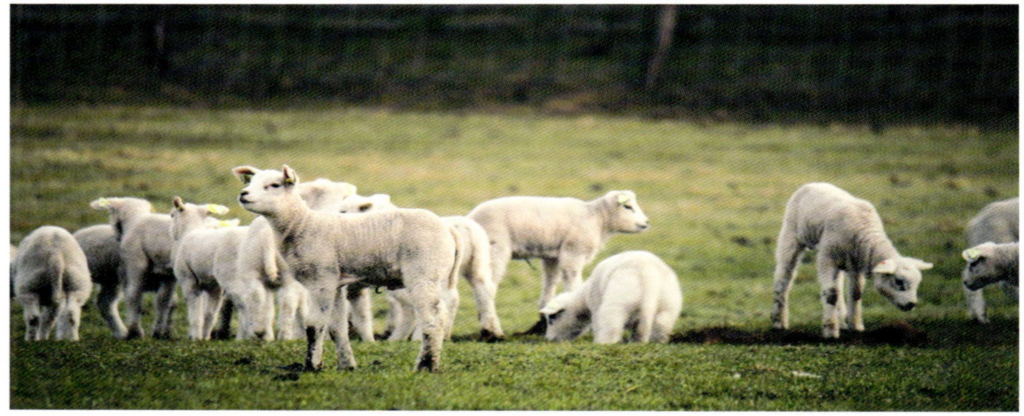
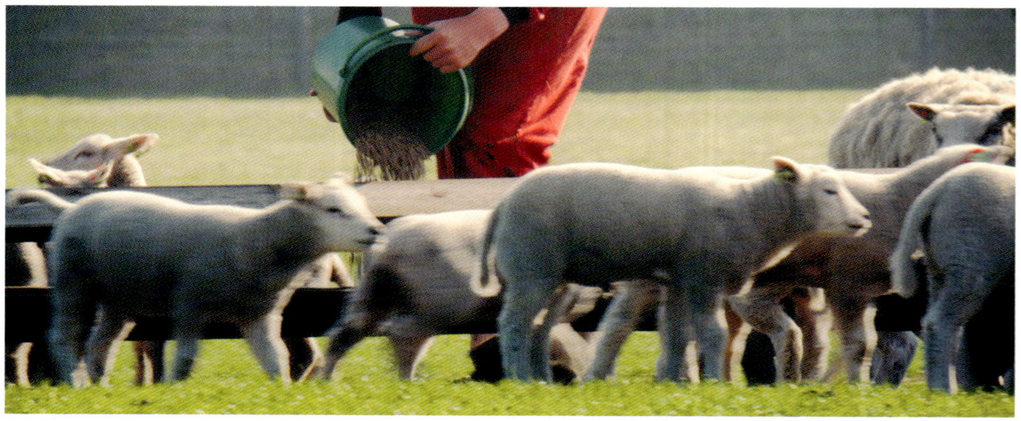
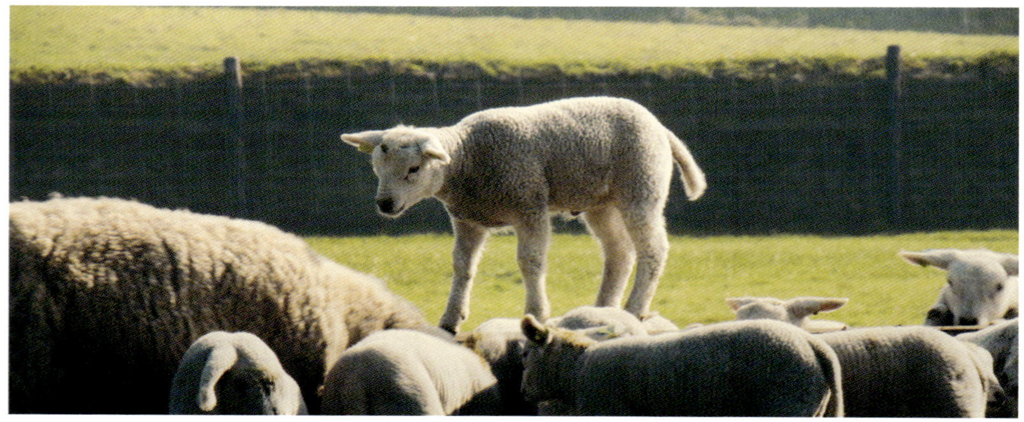

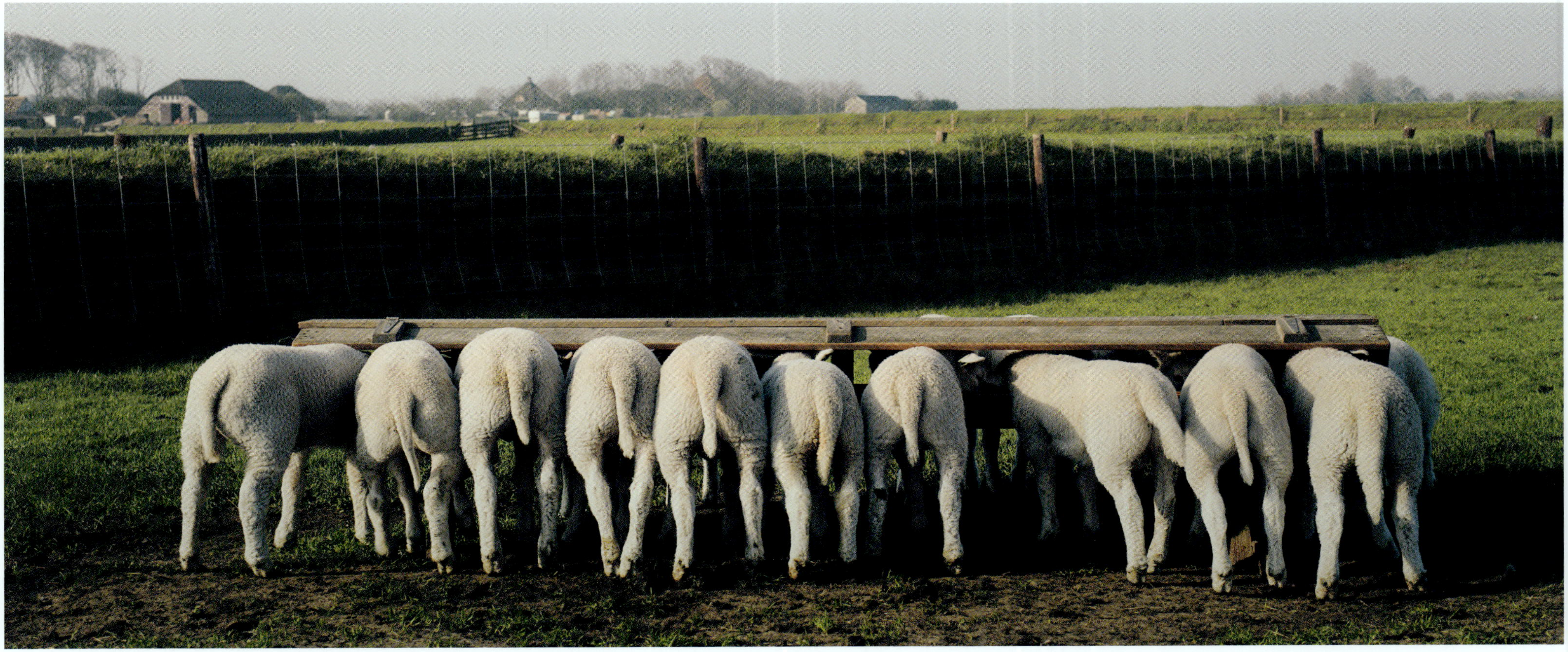

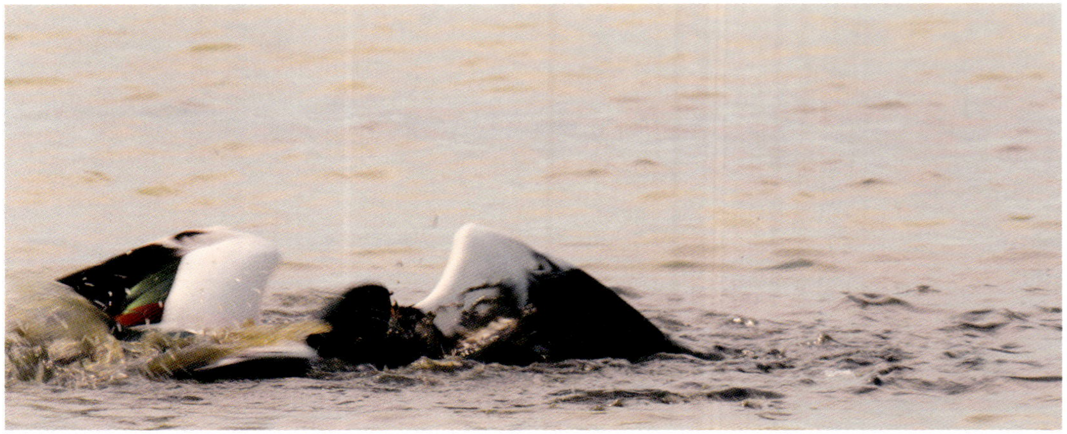
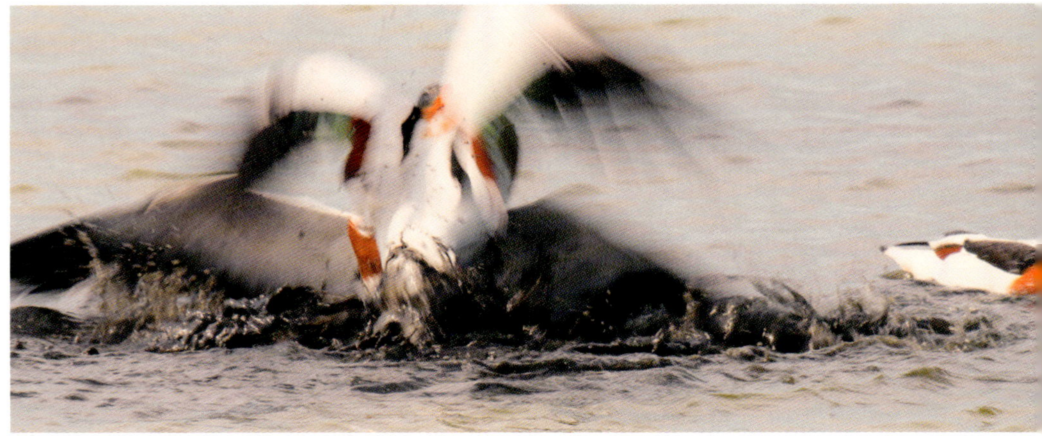
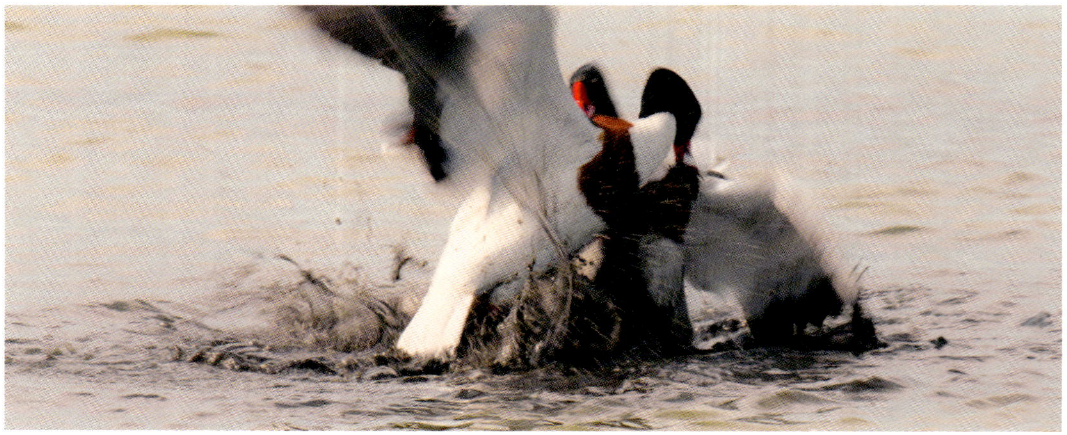
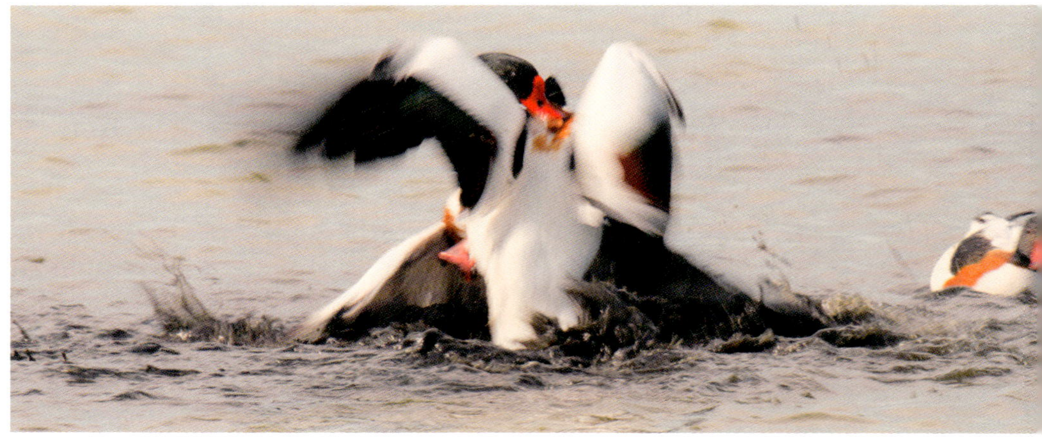
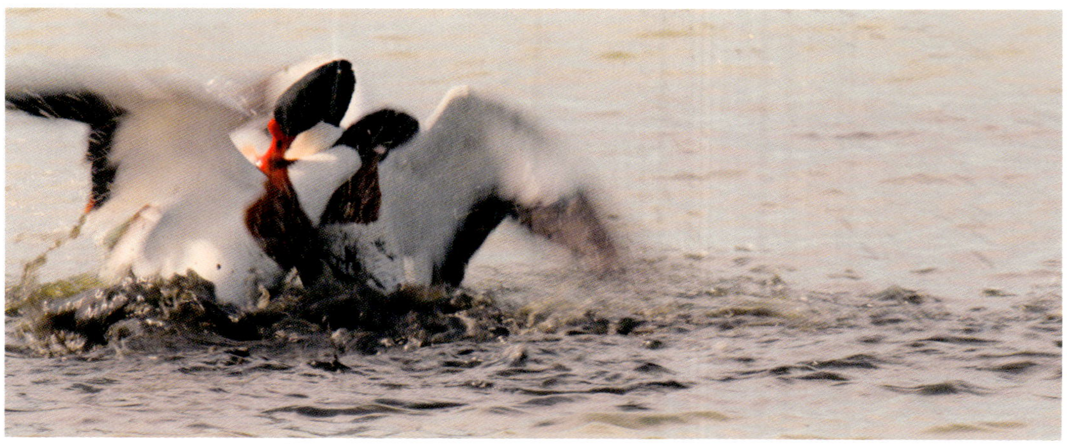
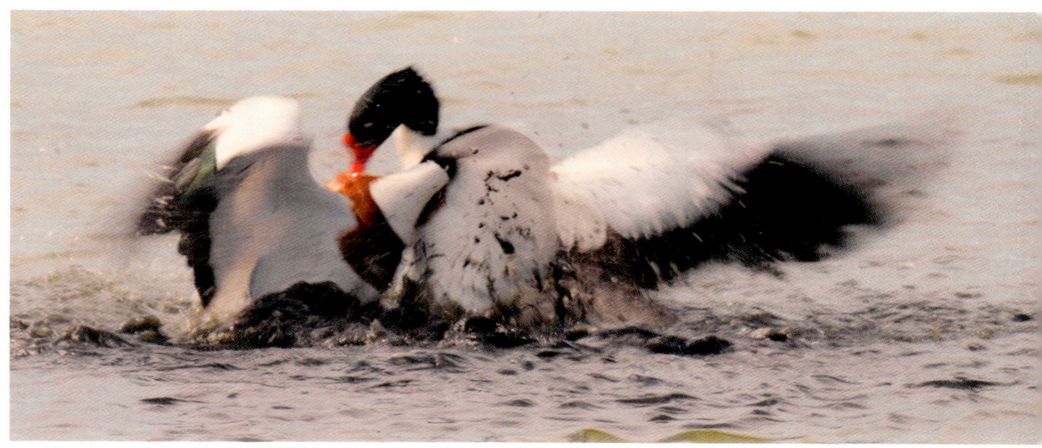

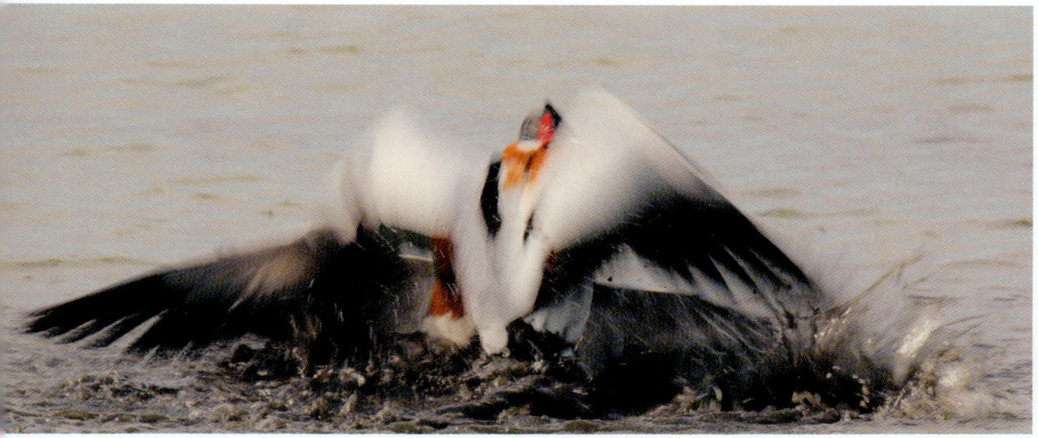
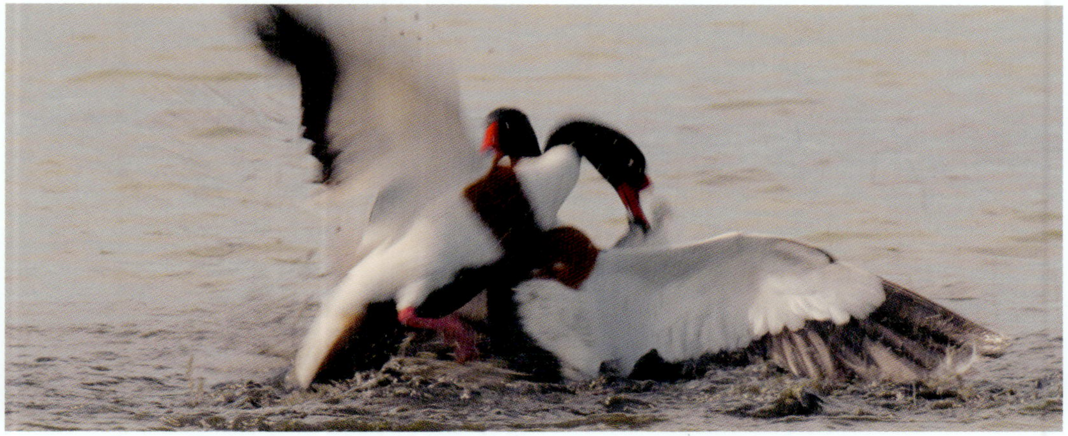
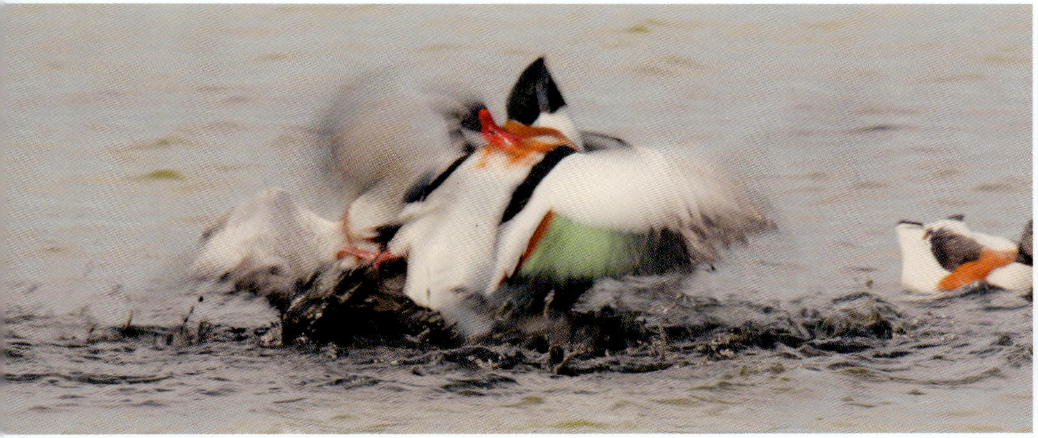
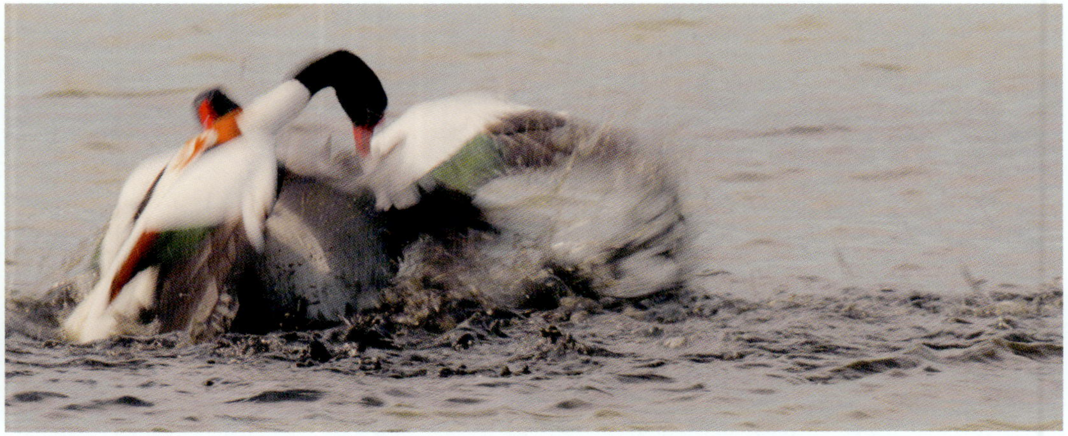
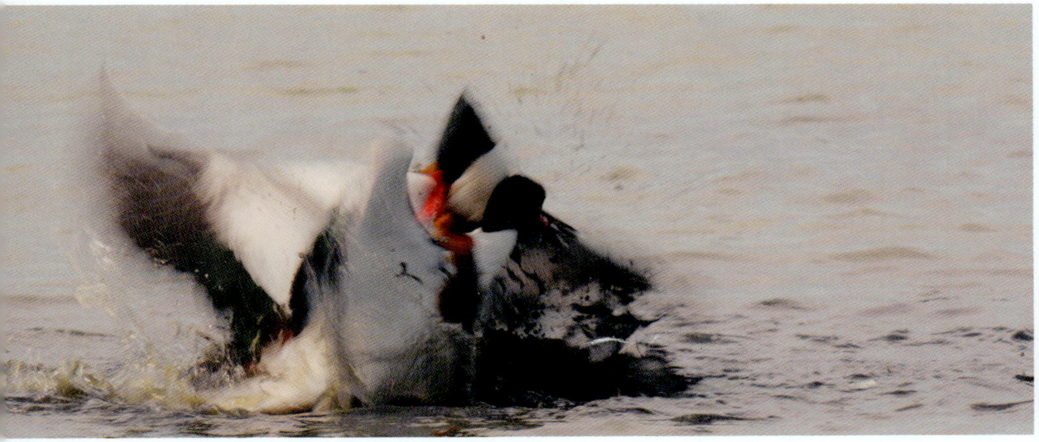
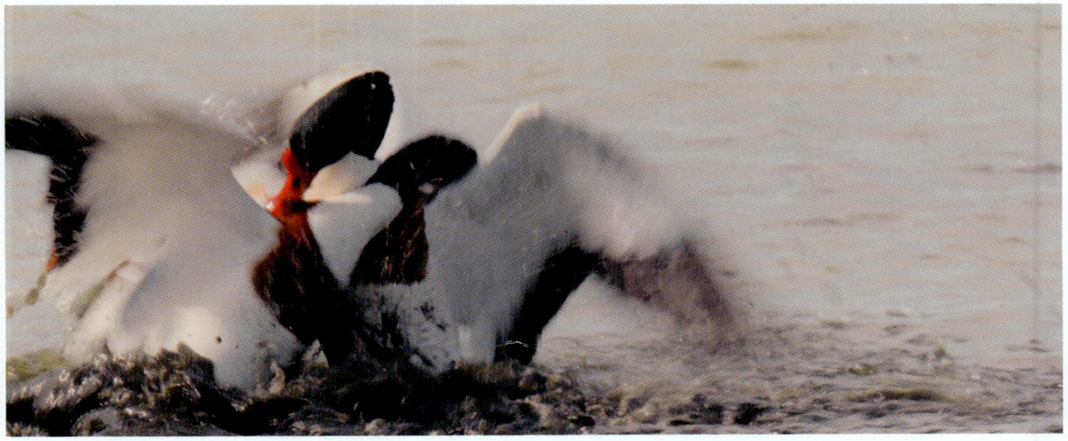

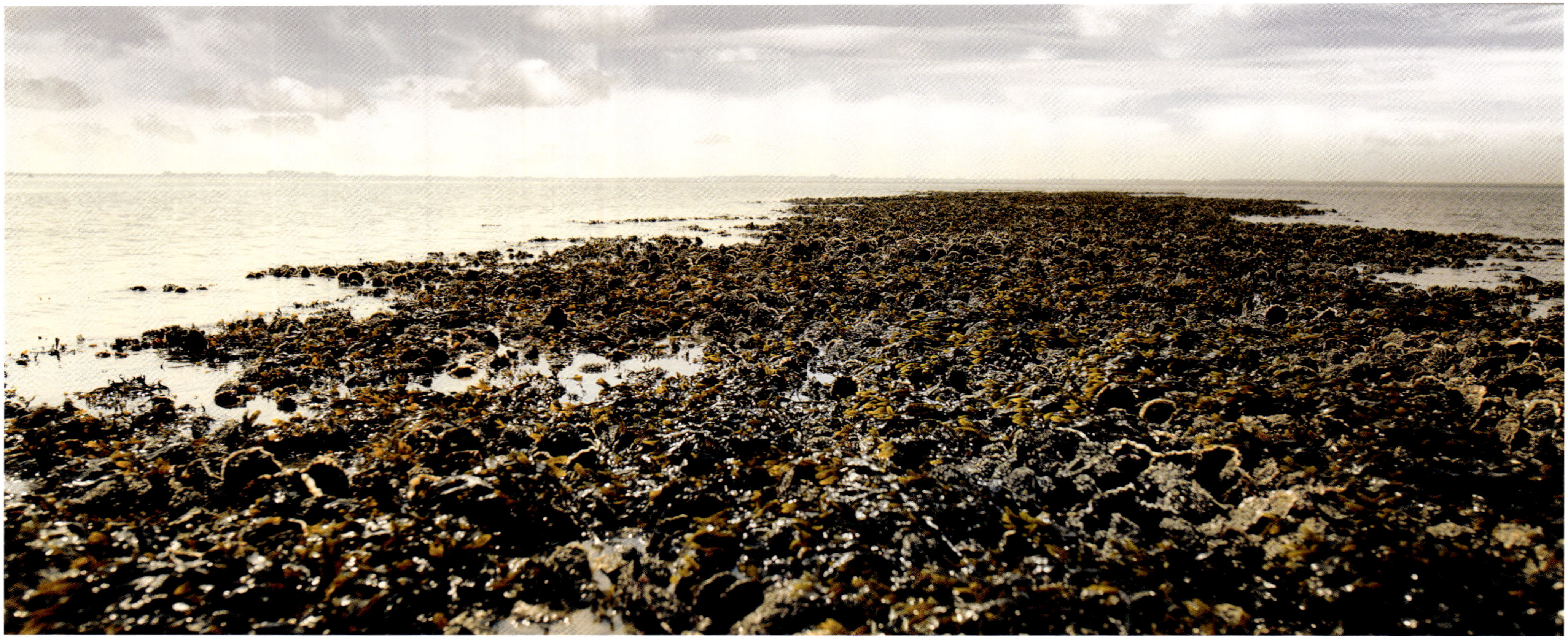

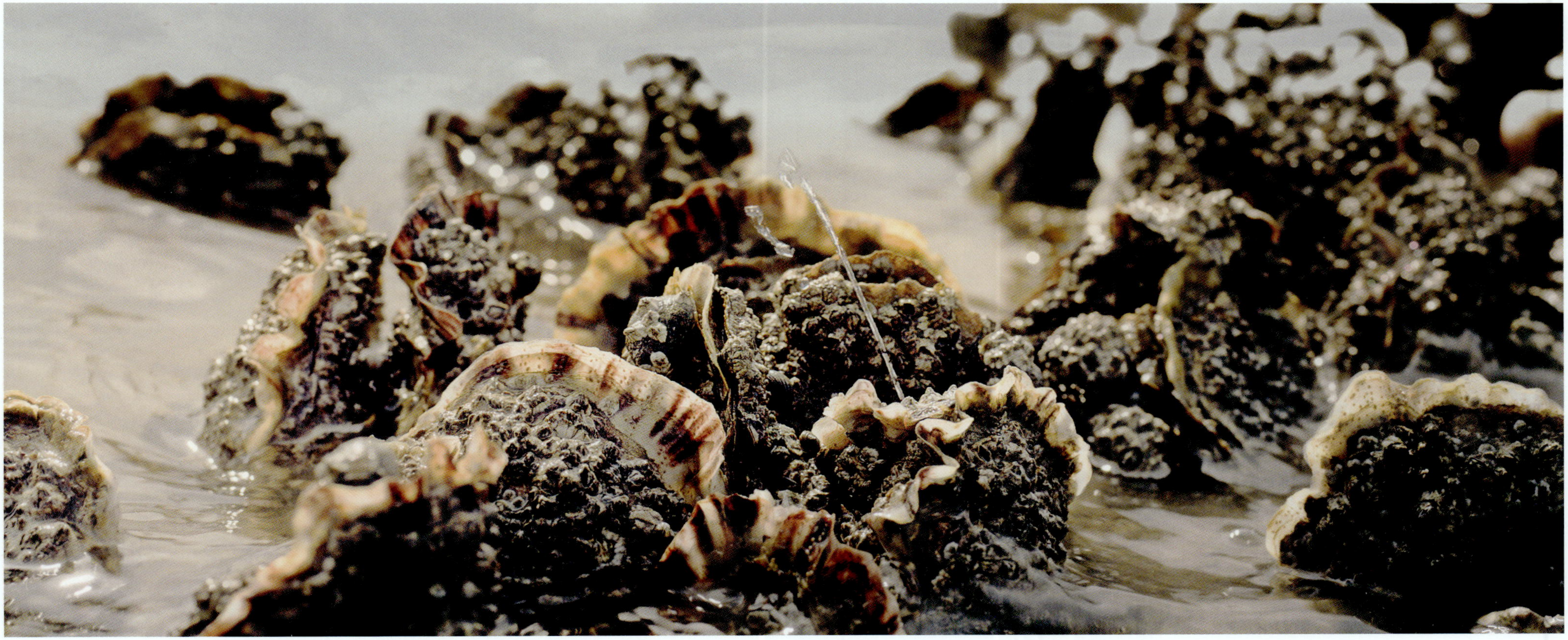

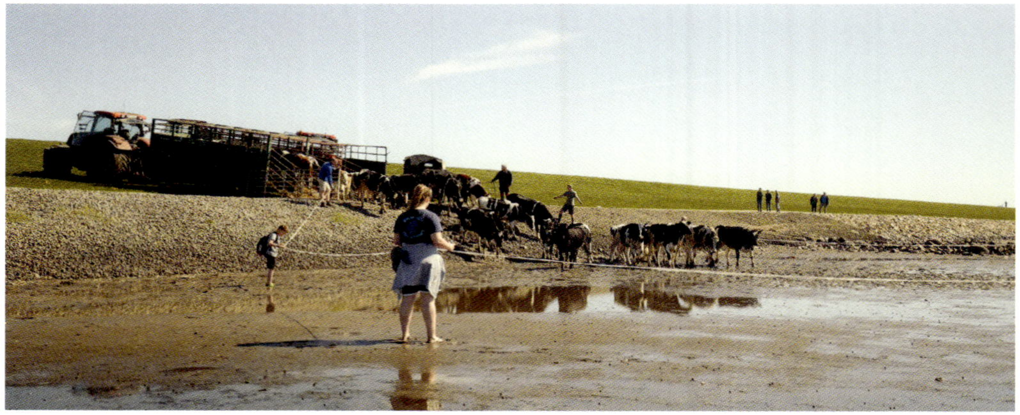
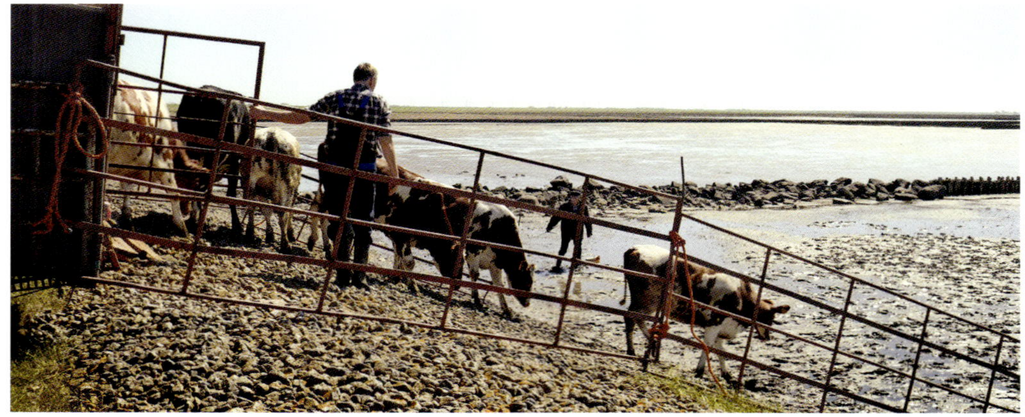
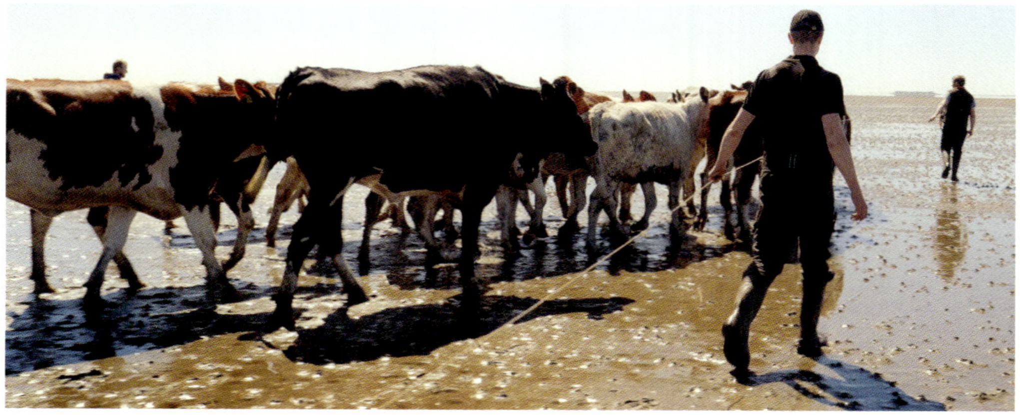
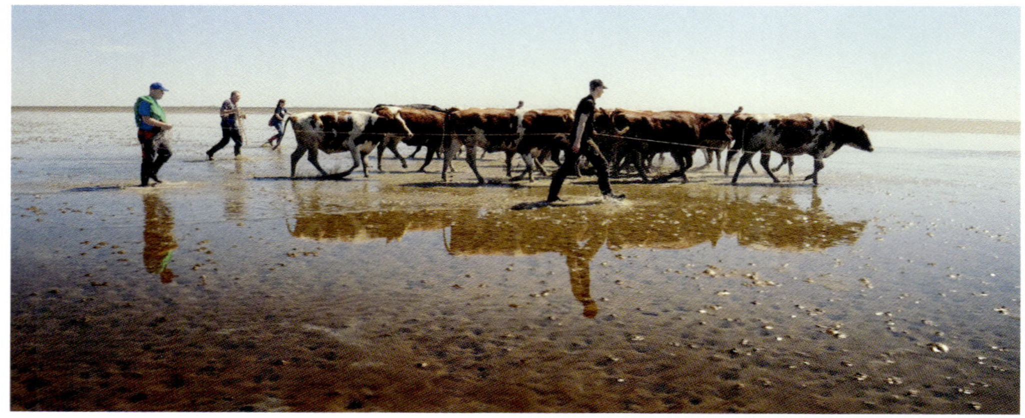
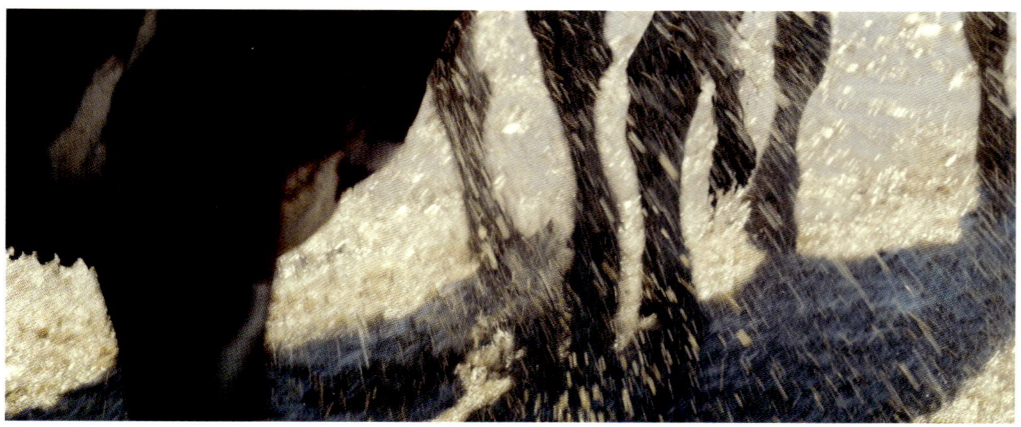
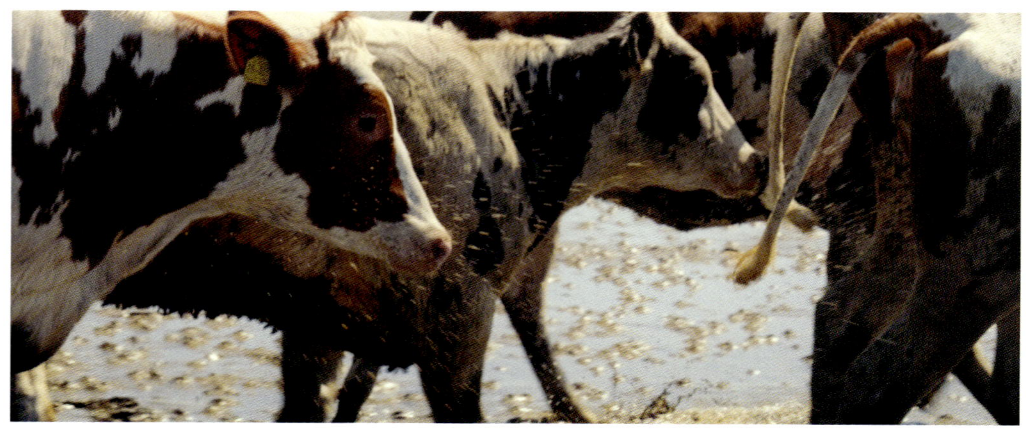

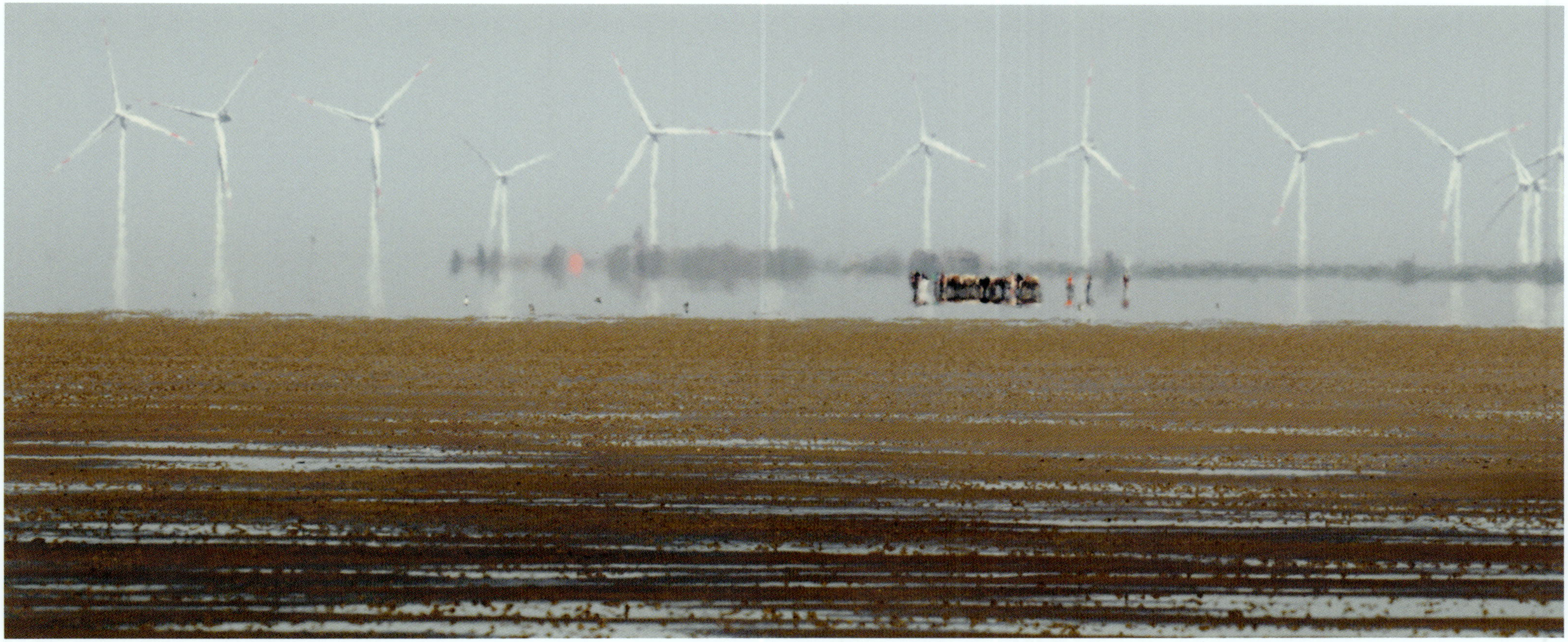

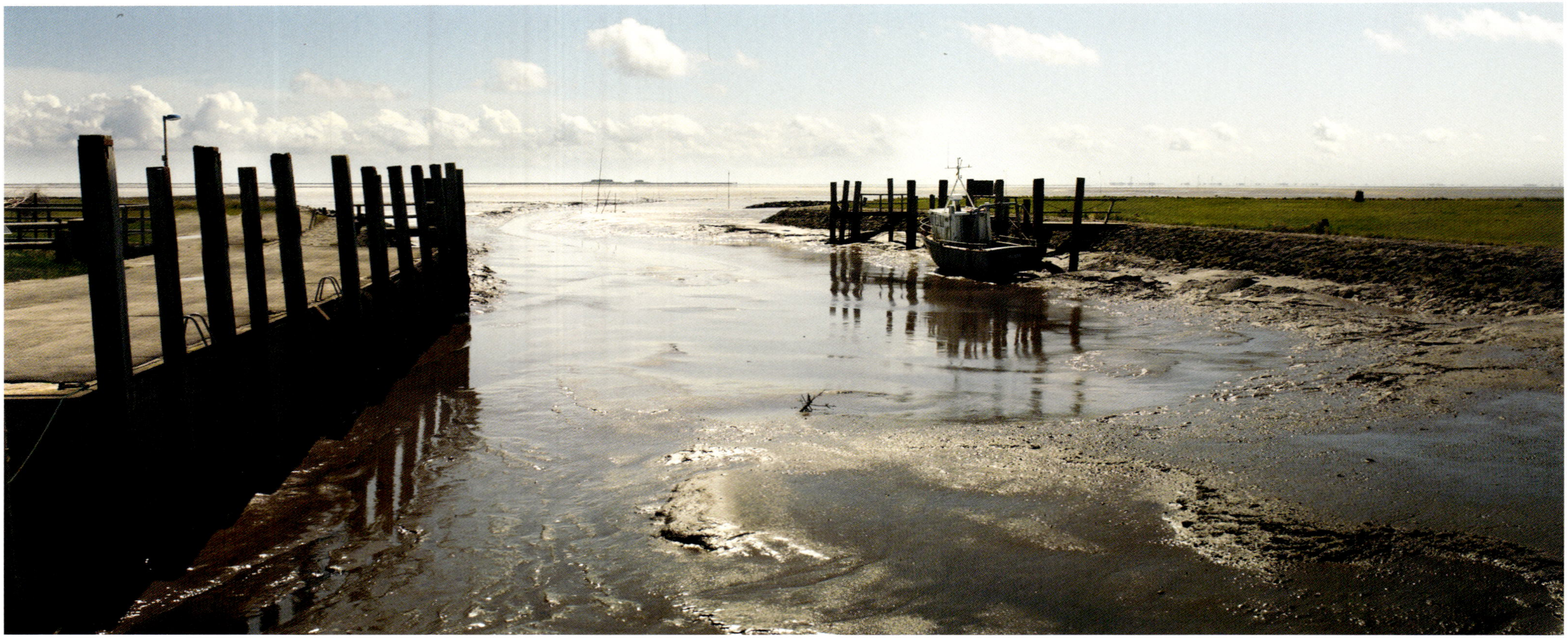

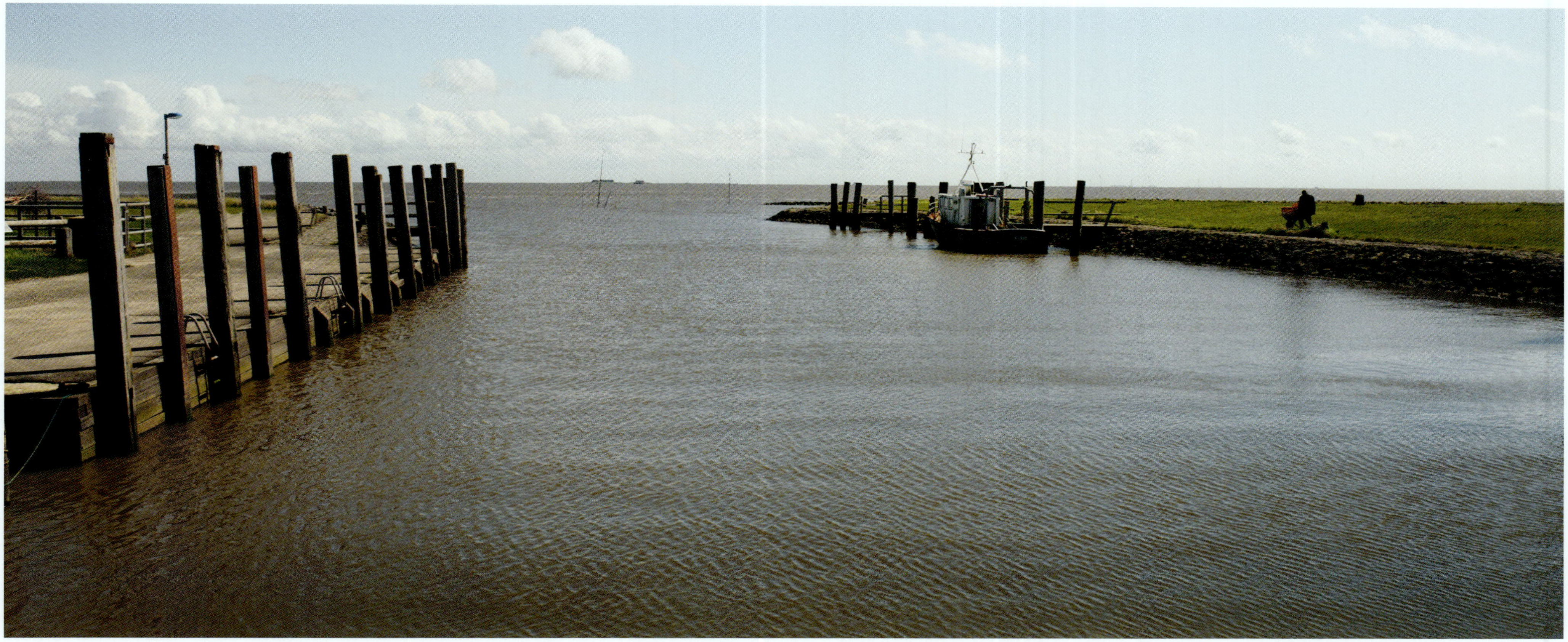

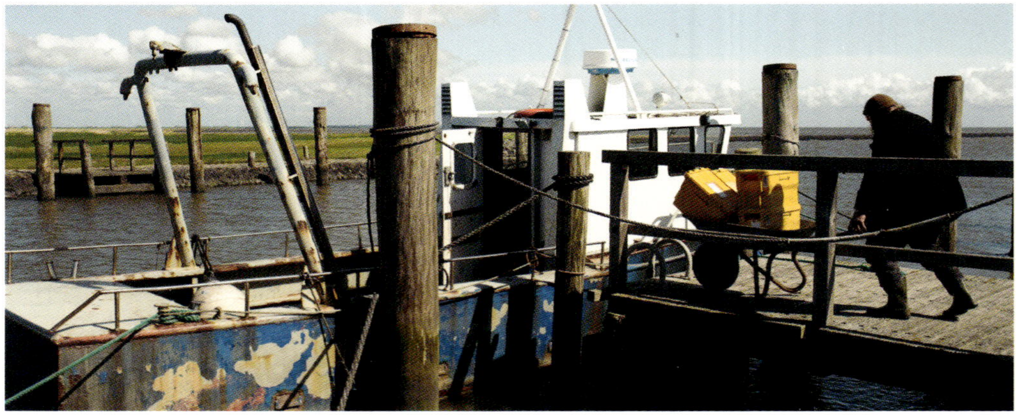

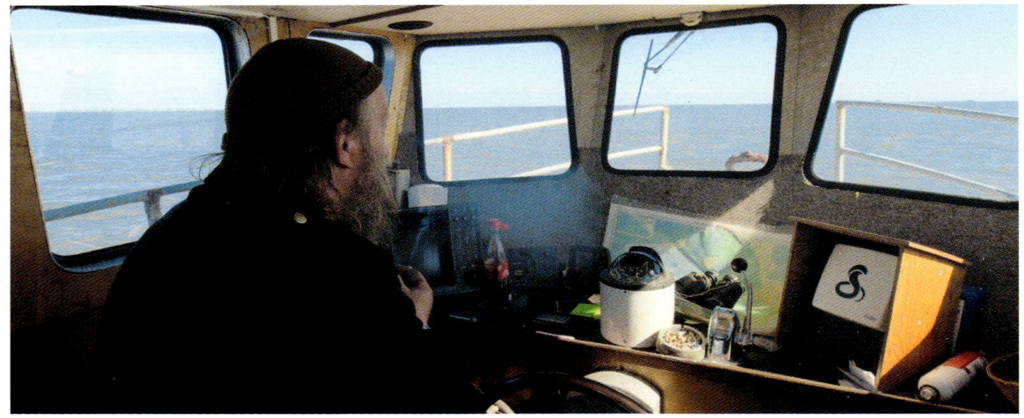

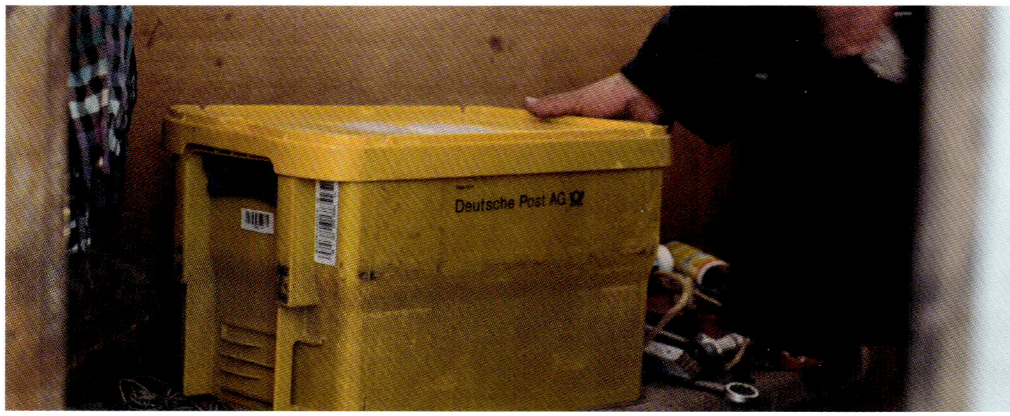
Deutsche Post AG

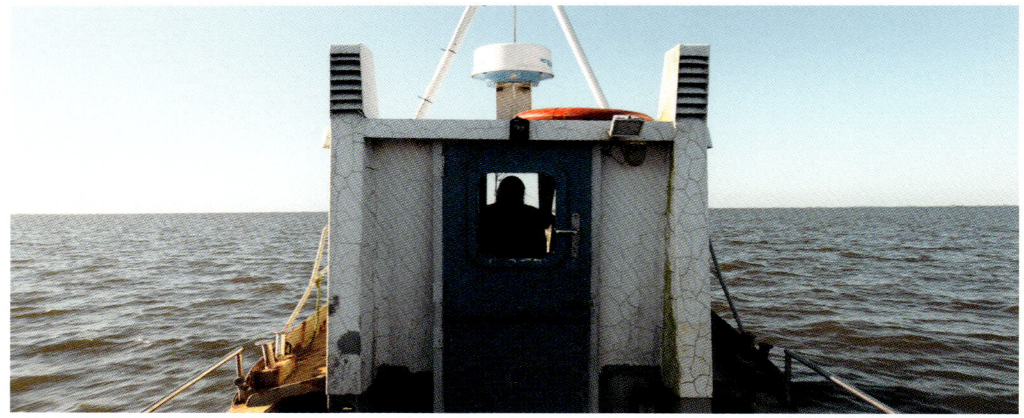

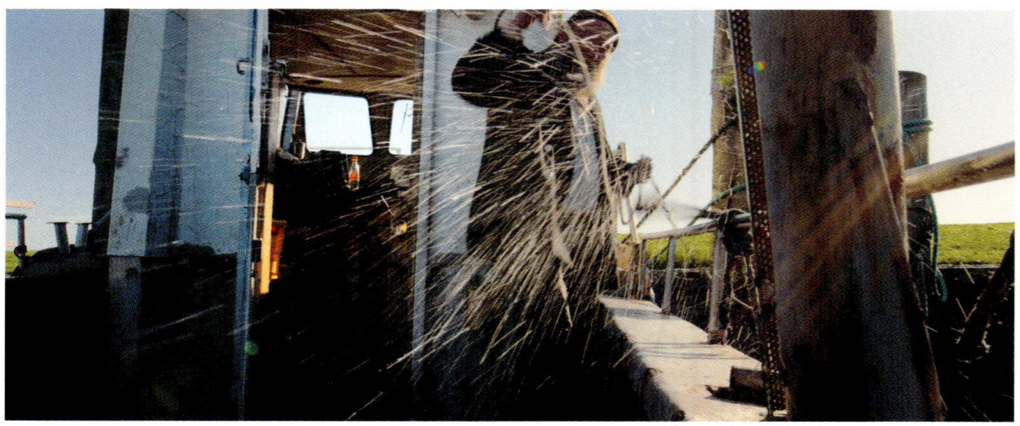

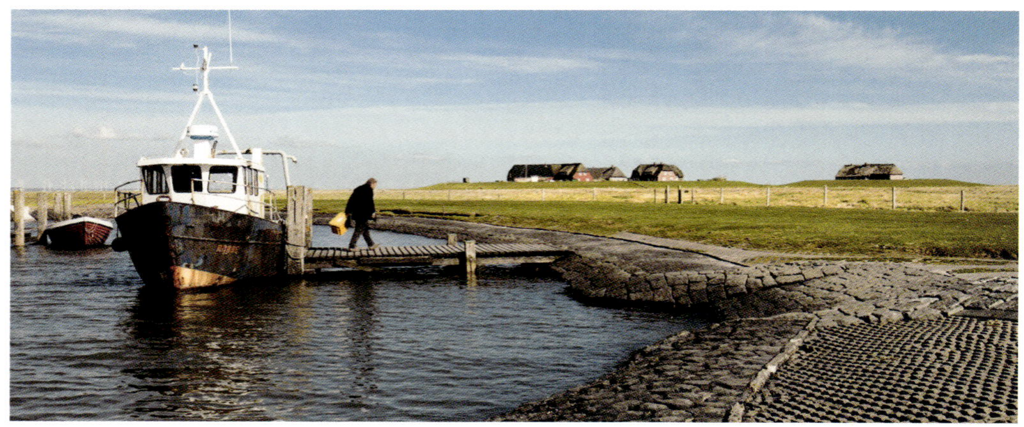

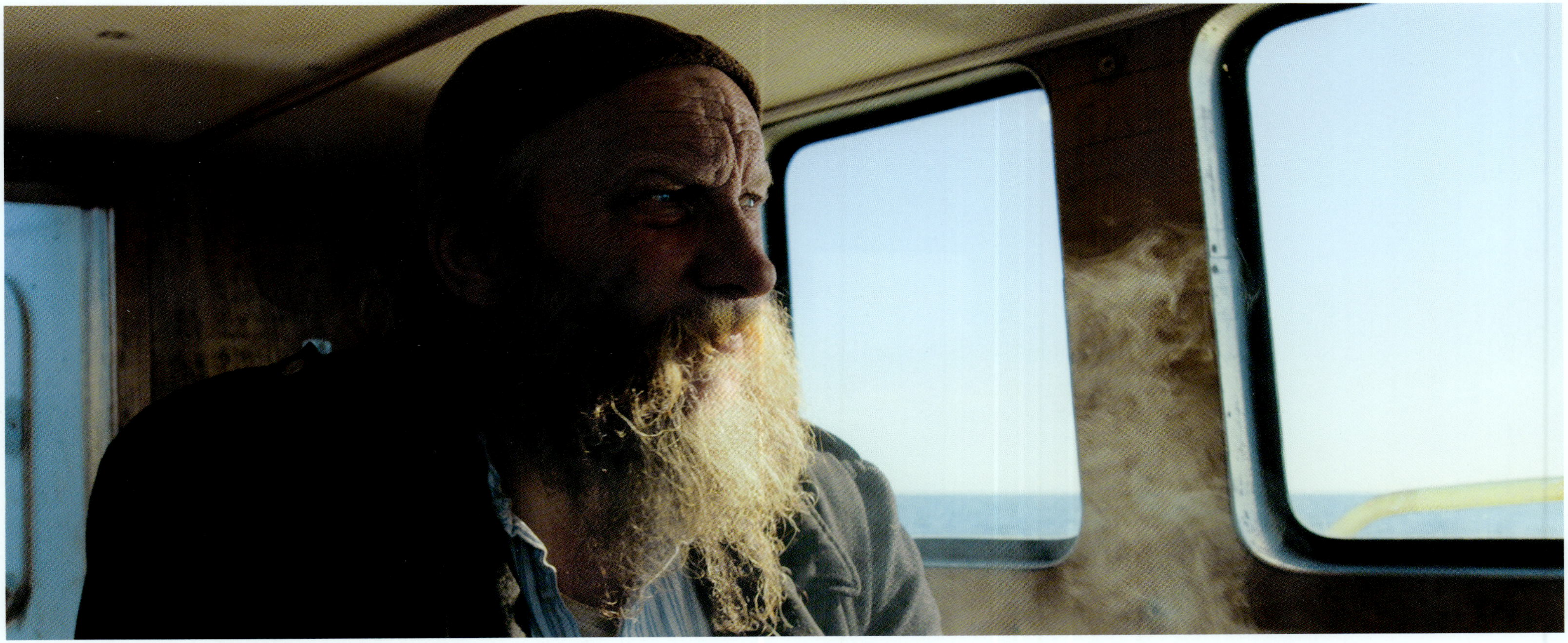

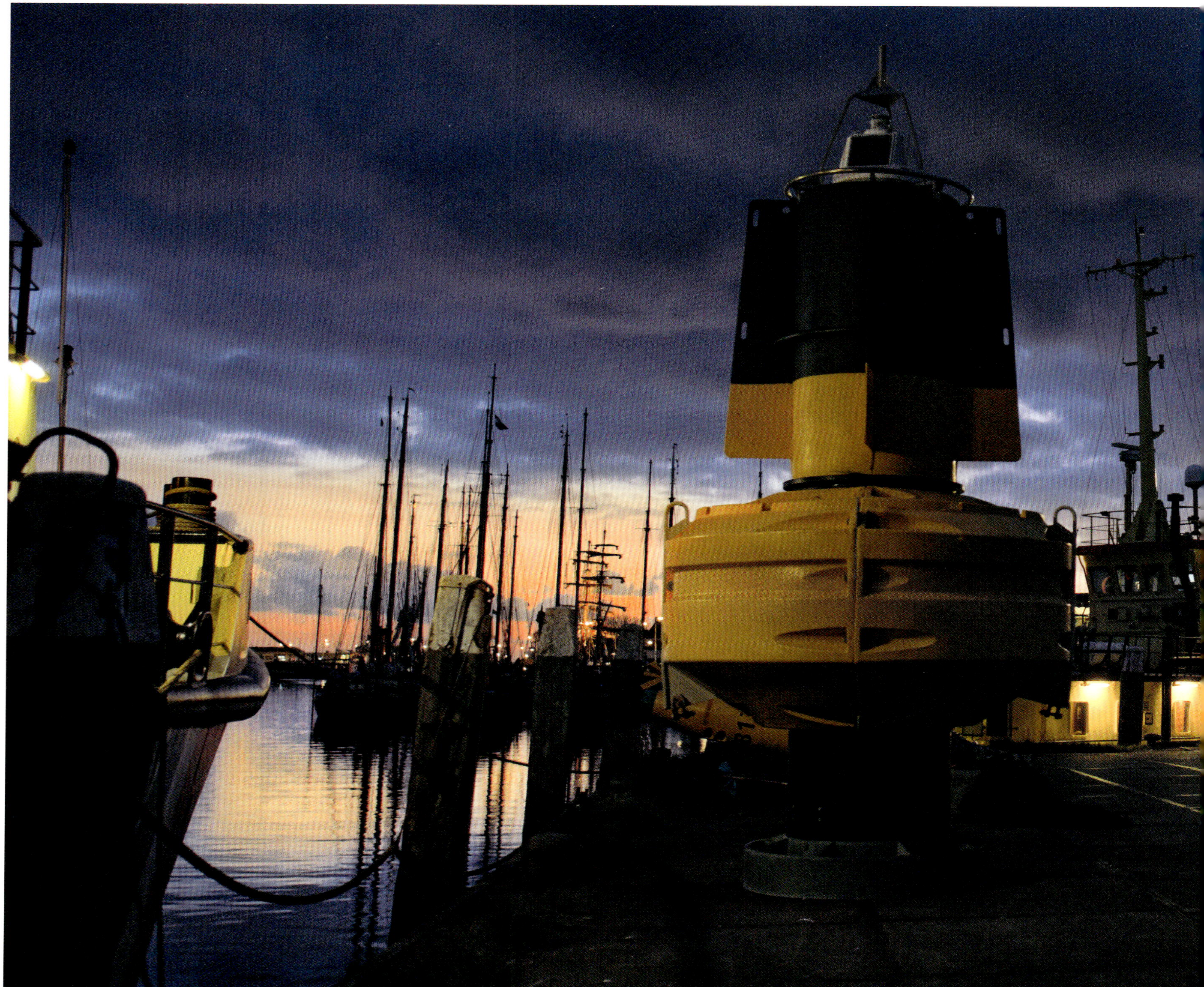

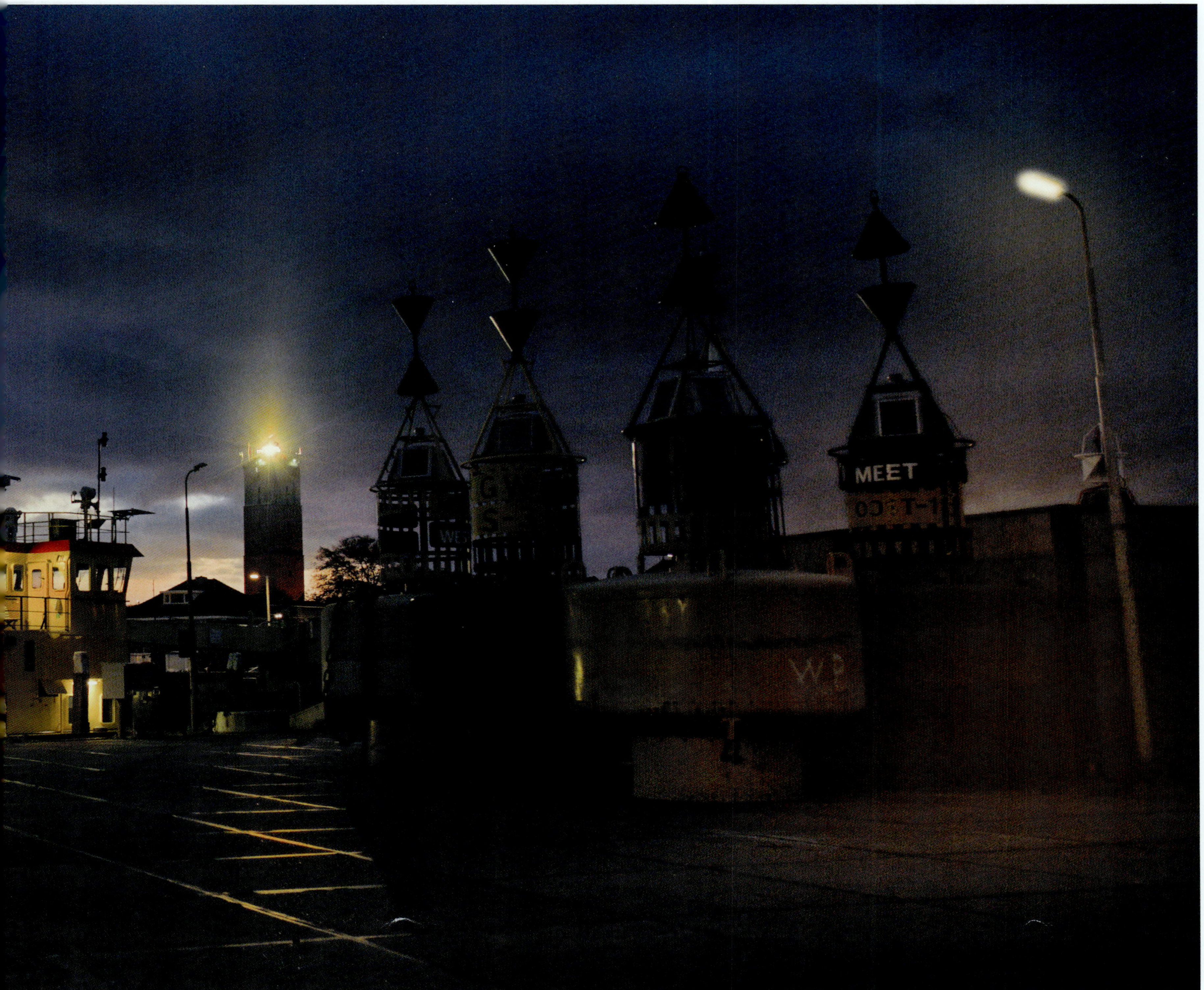
MEET

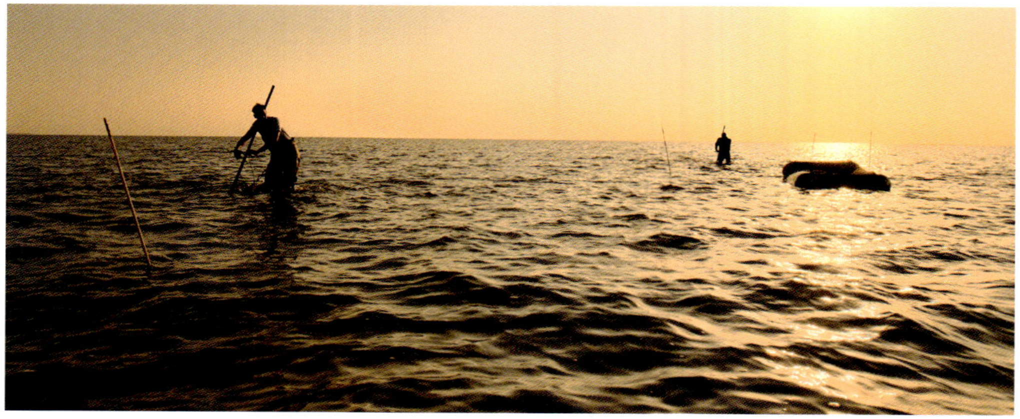
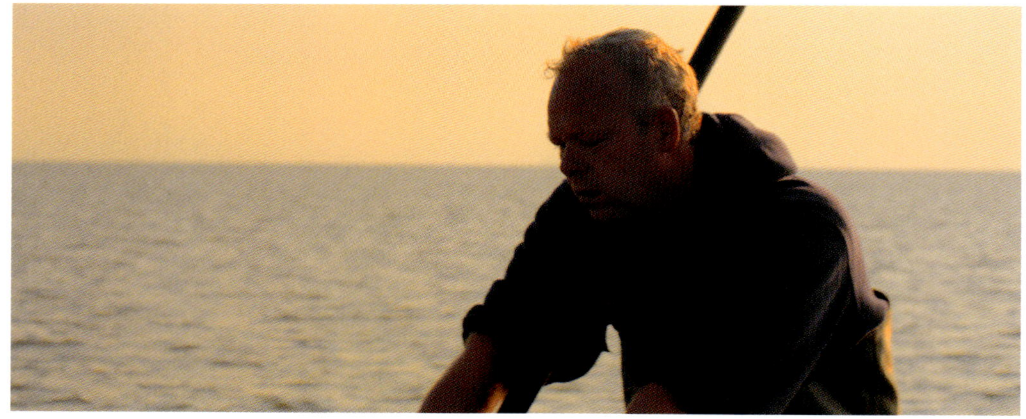
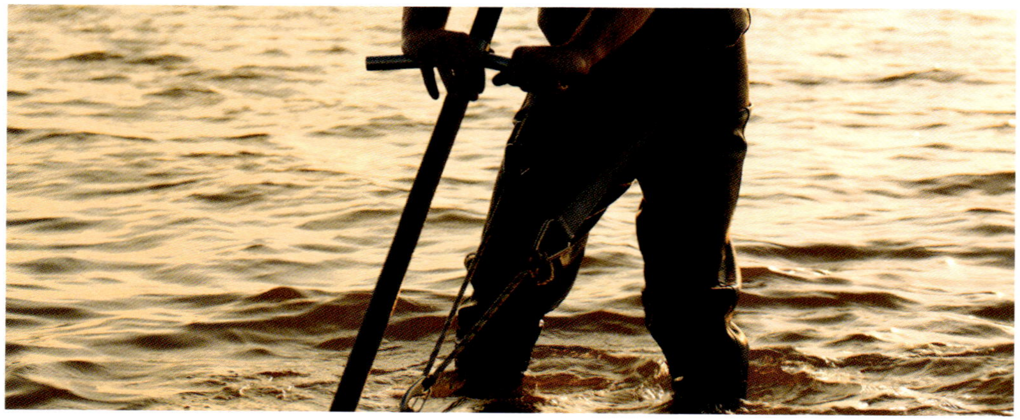
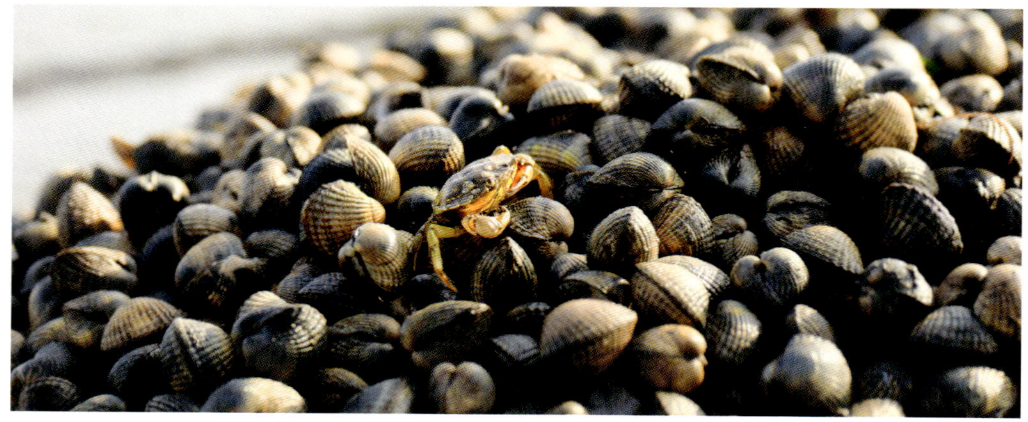
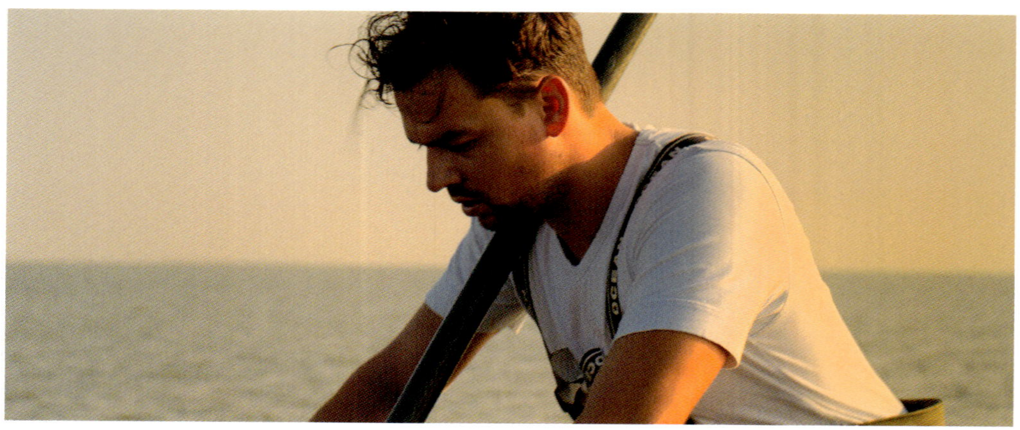
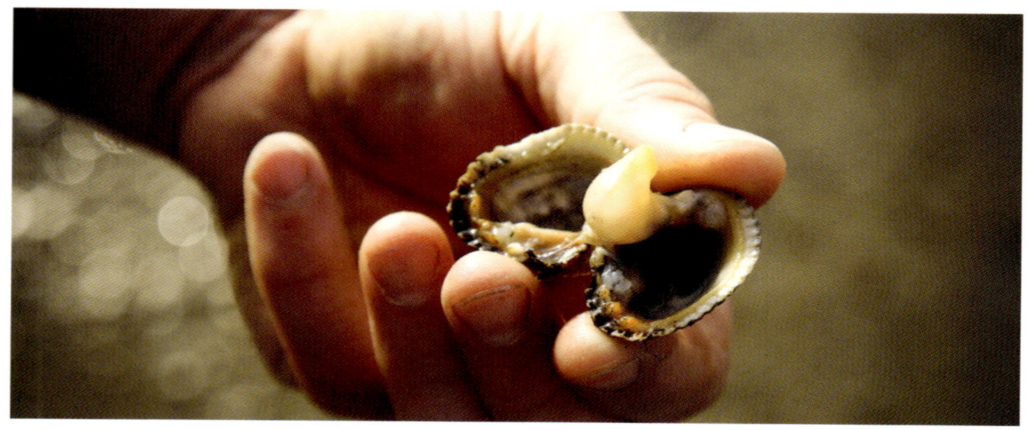

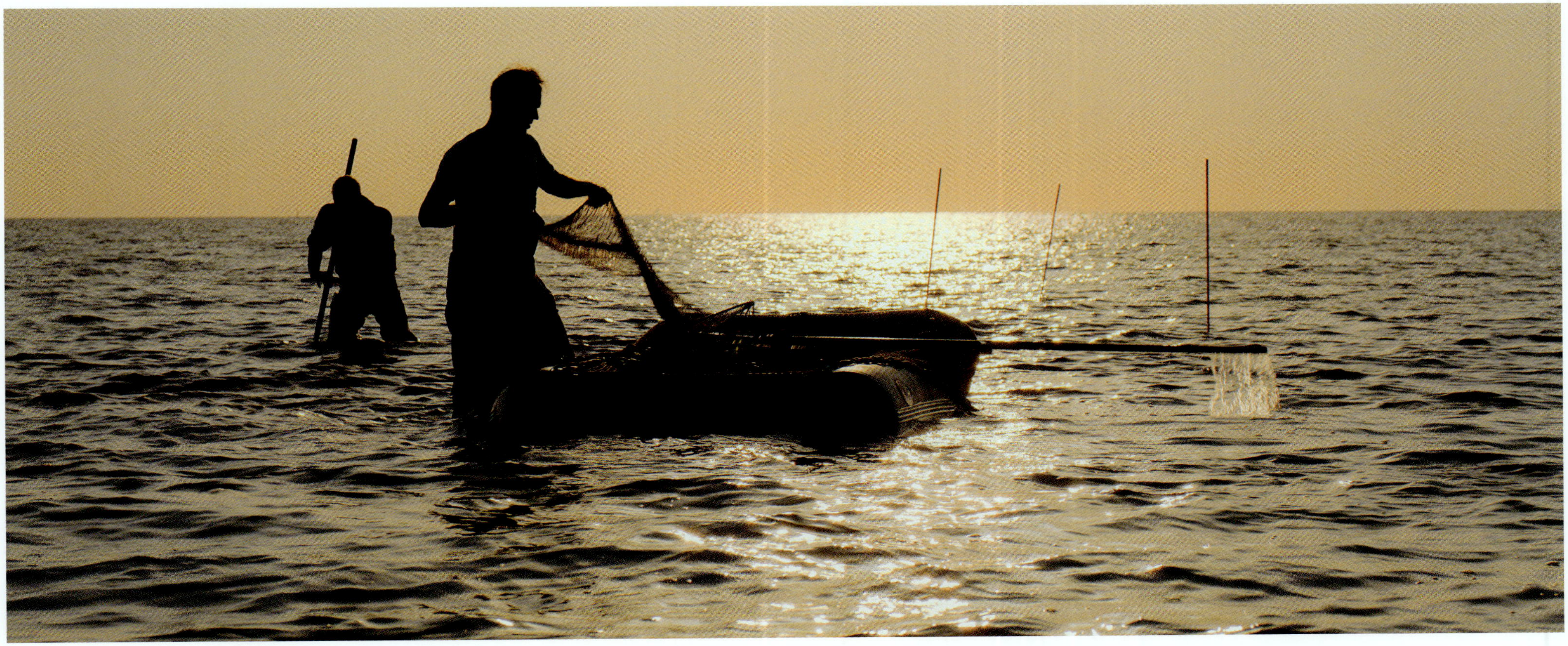

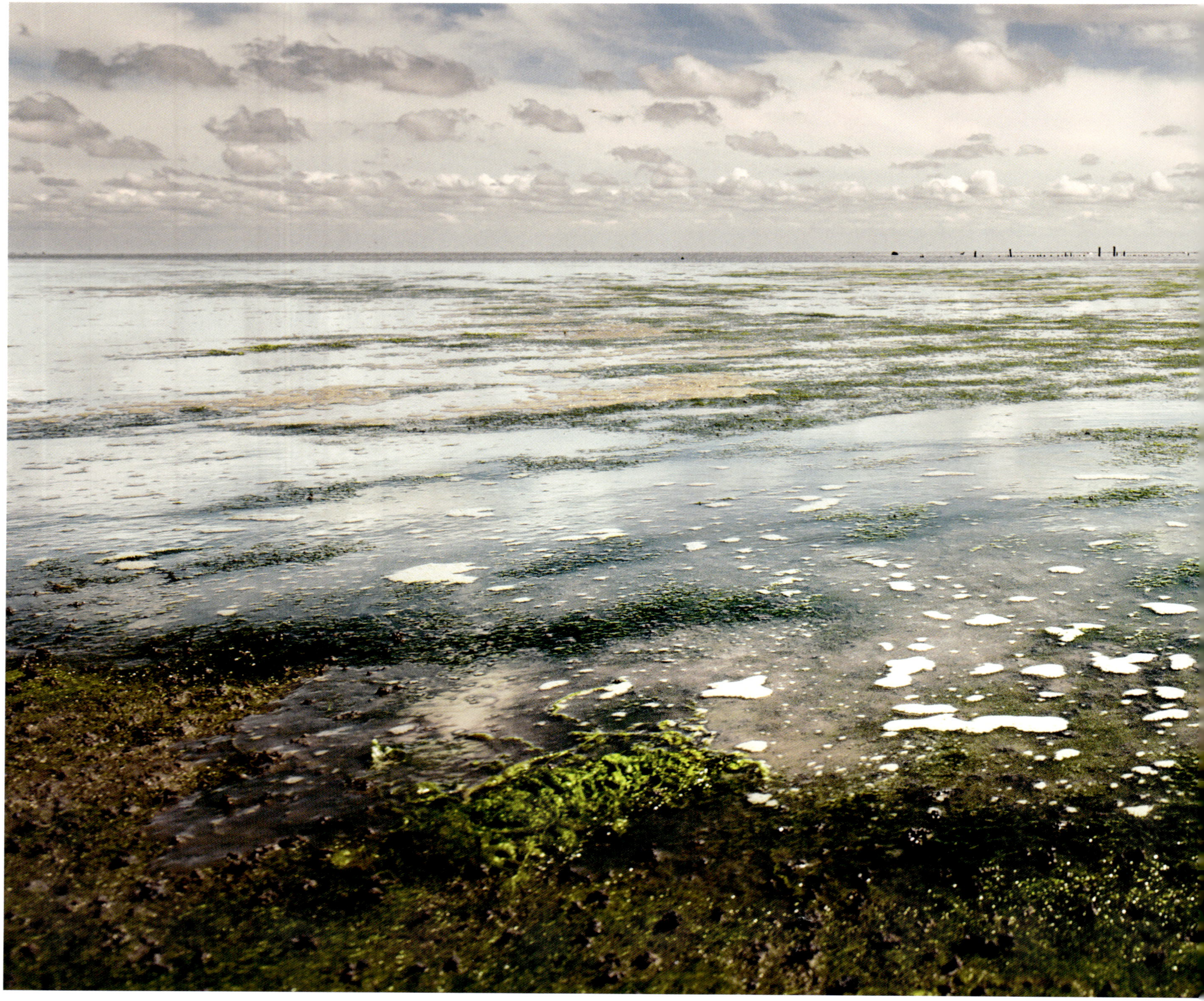

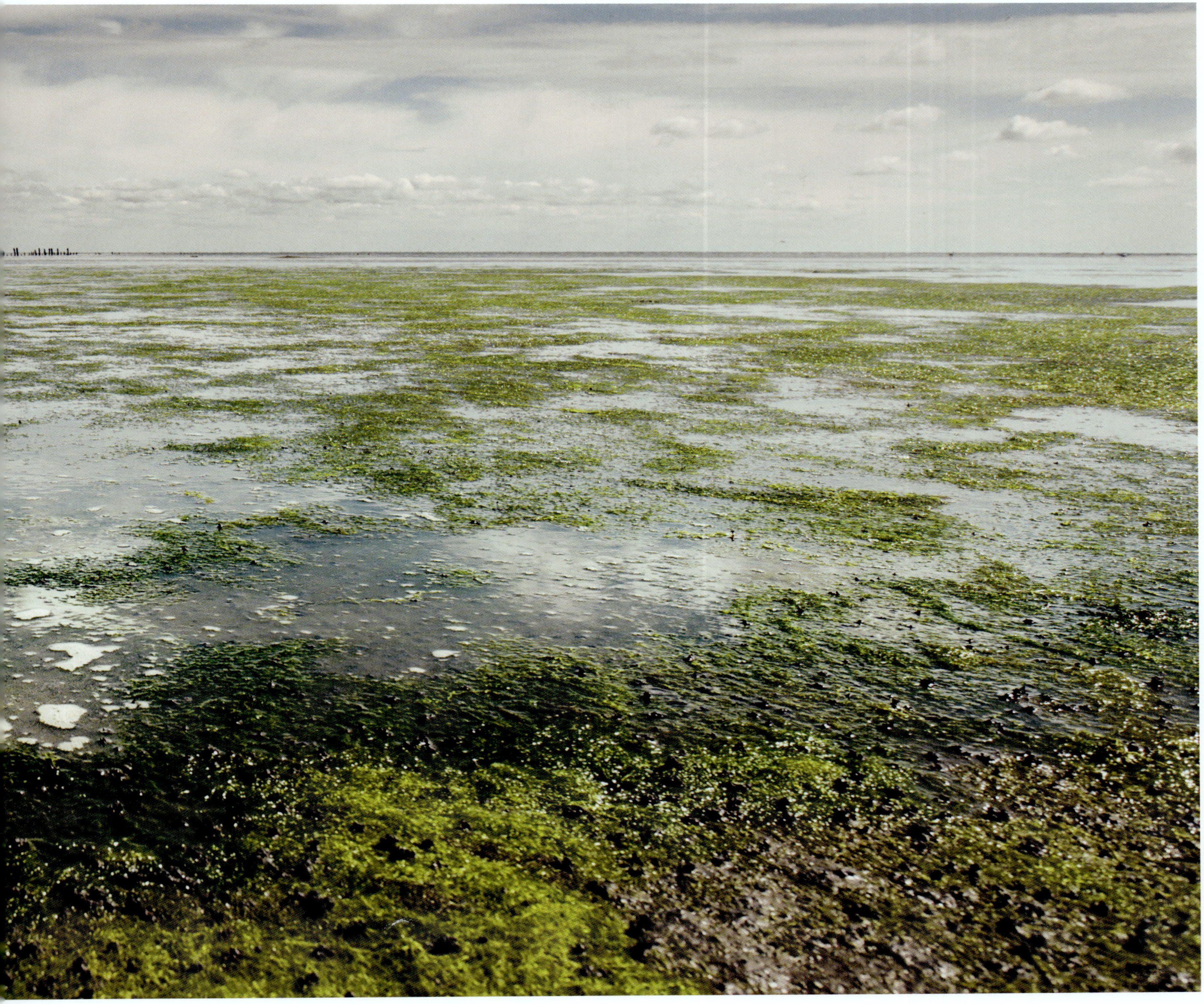

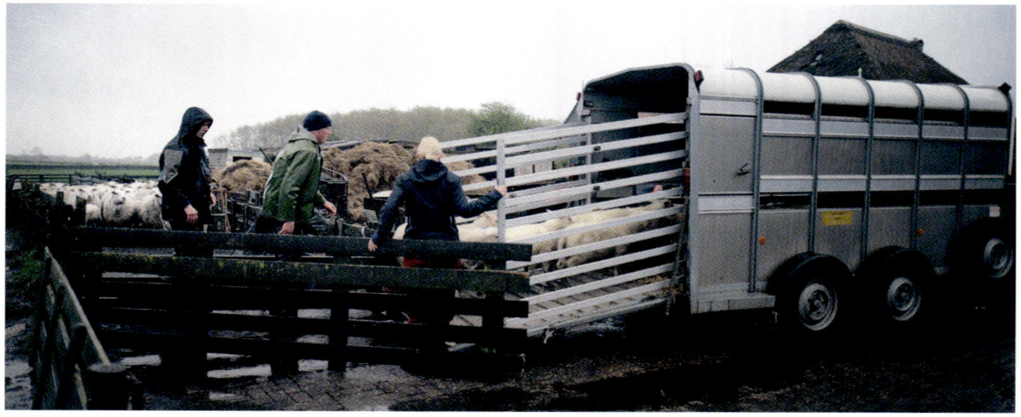

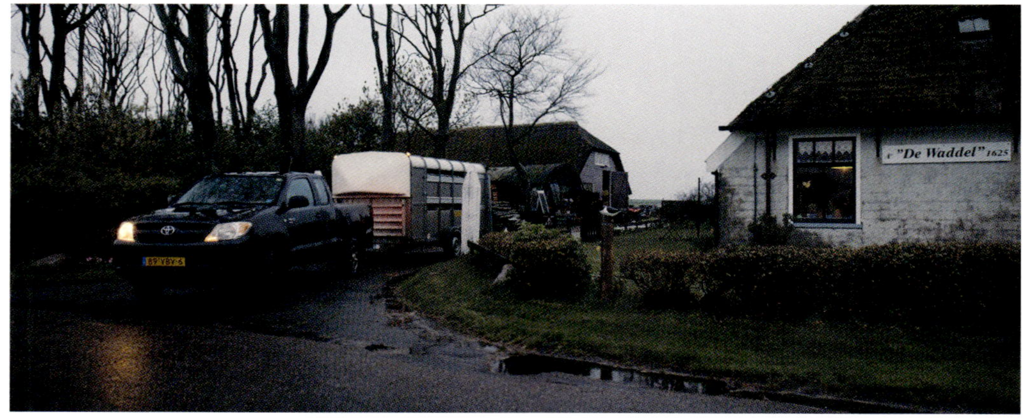
"De Waddel" 1625

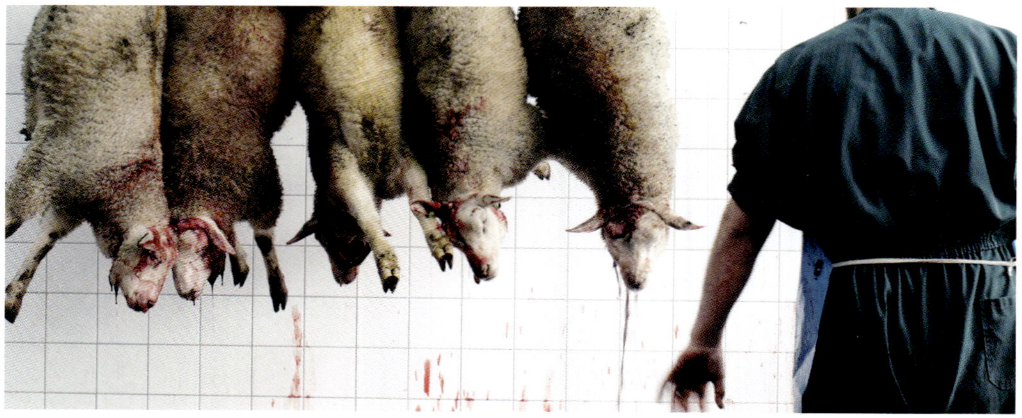

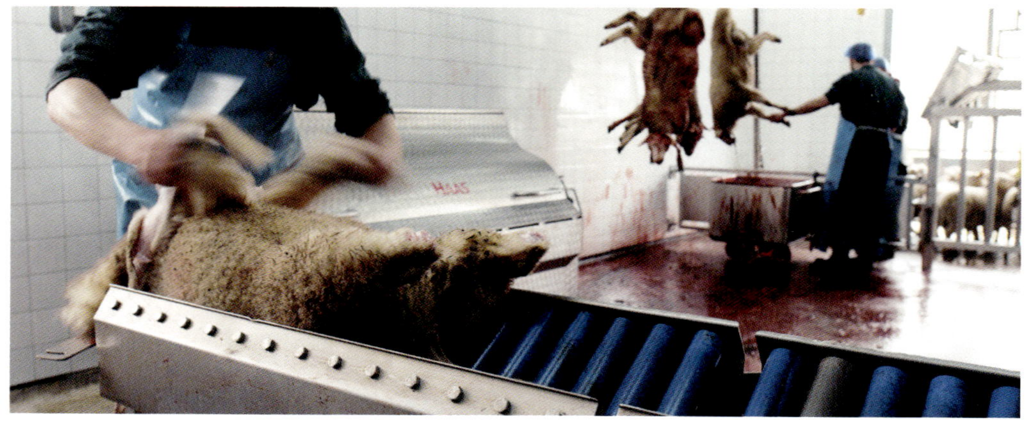

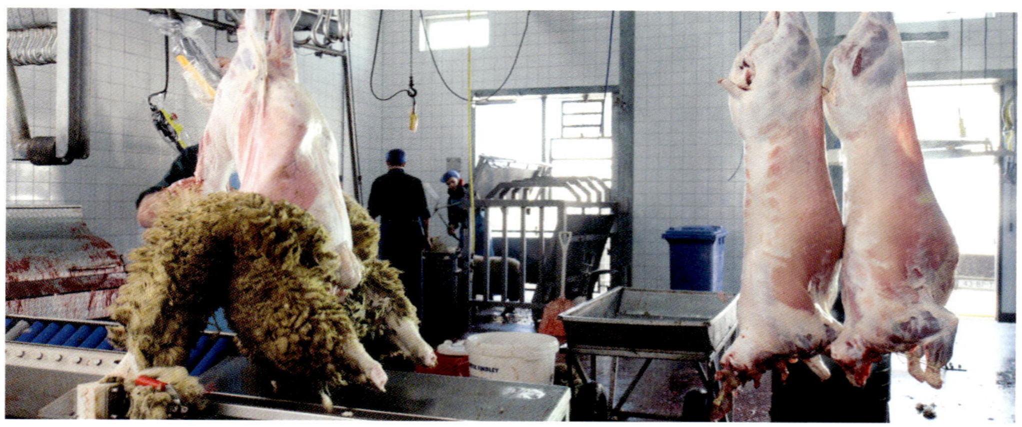

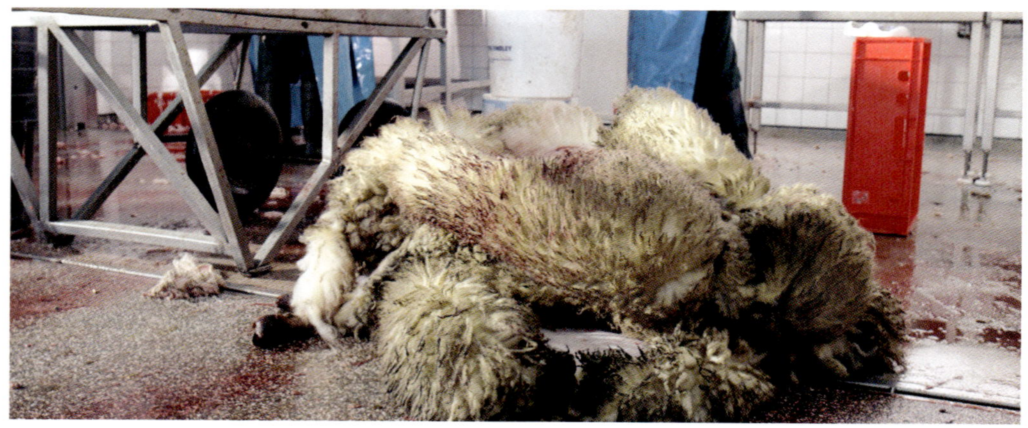

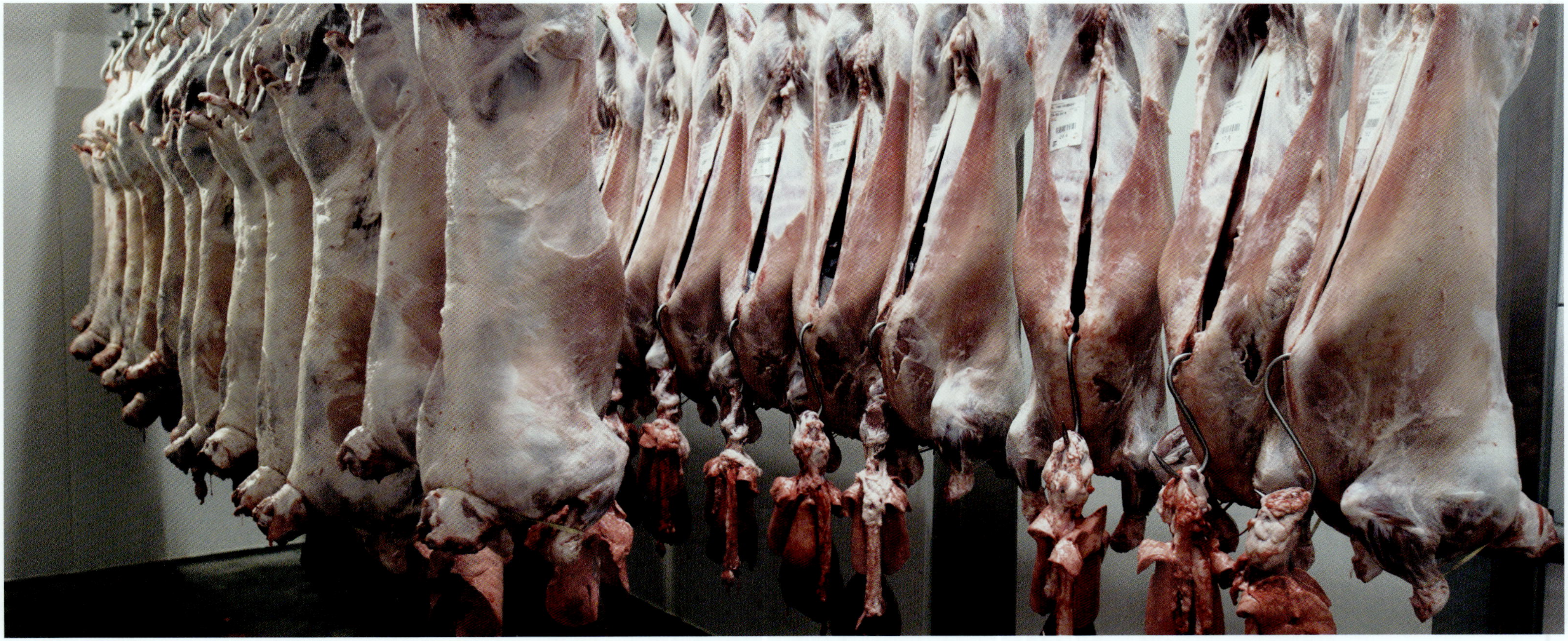

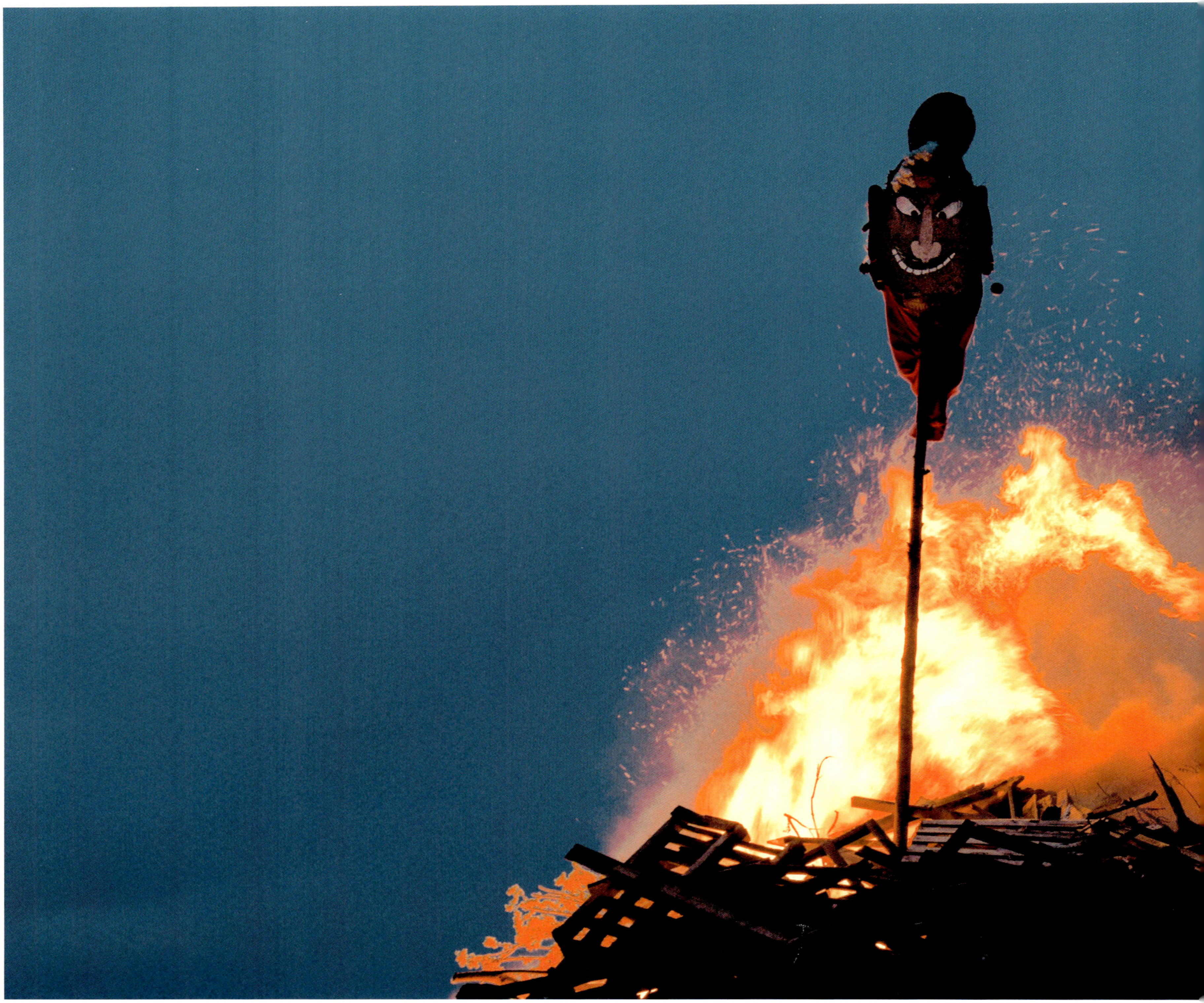

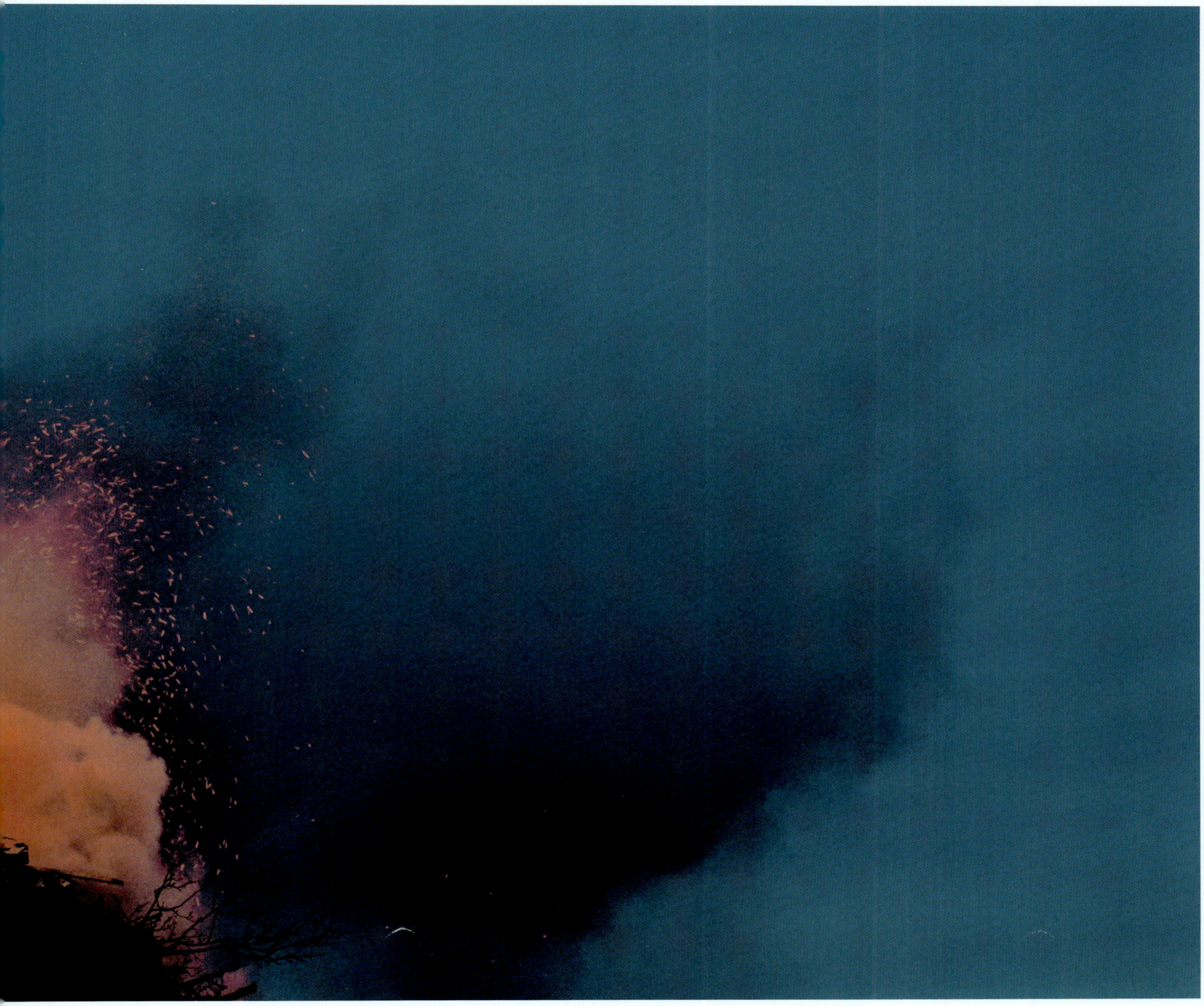

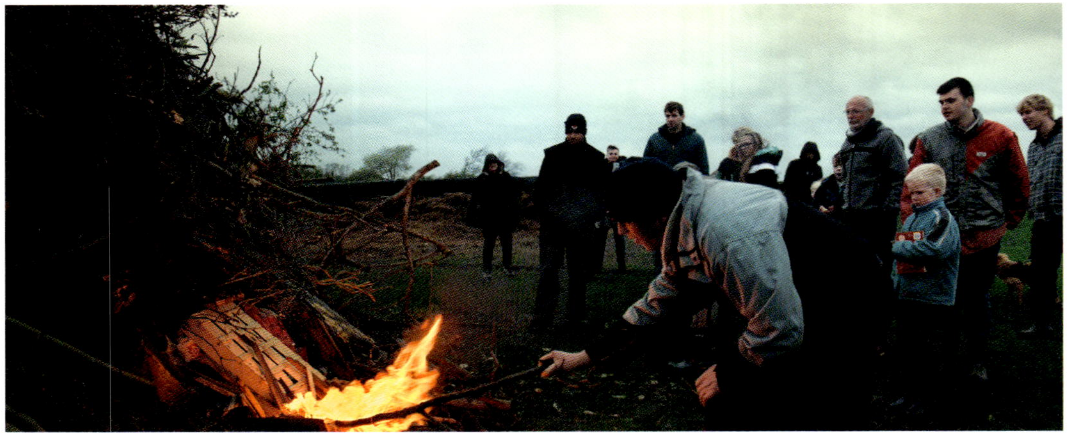
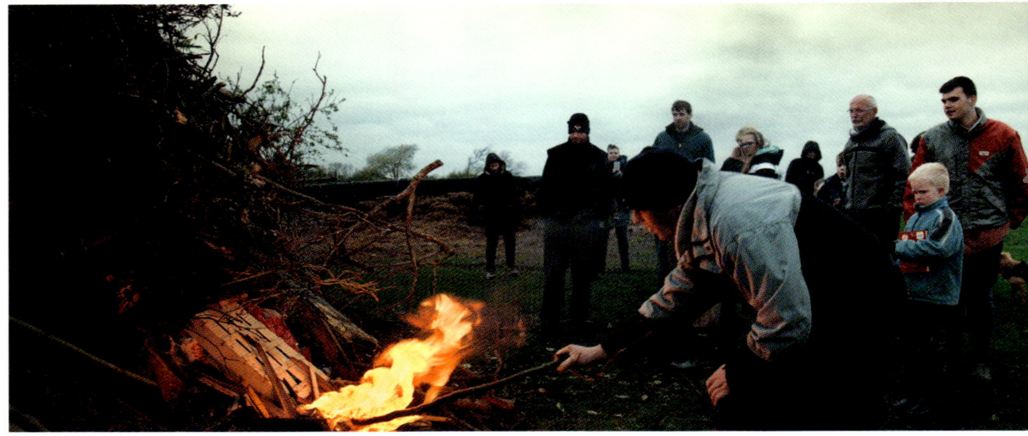
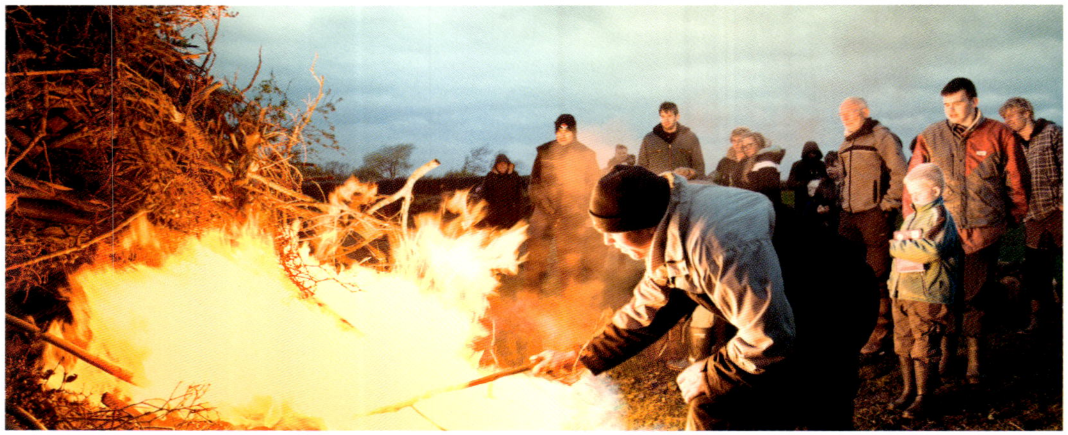
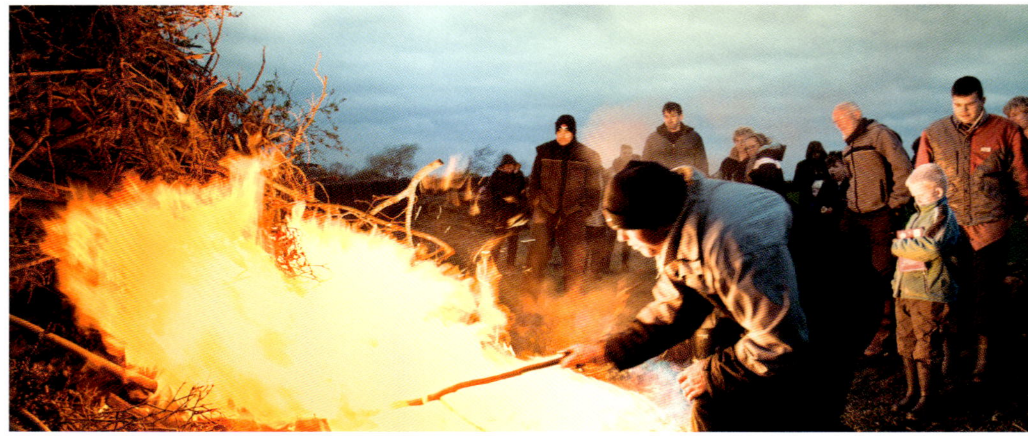
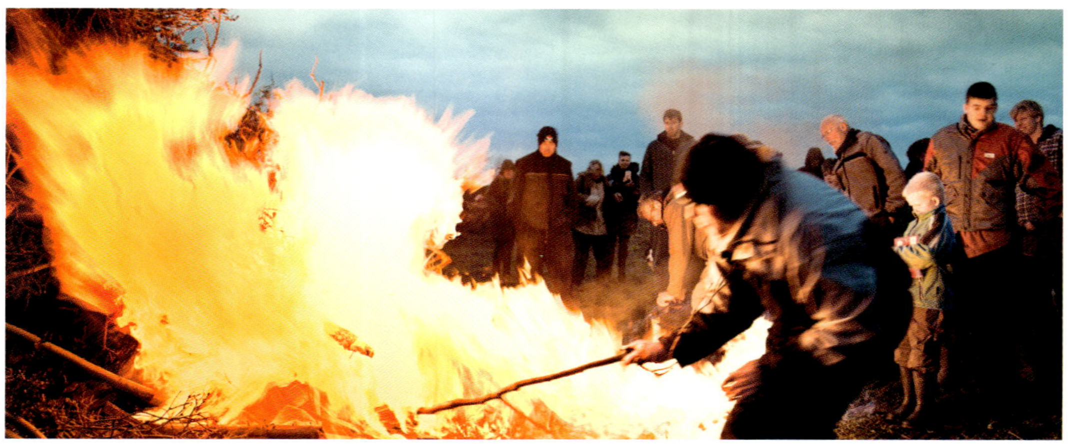
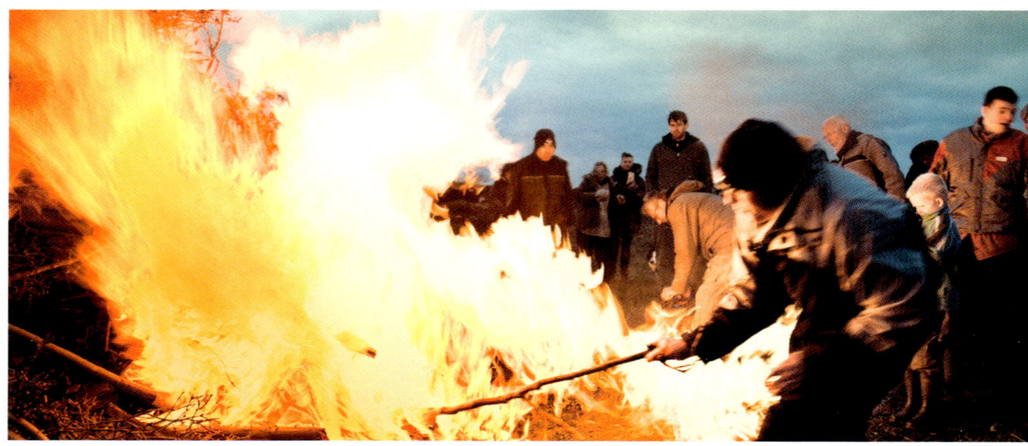

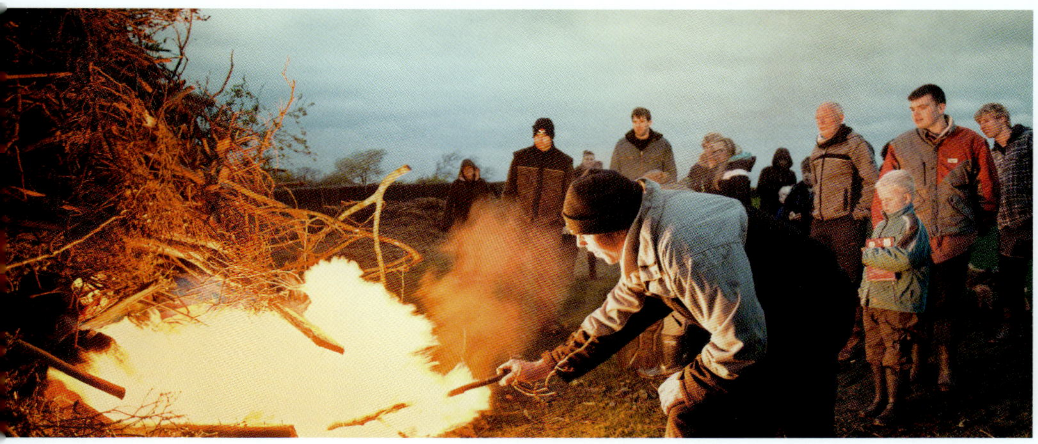
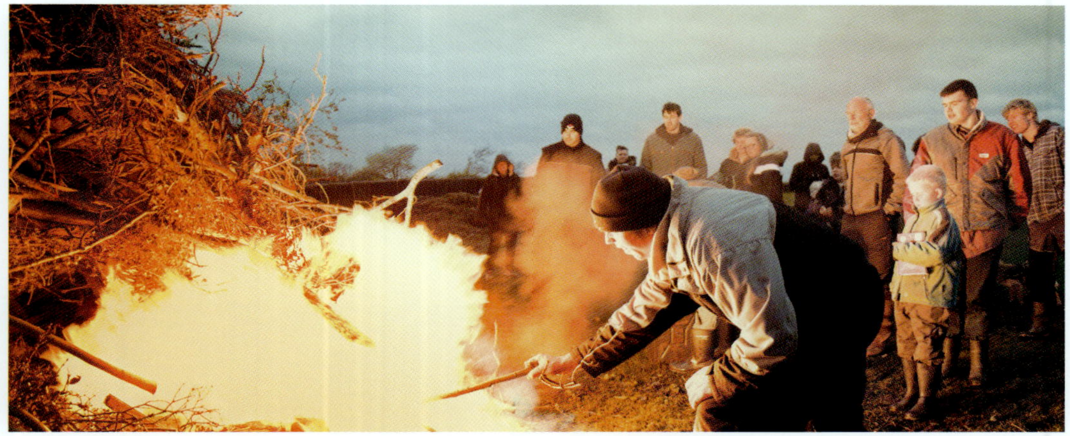
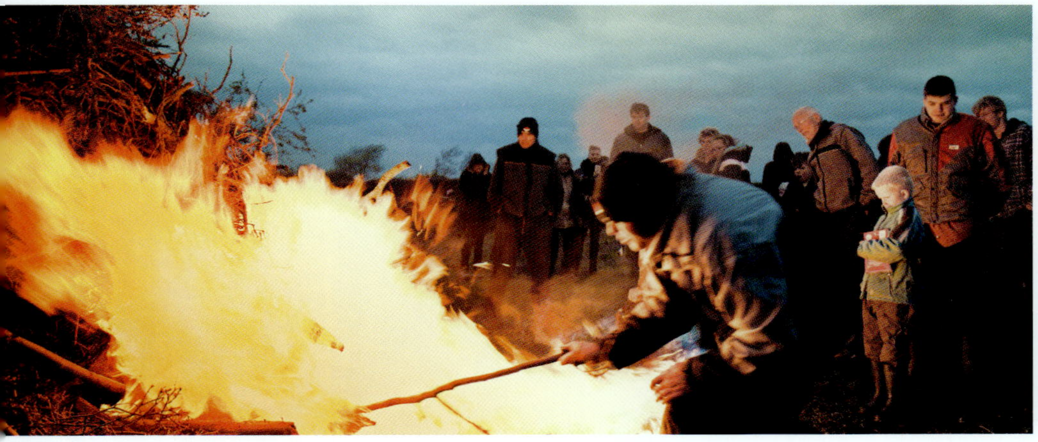
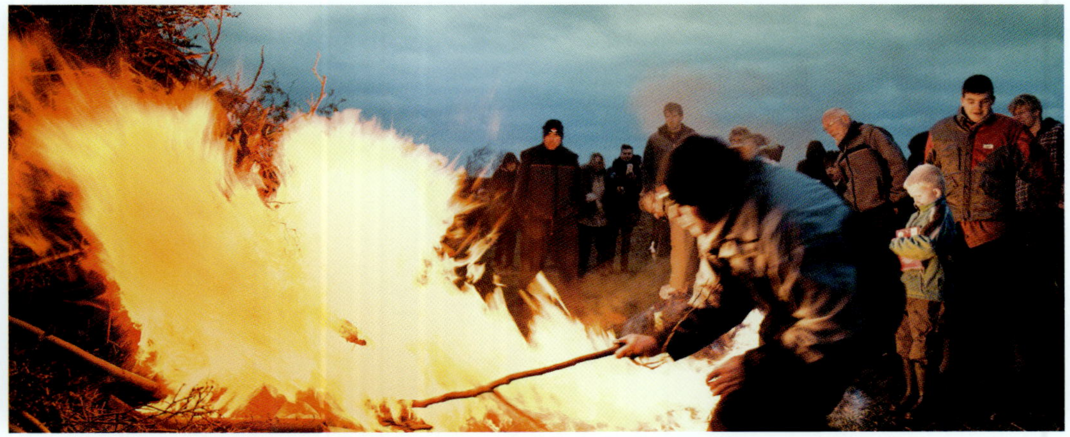
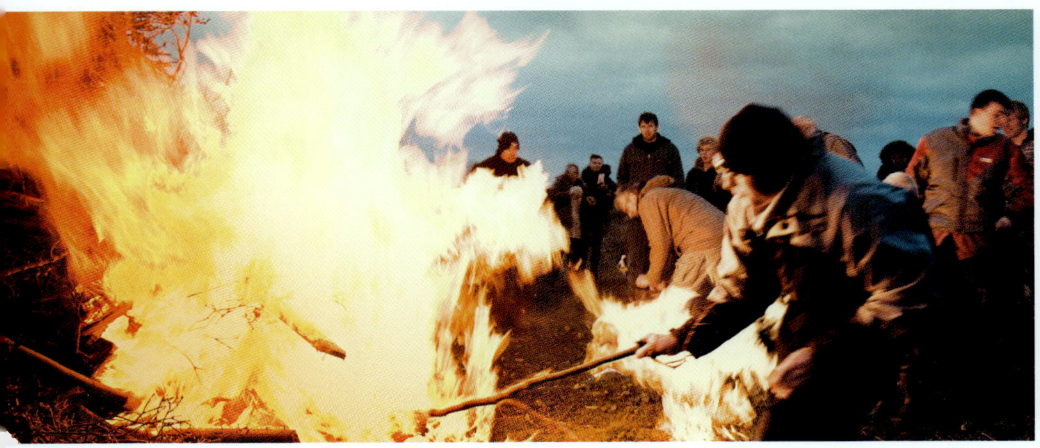
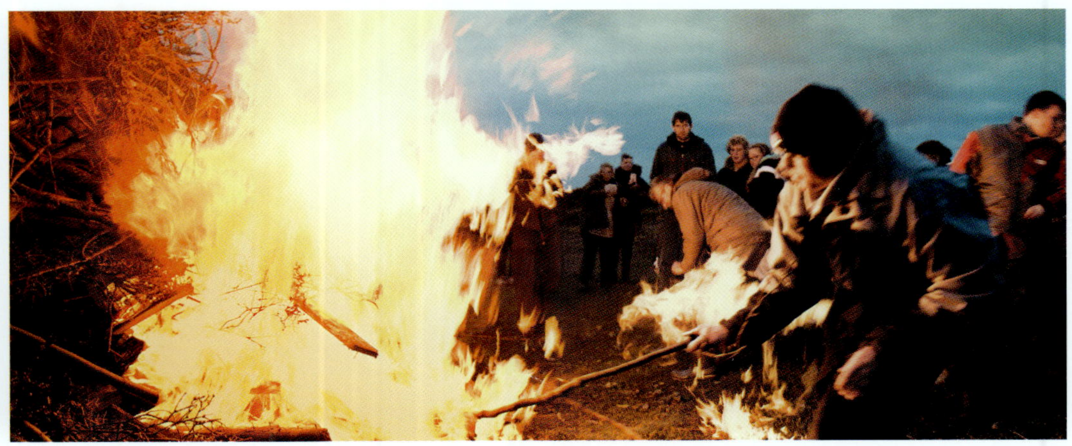

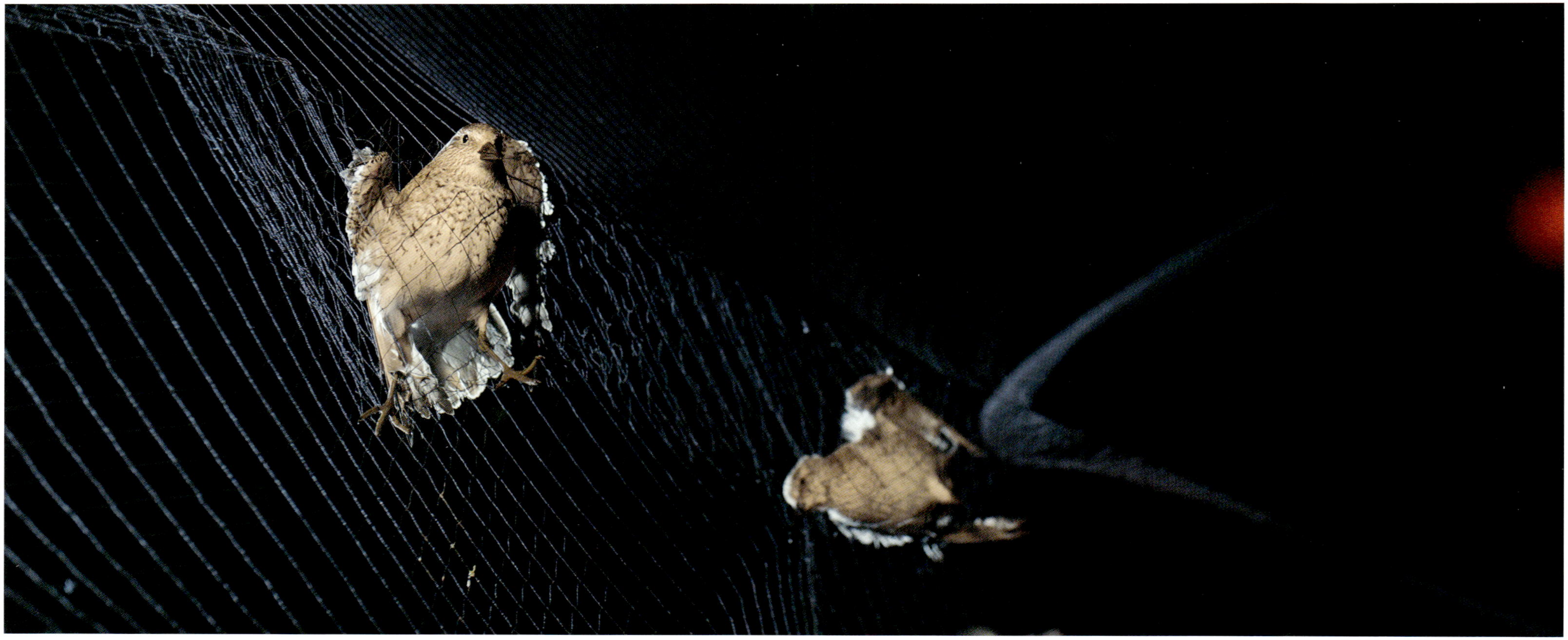

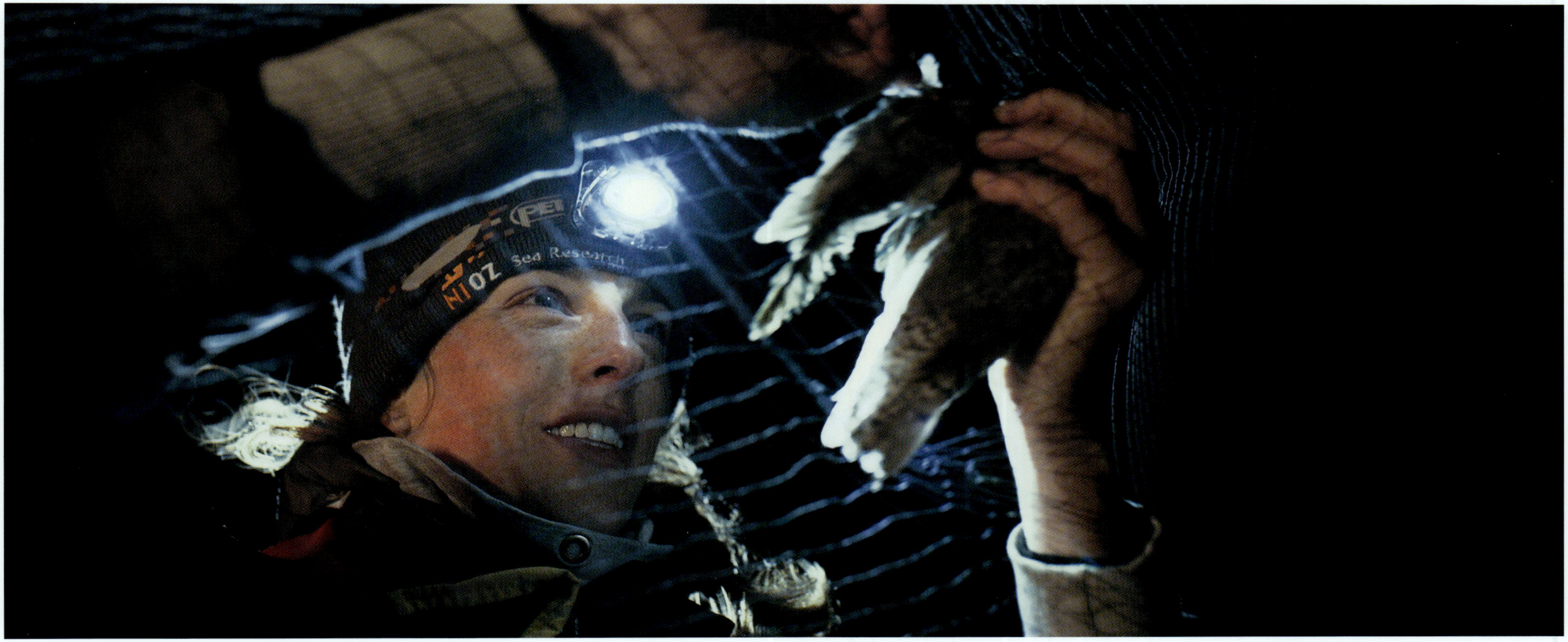
Sea Research

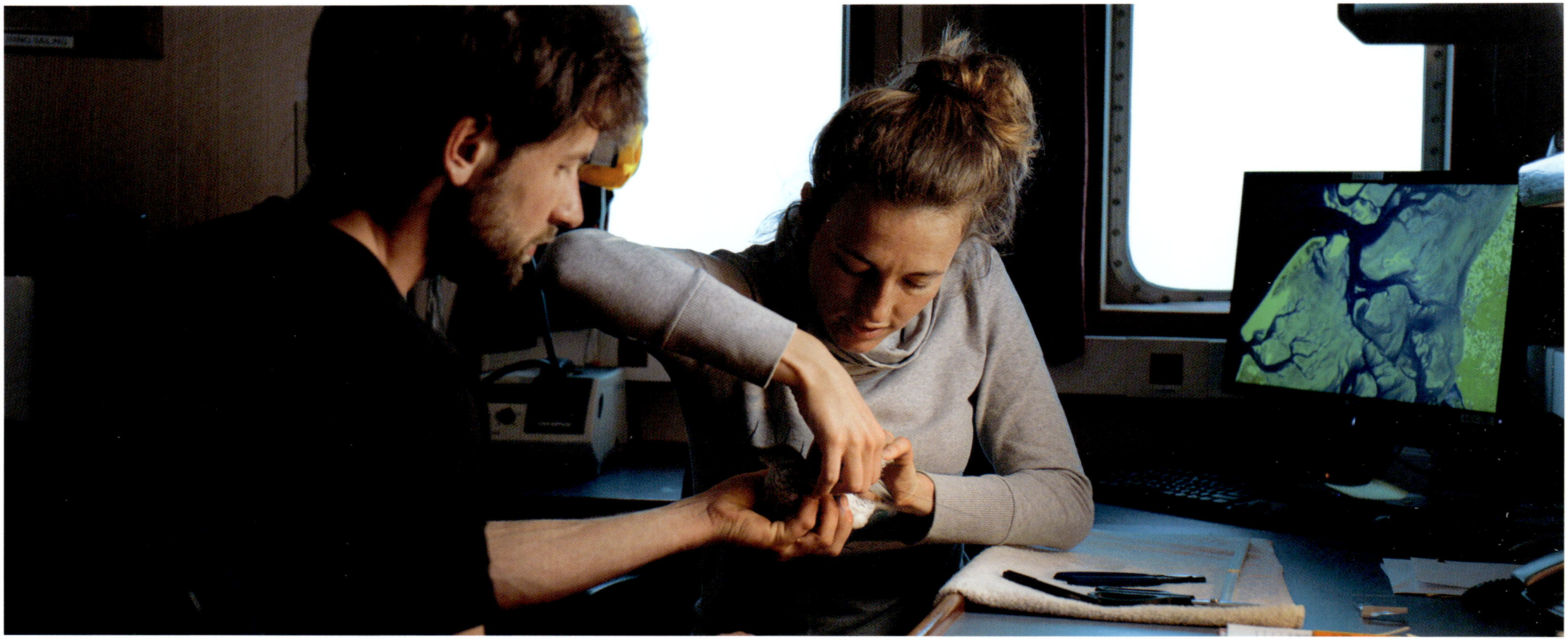

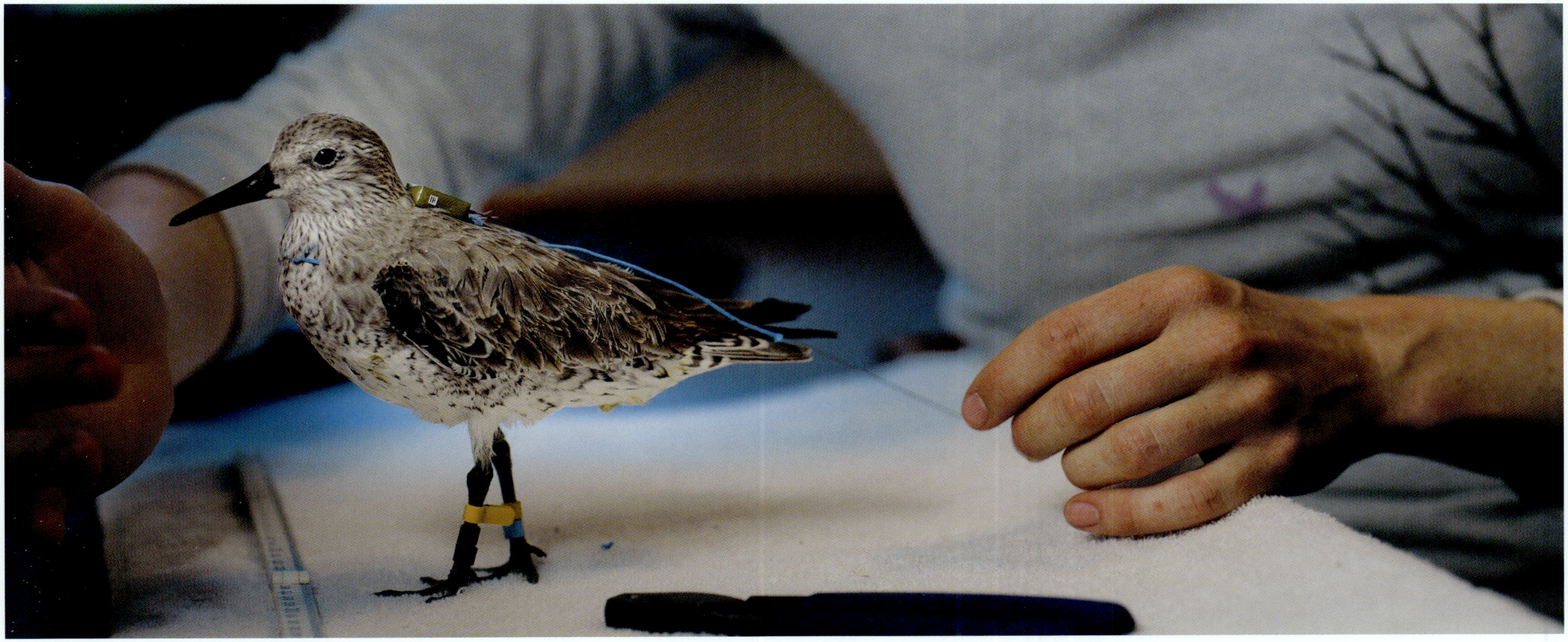

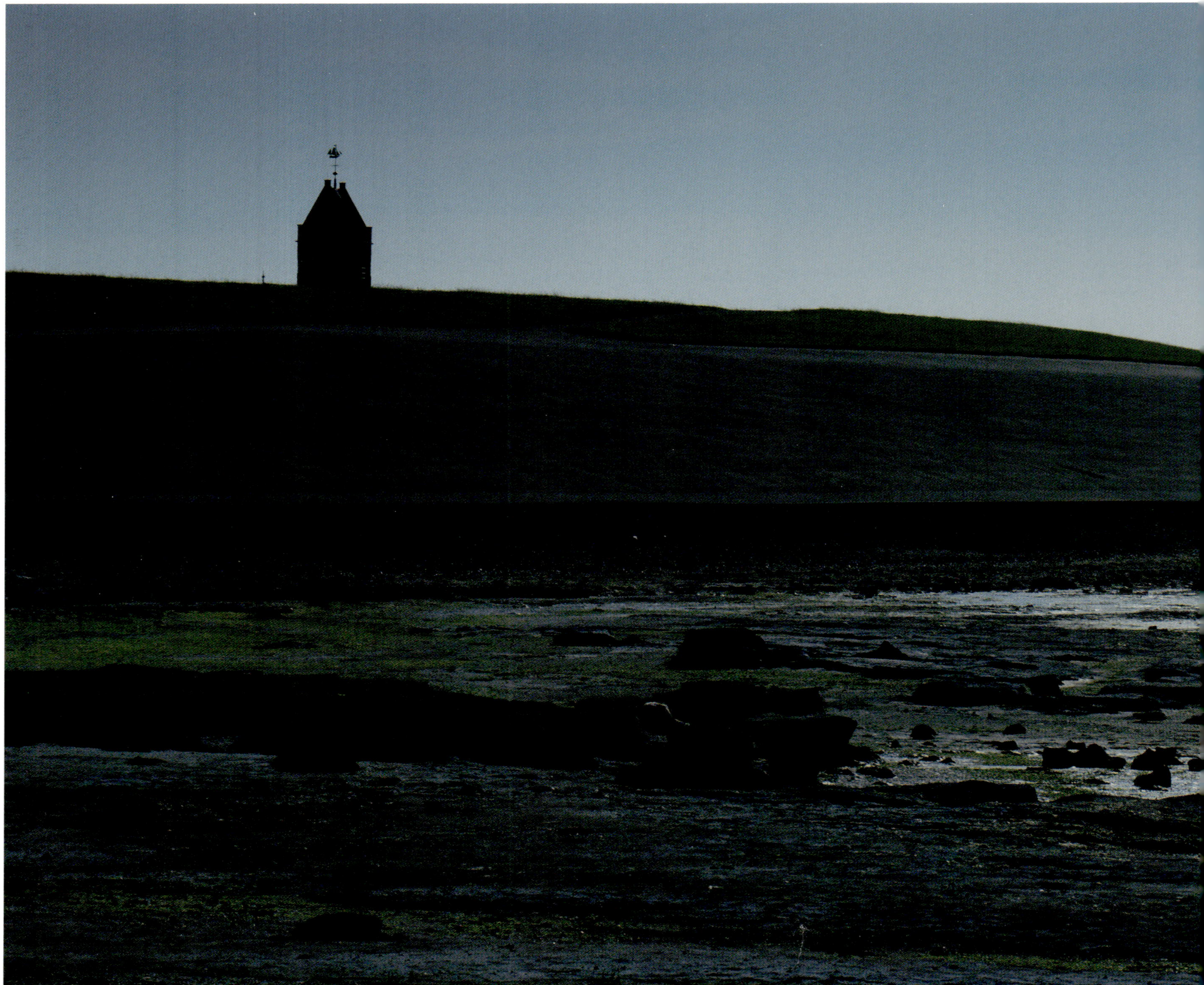

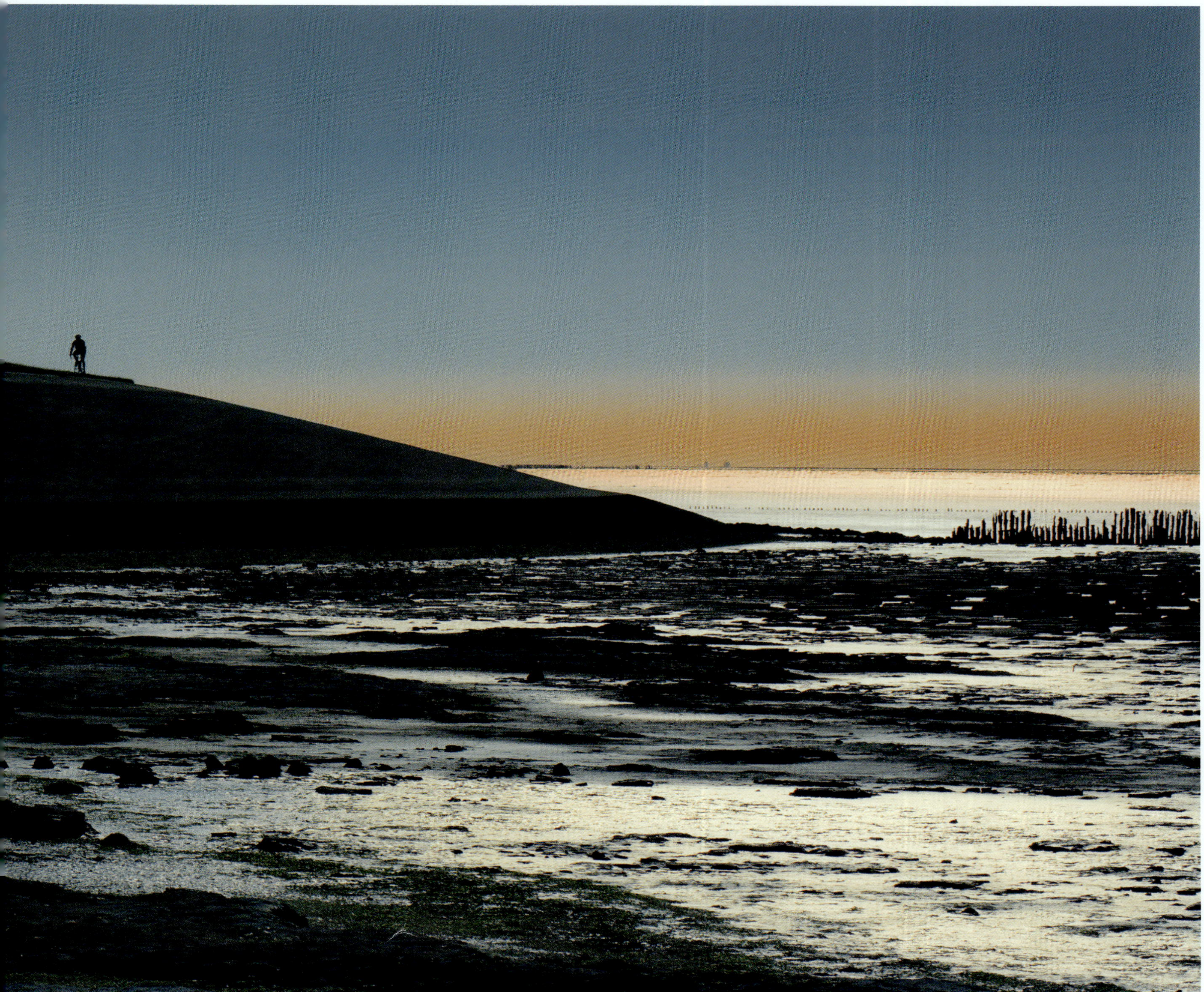

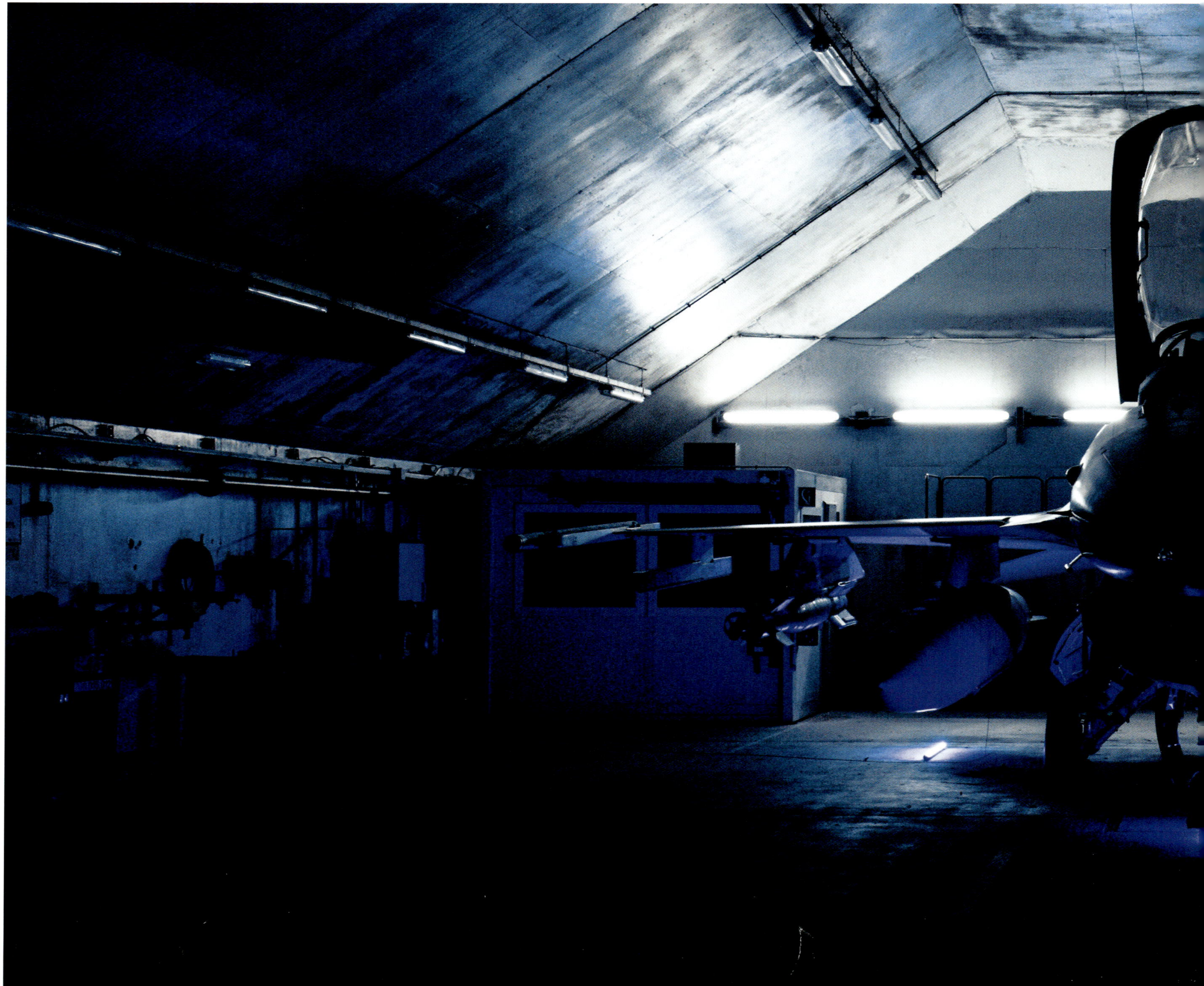

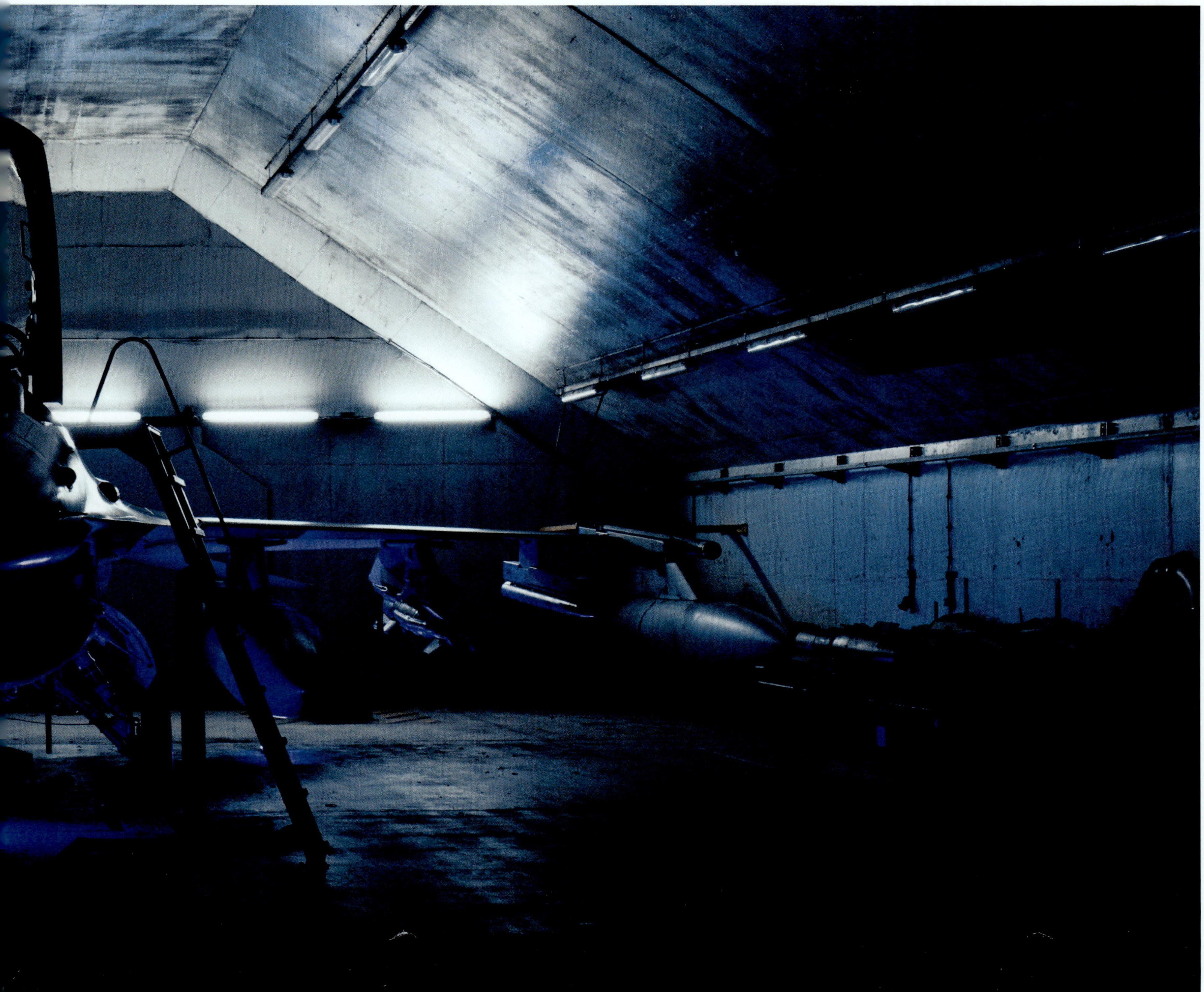

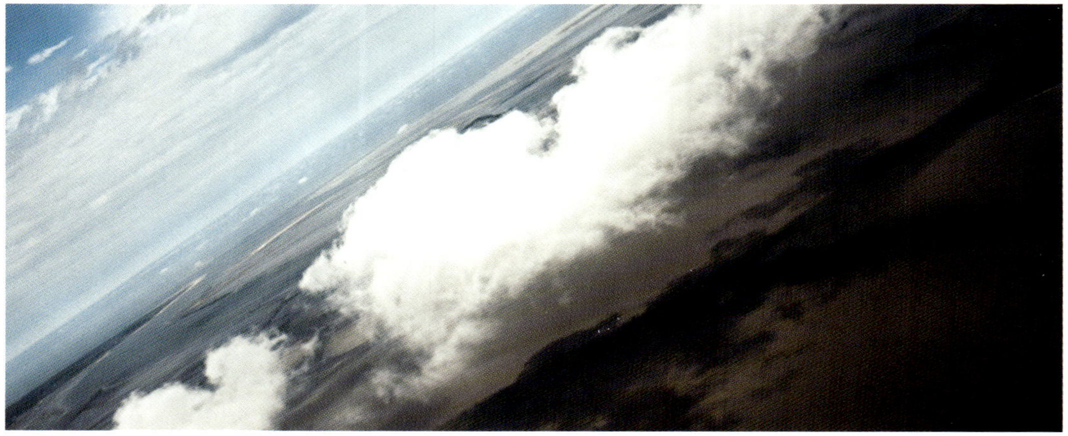
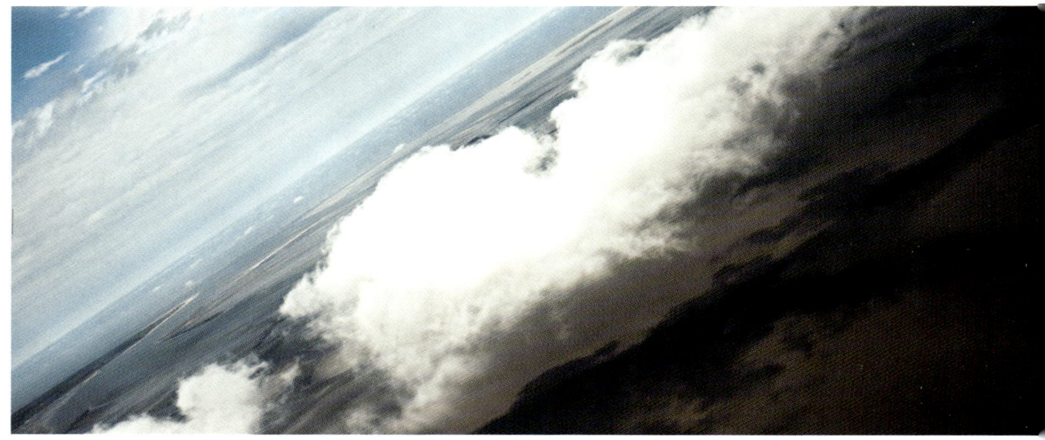
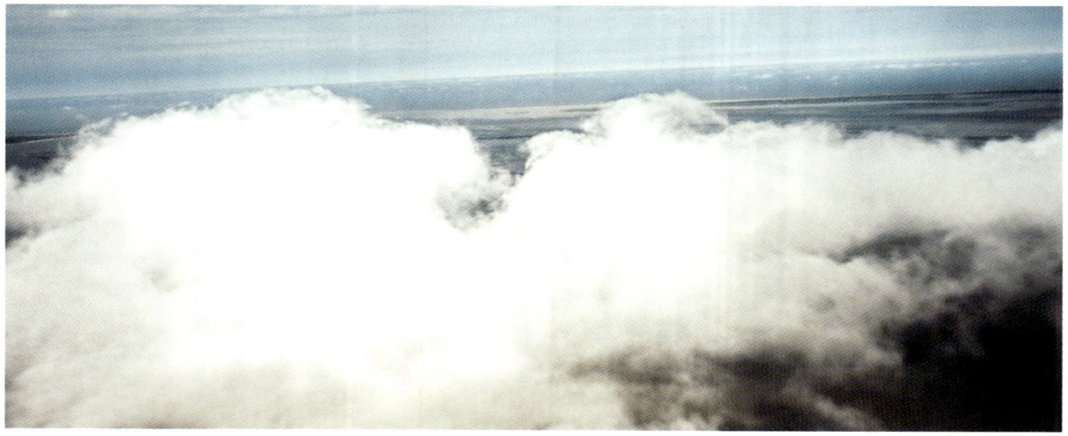
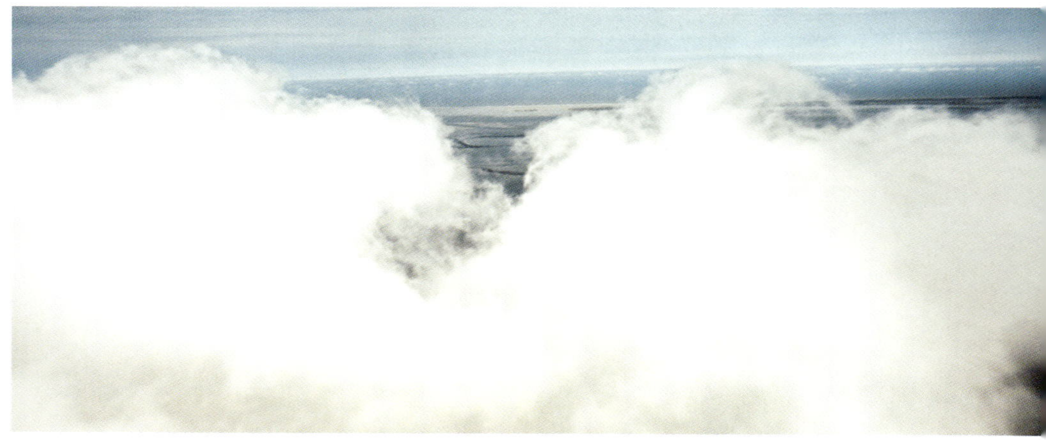
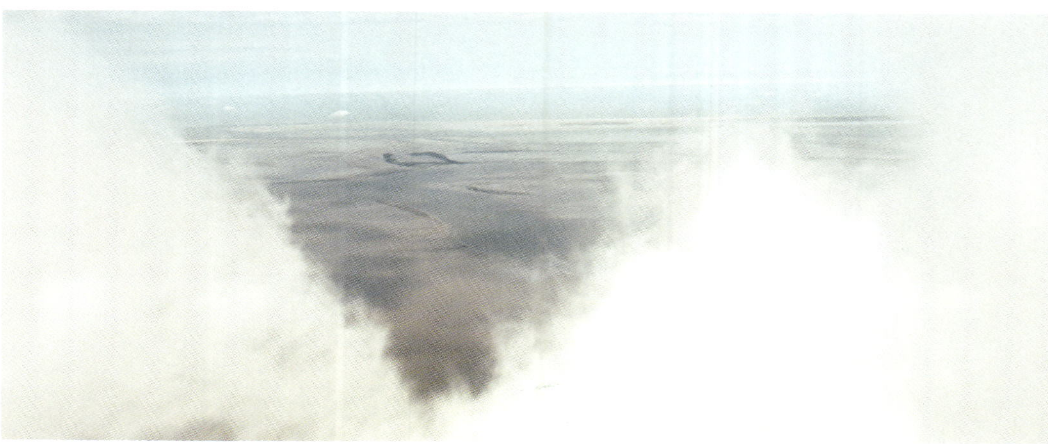
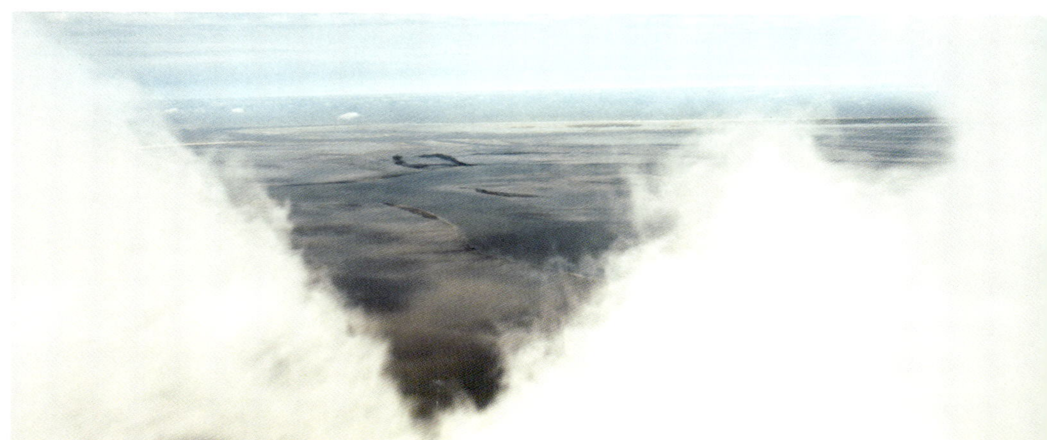

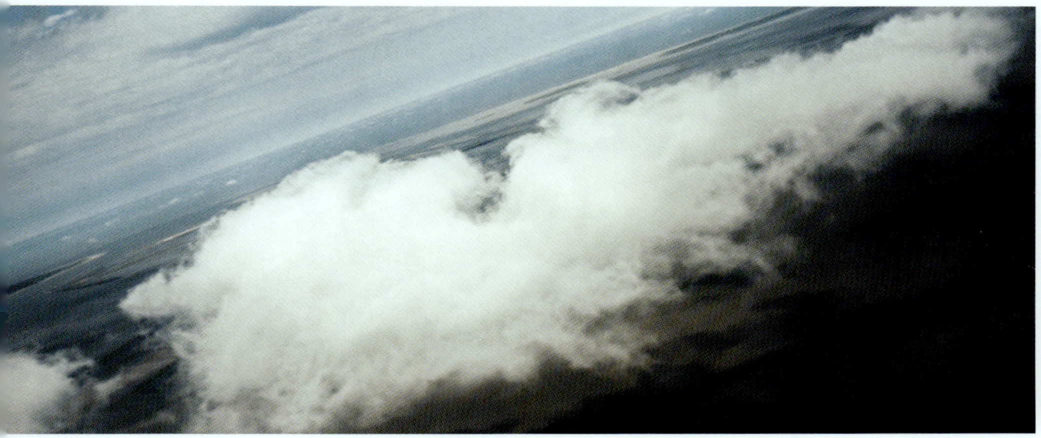
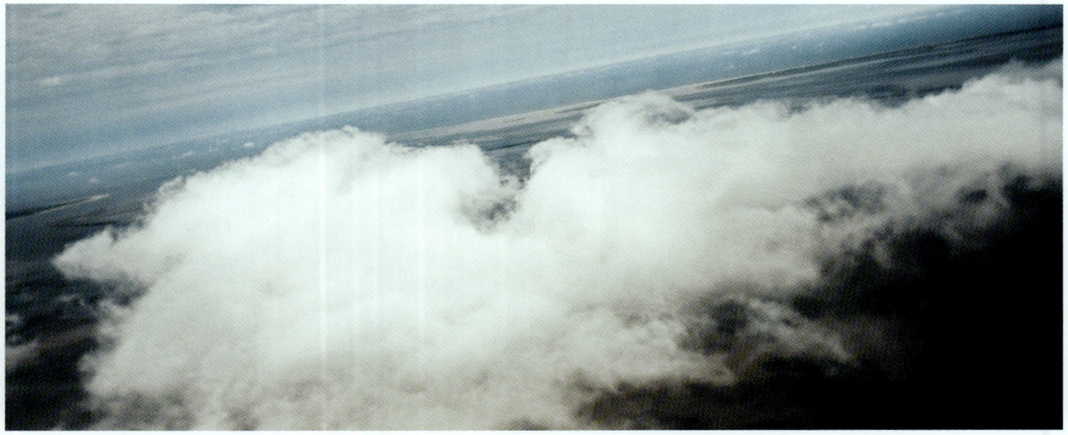
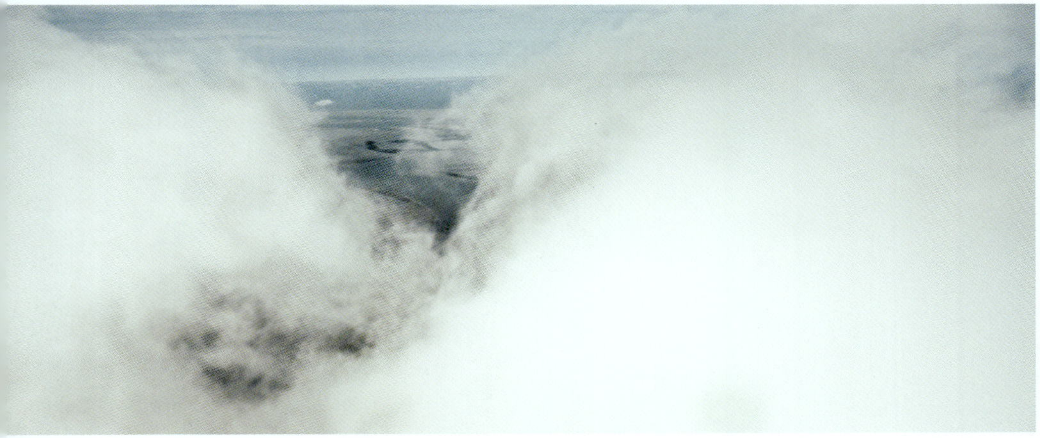

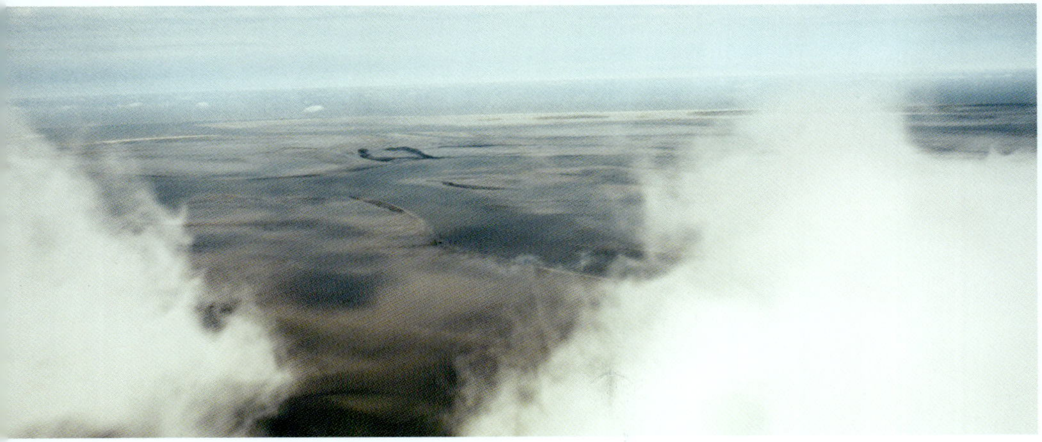
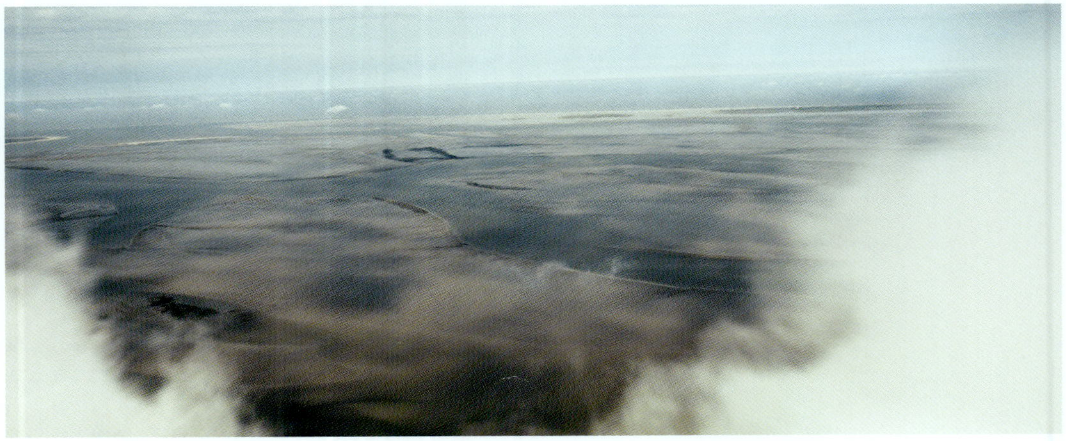

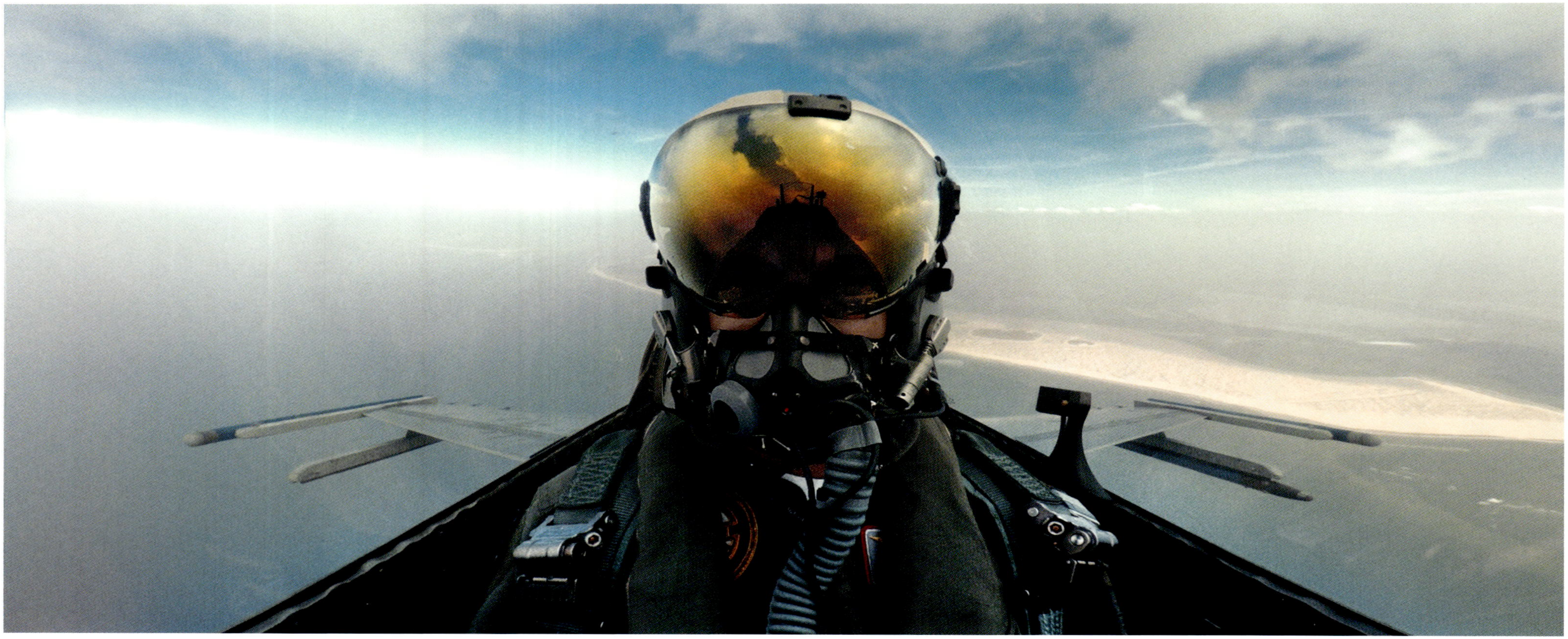

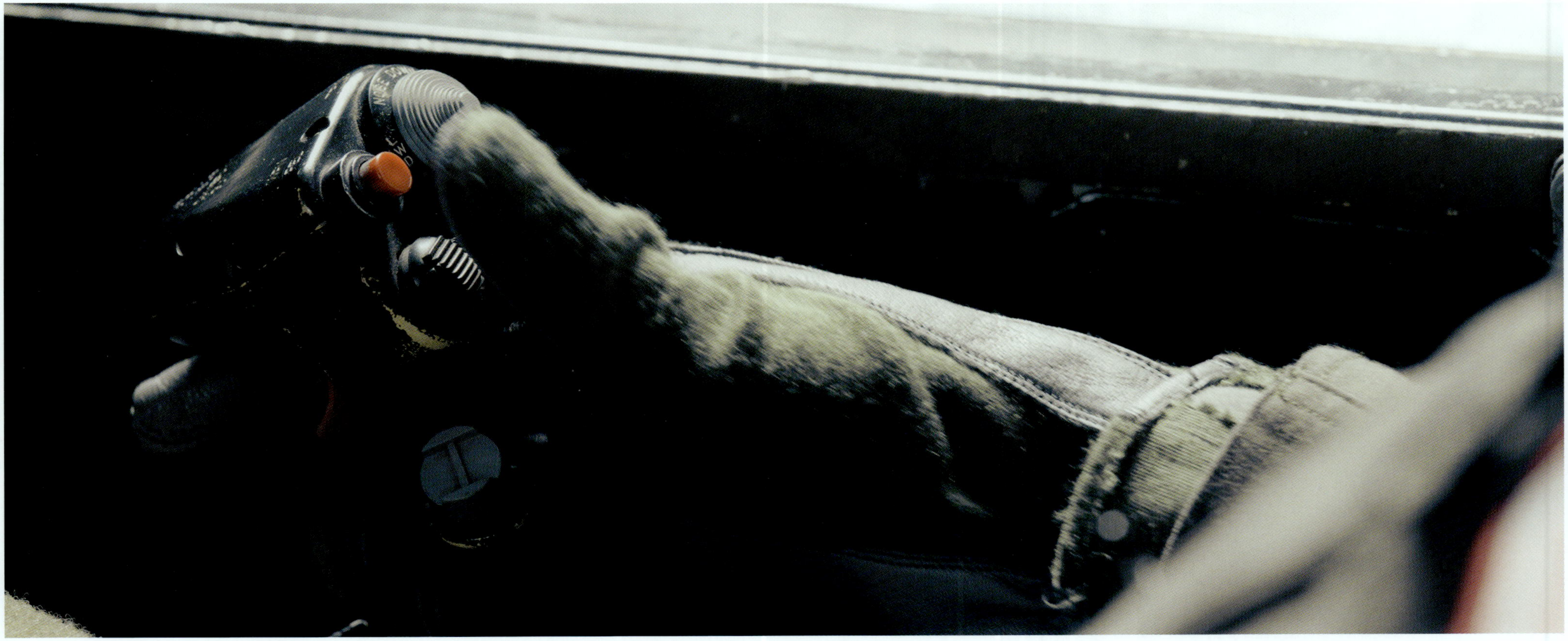

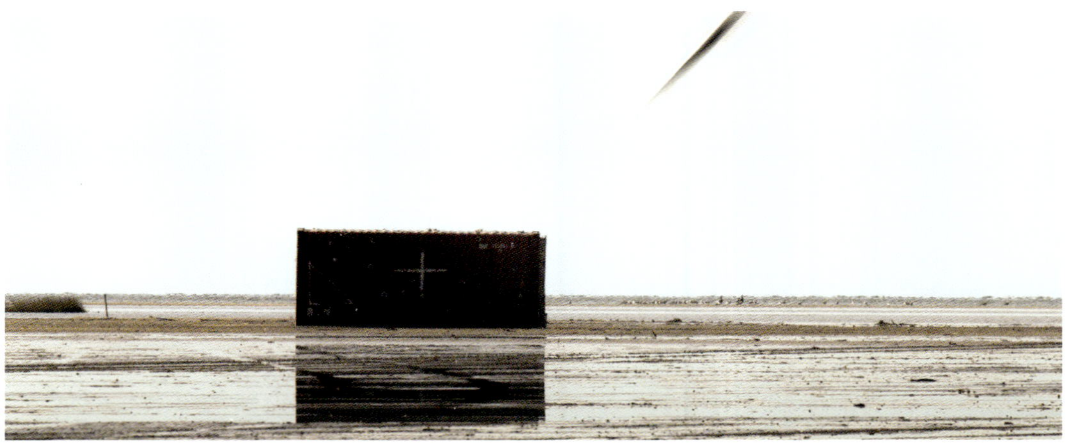
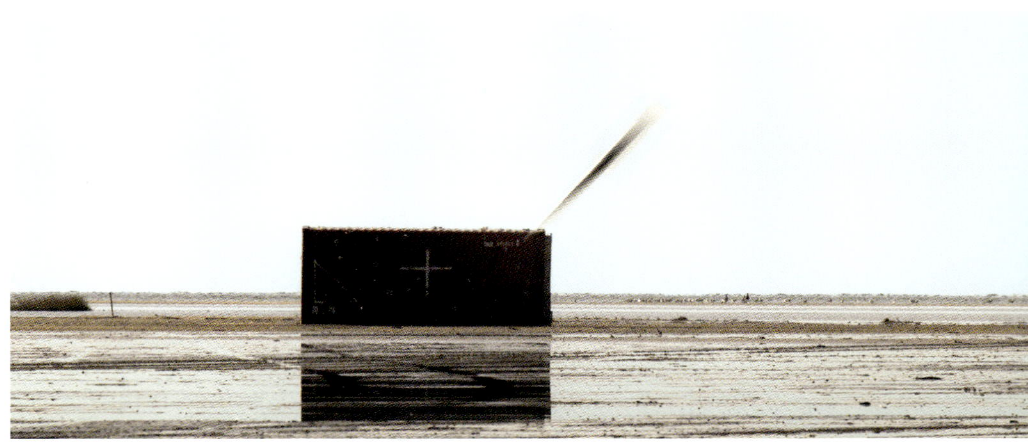
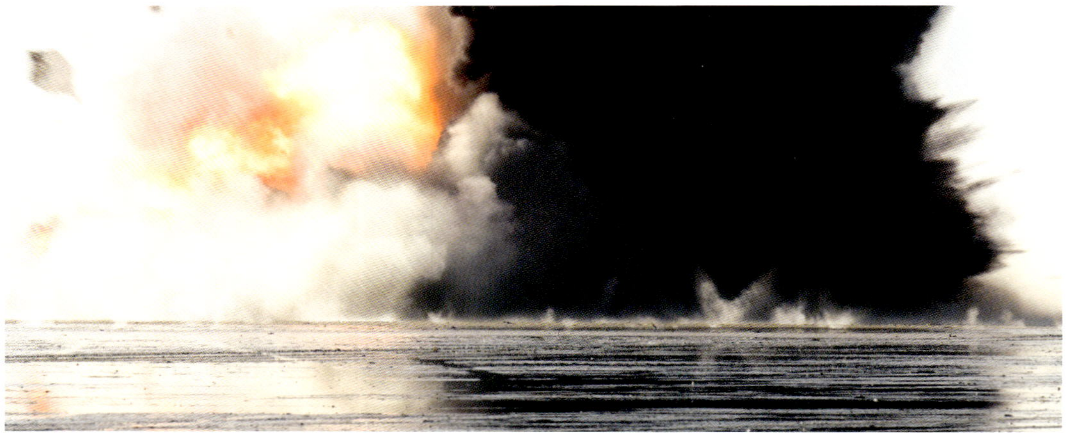
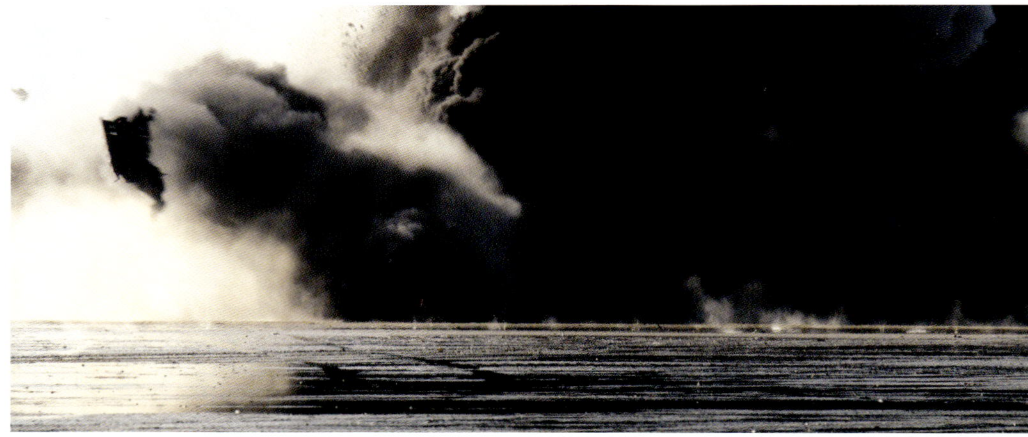
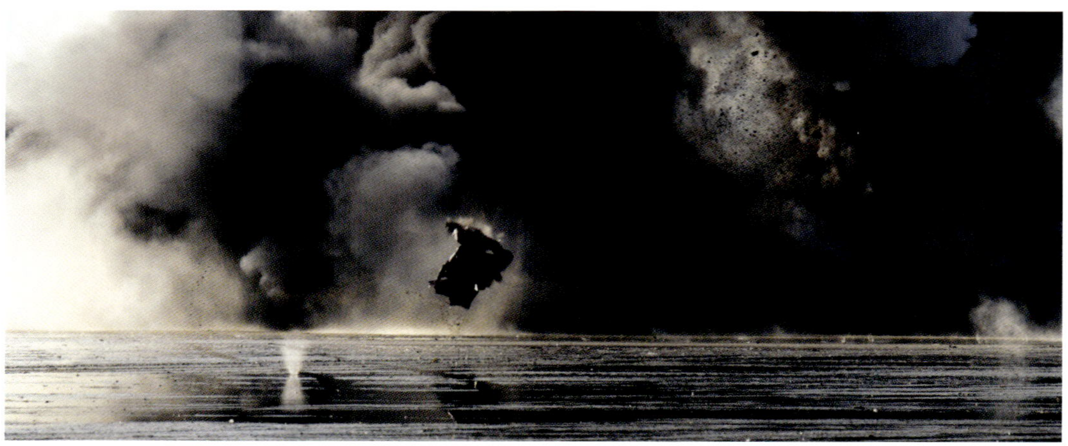
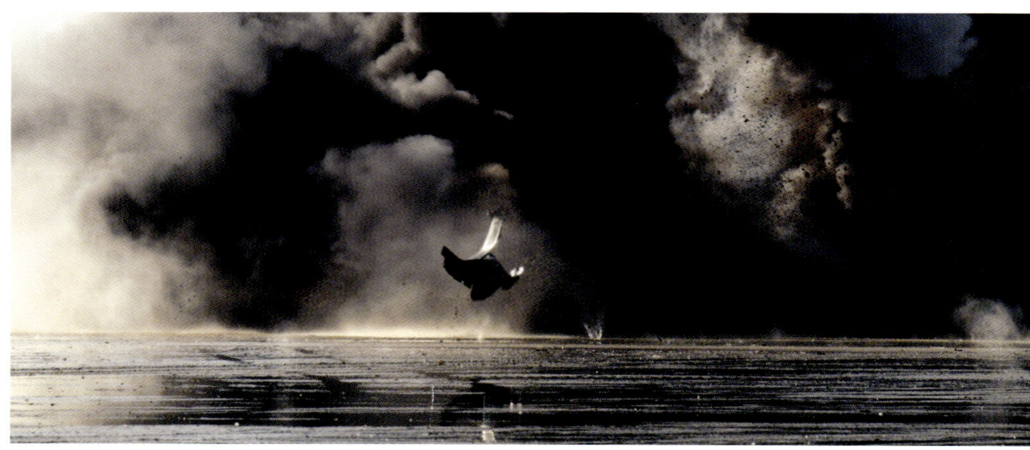

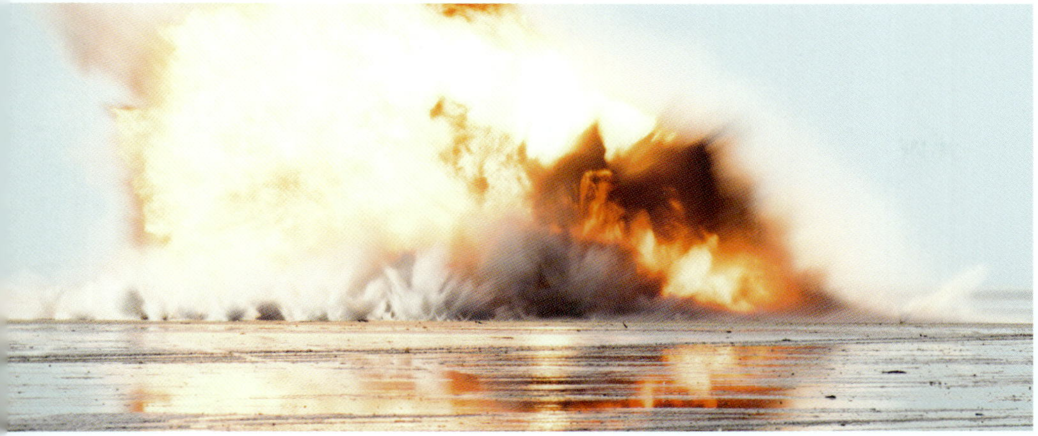
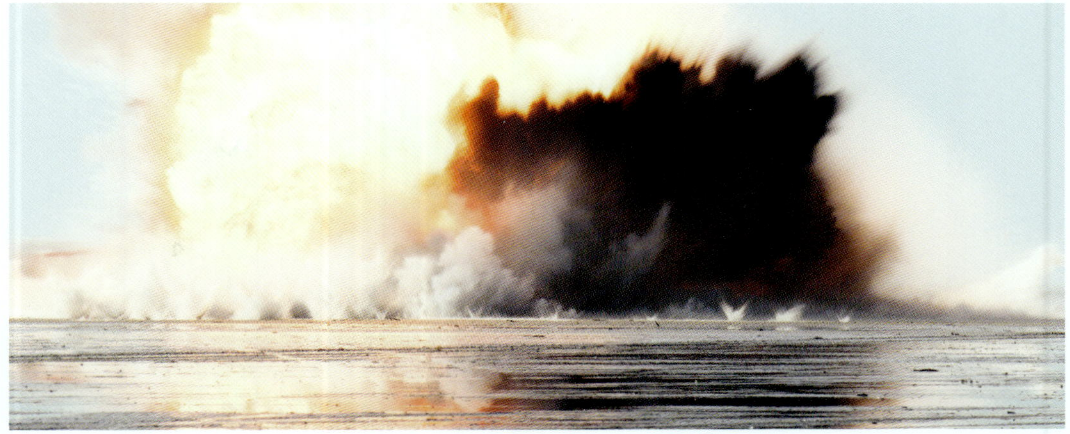
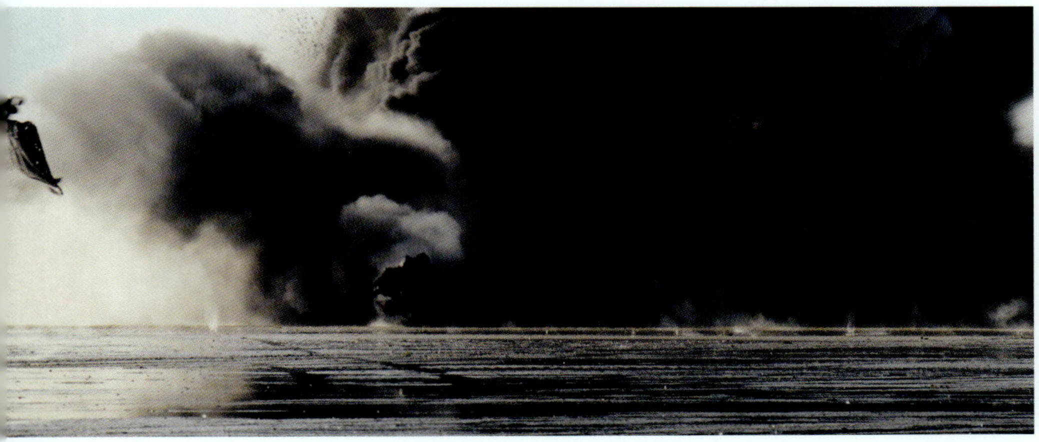
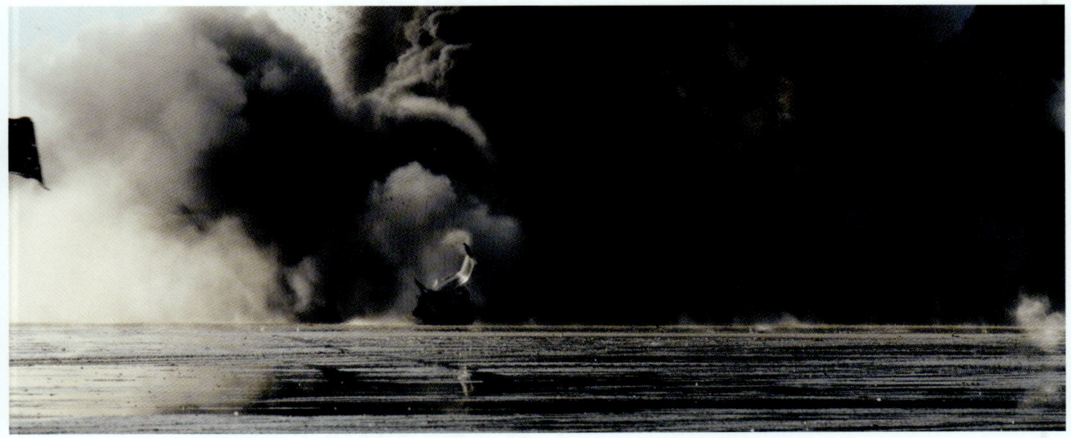
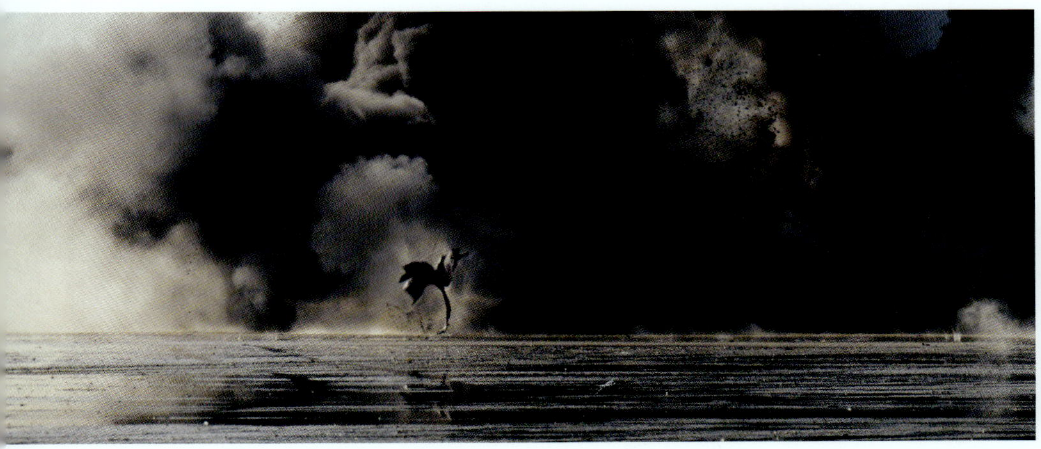
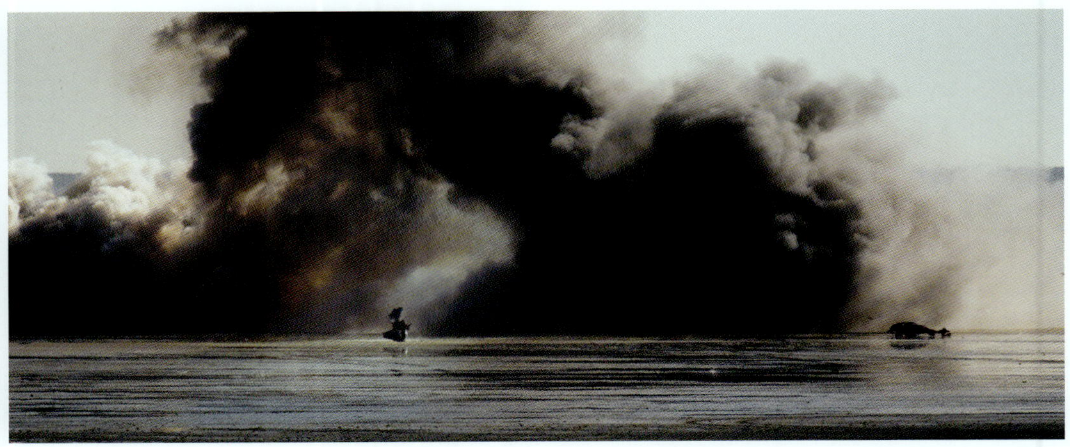

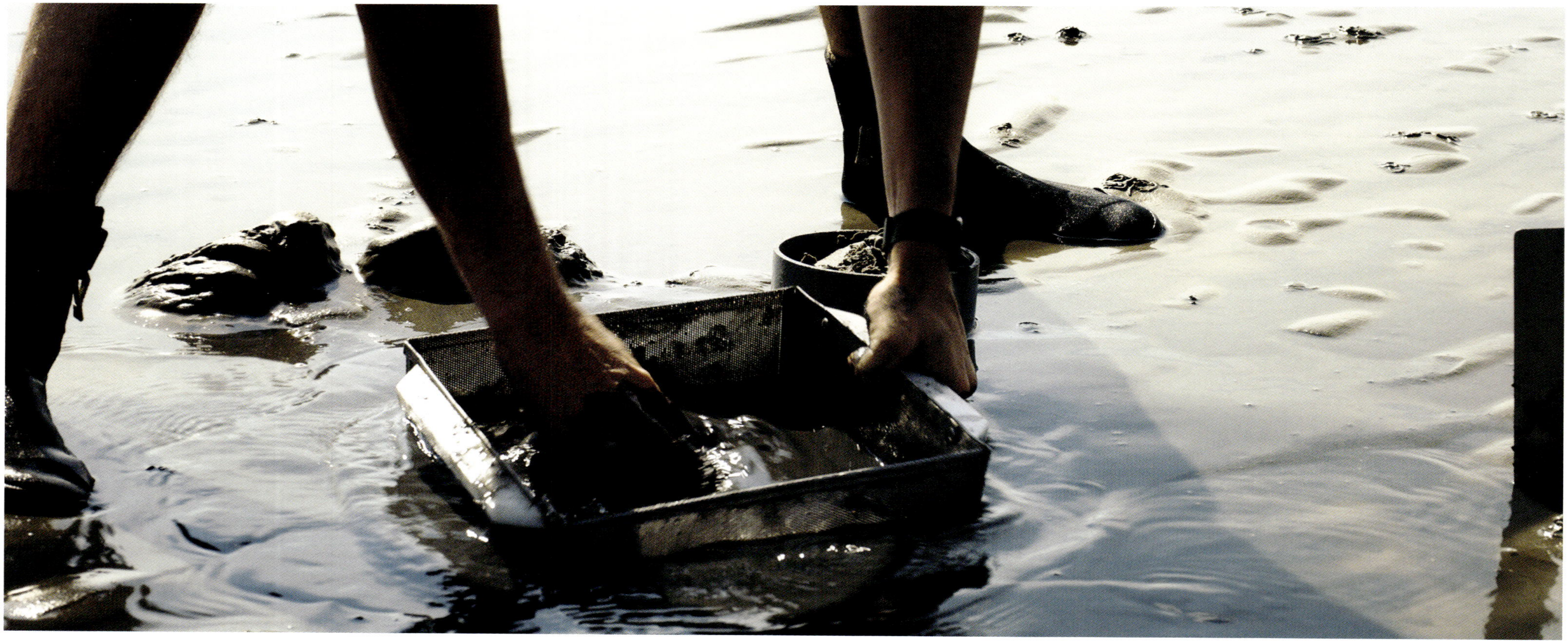

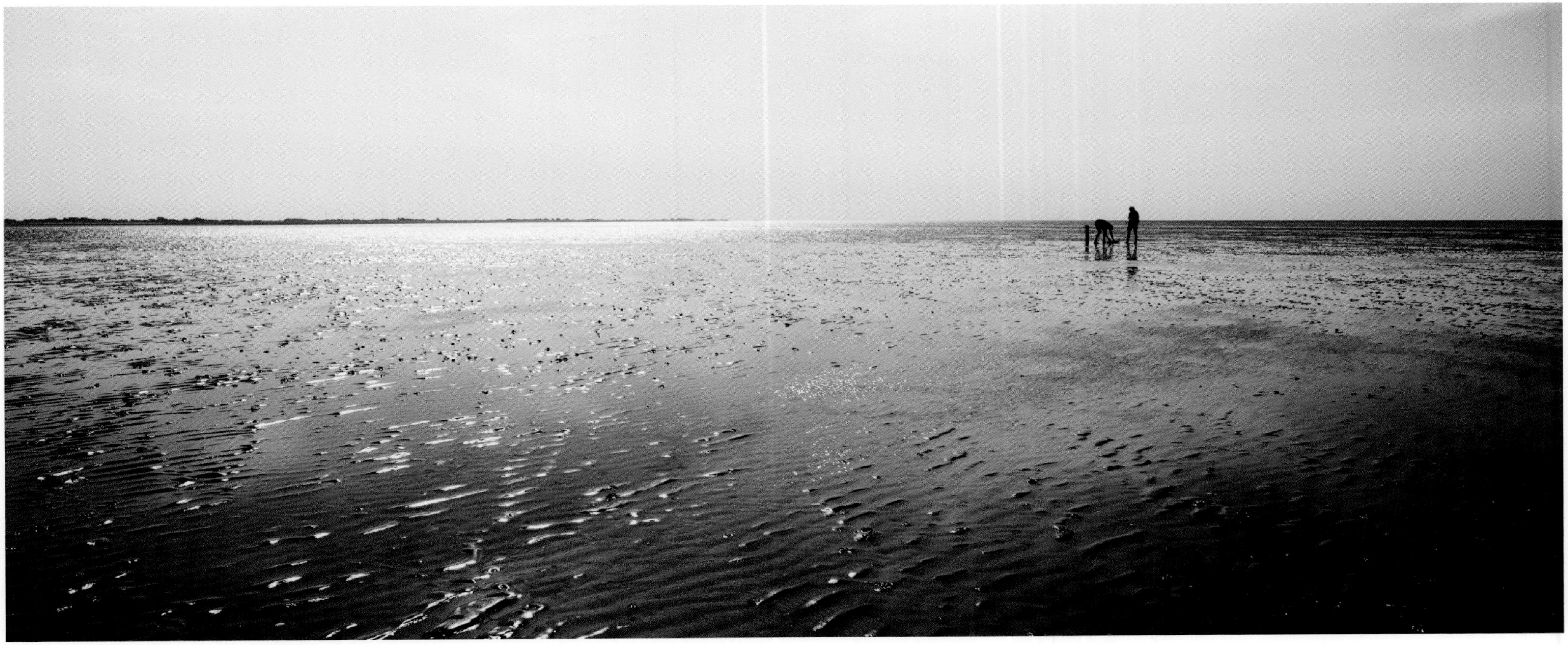

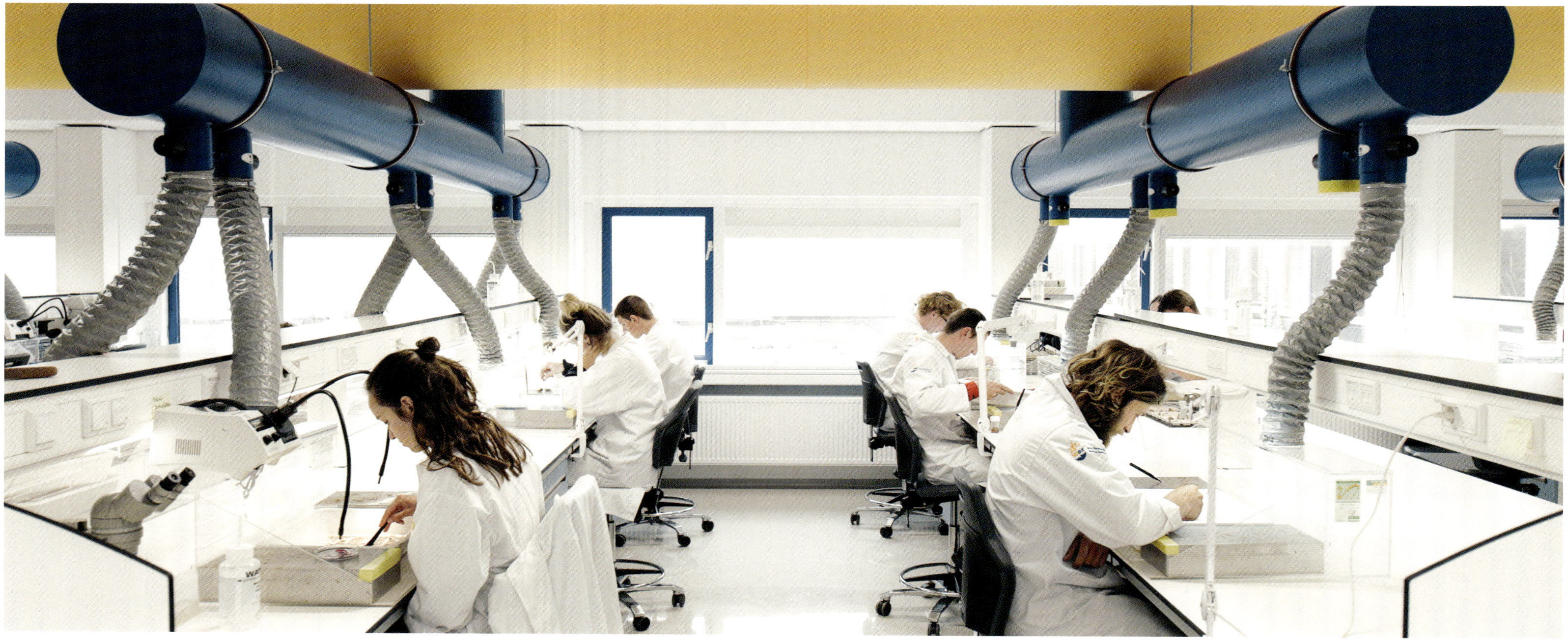

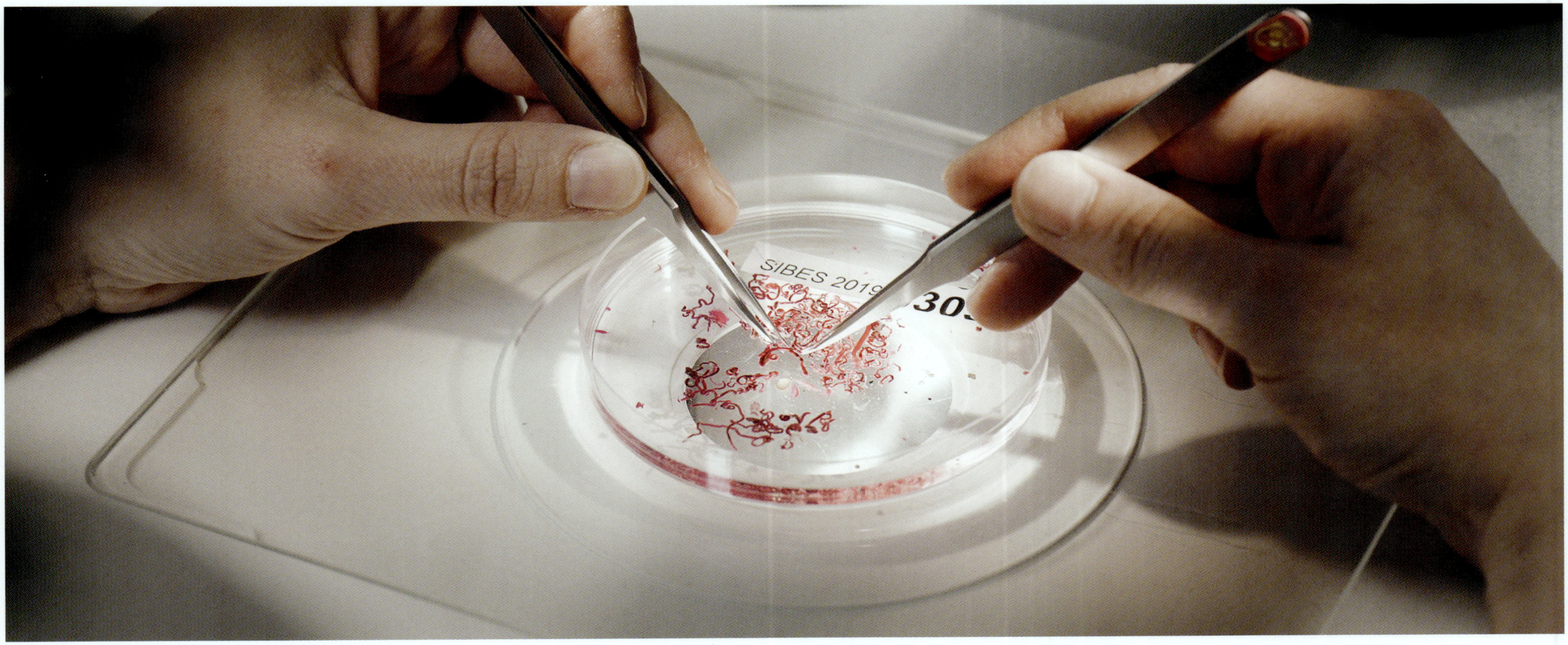
SIBES 2019

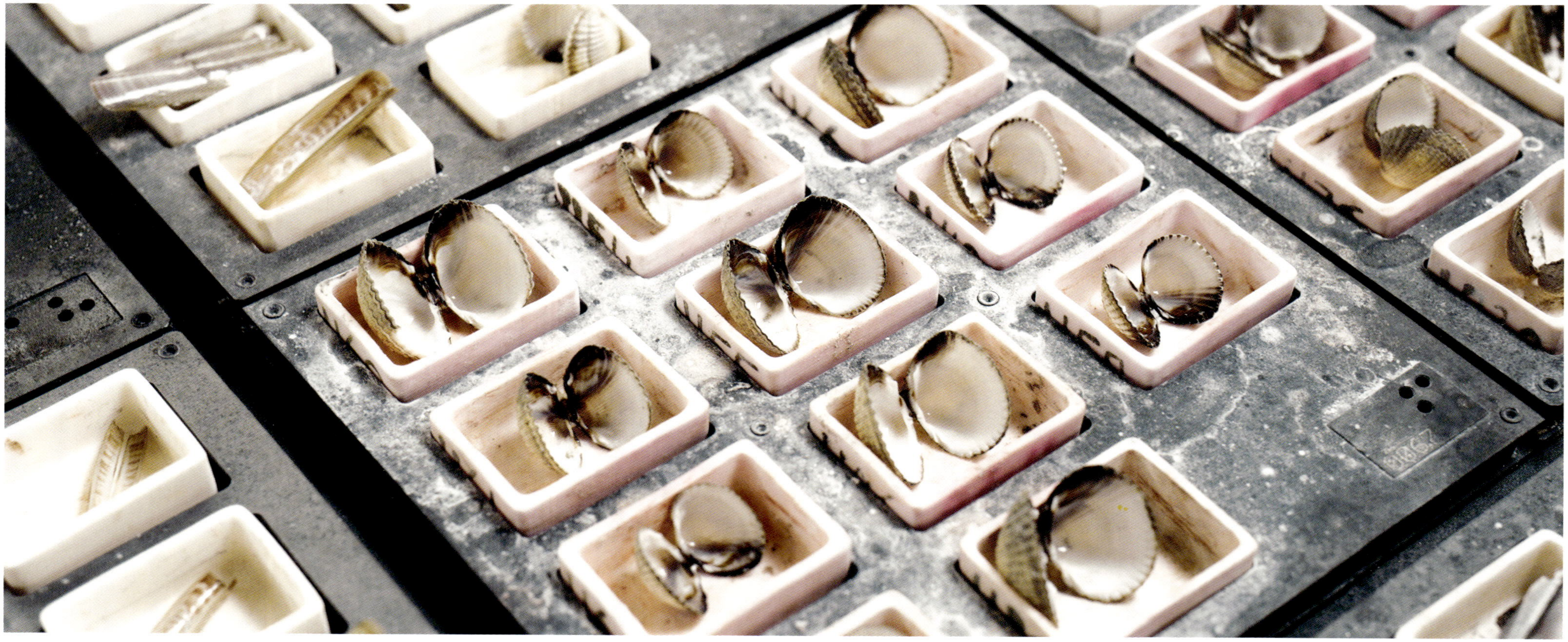

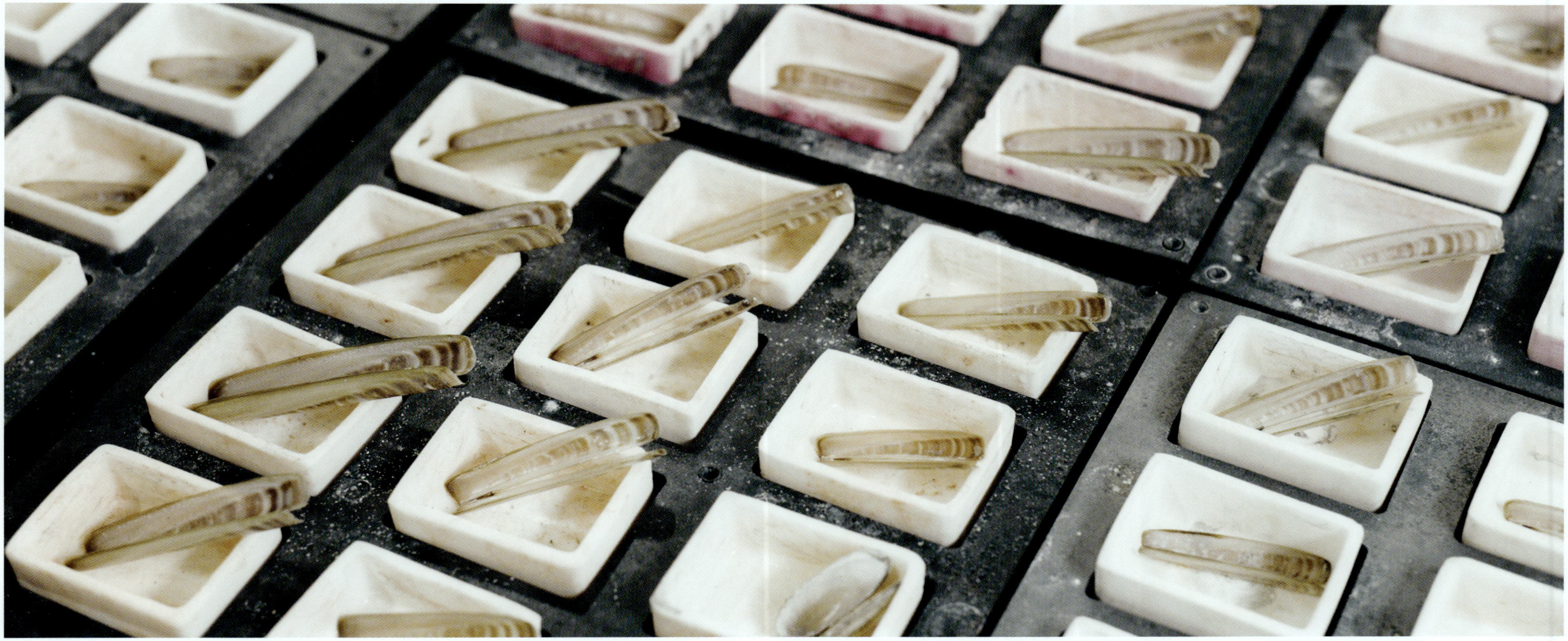

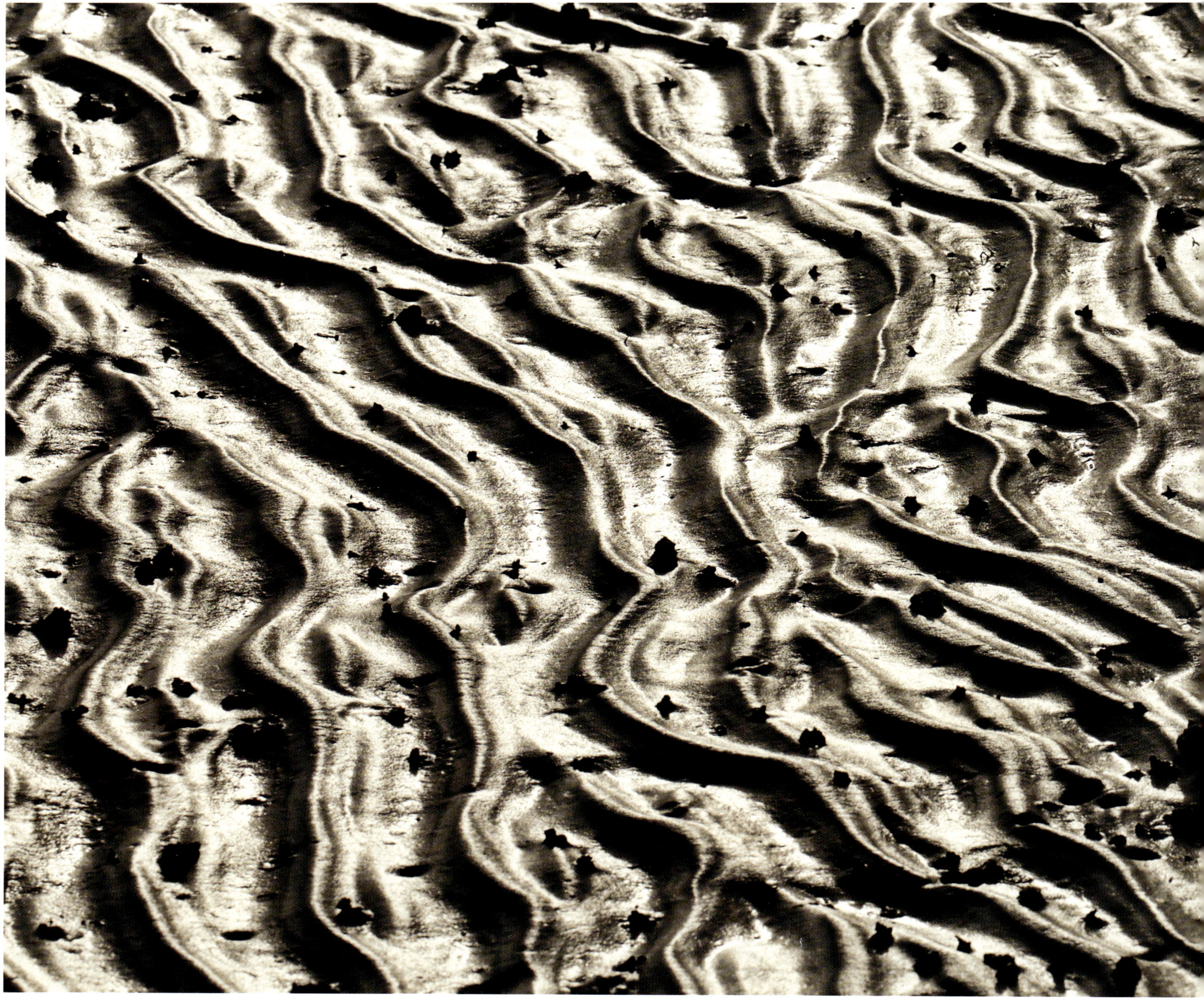

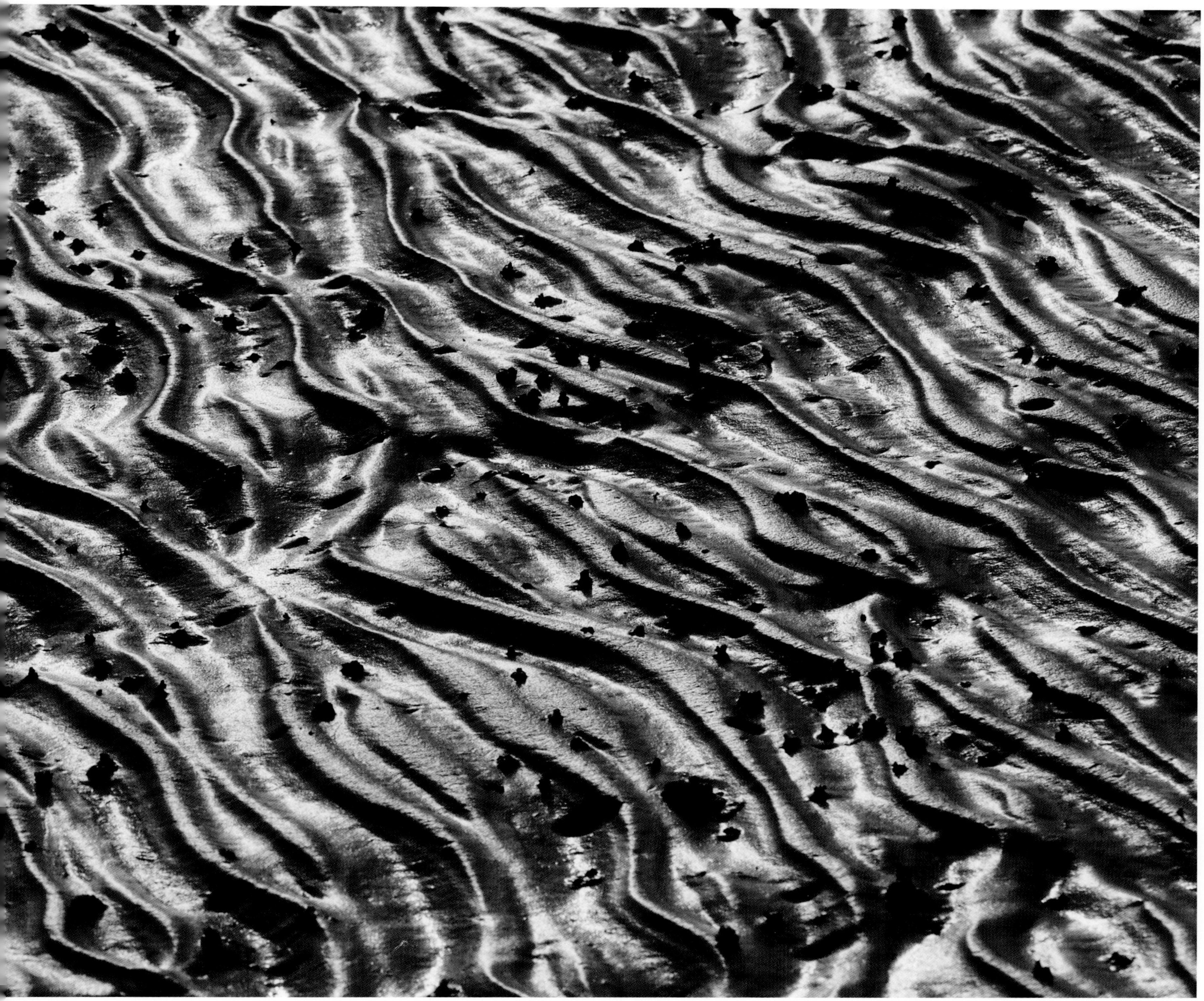

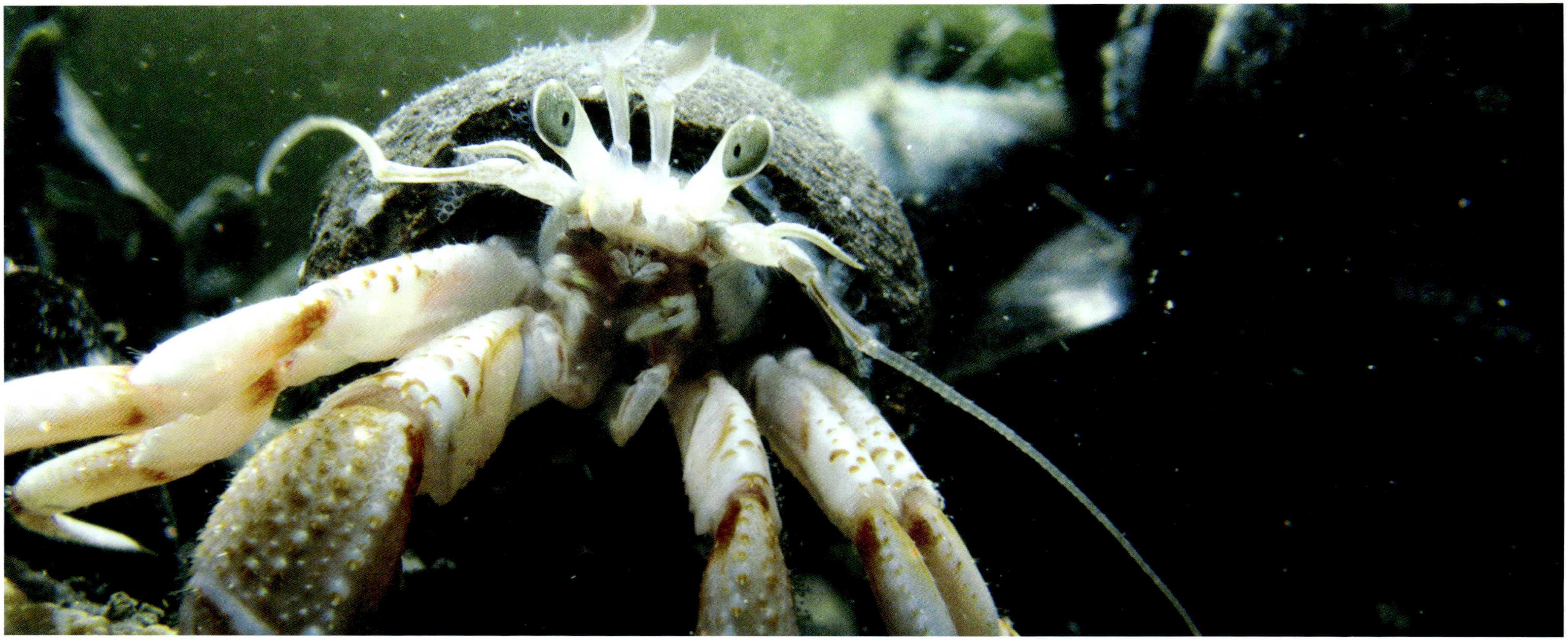

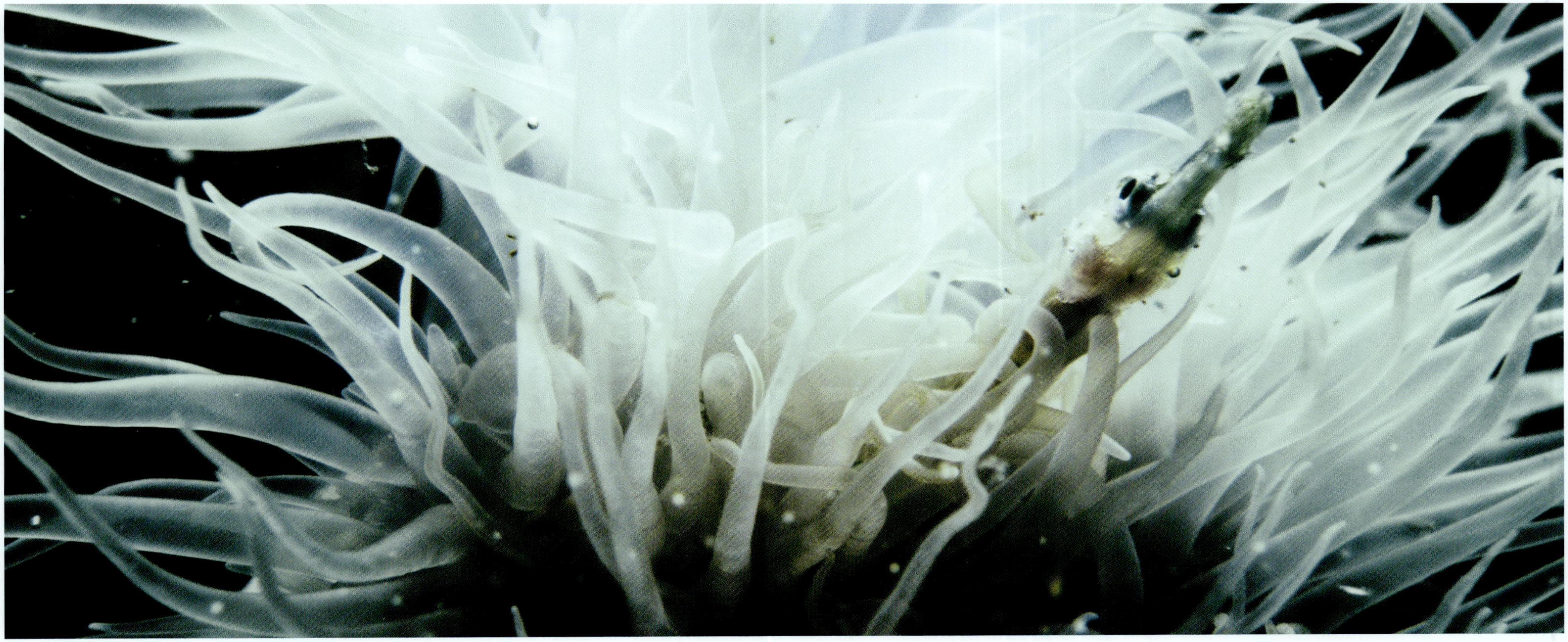

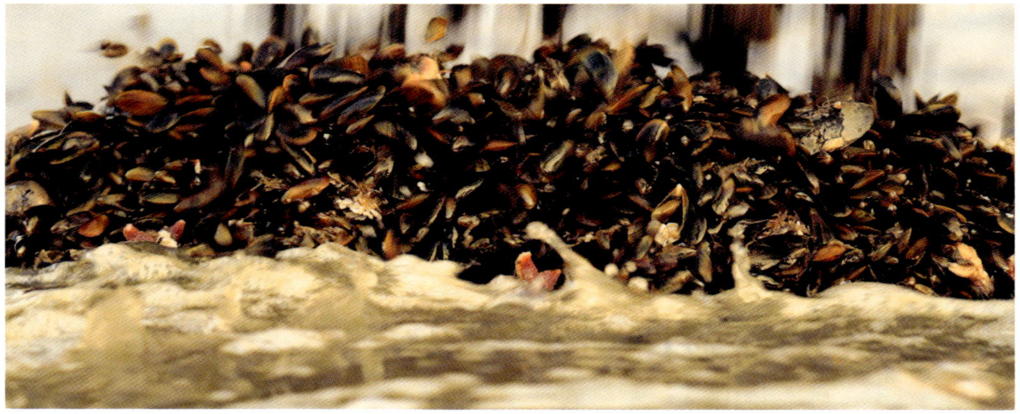
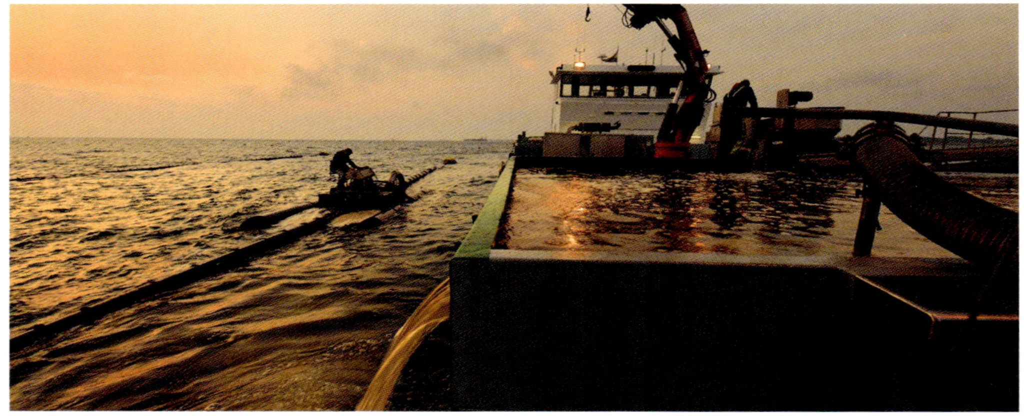
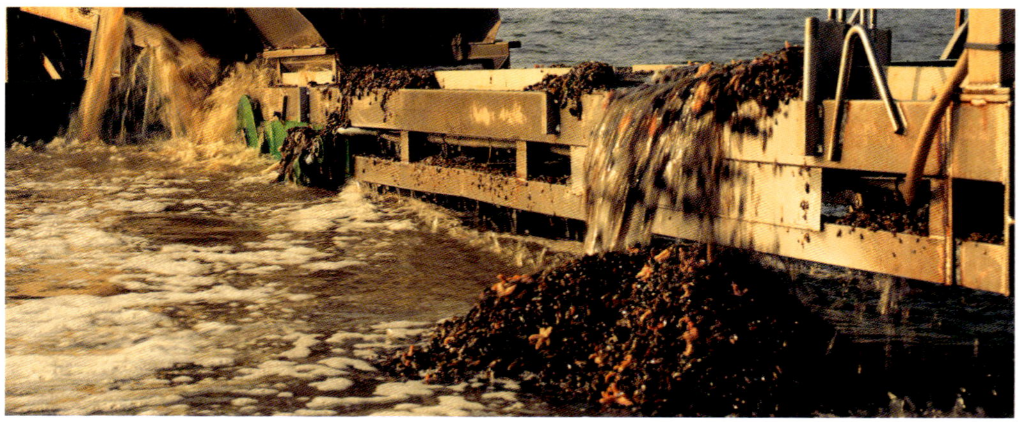
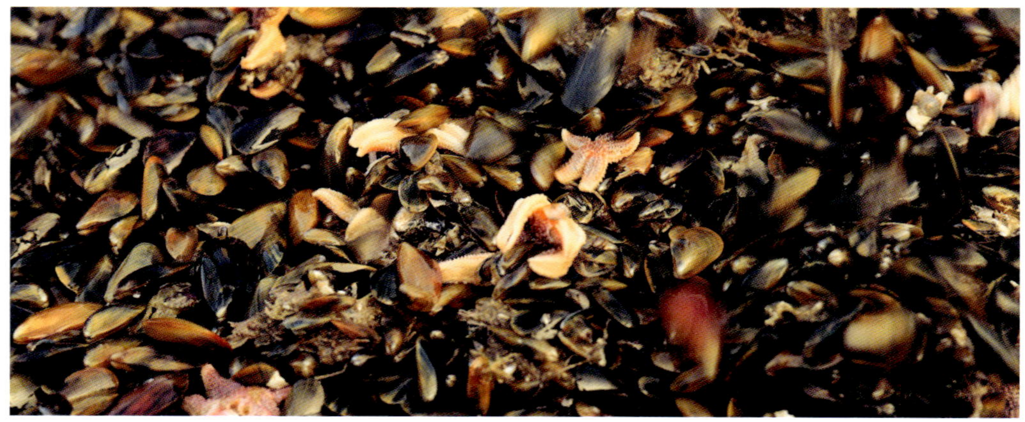

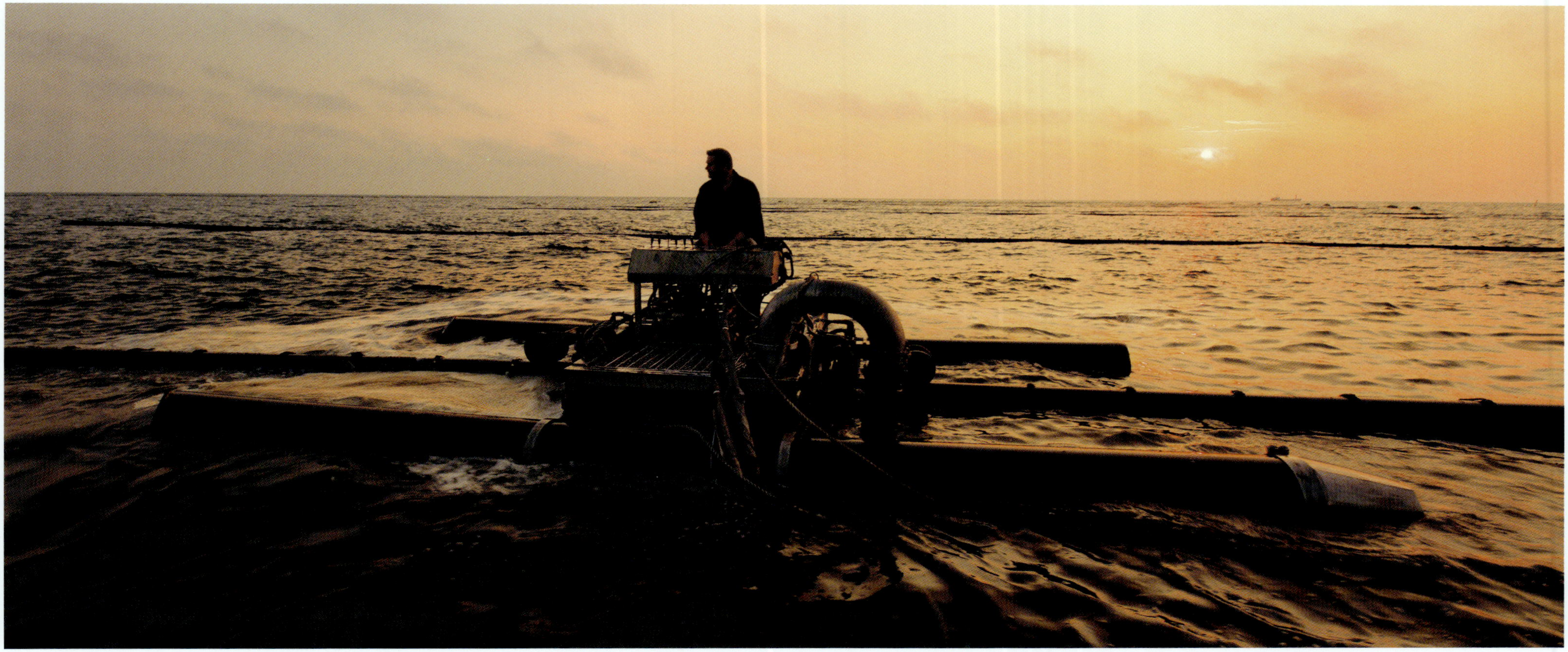

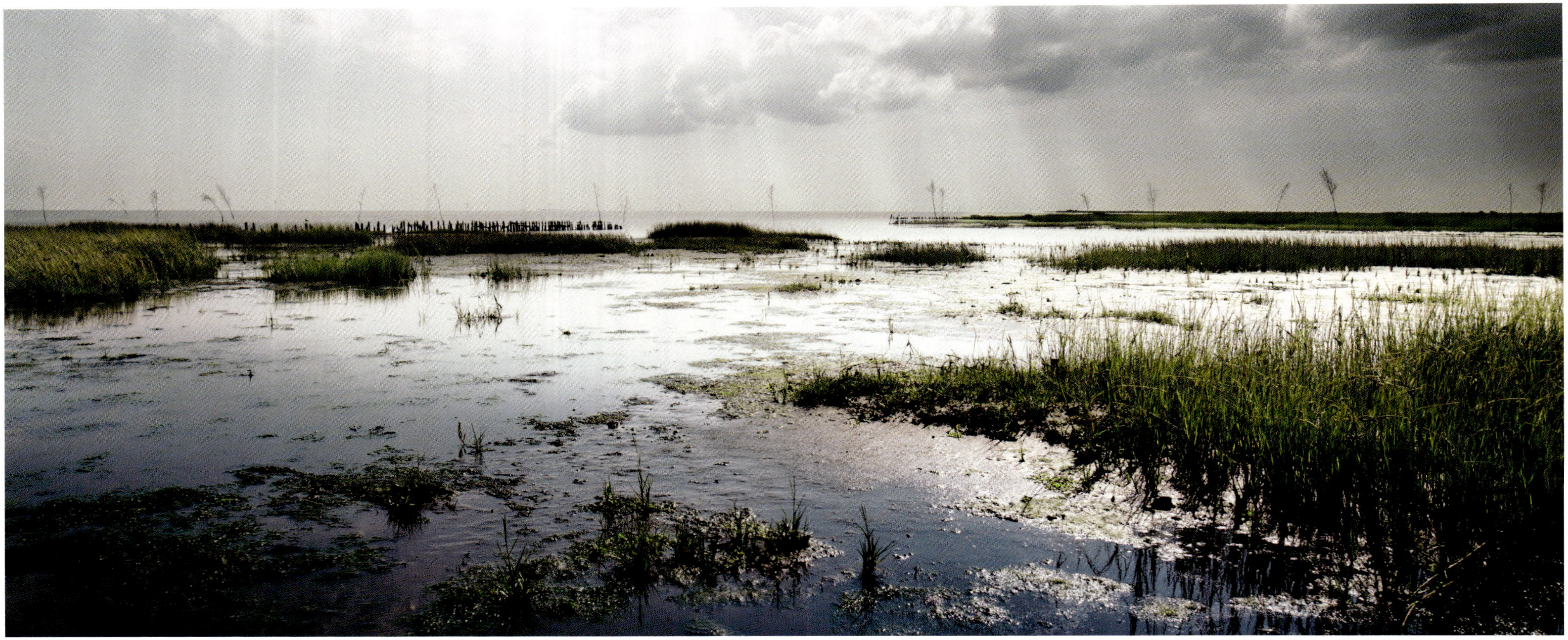

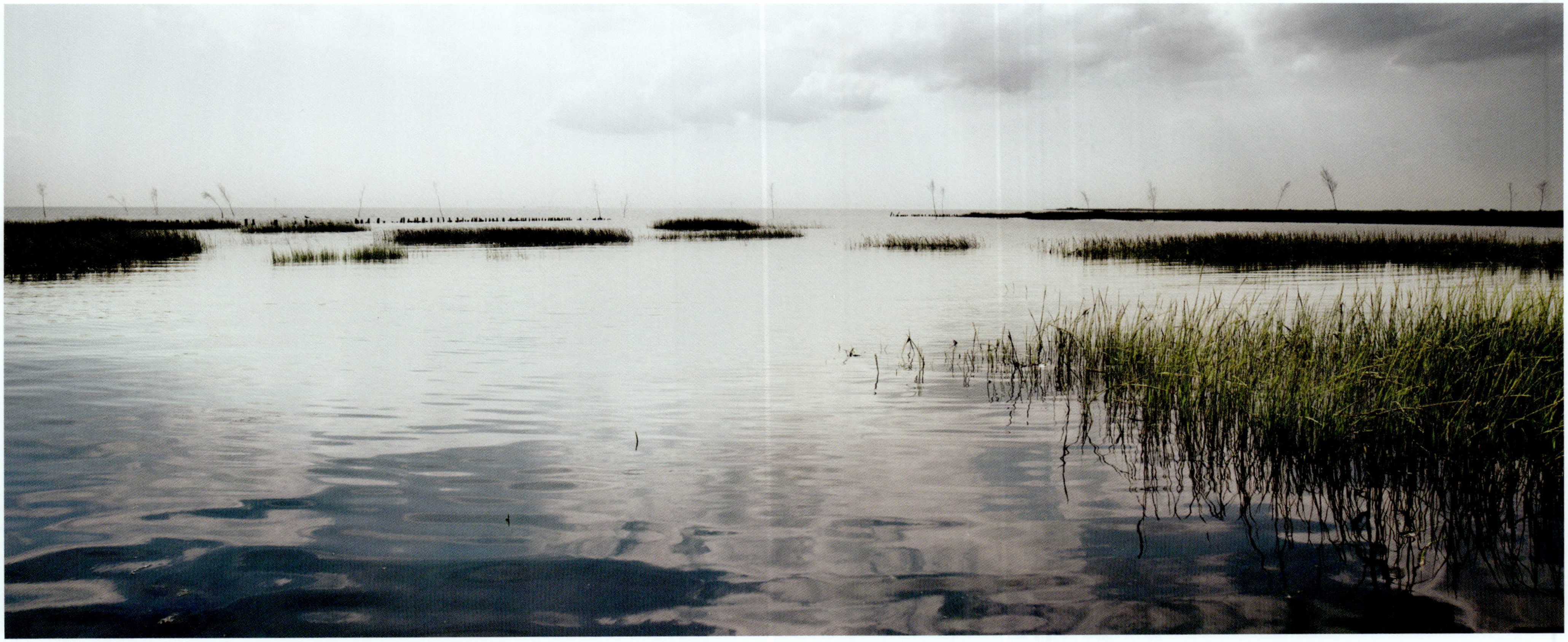

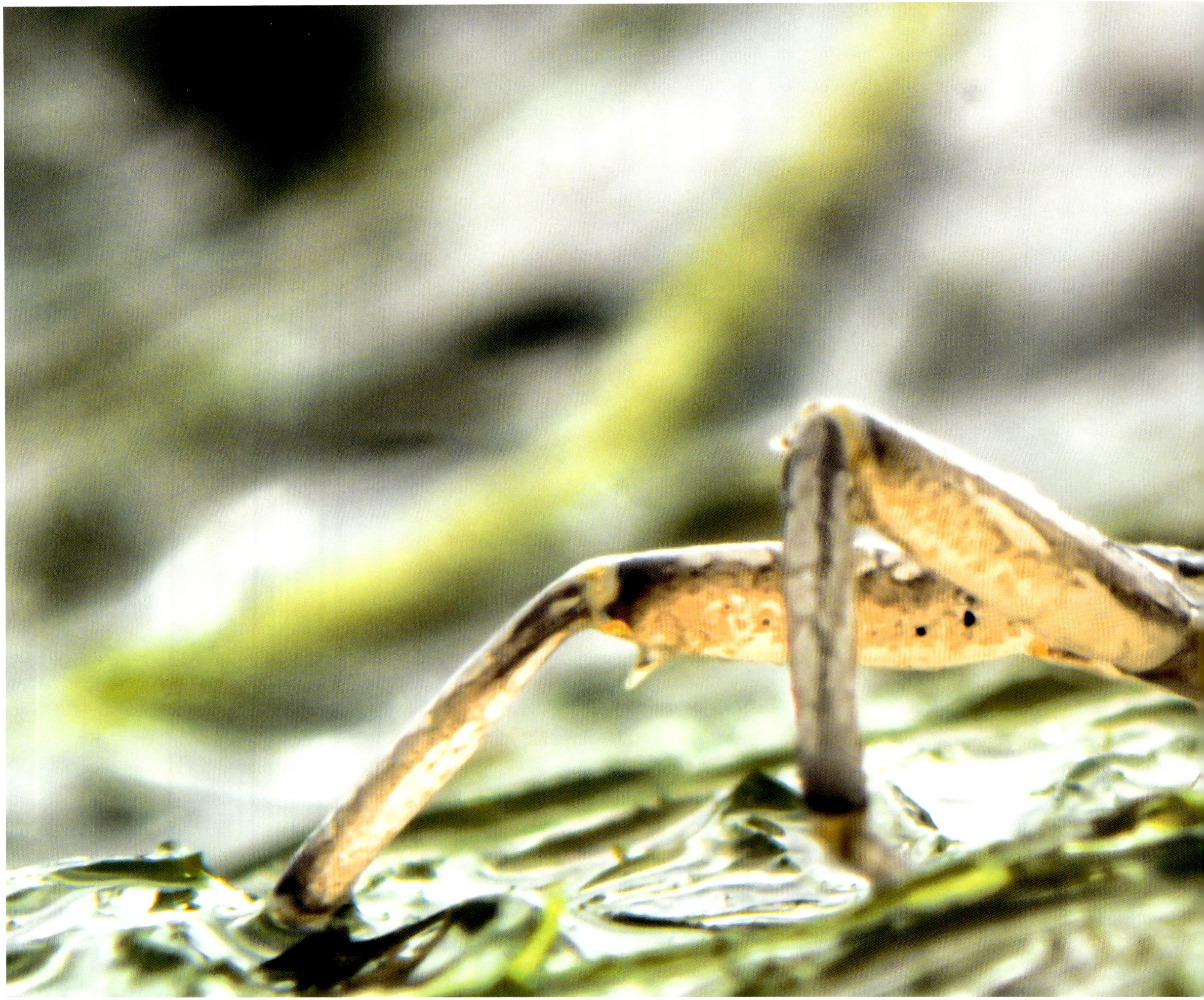

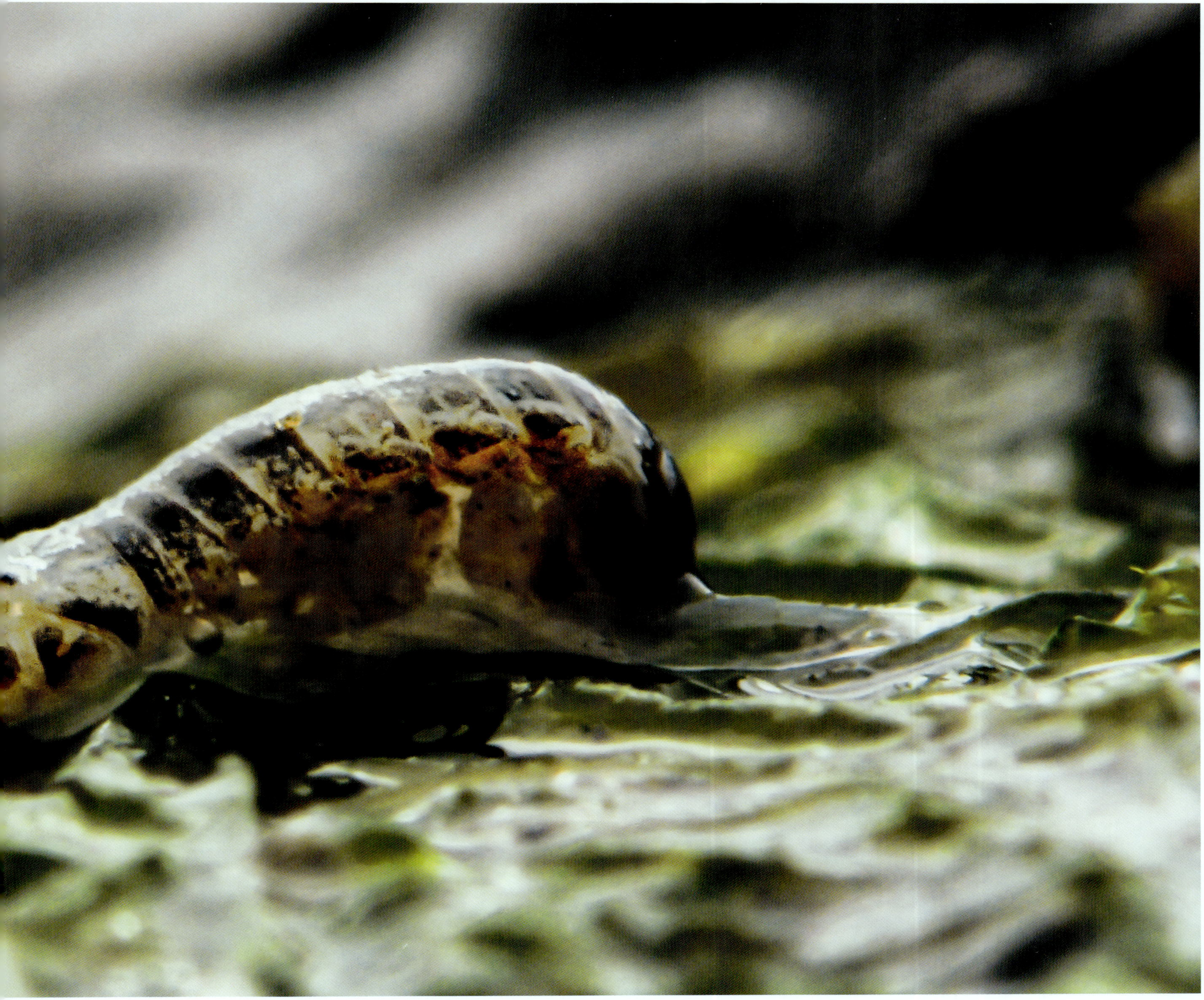

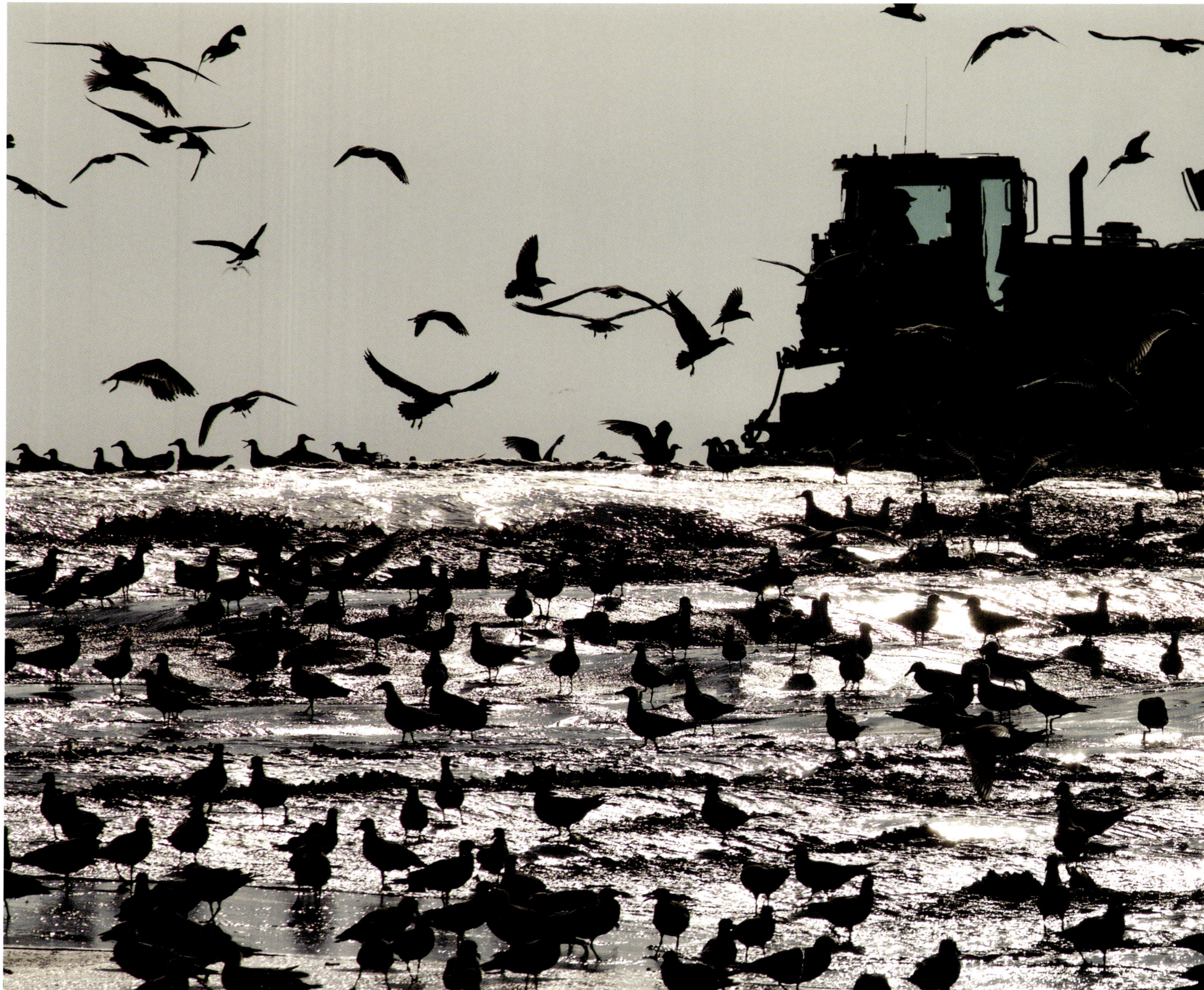

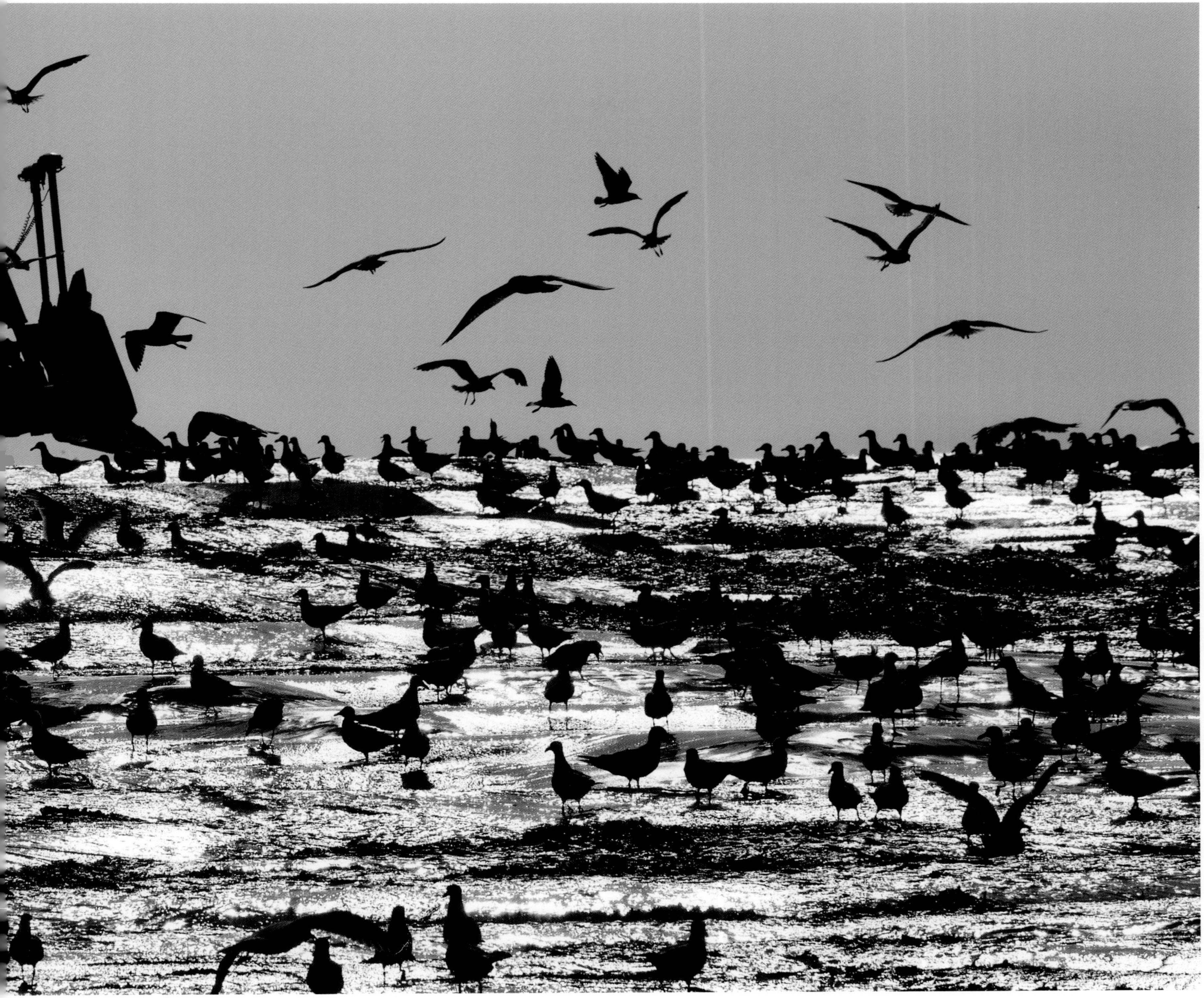

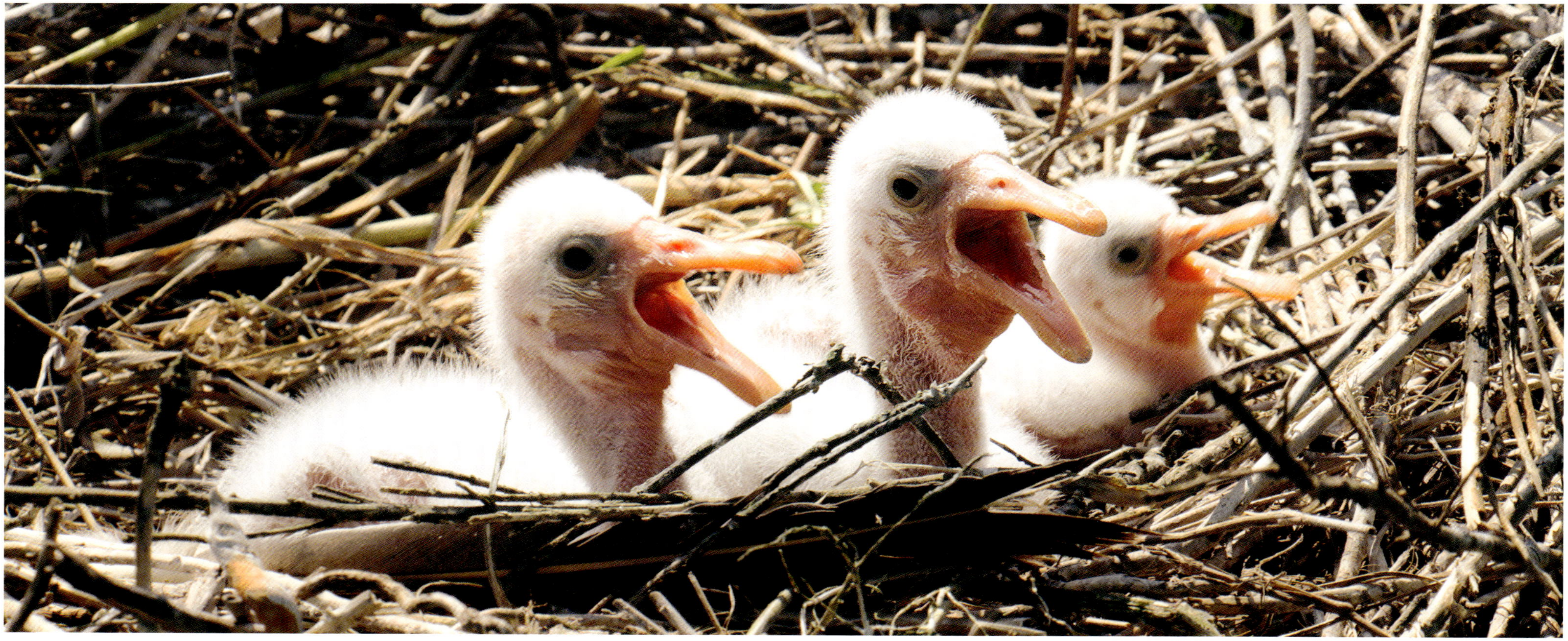

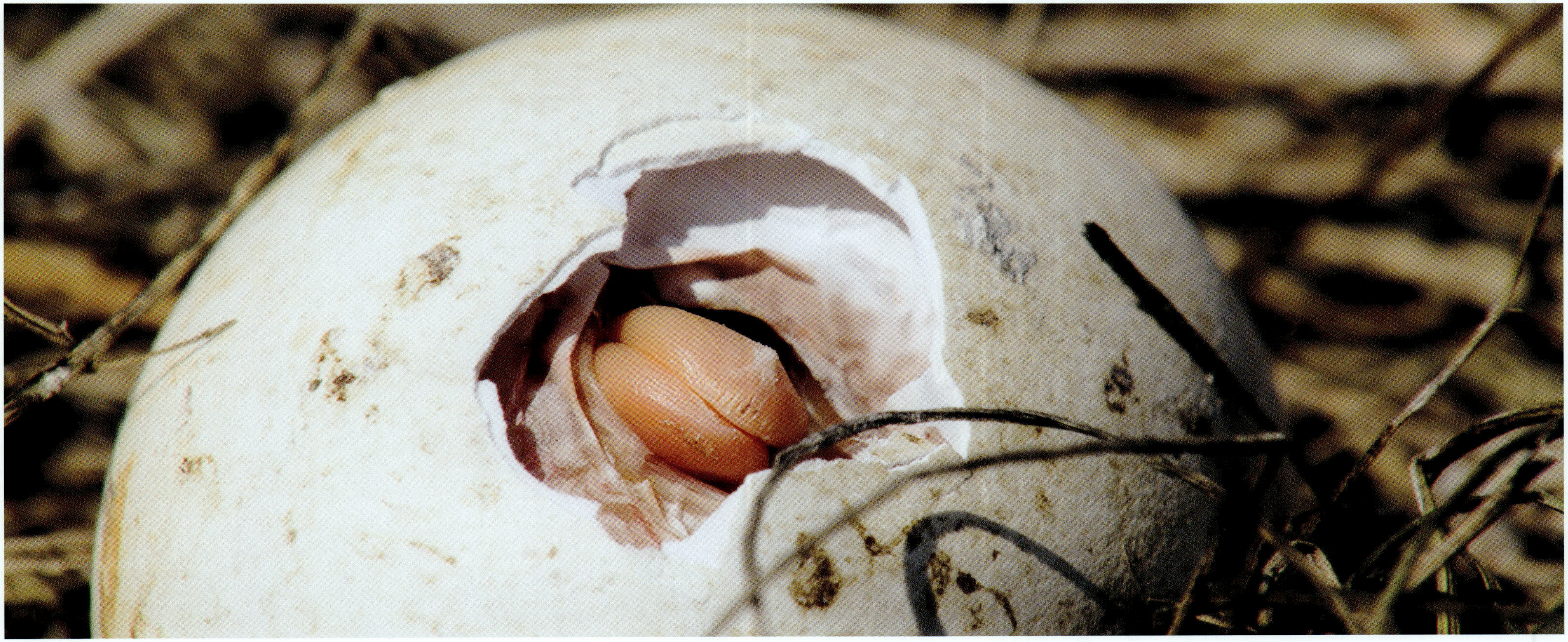

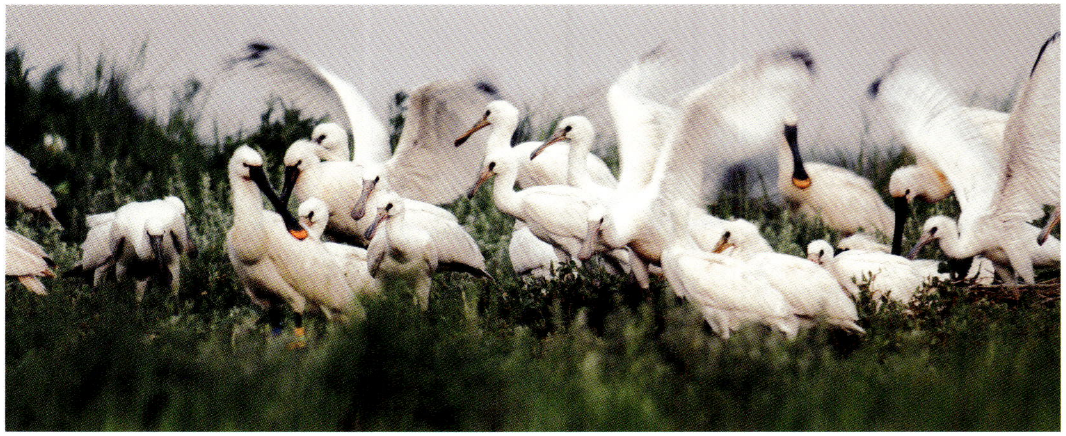
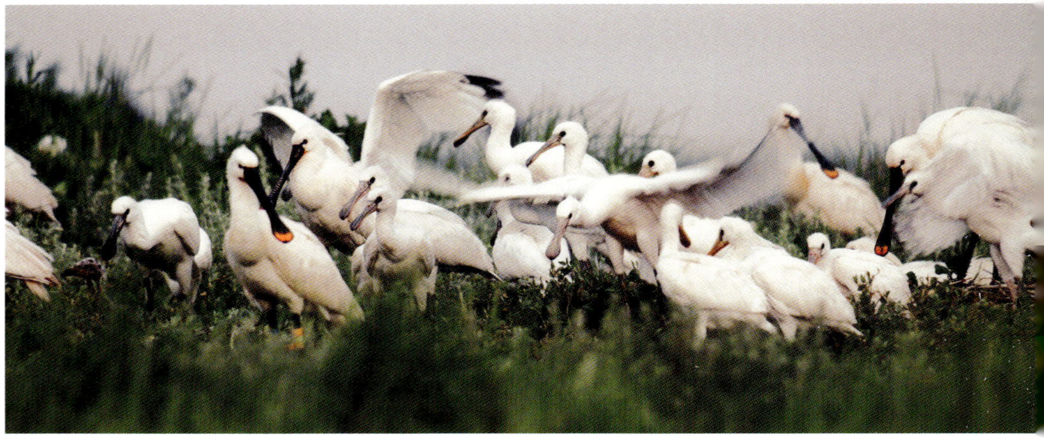
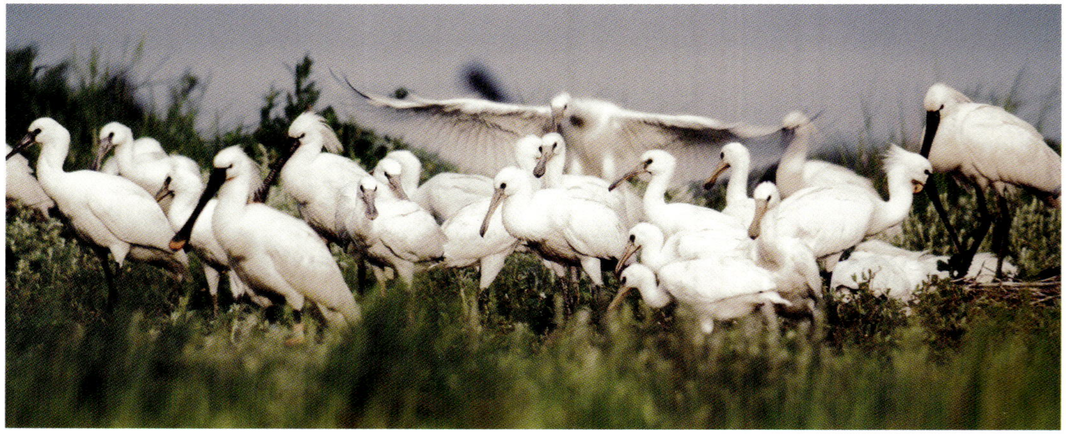
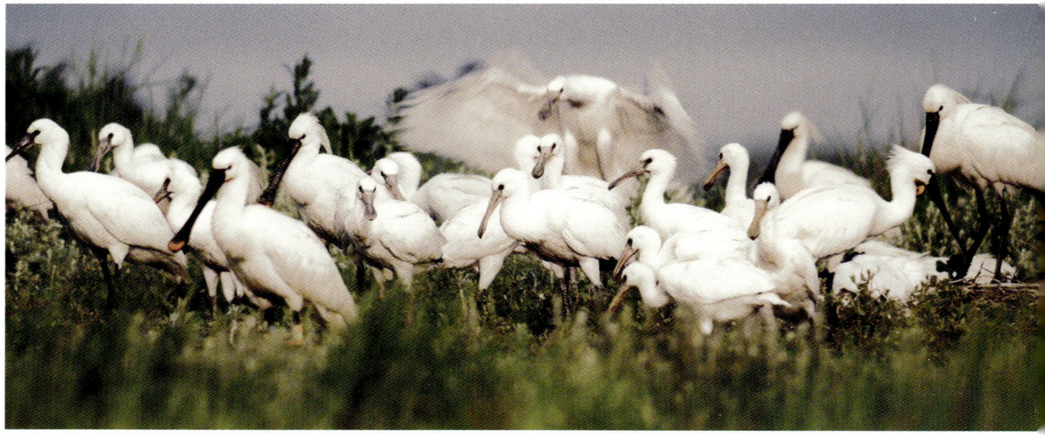
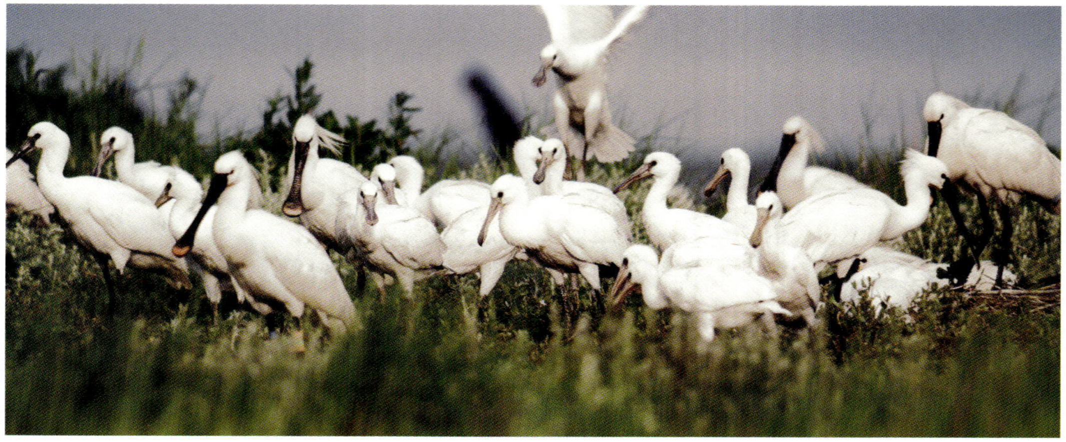
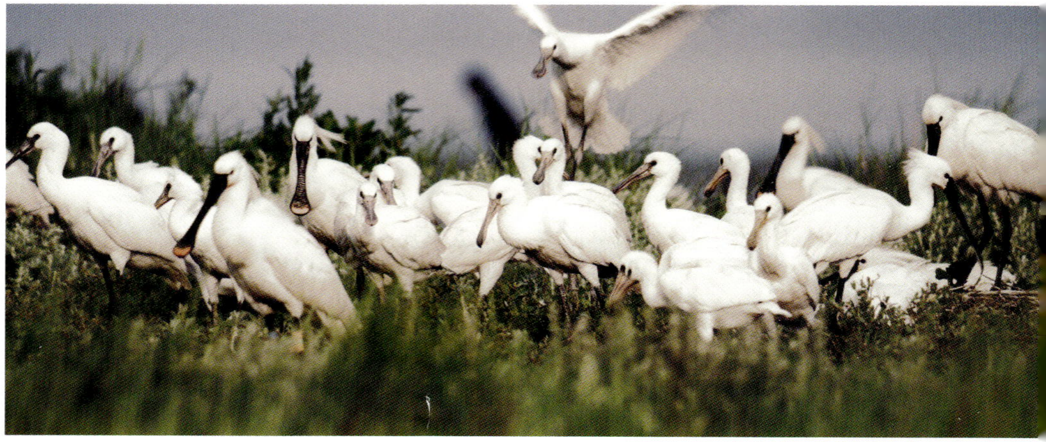

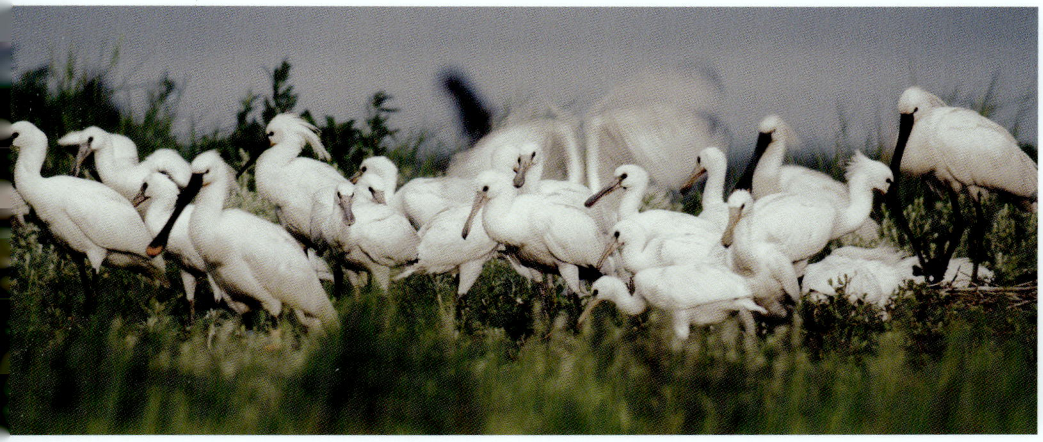
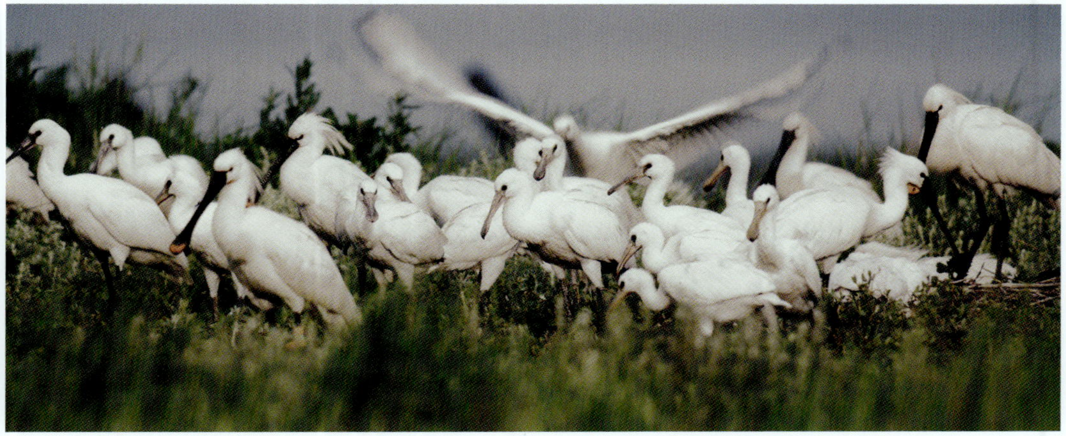
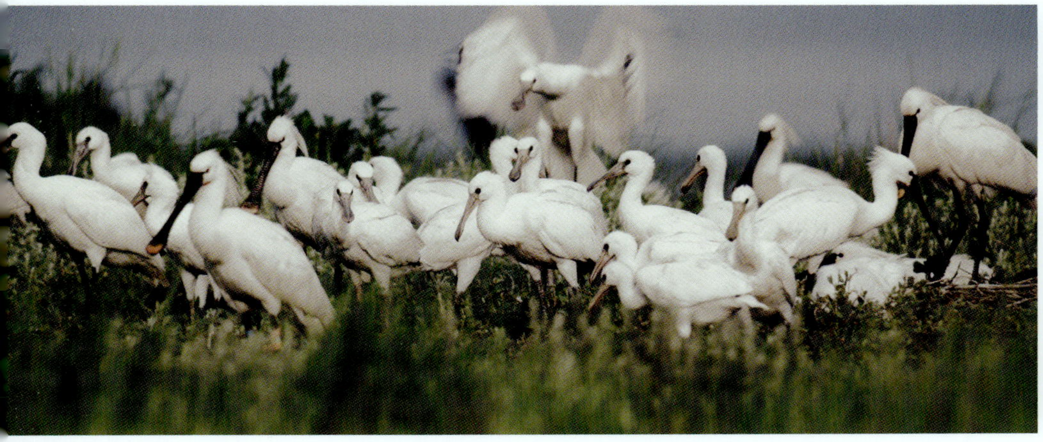
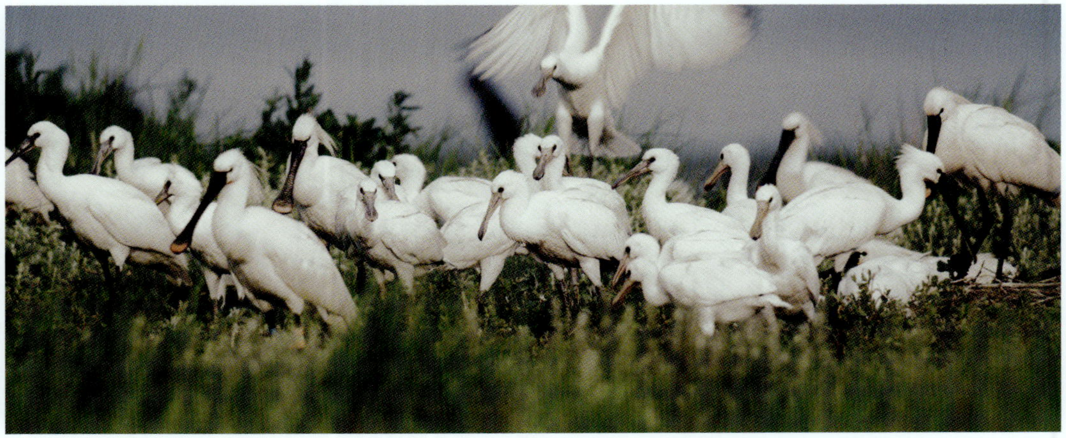
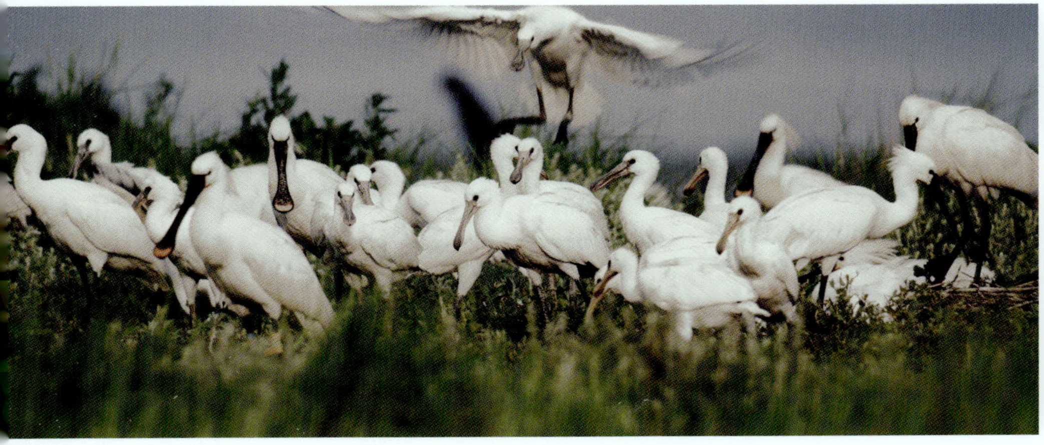
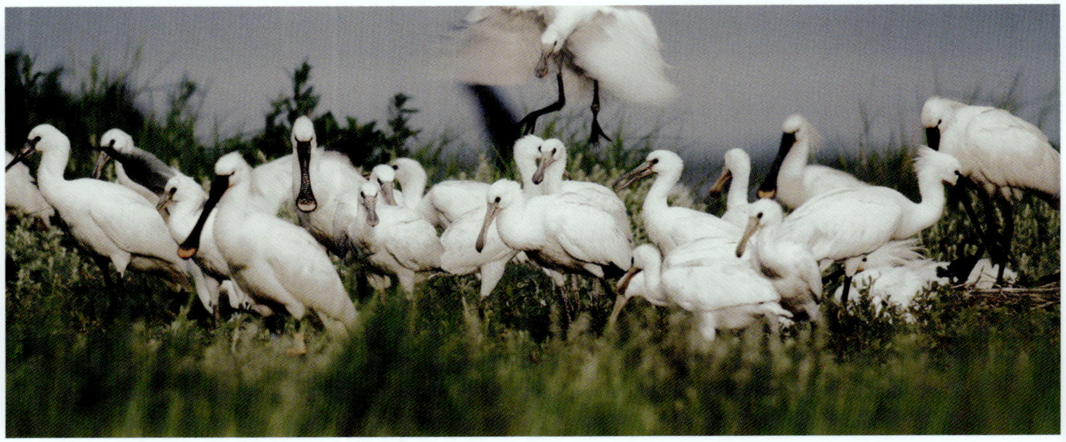

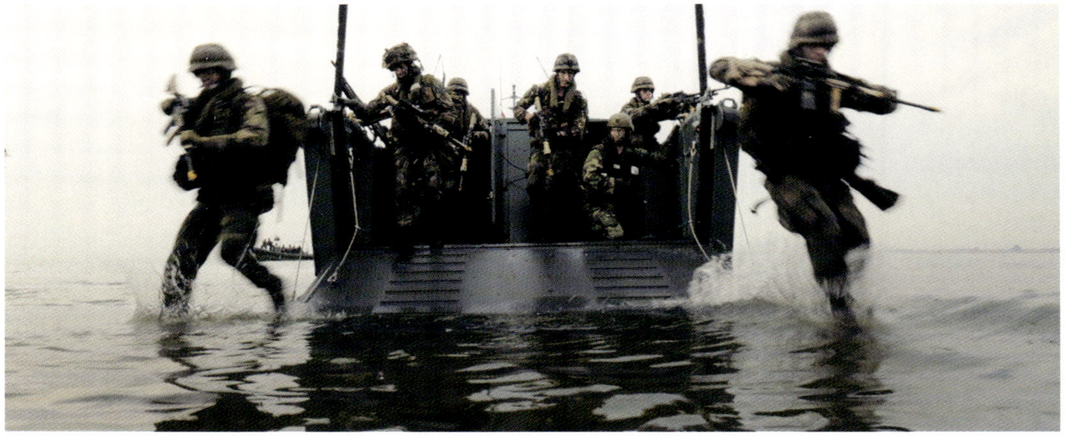
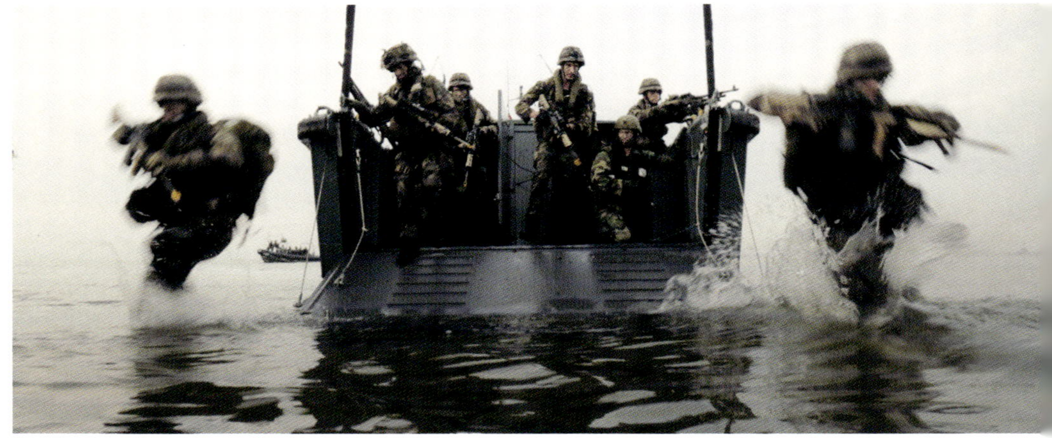
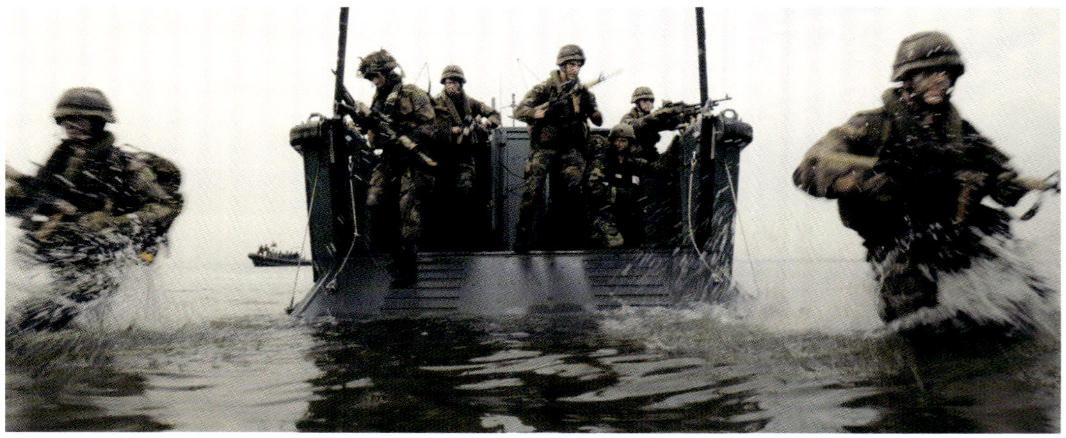
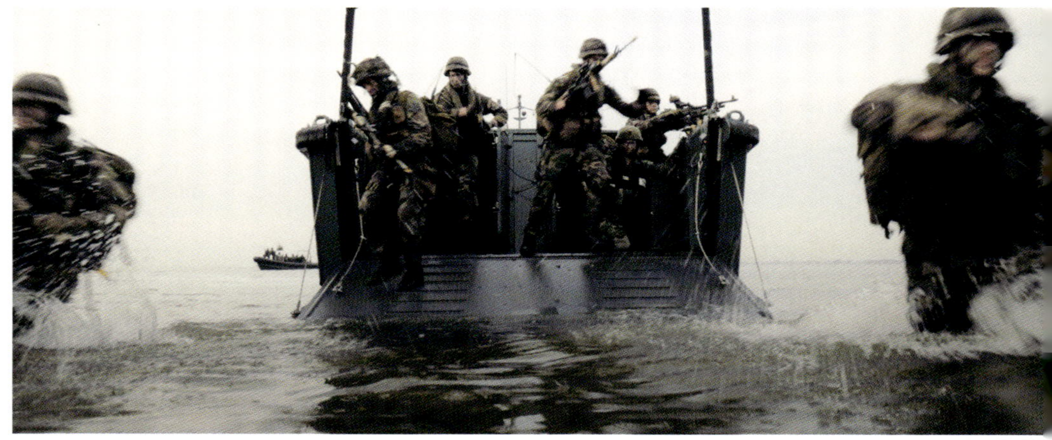
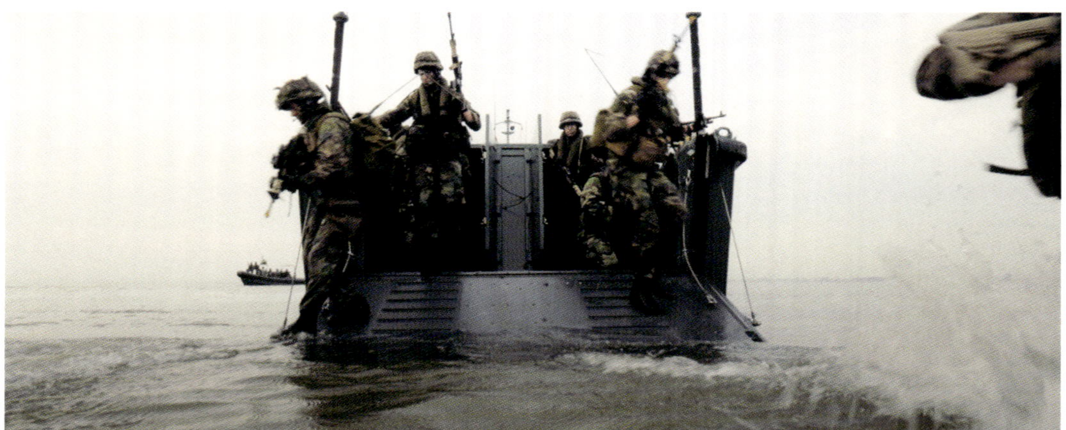
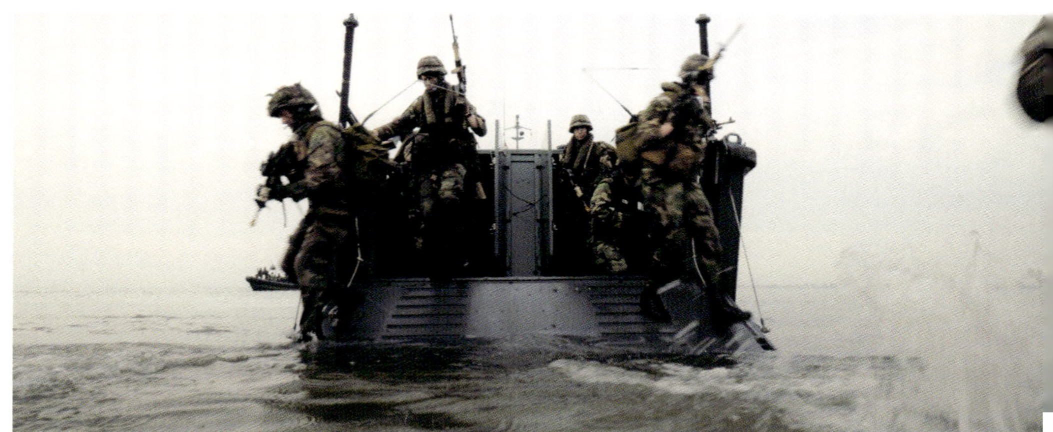

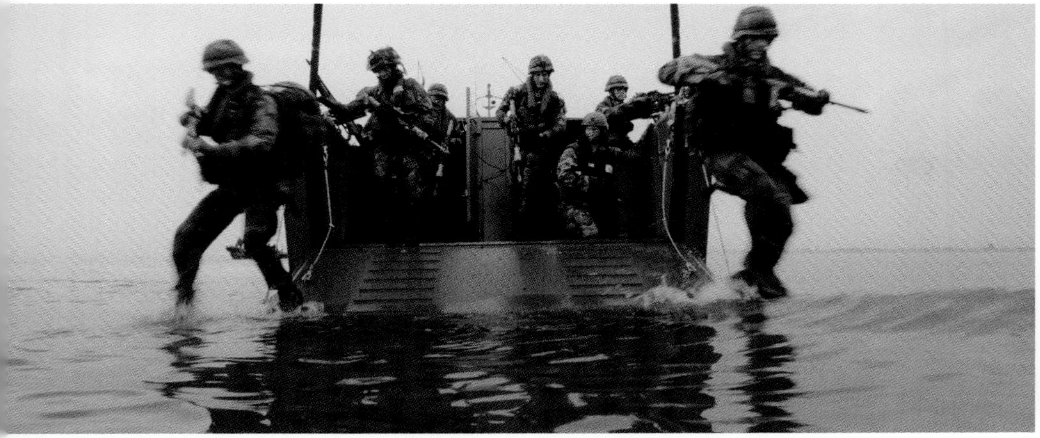
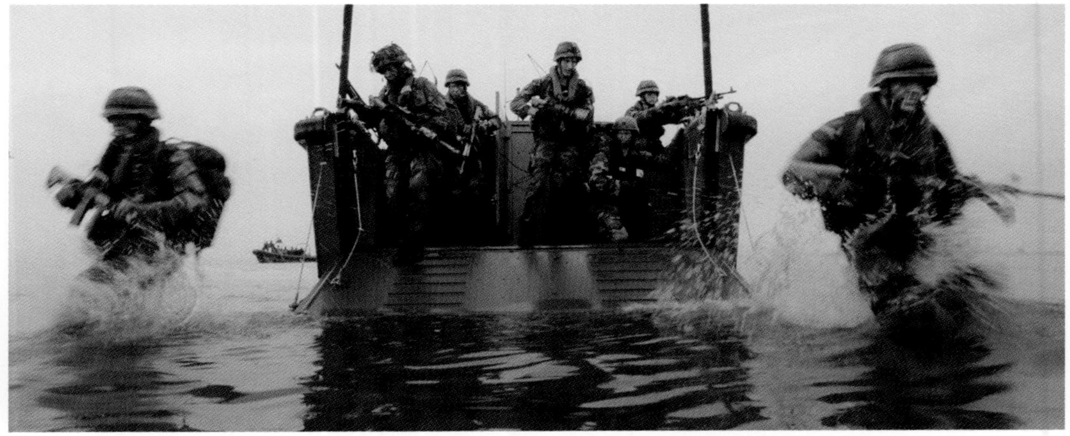
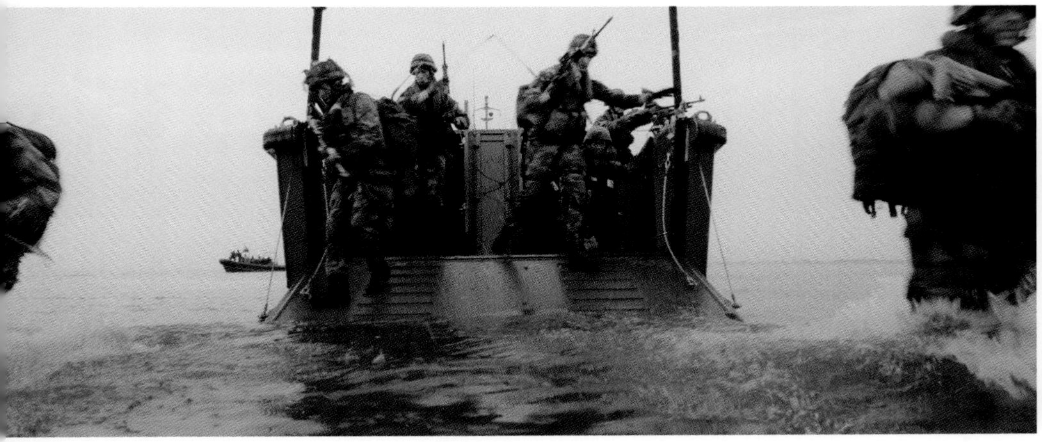
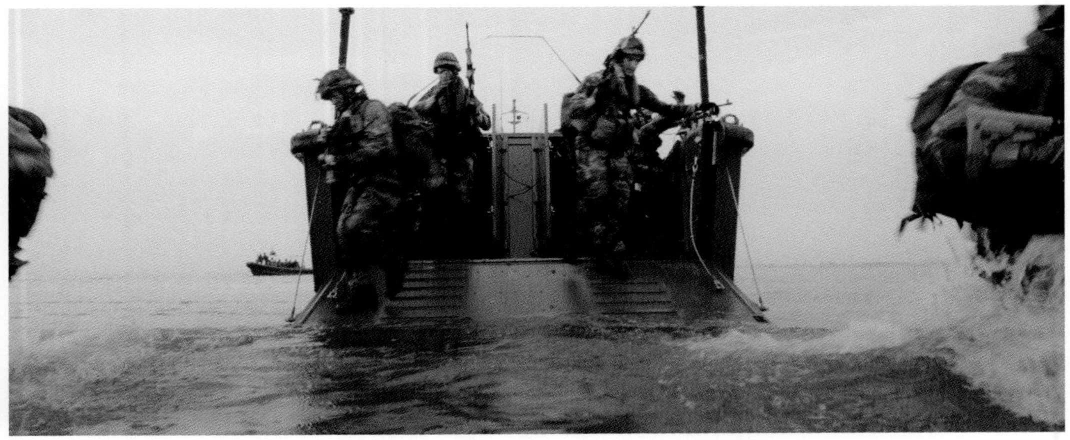
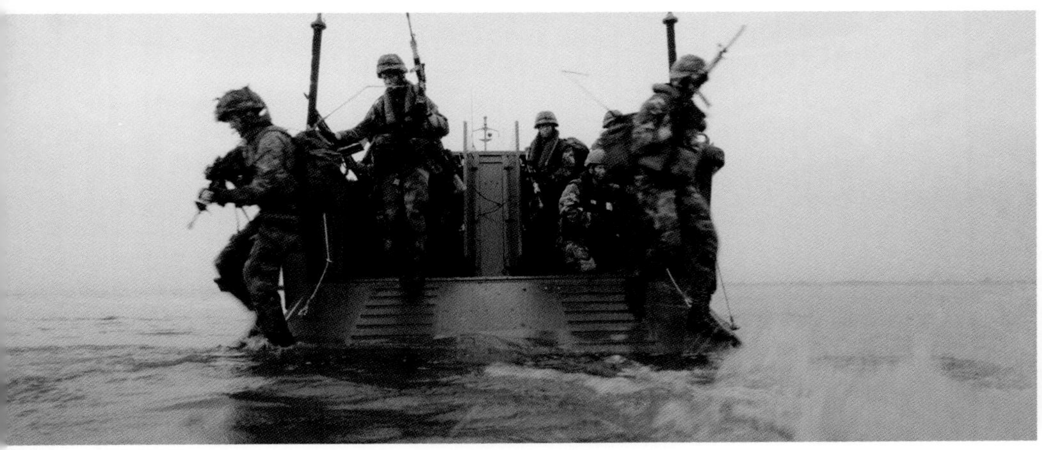
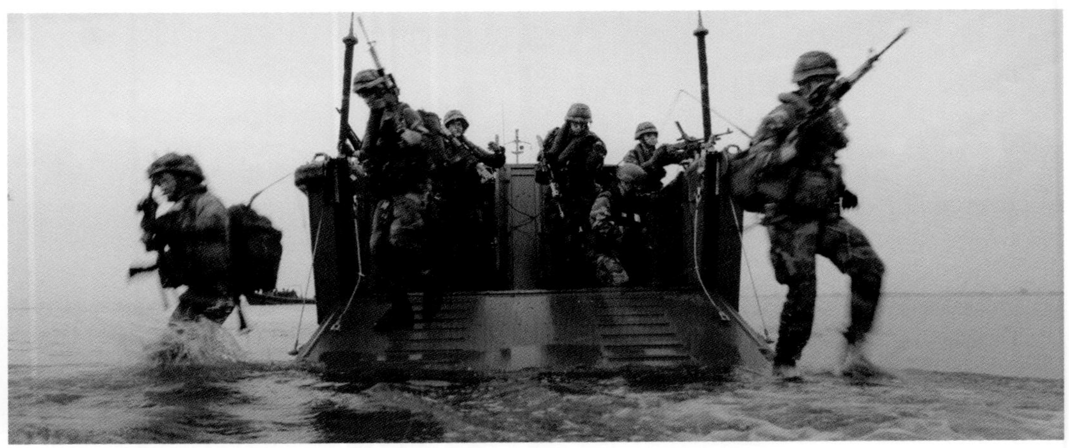

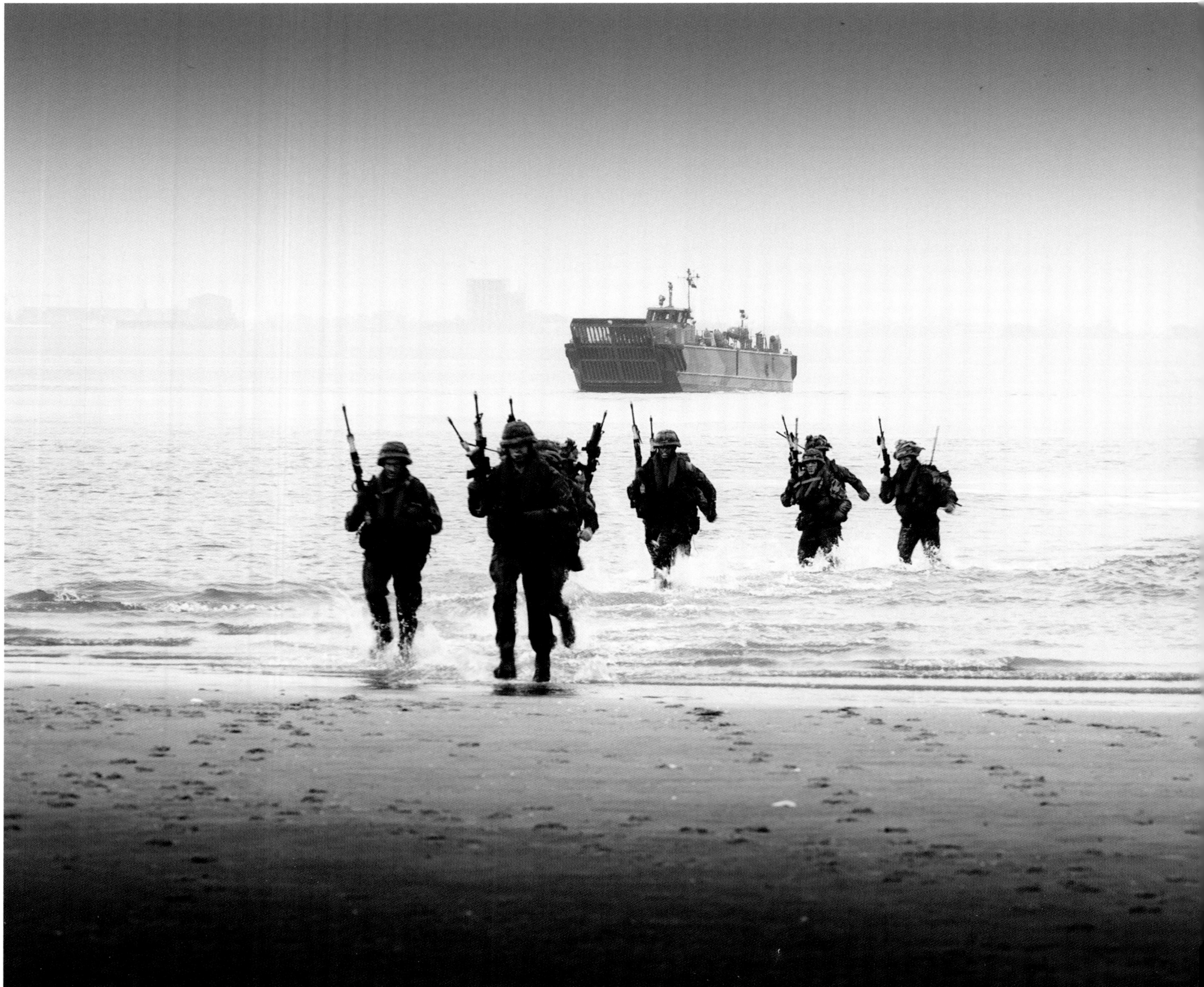

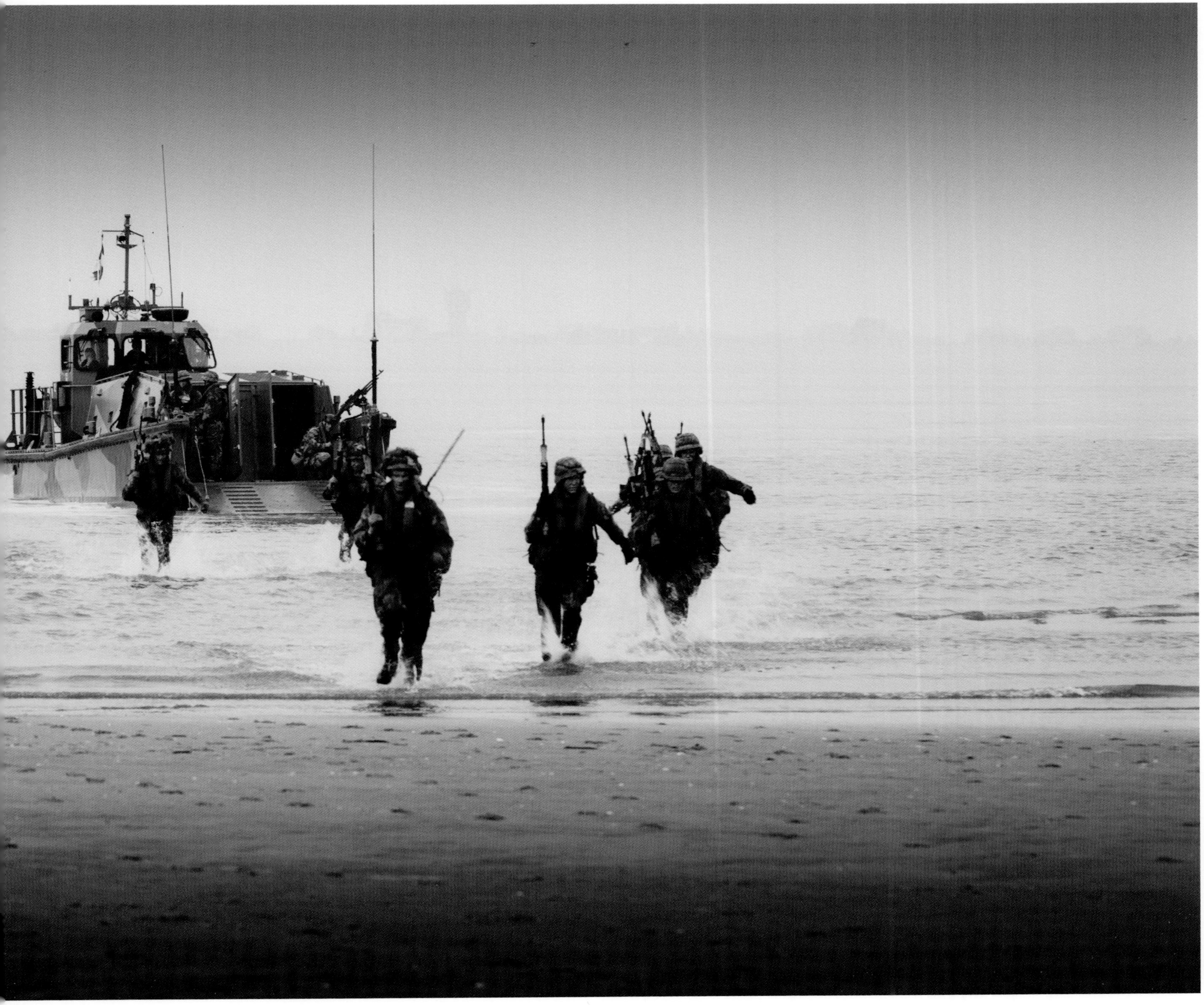

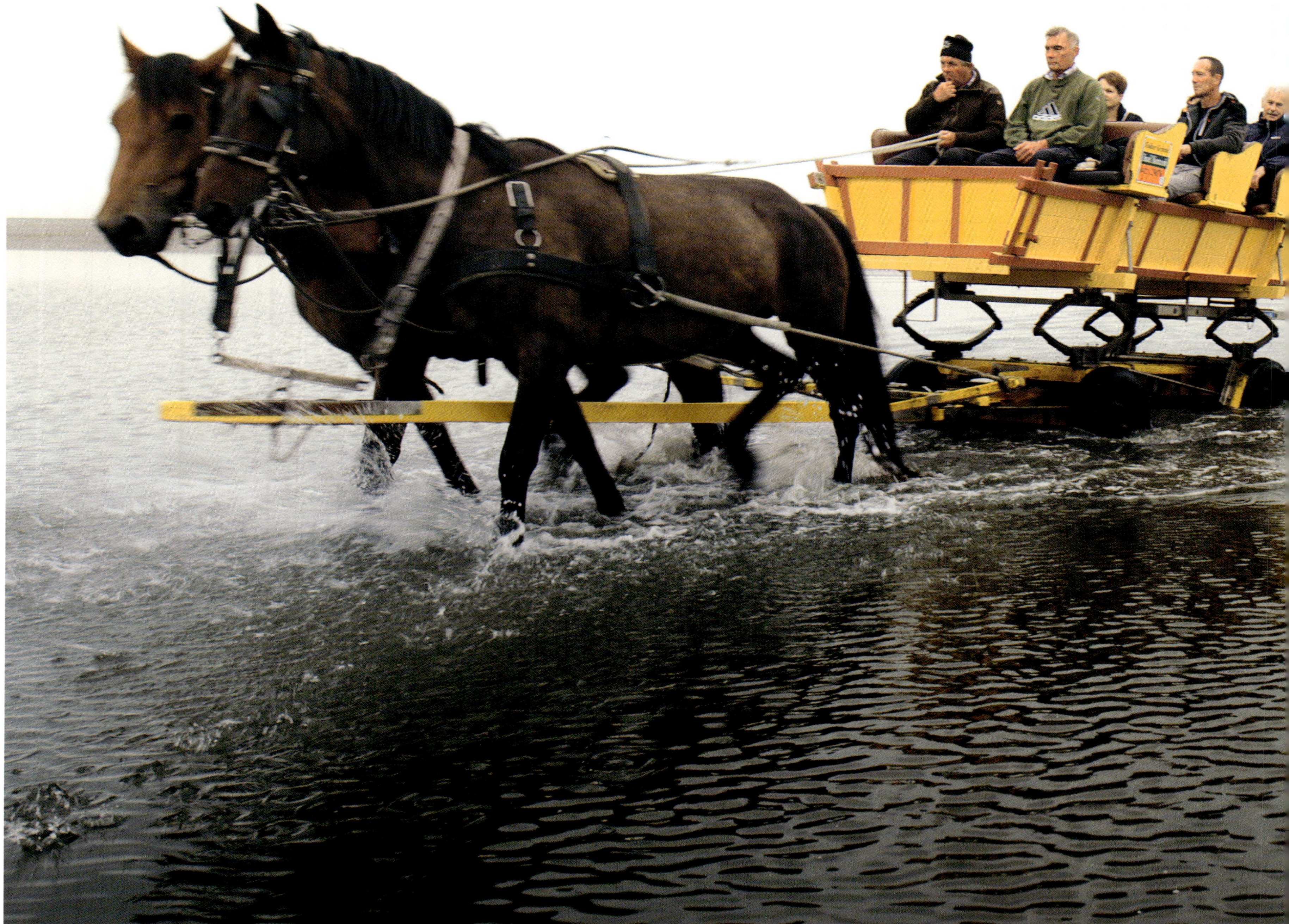

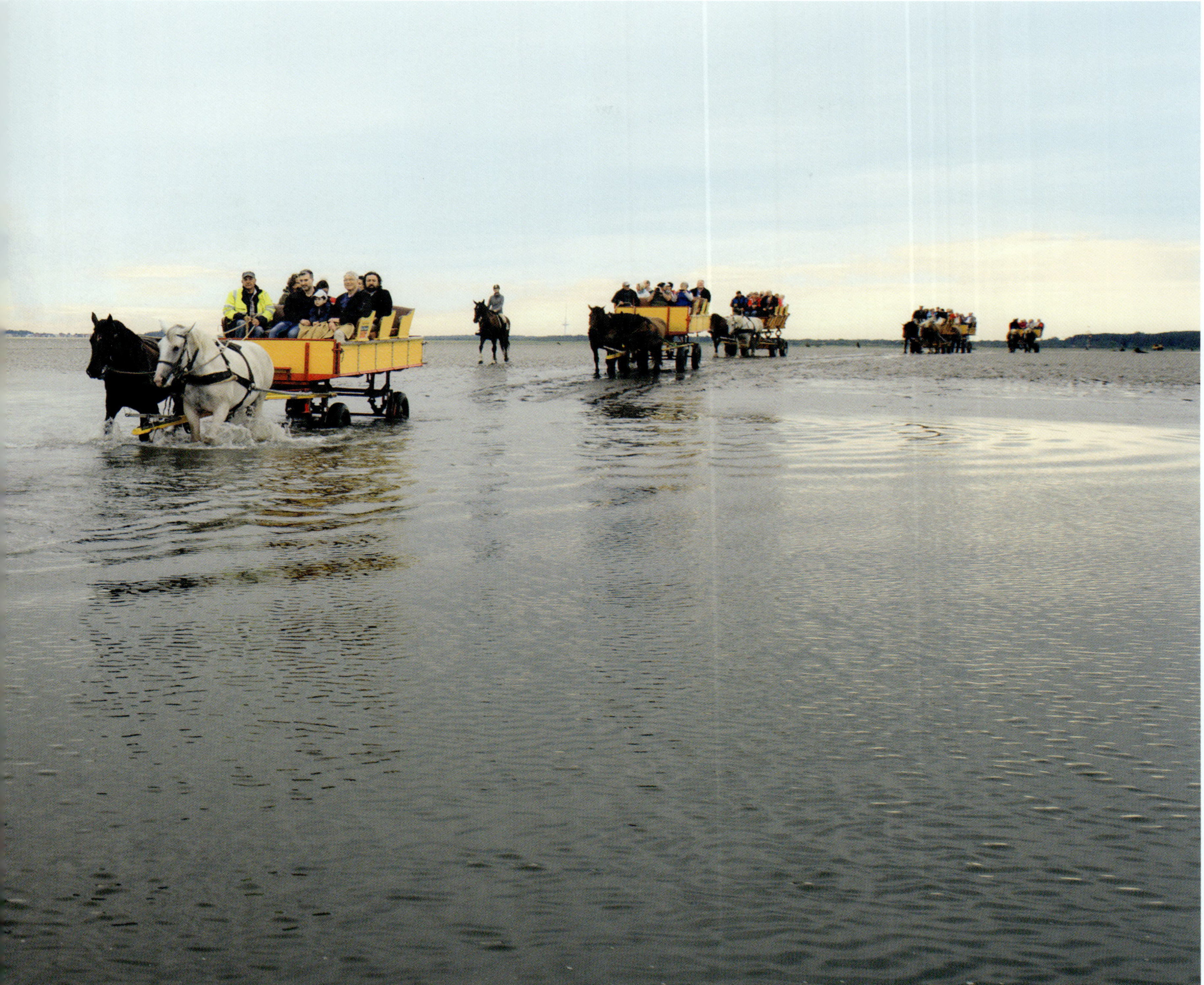

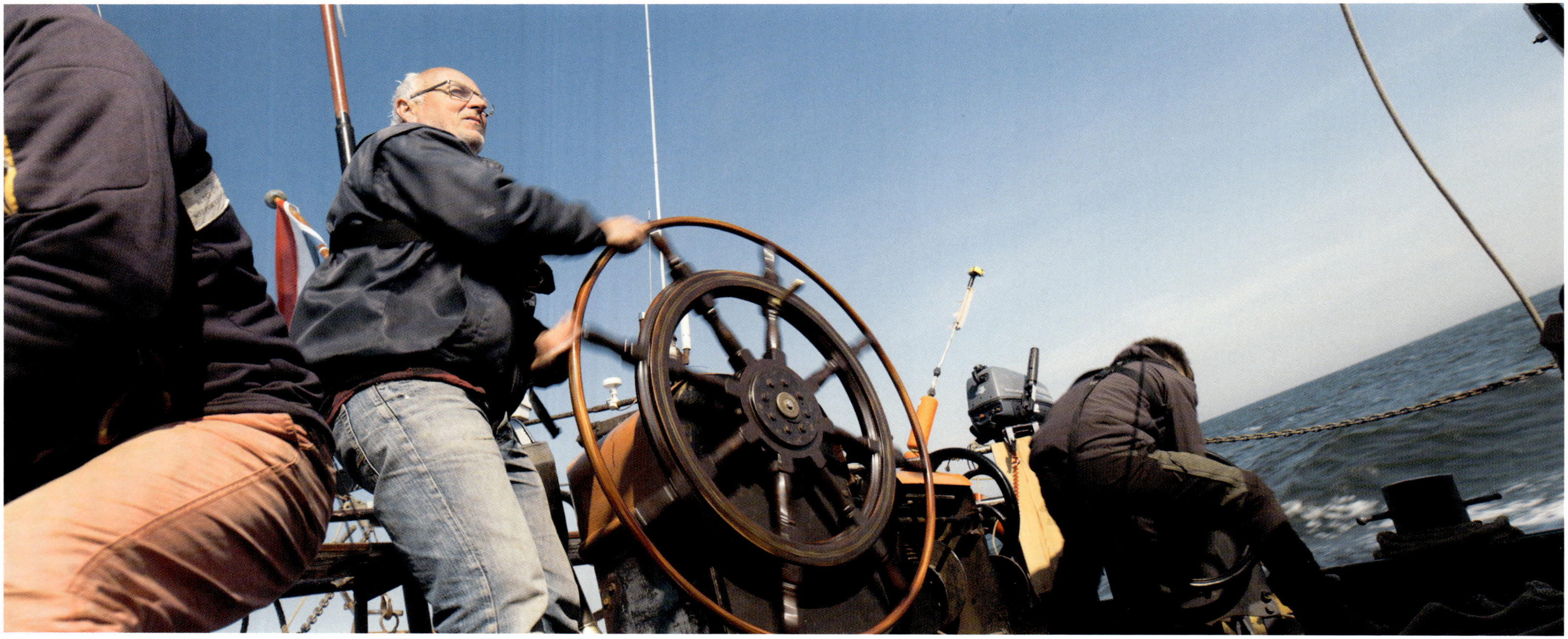

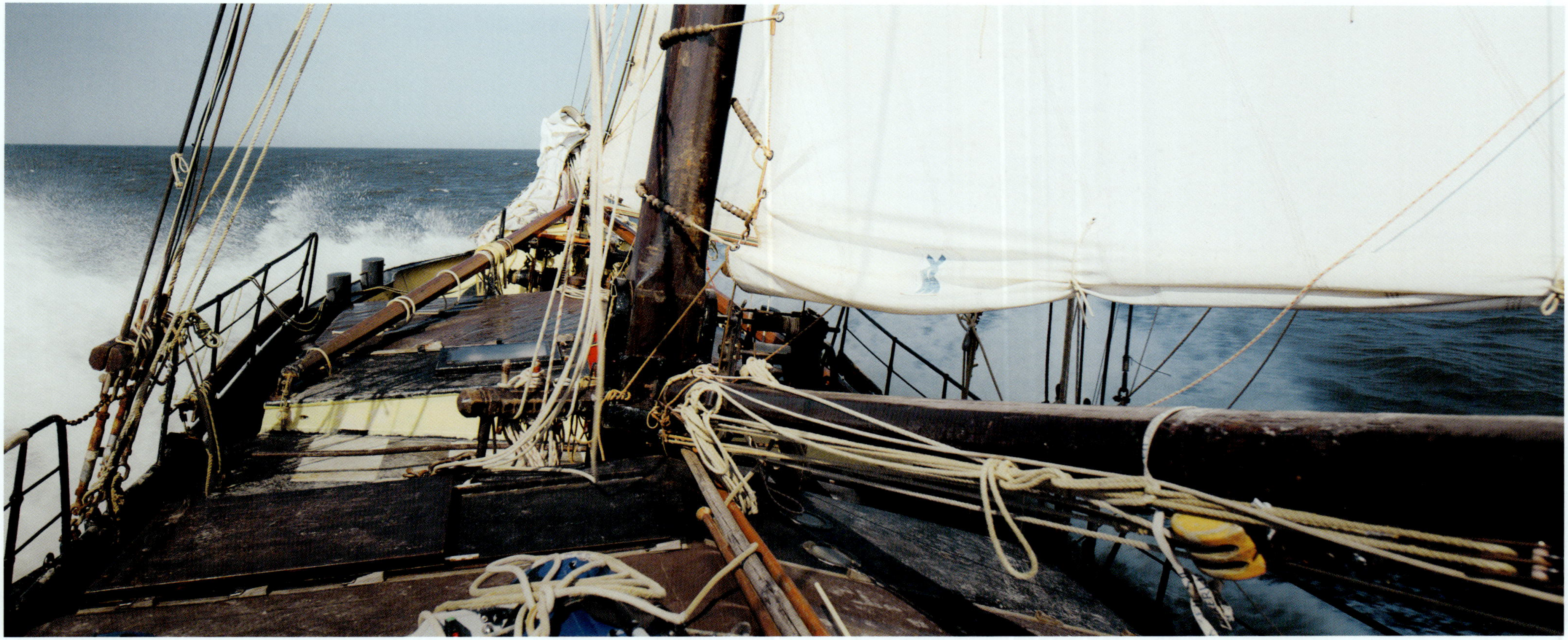

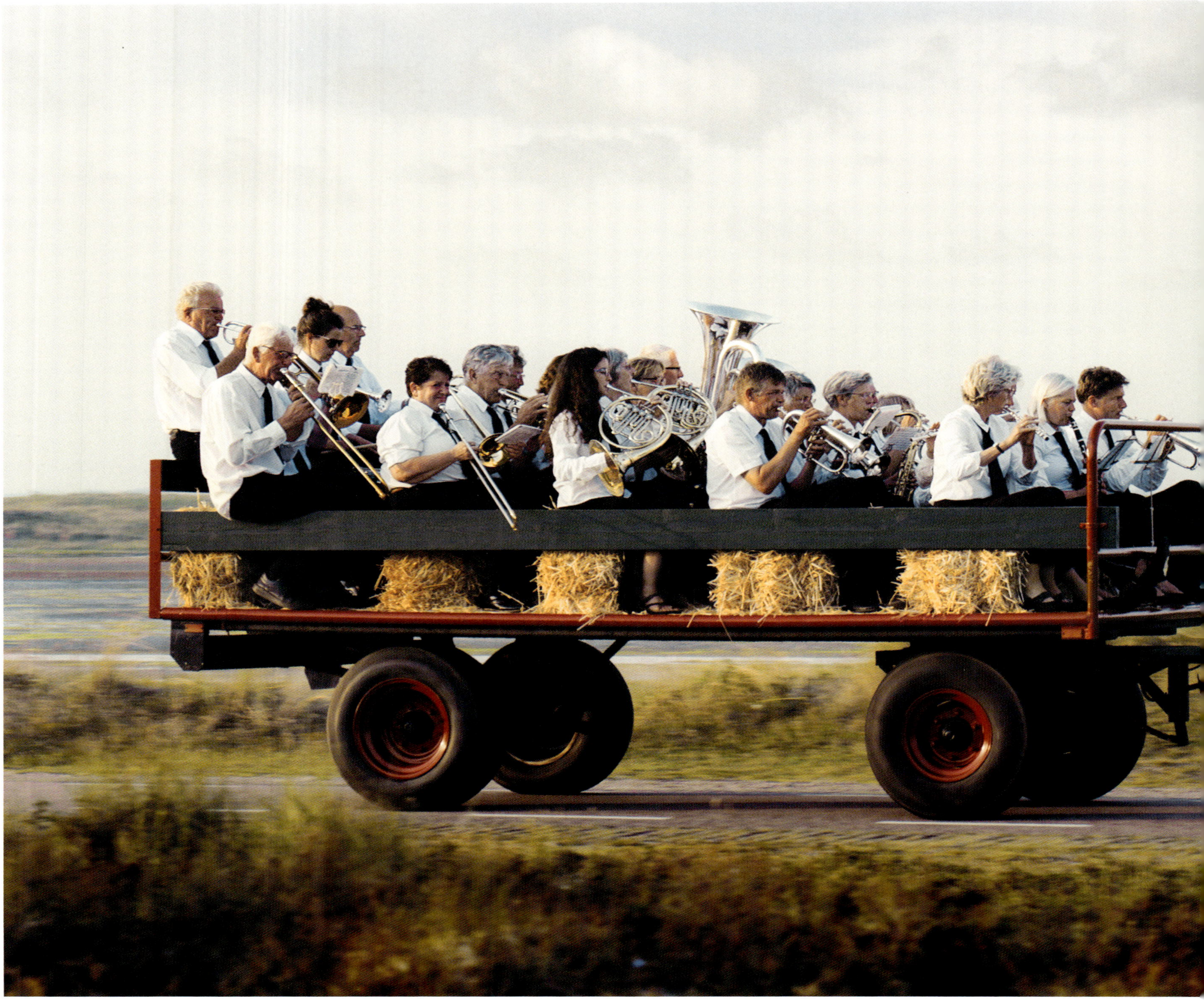

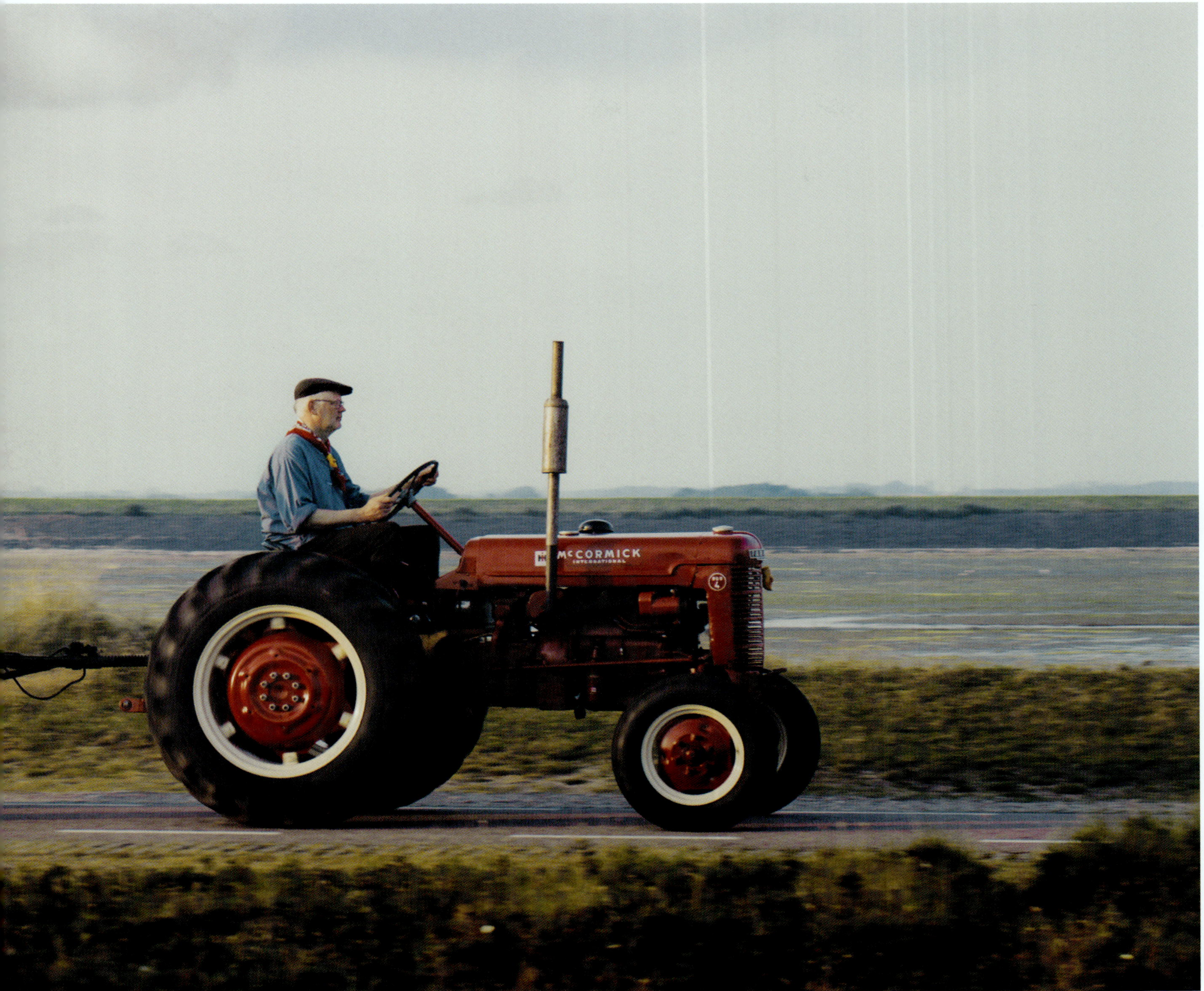
McCORMICK

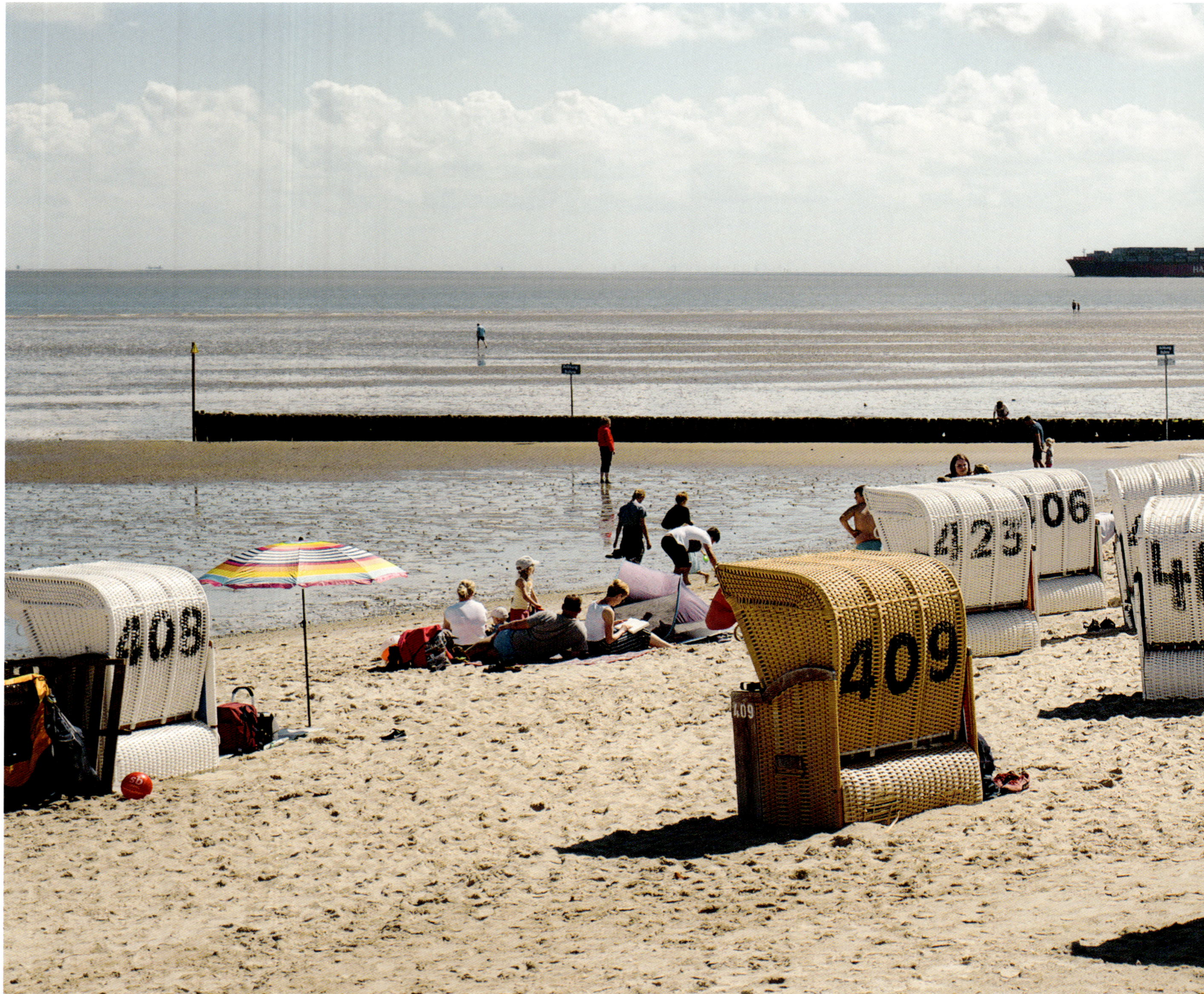

408
409
423
406

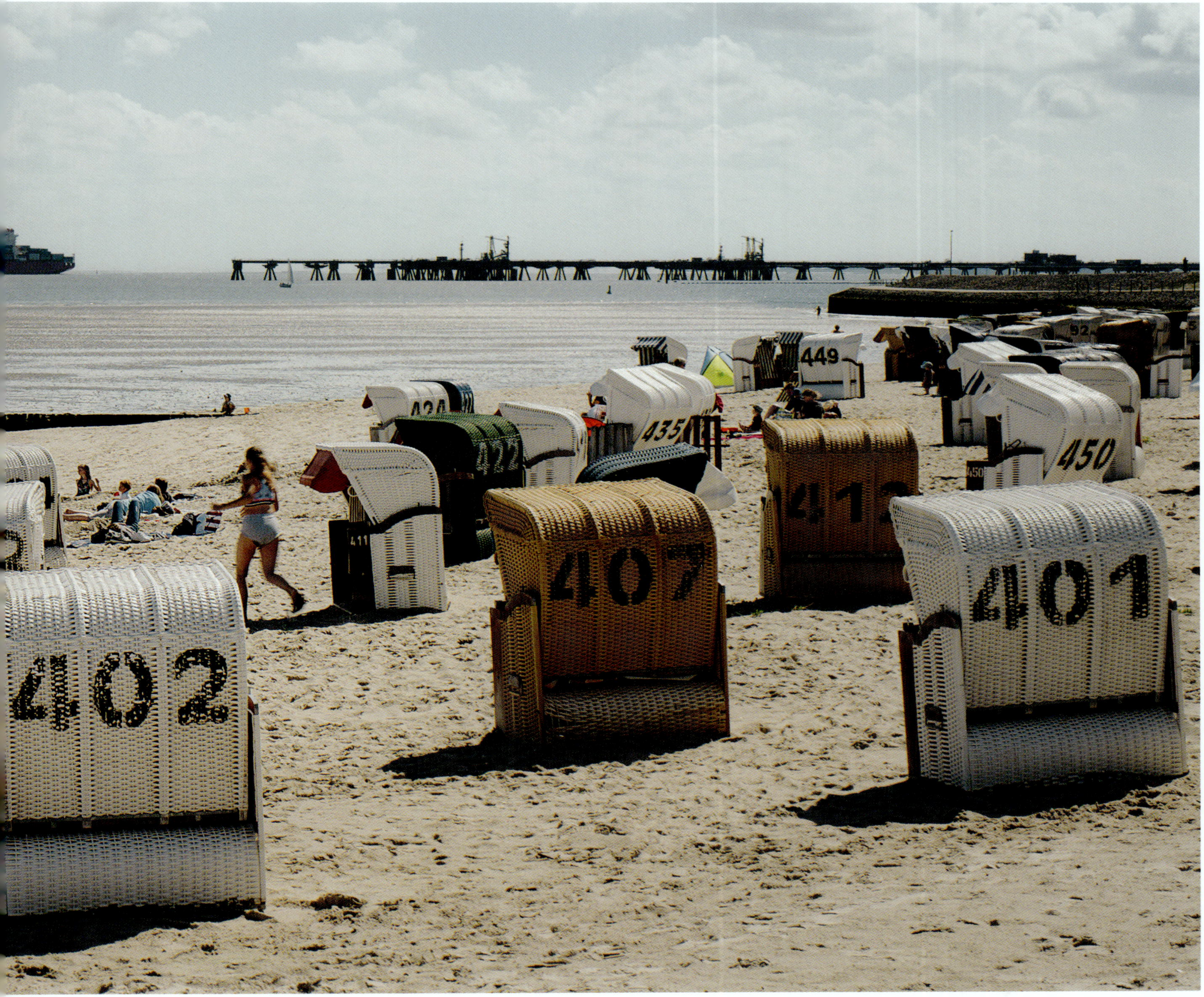
402
407
401
450
449
435
422

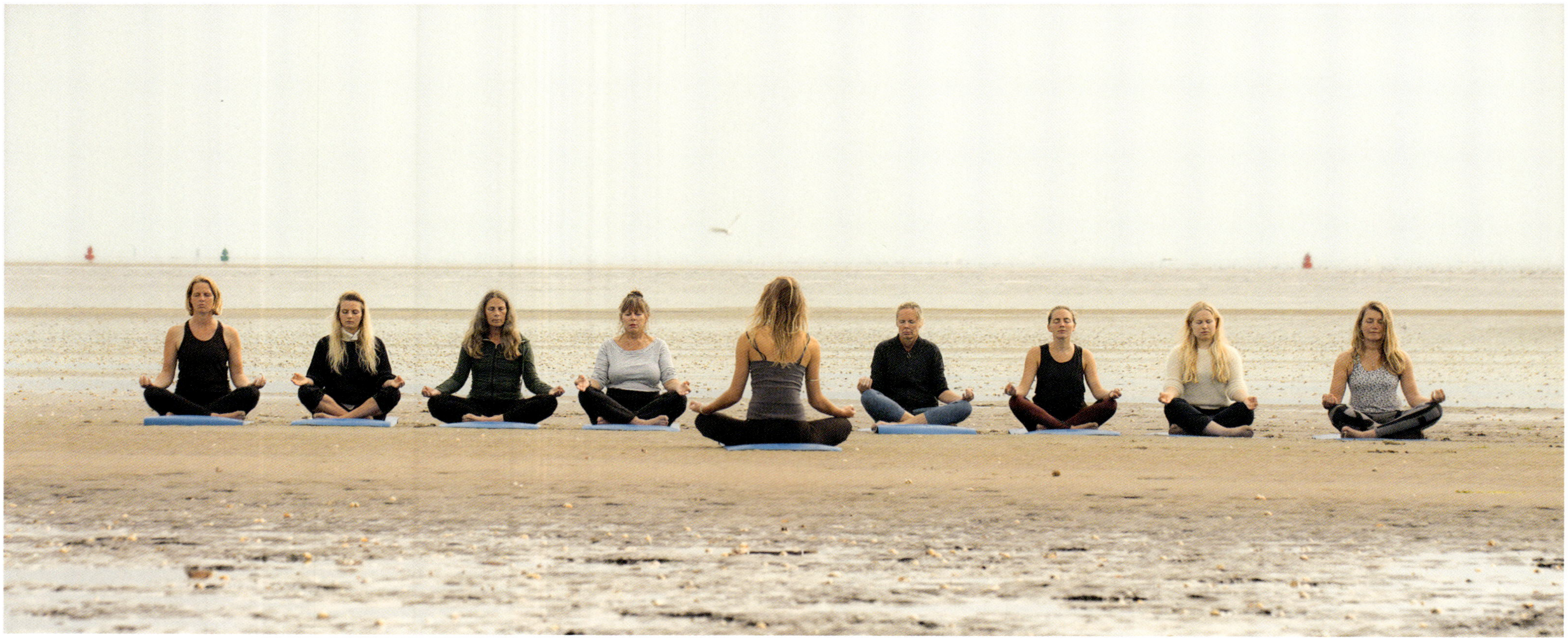

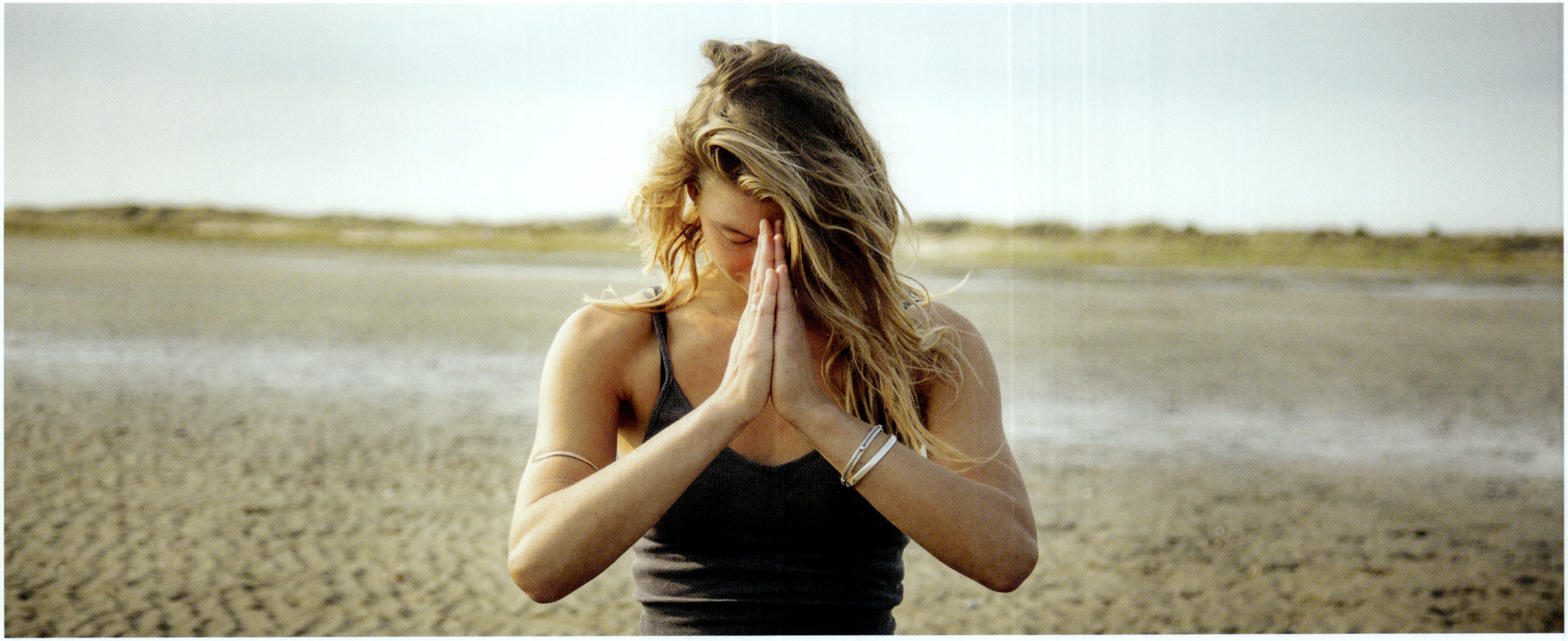

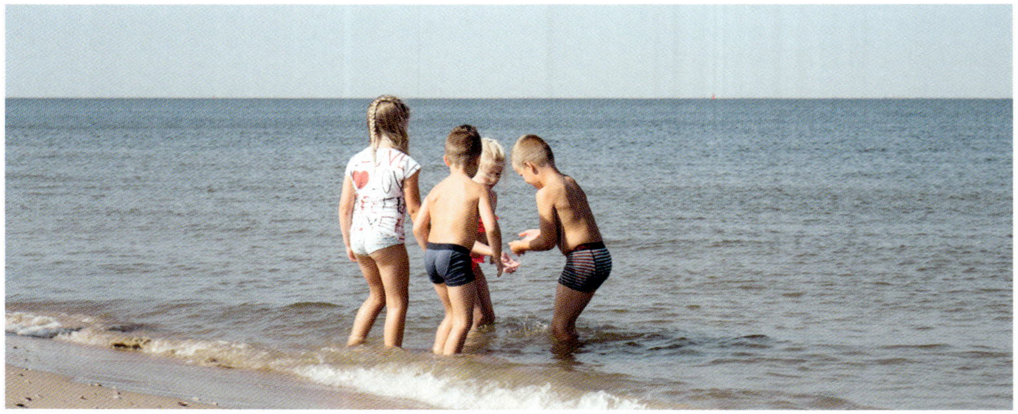

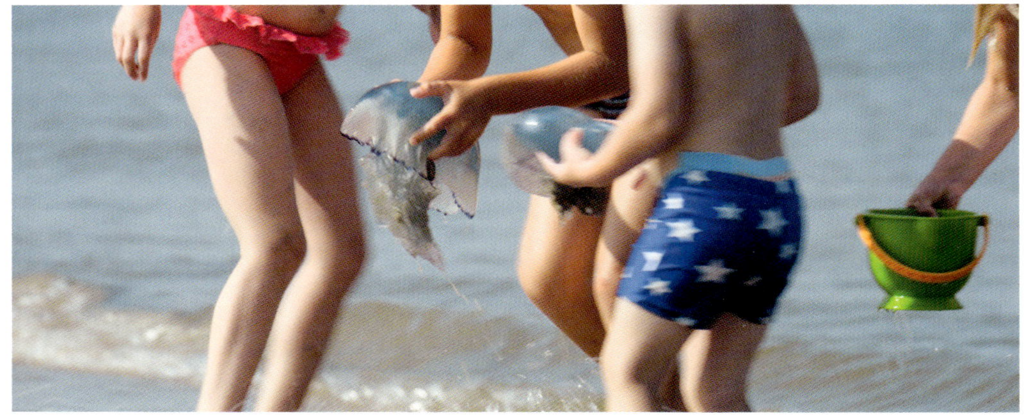

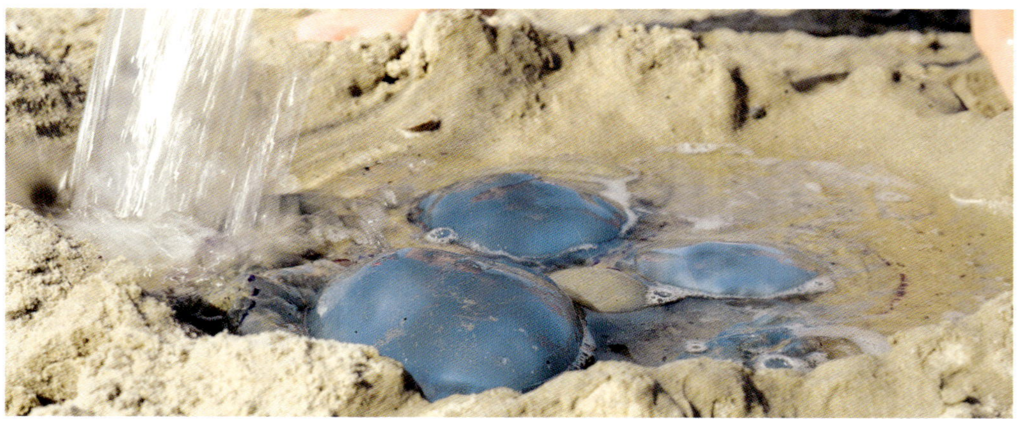

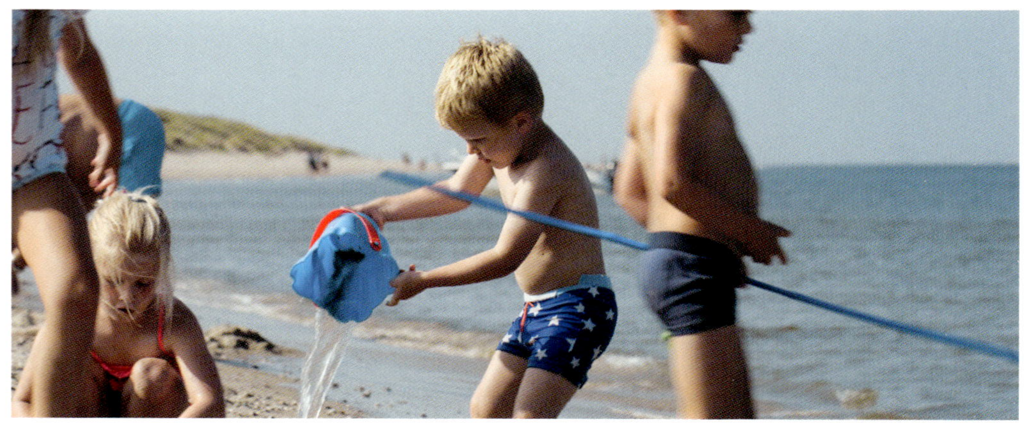

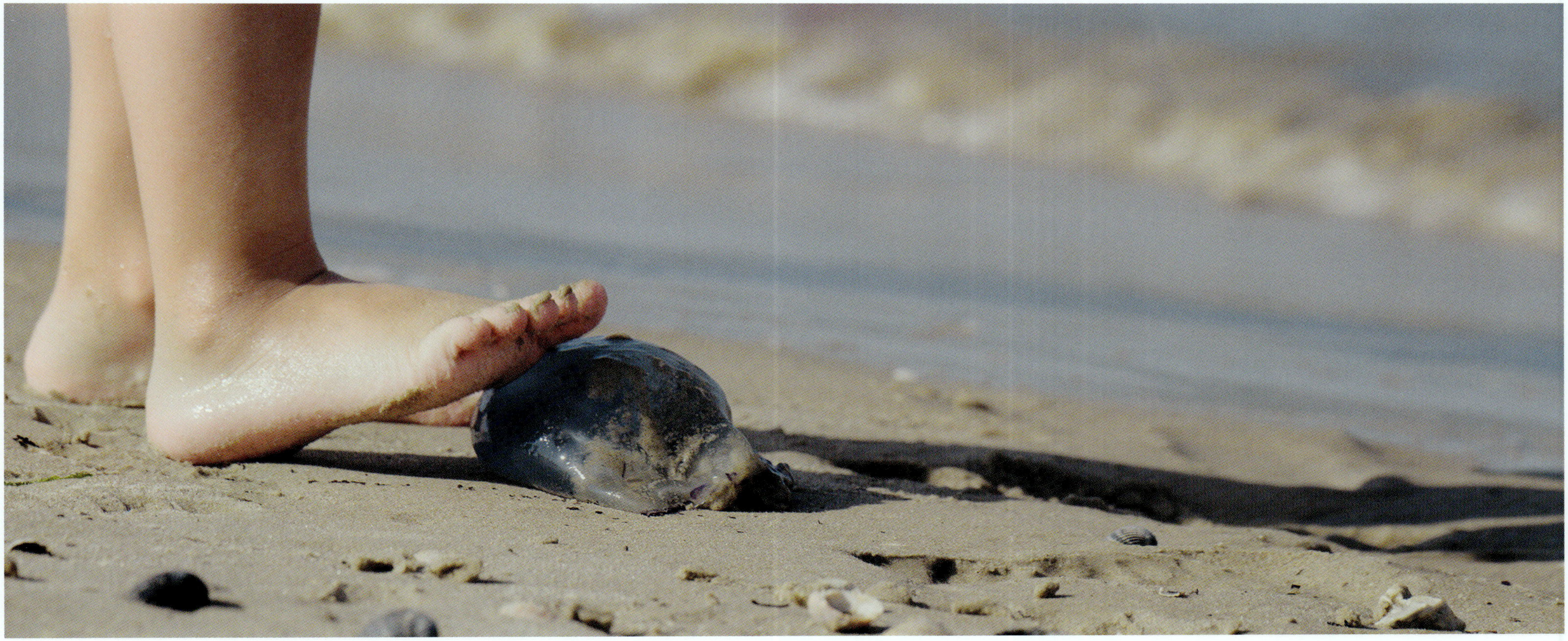

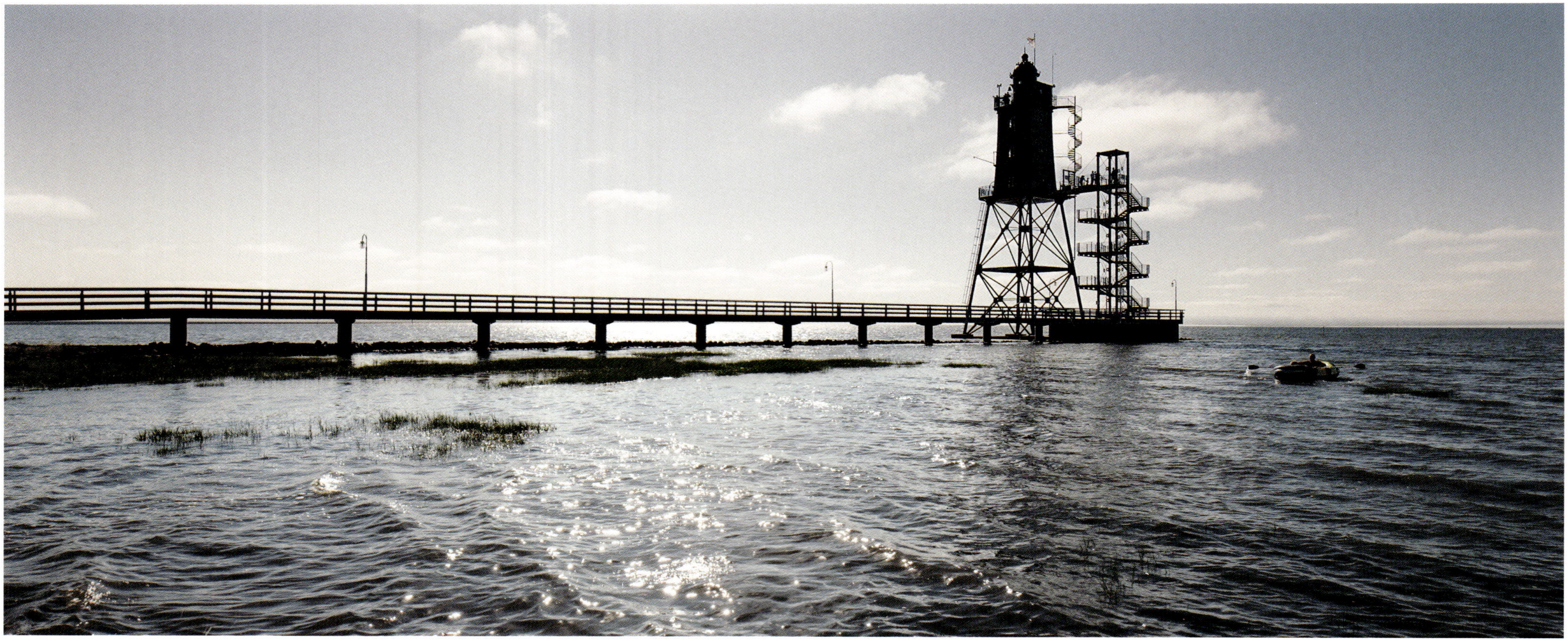

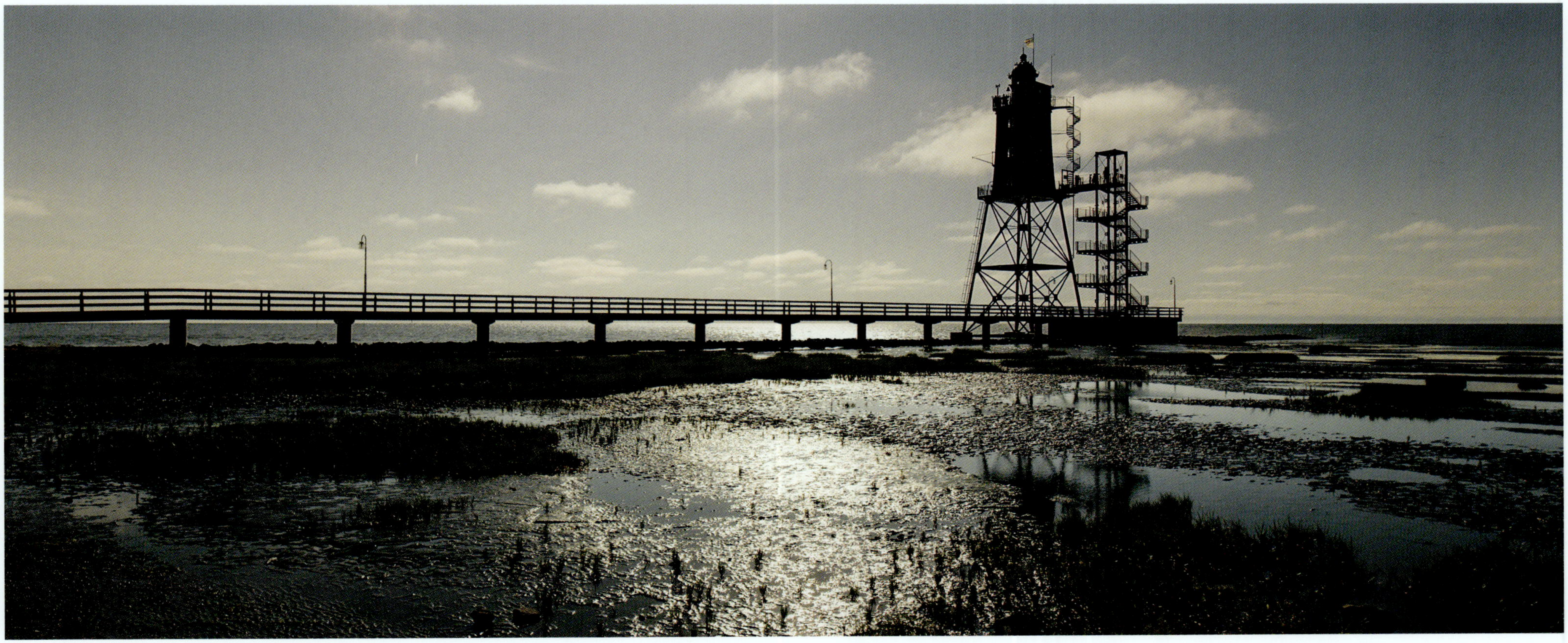

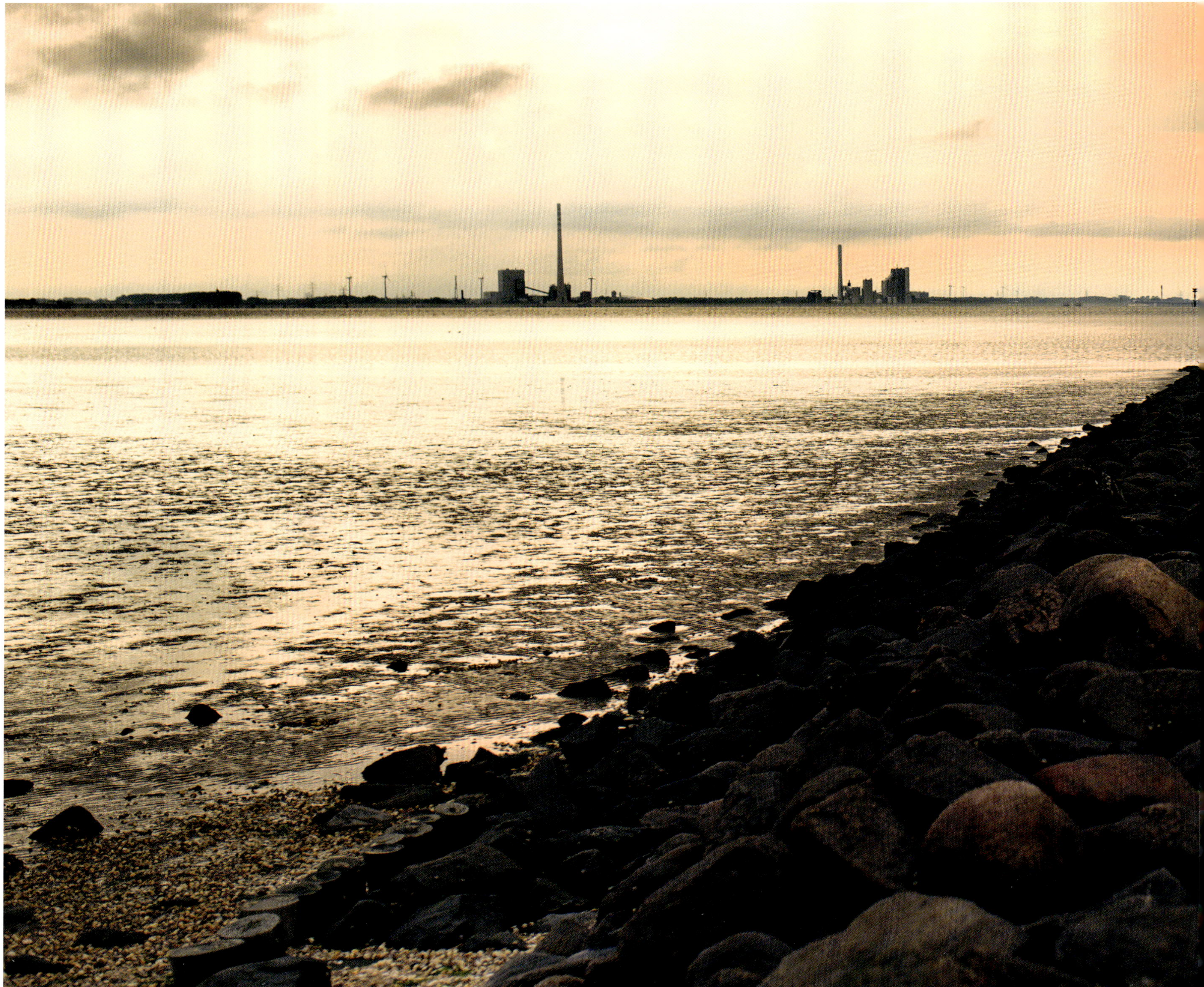

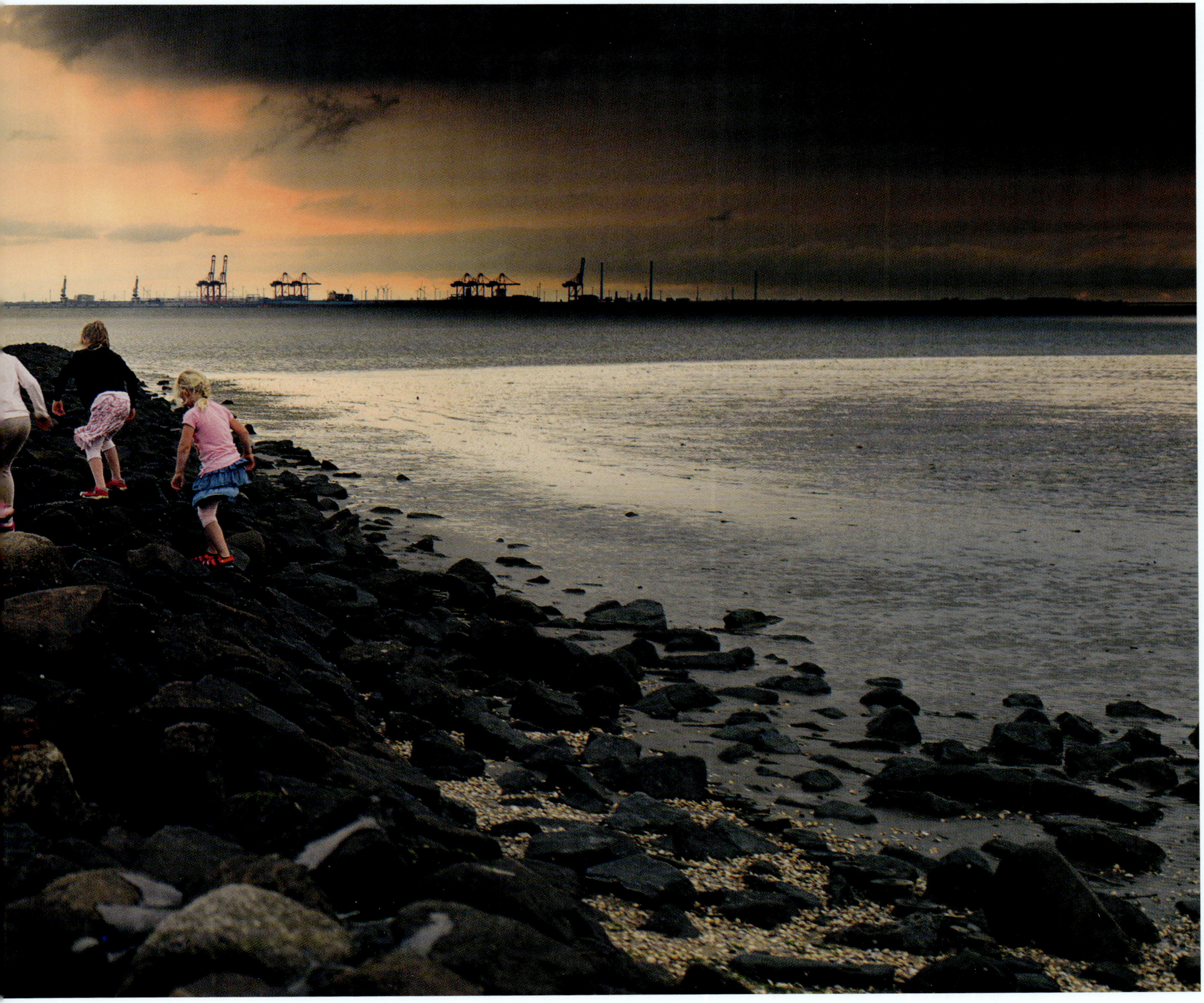

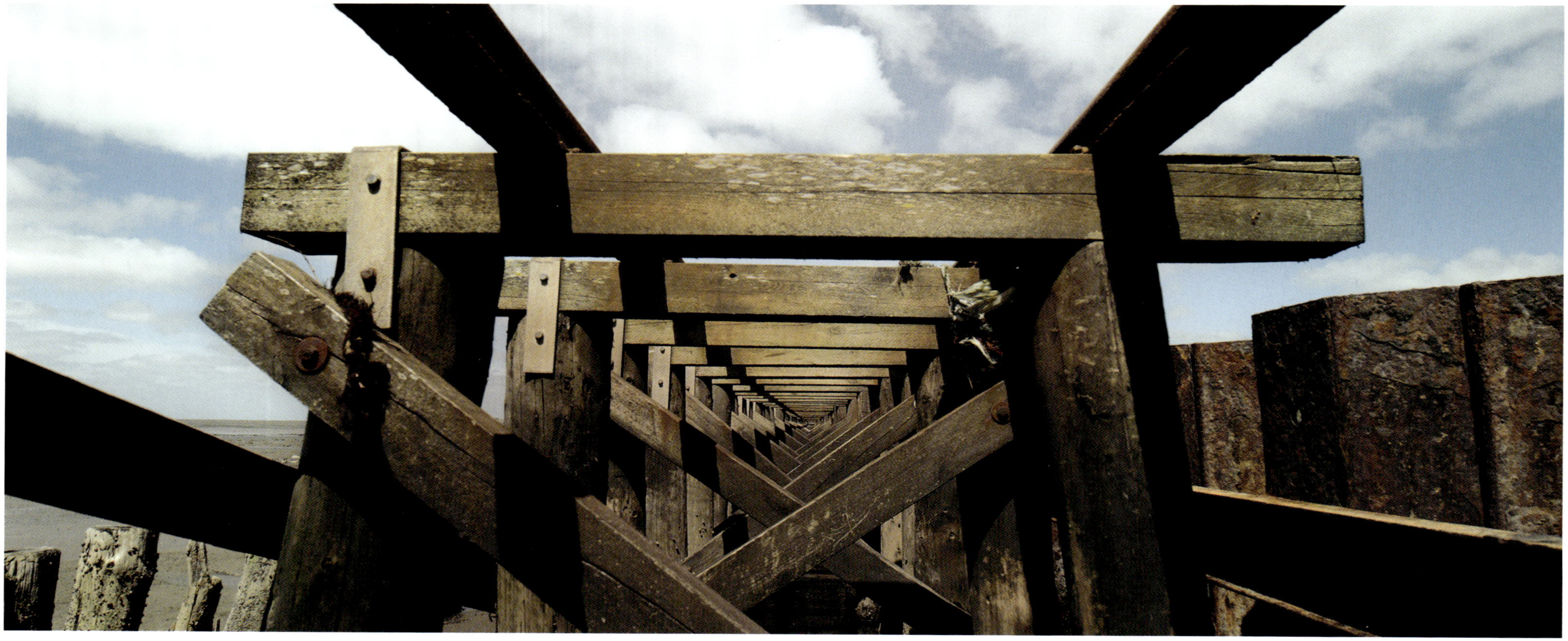

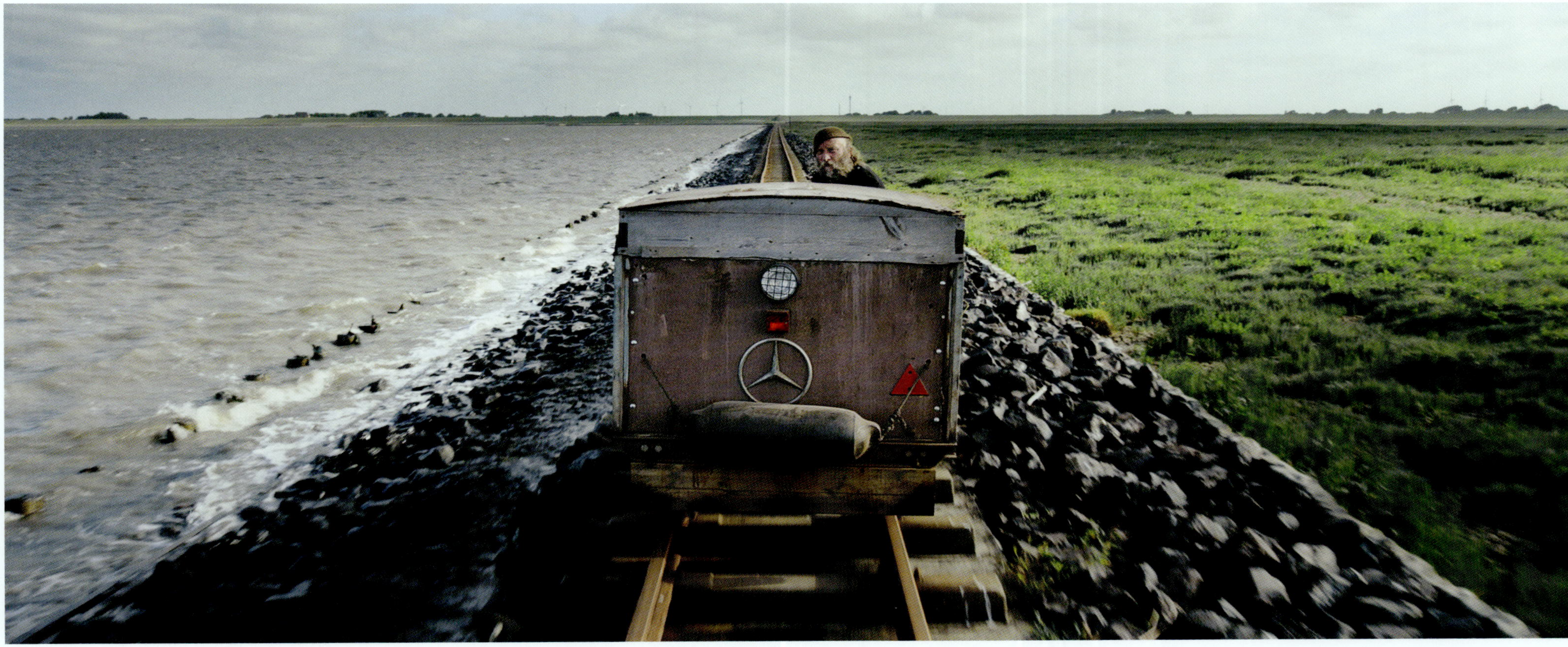

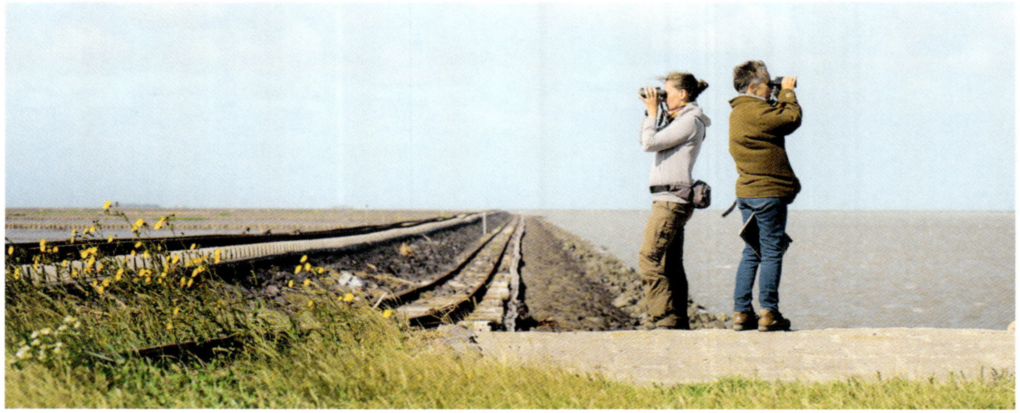
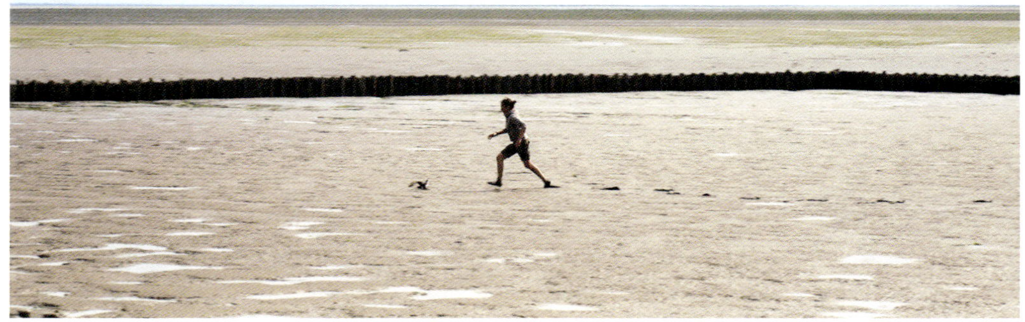
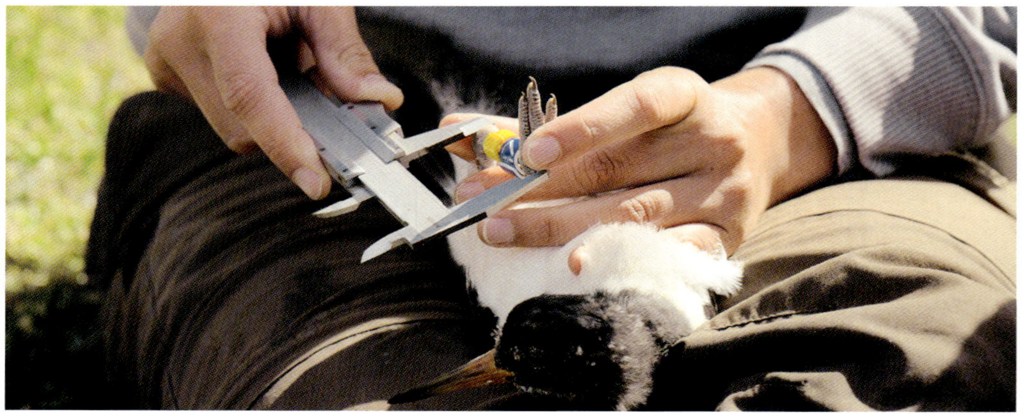
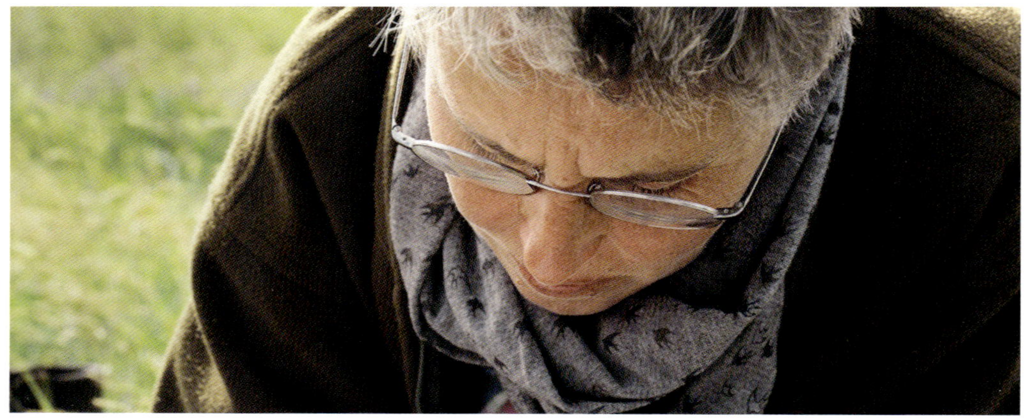
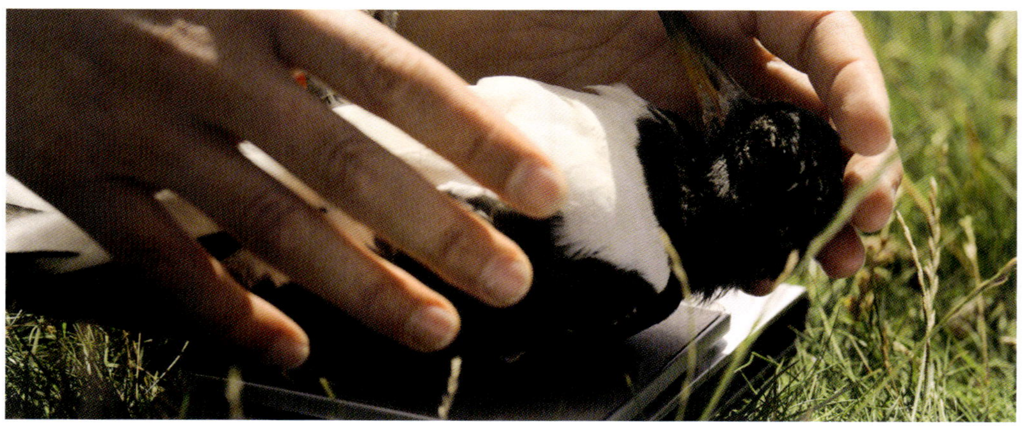
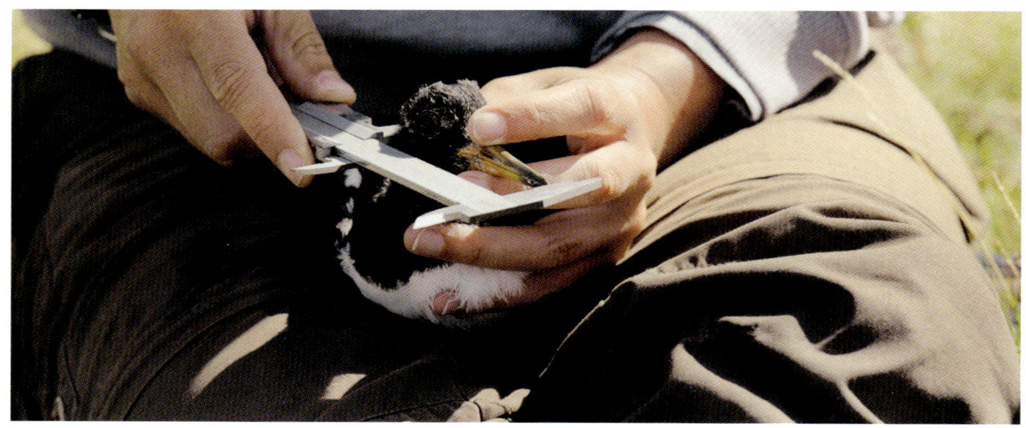

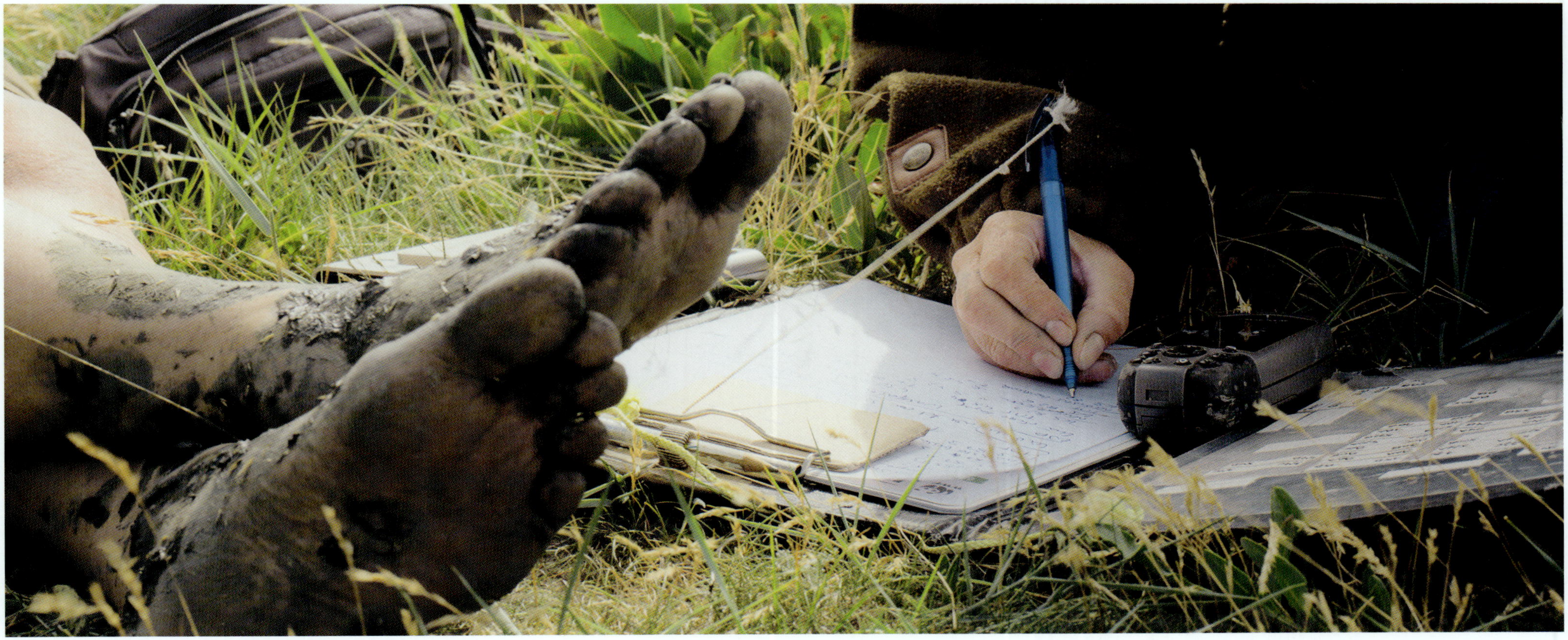

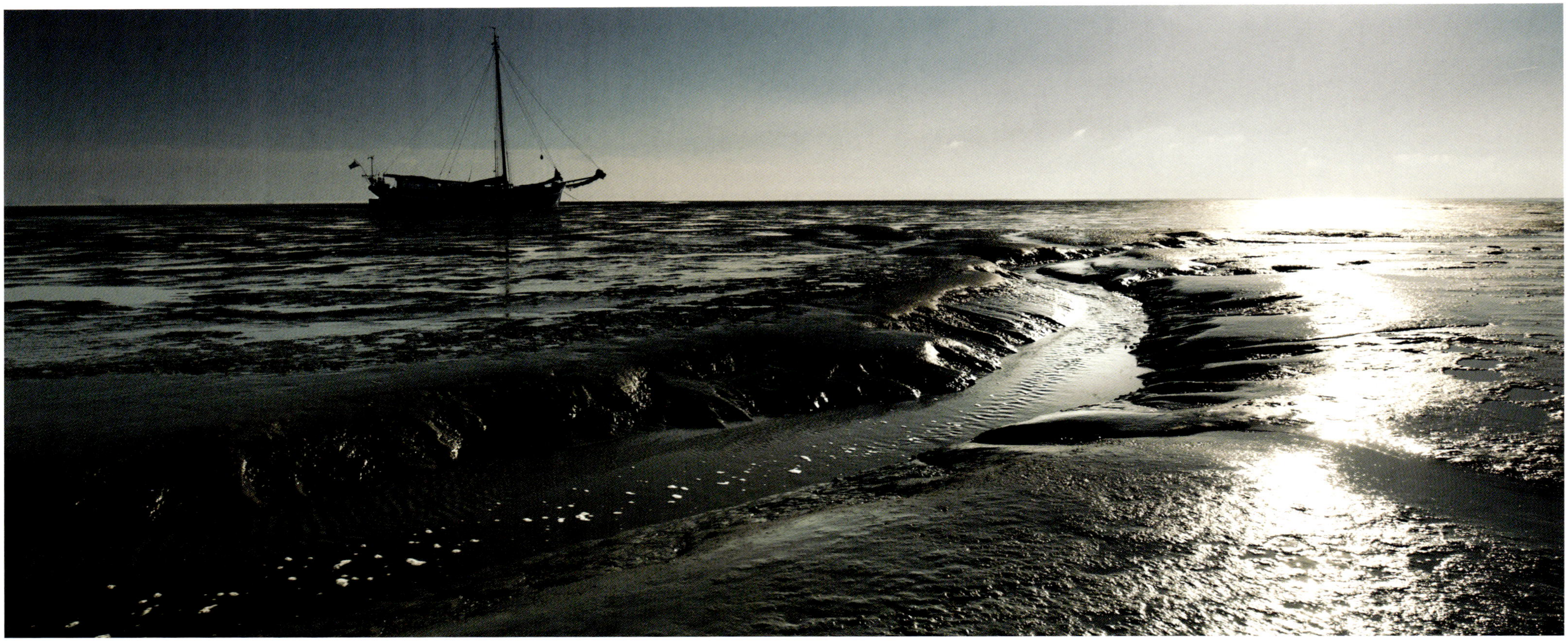

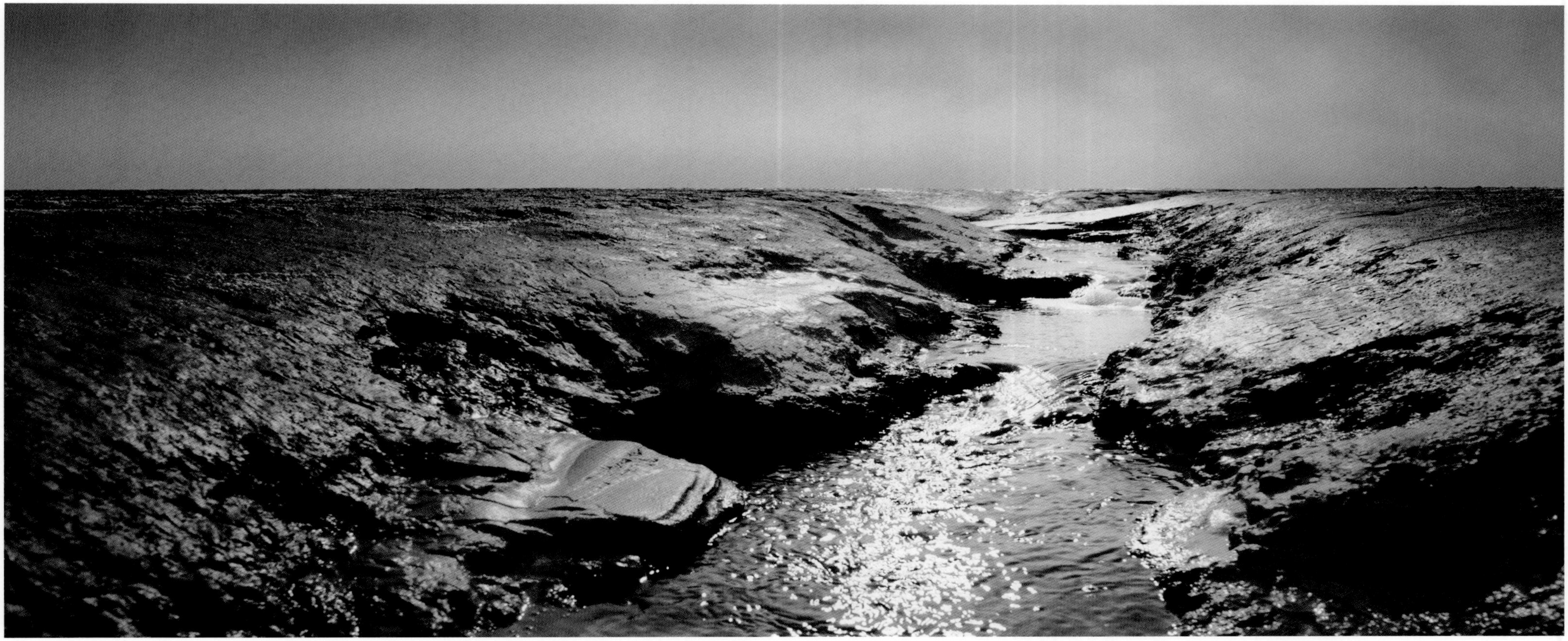

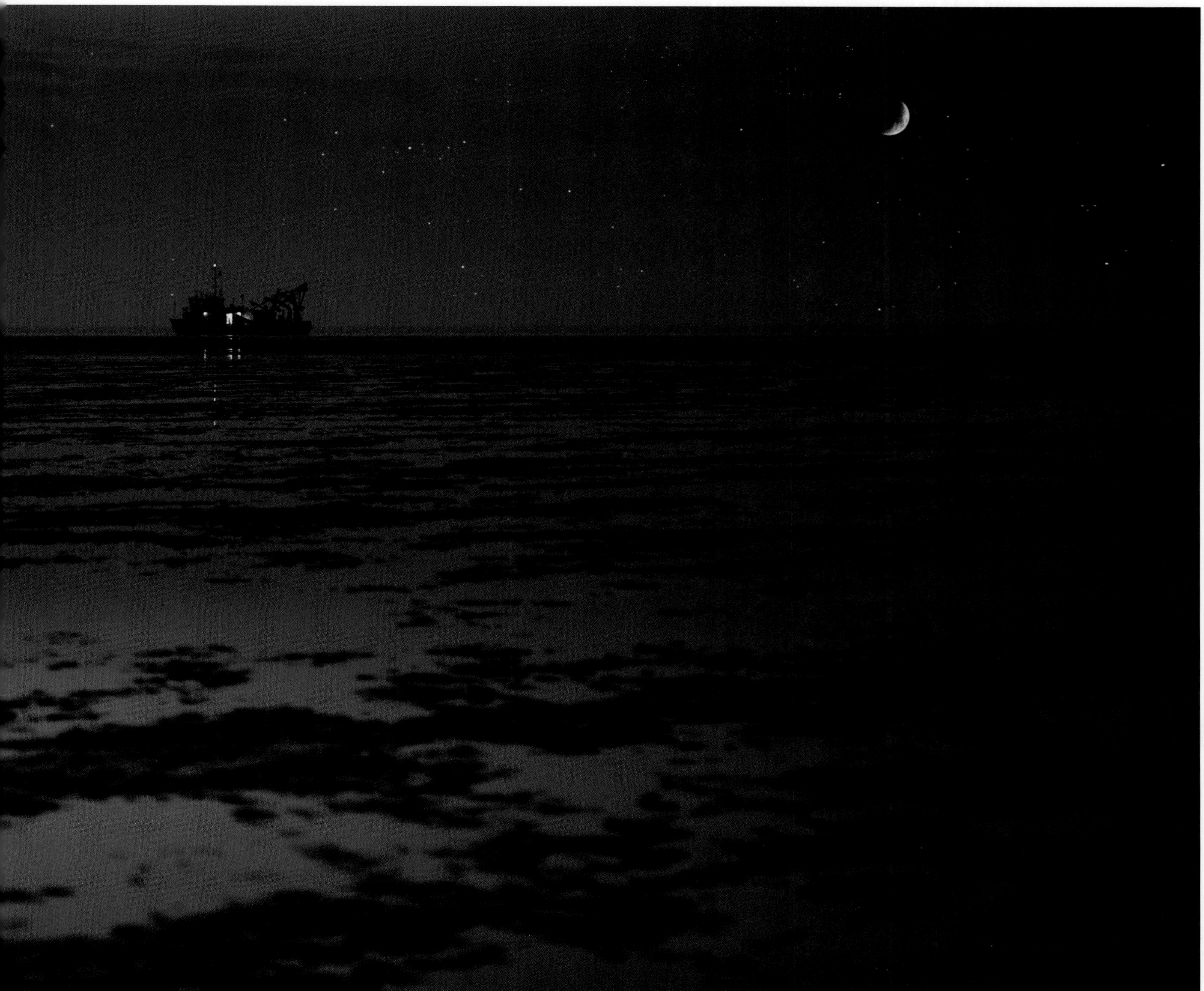

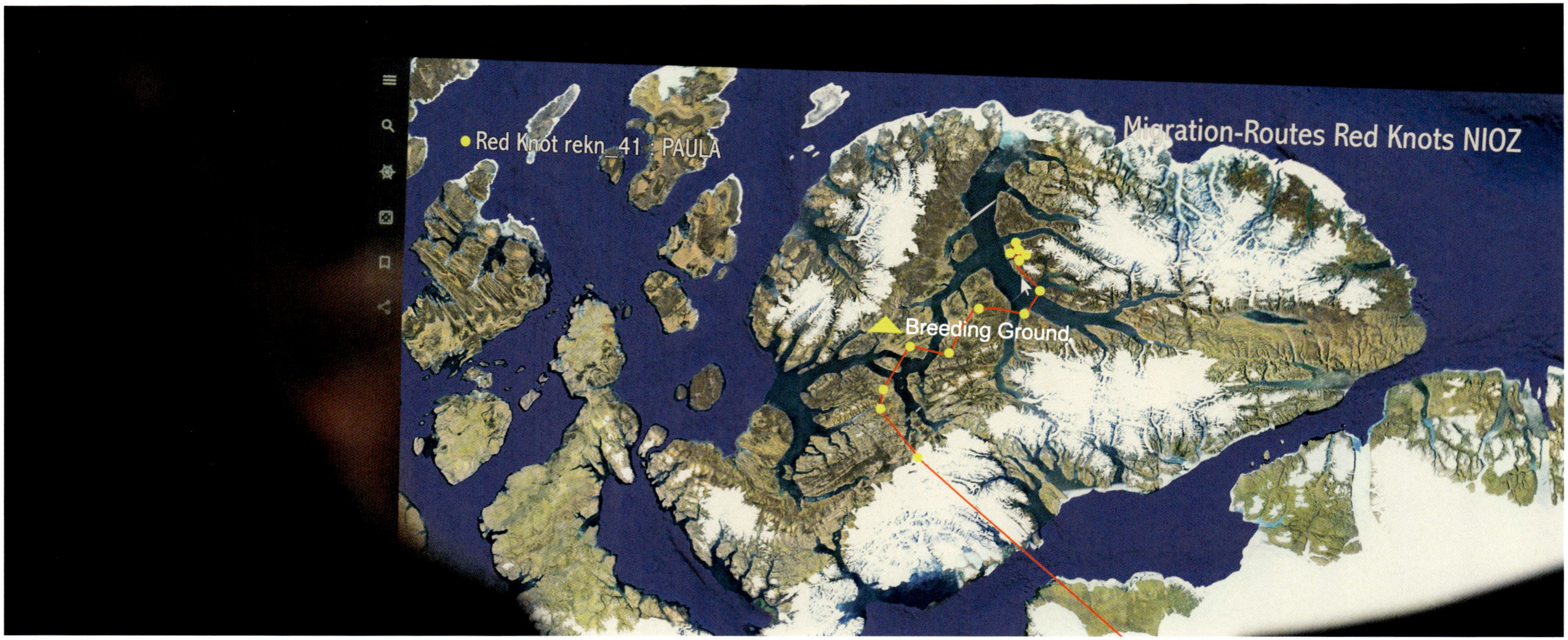
Red Knot rekn_41 : PAULA
Migration-Routes Red Knots NIOZ
Breeding Ground

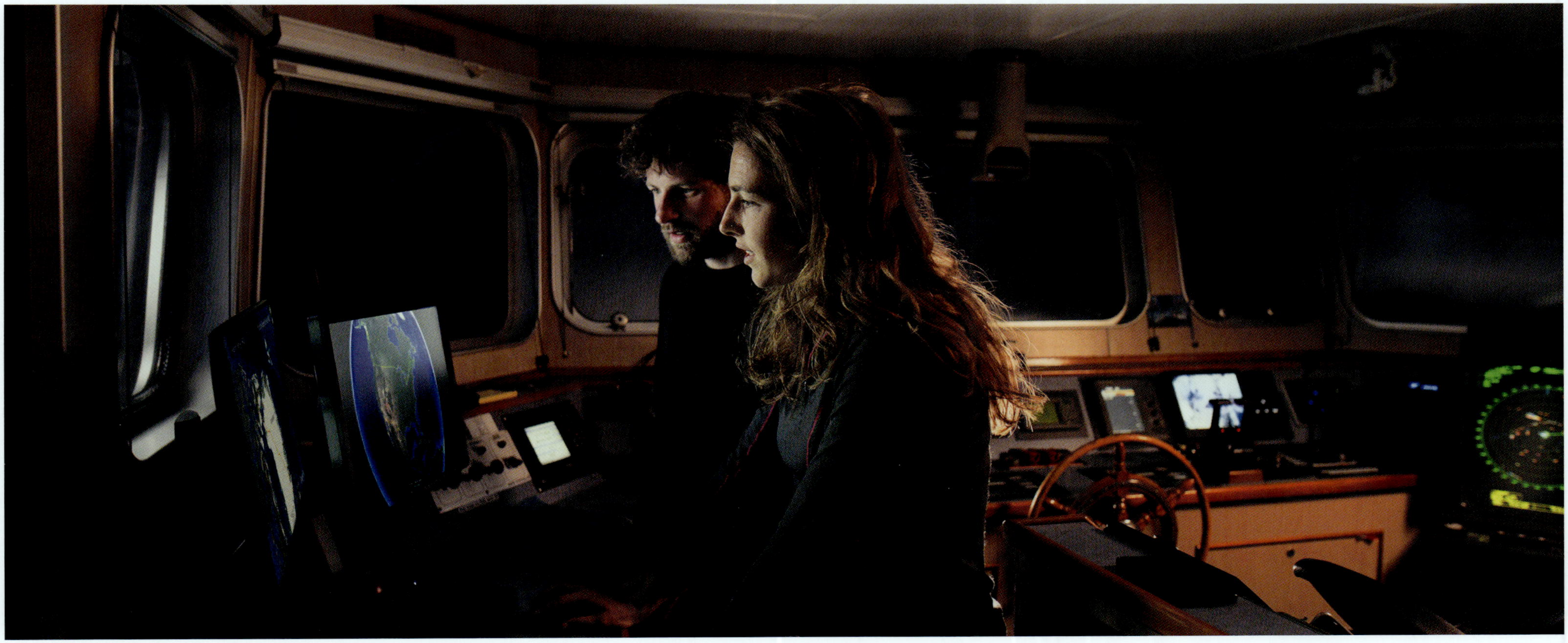

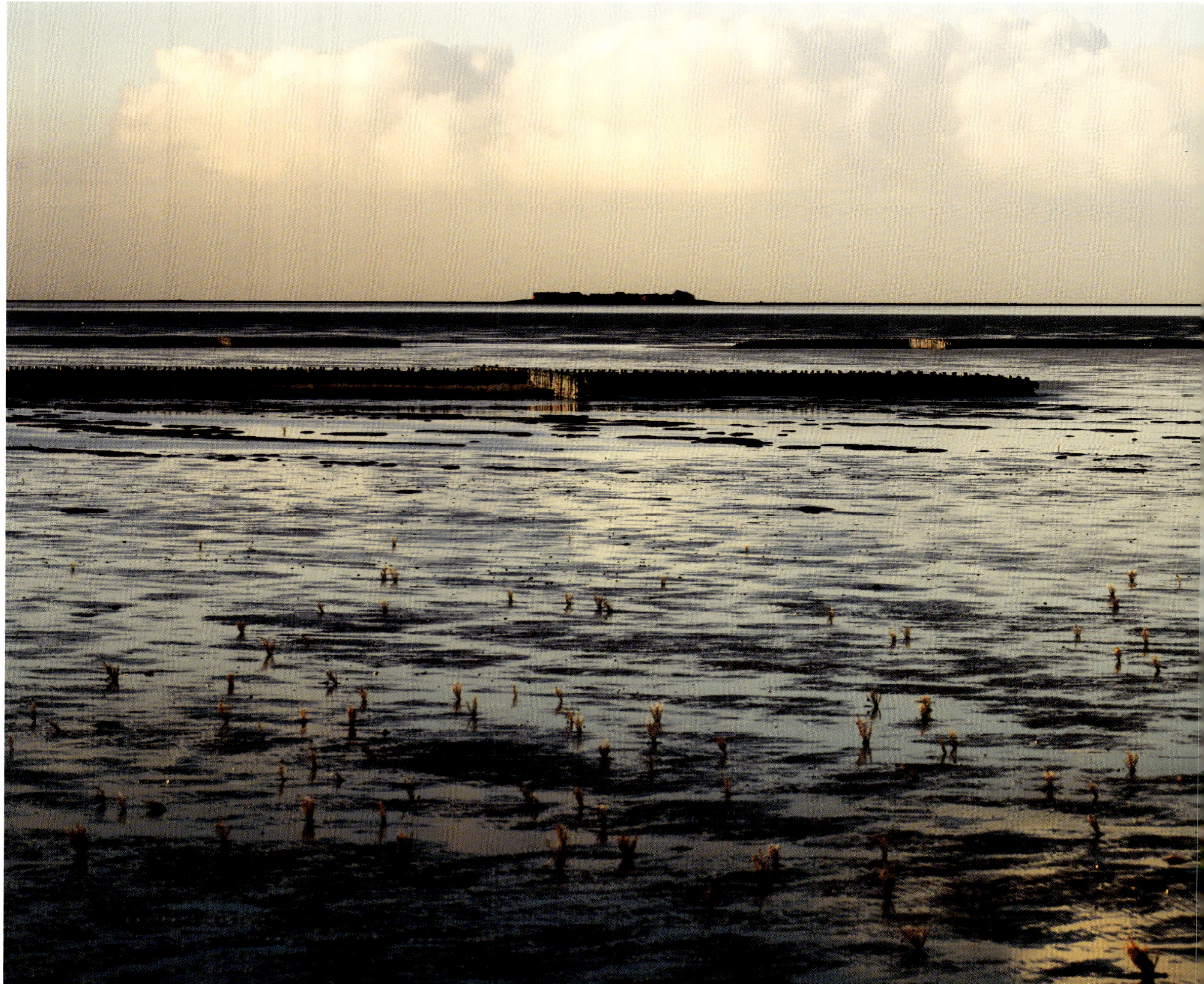

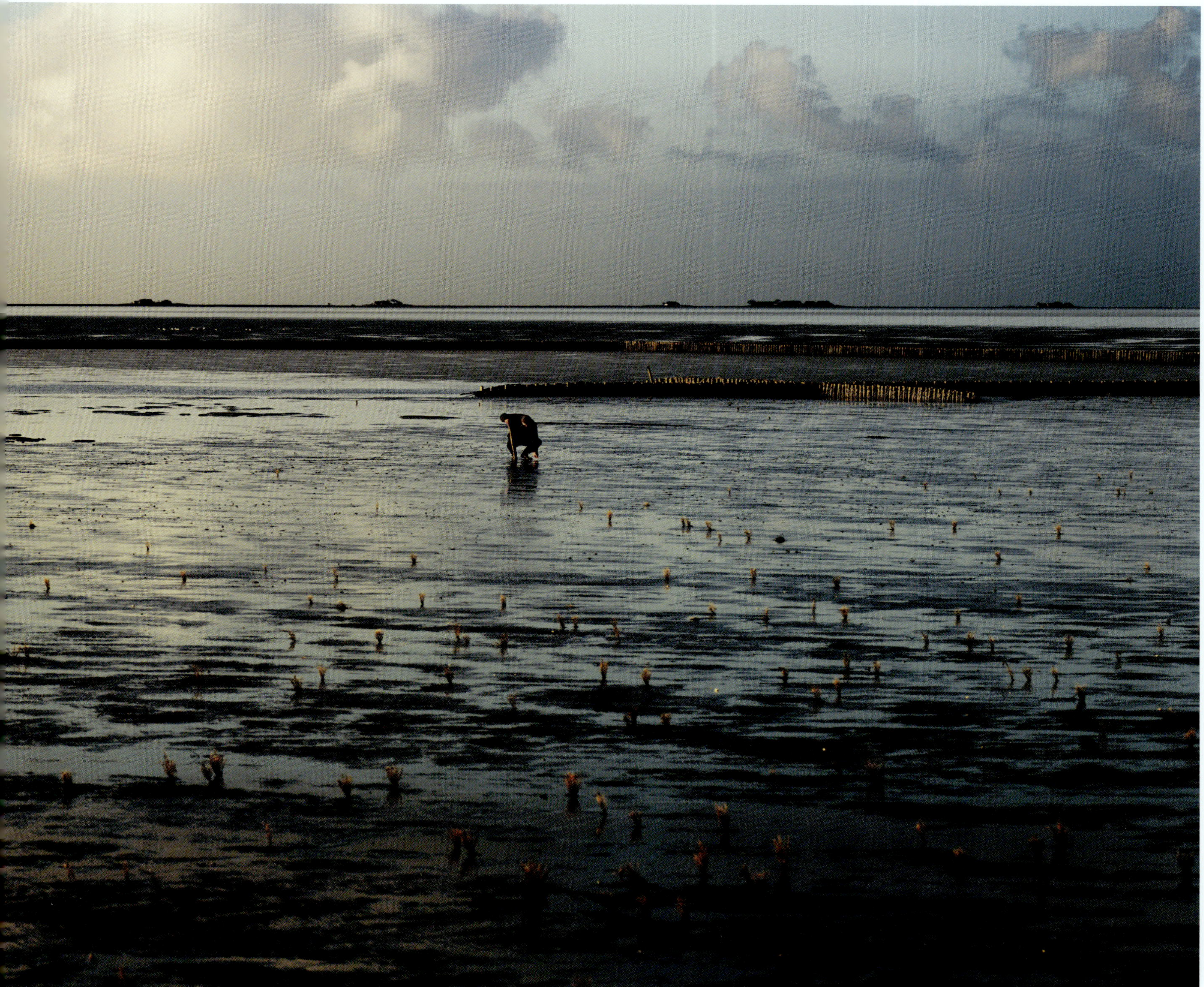

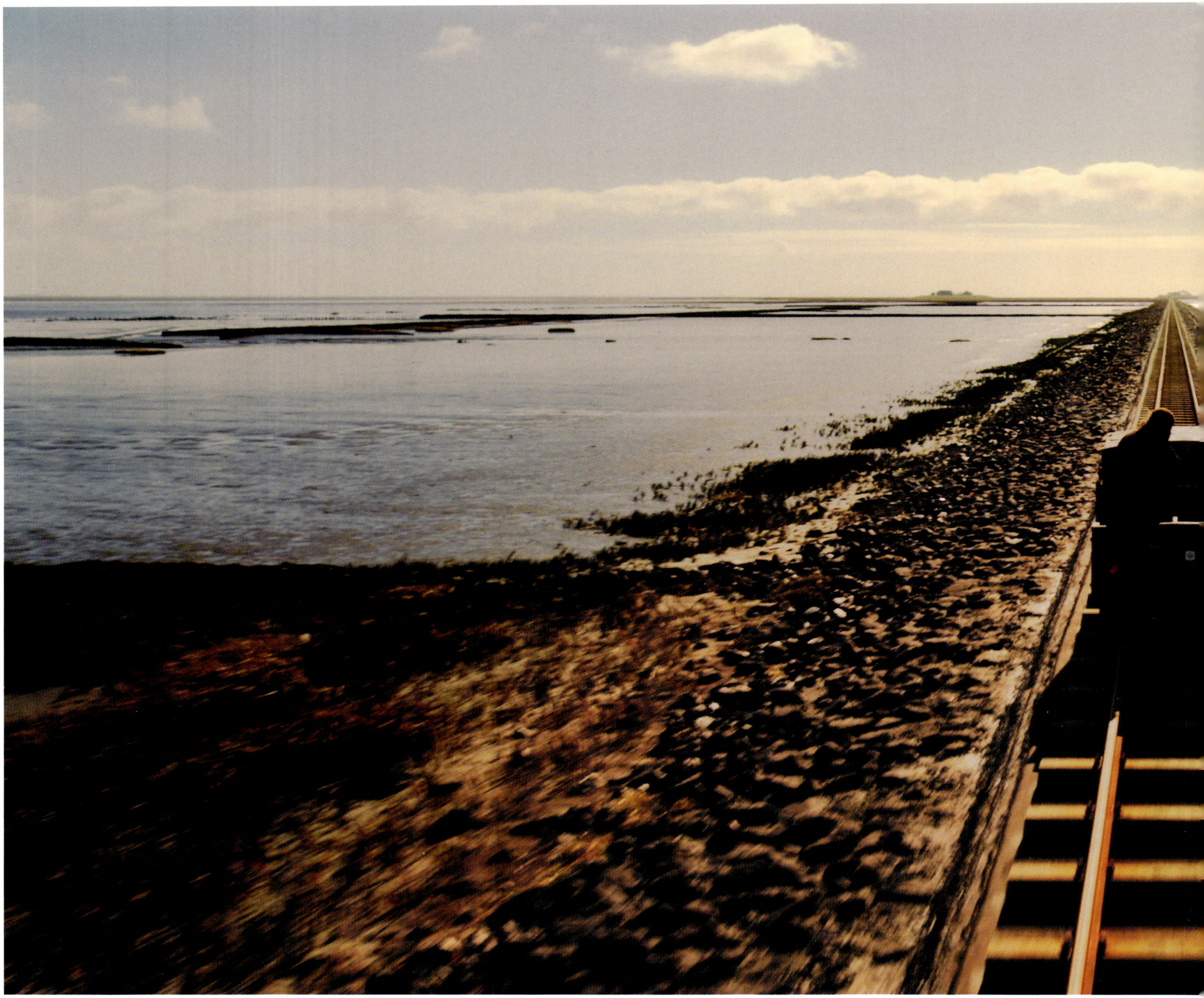

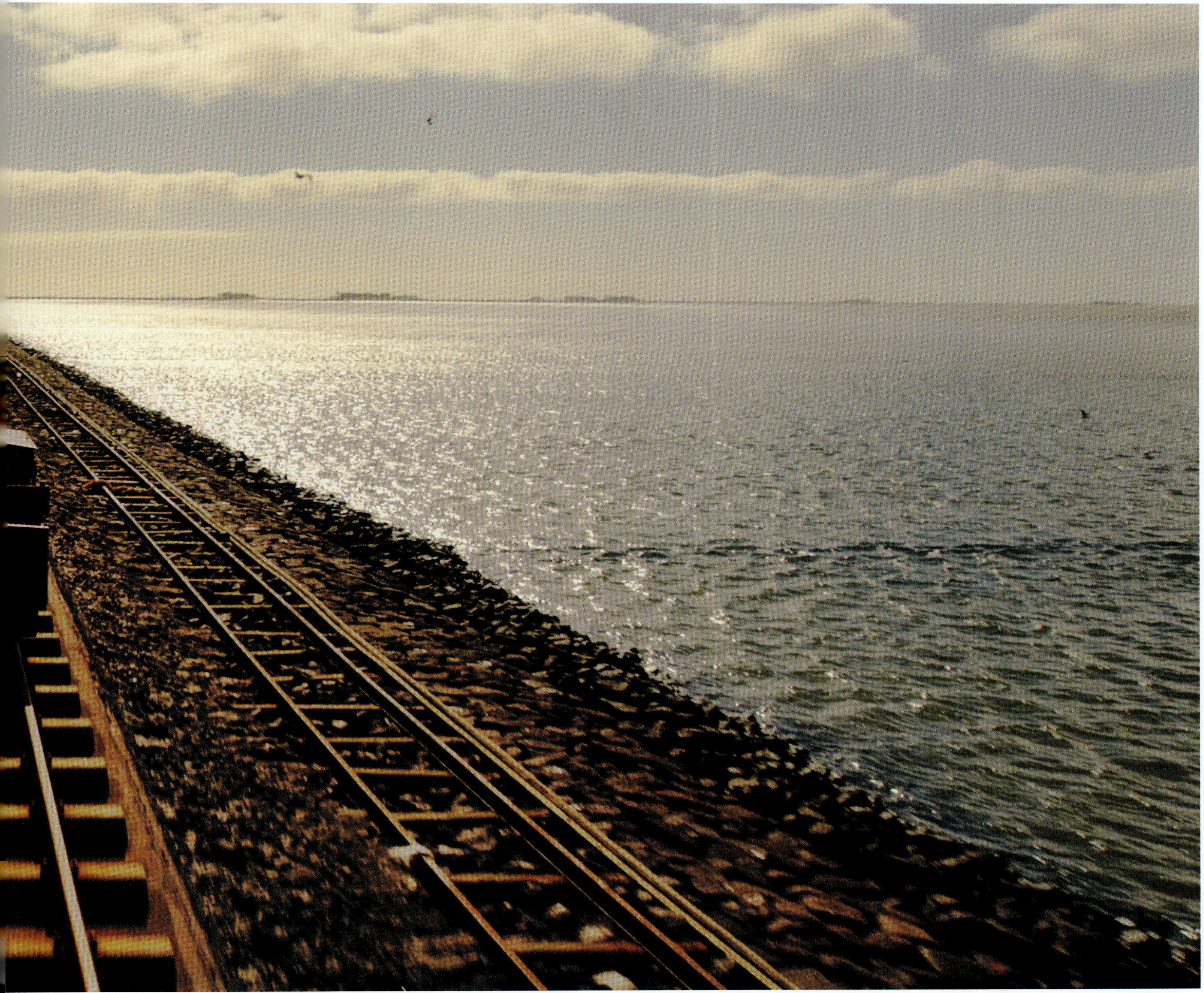

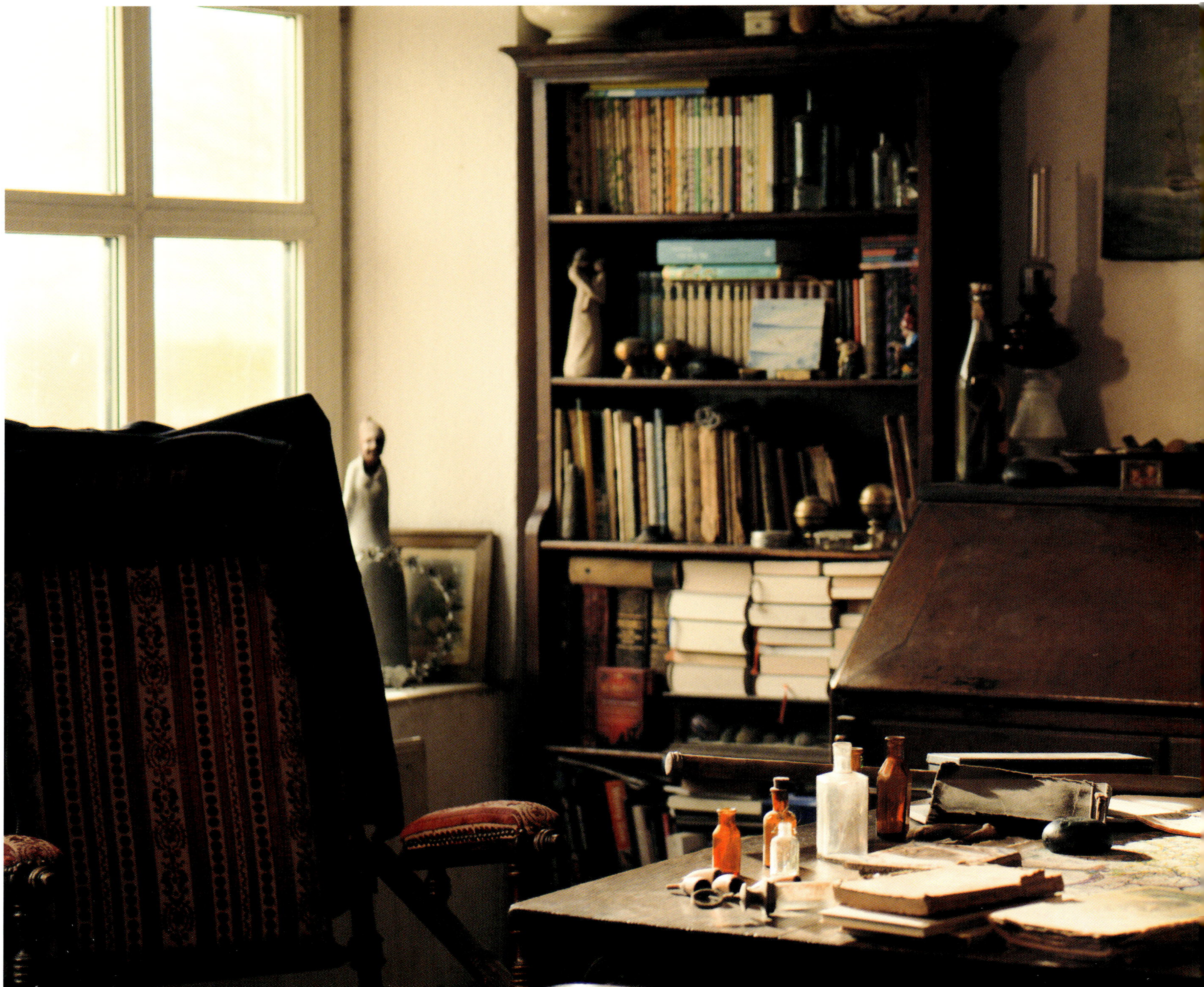

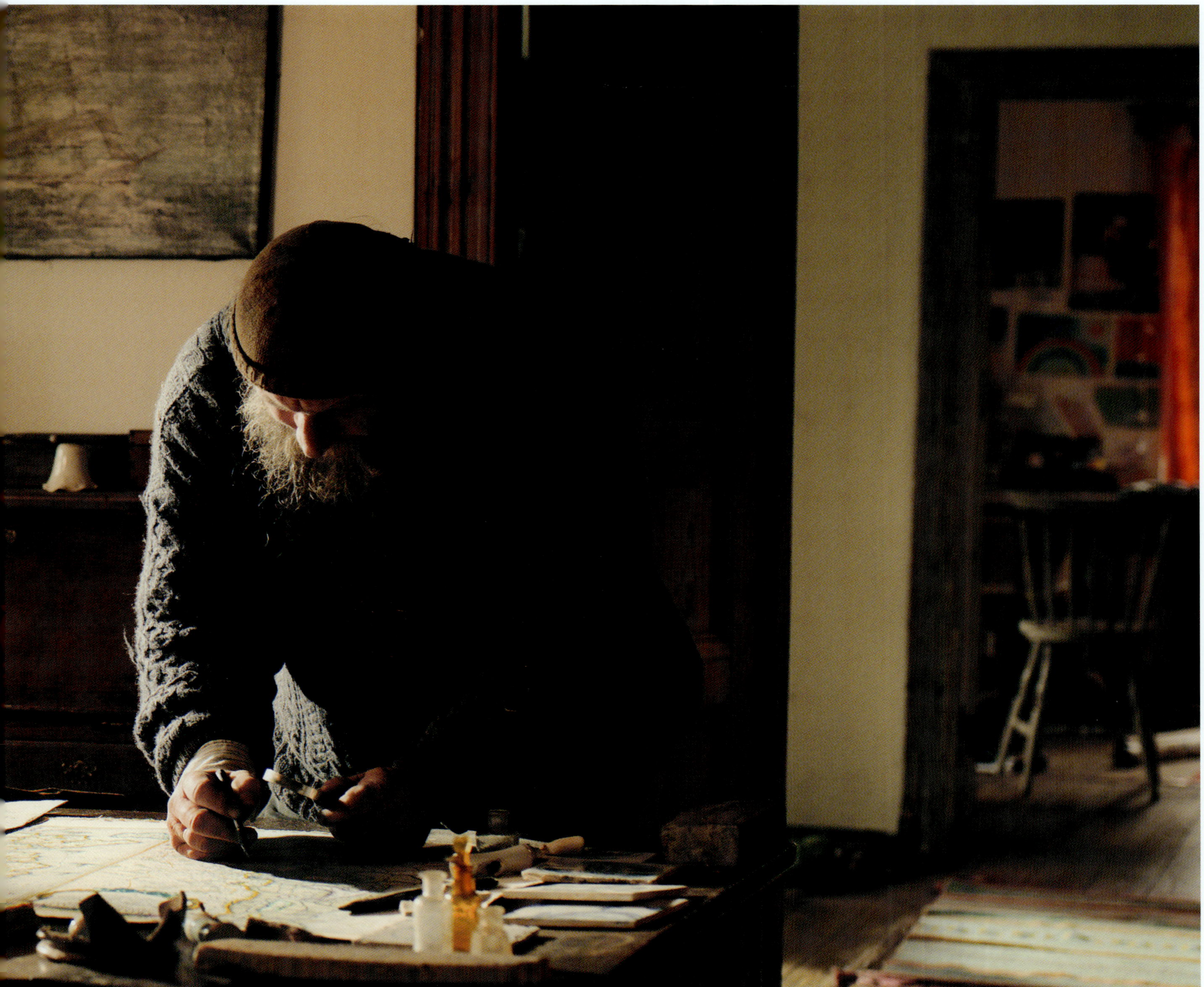

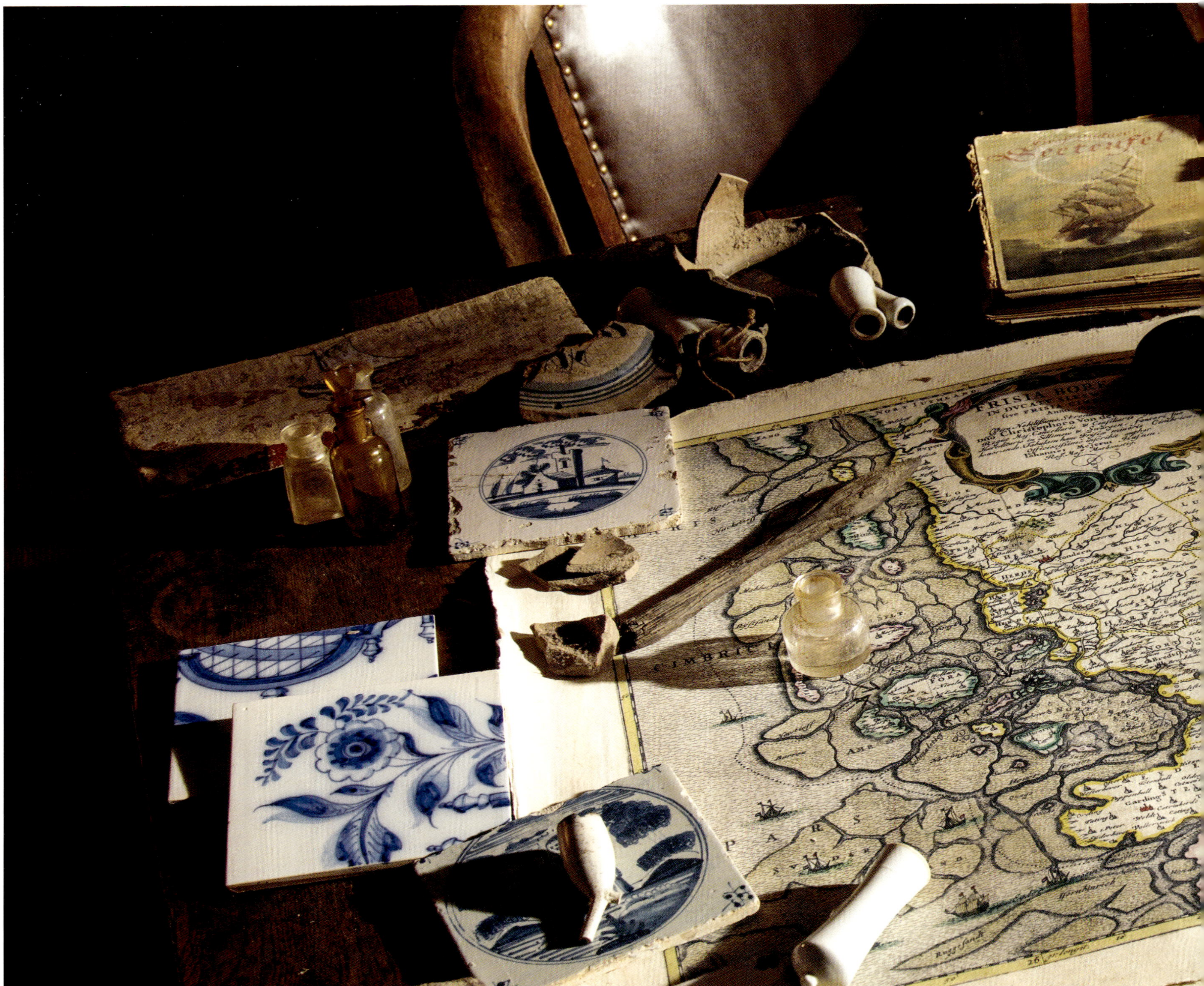

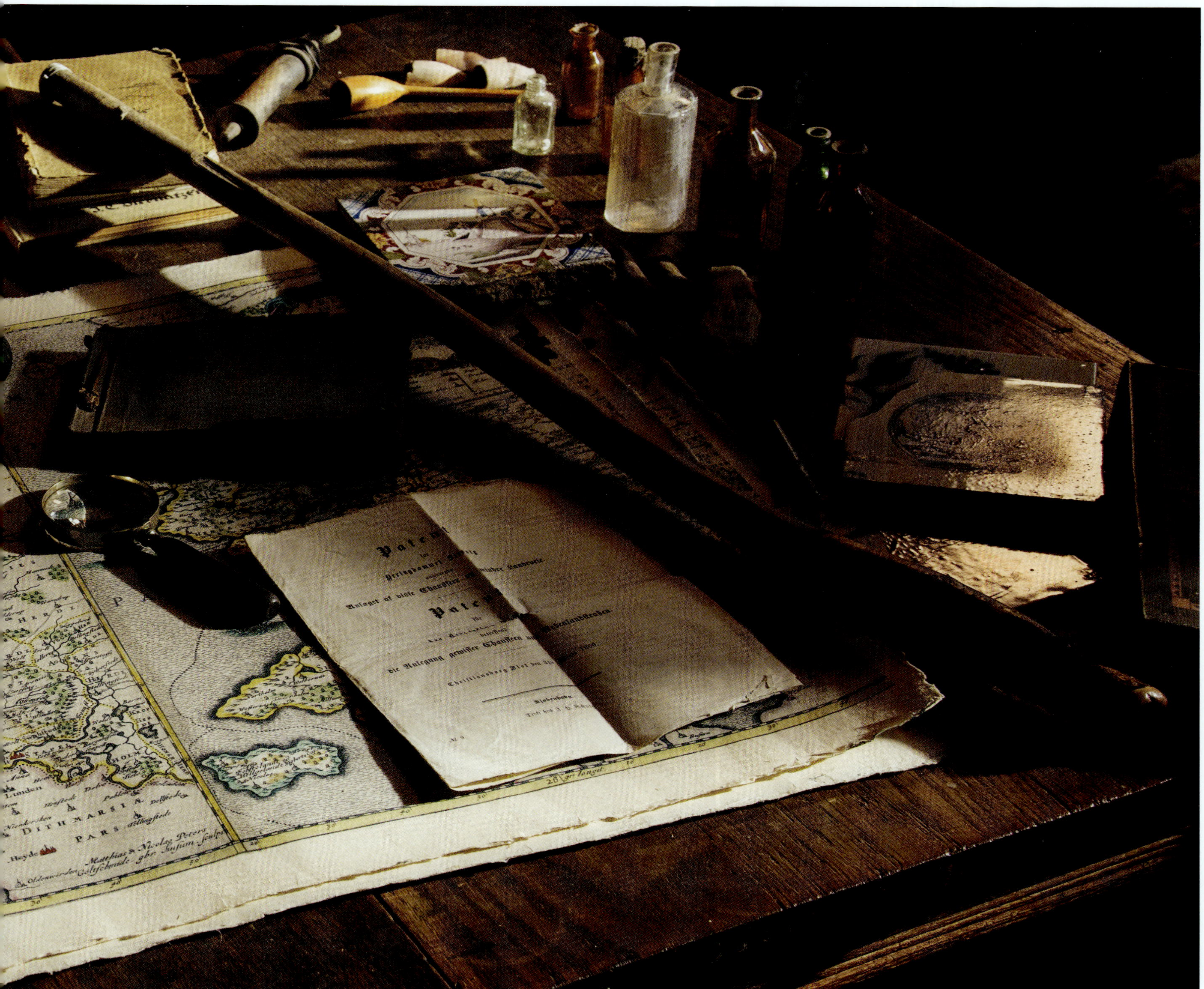

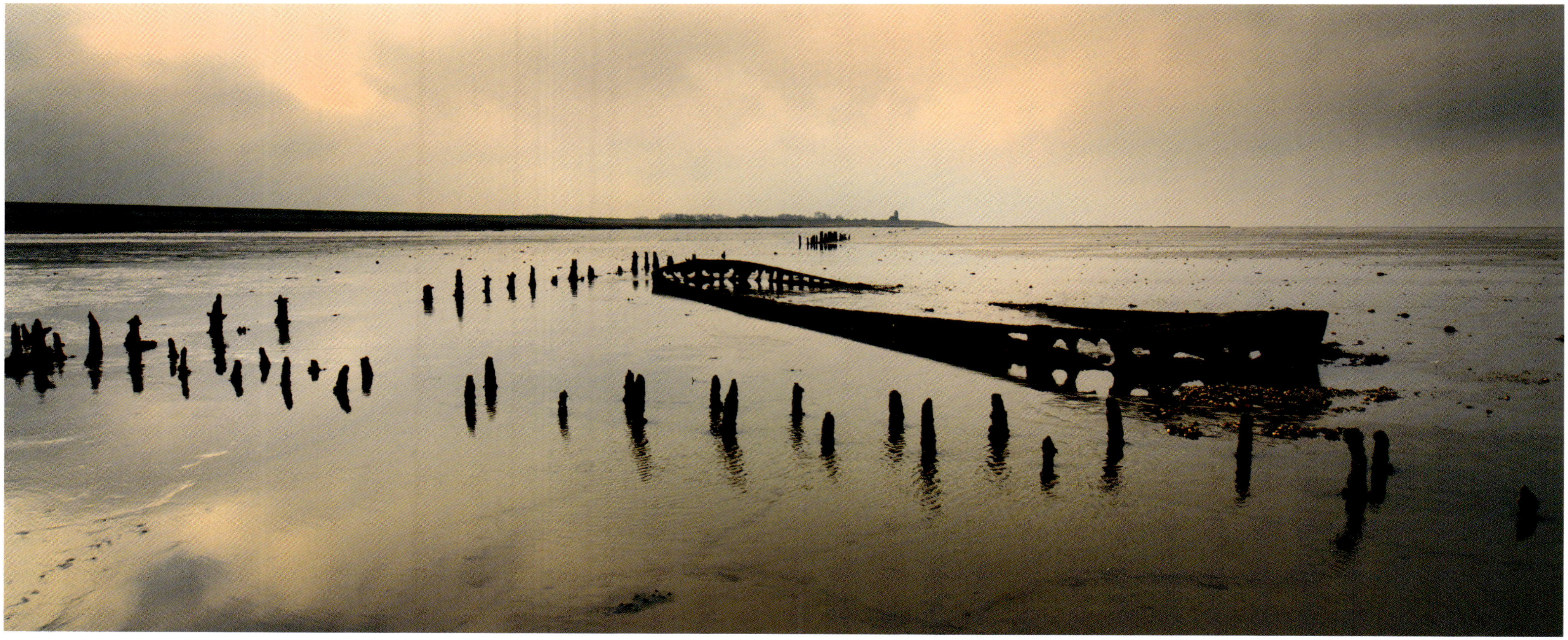

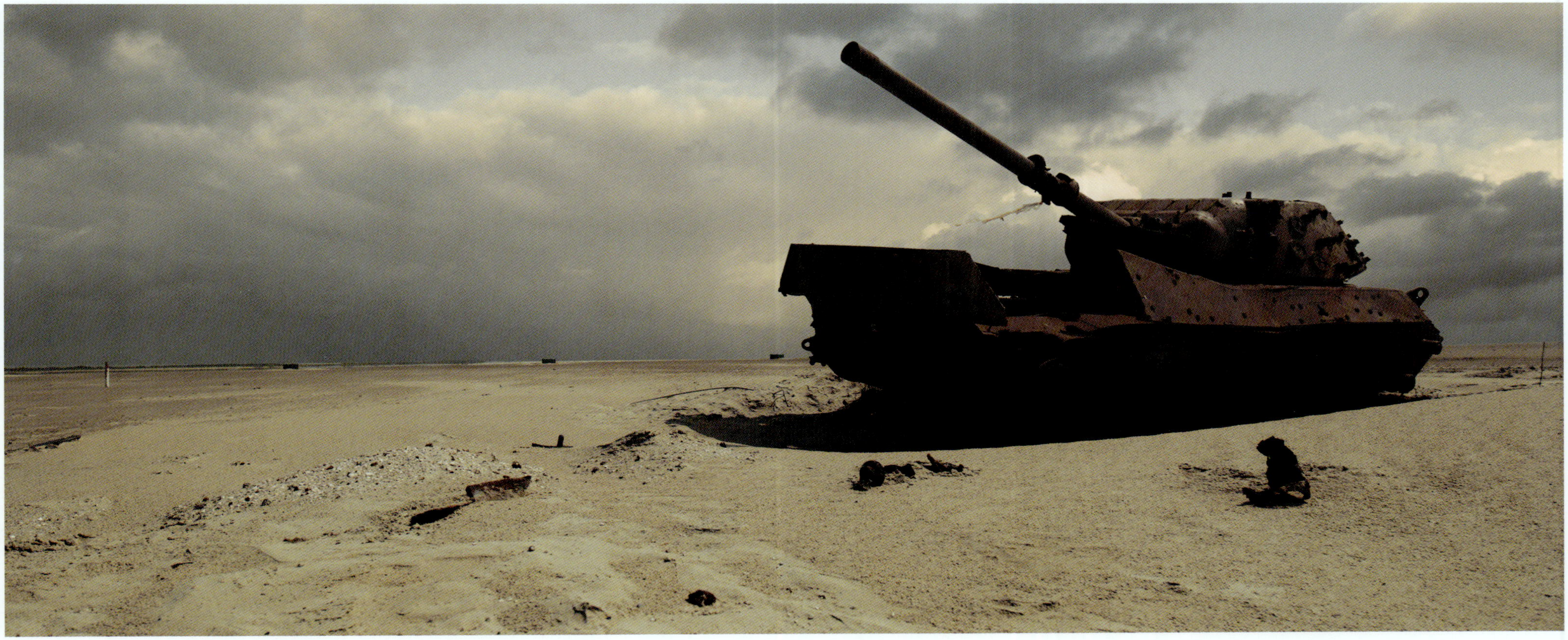

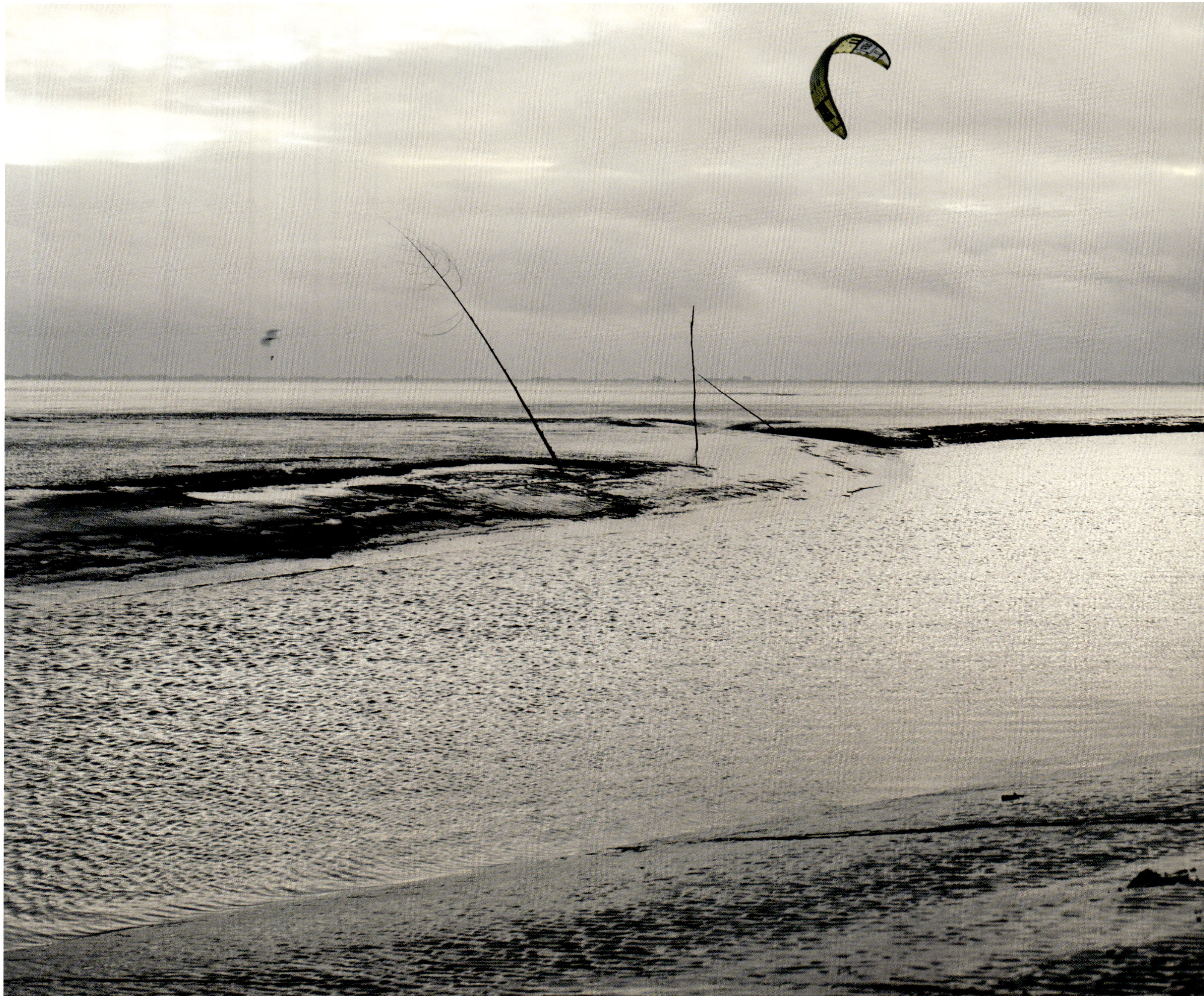

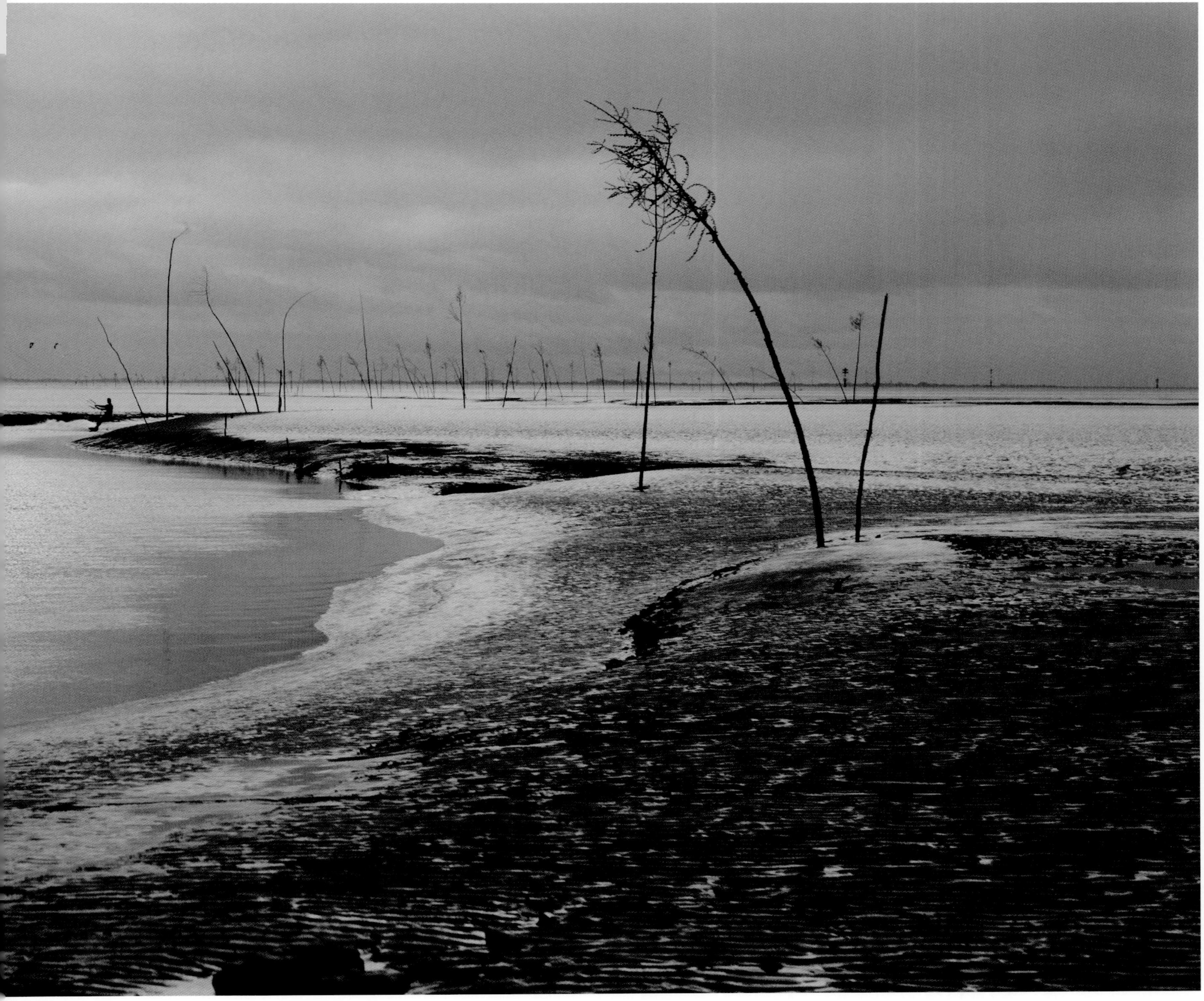

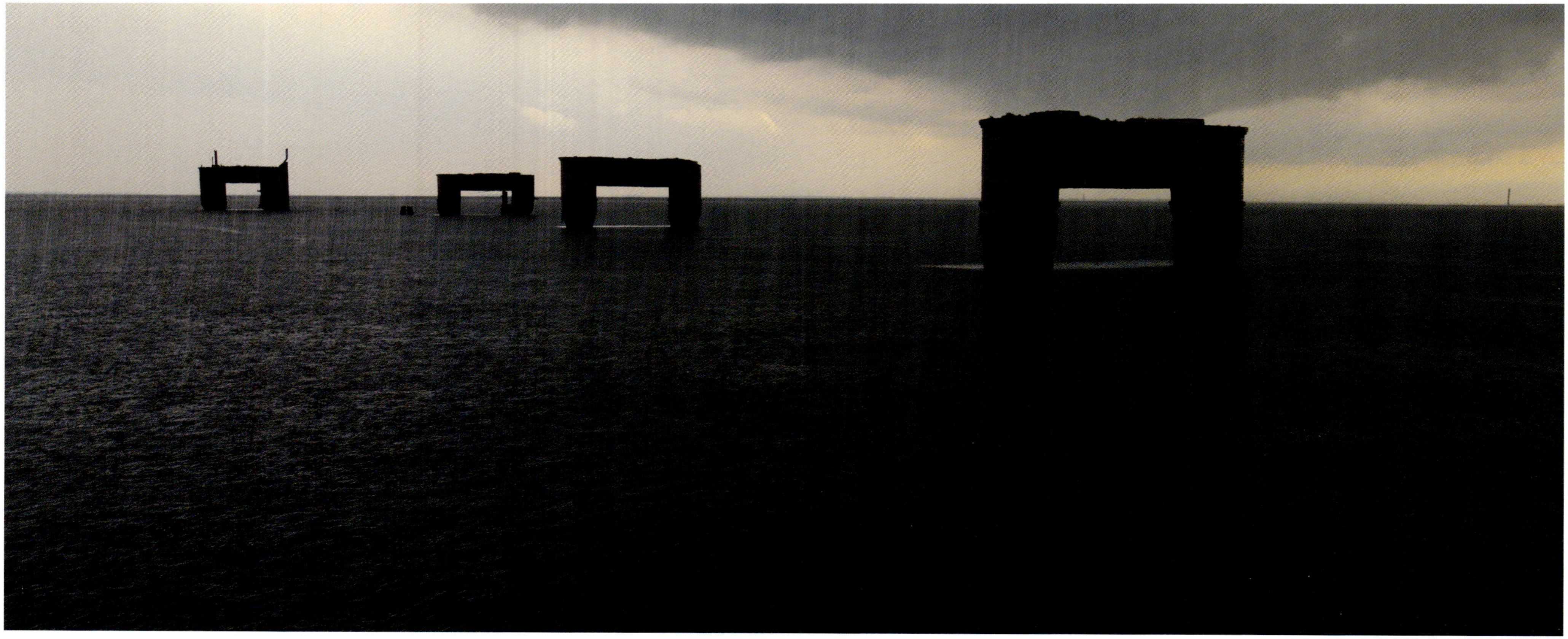

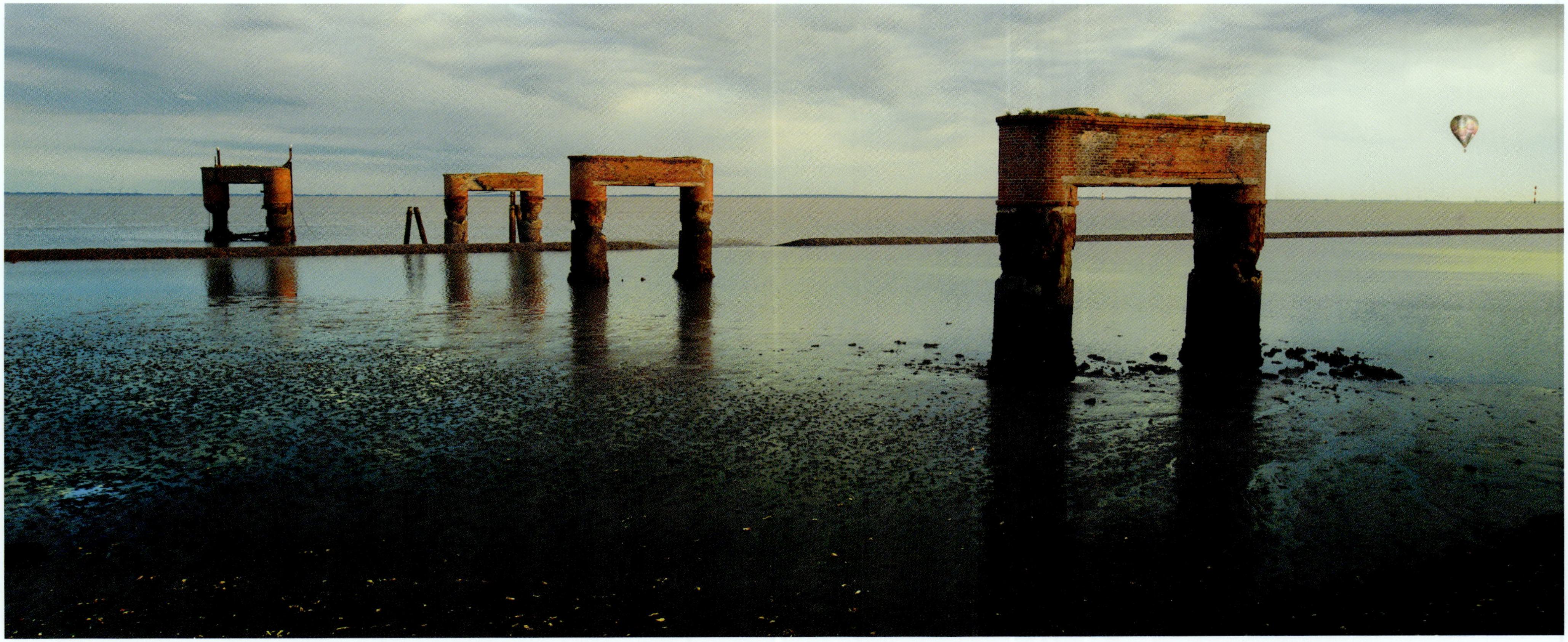

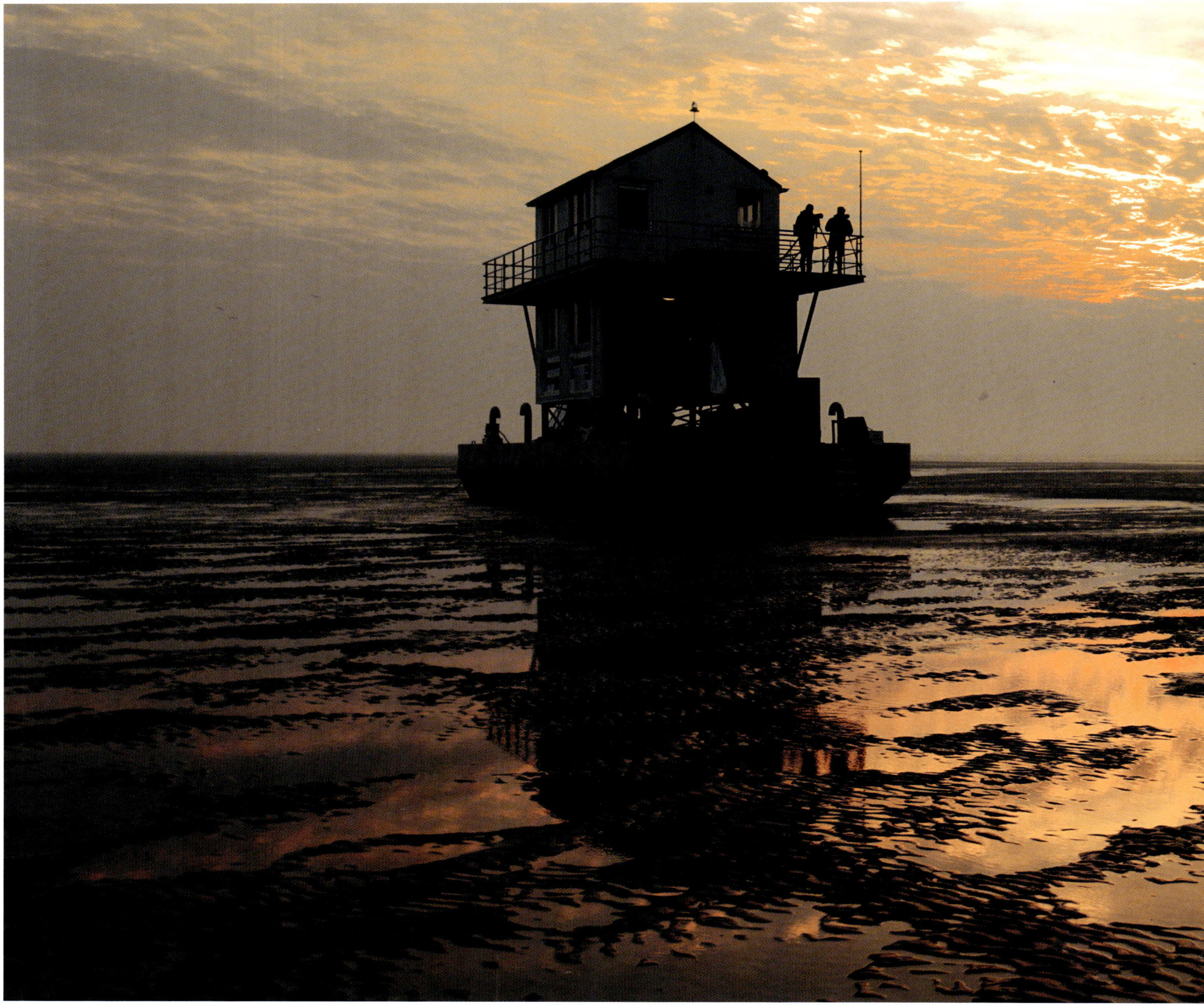

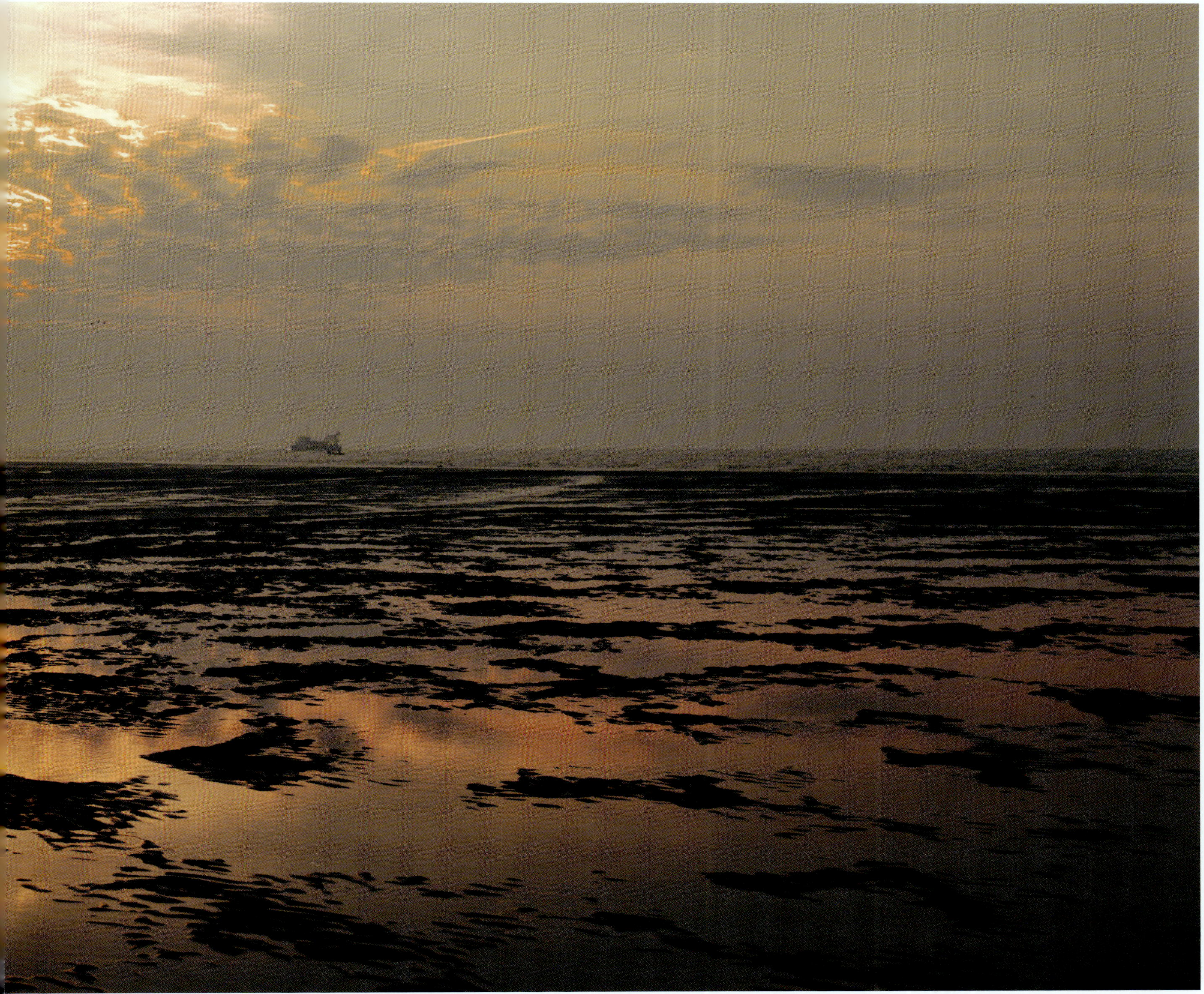

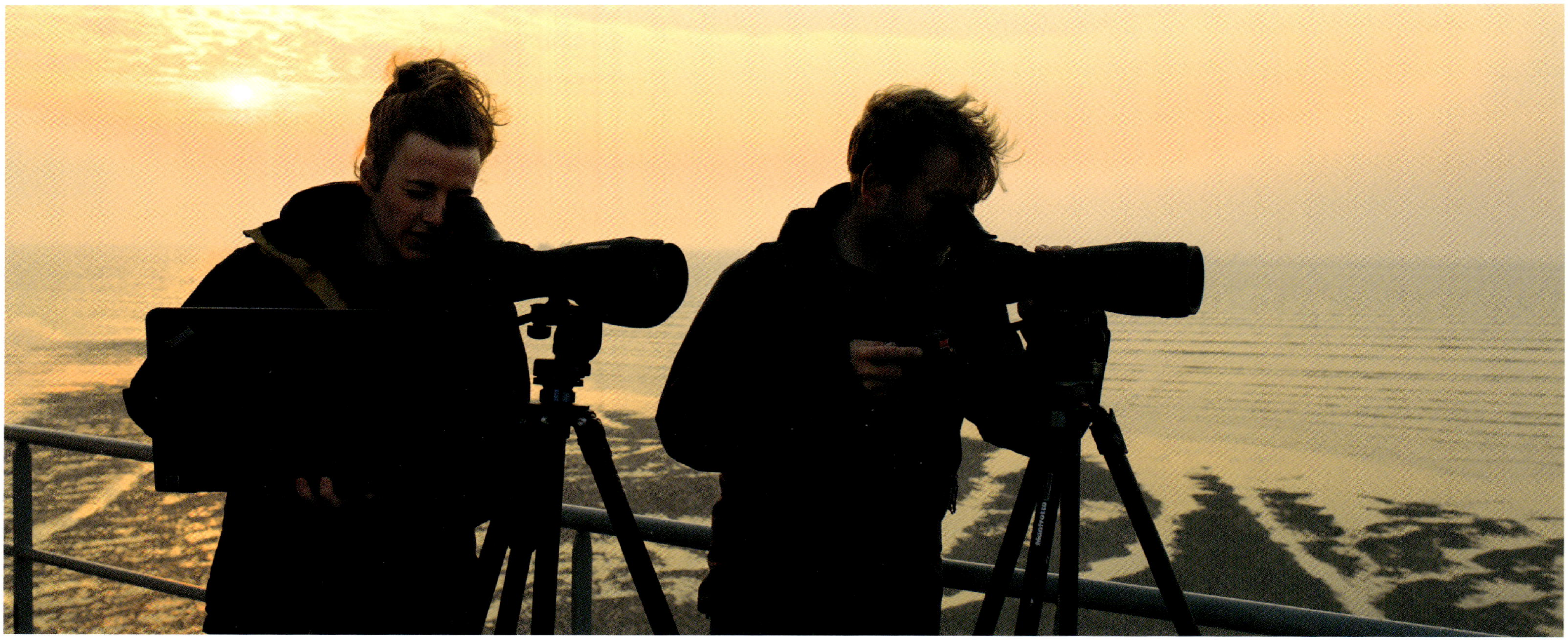

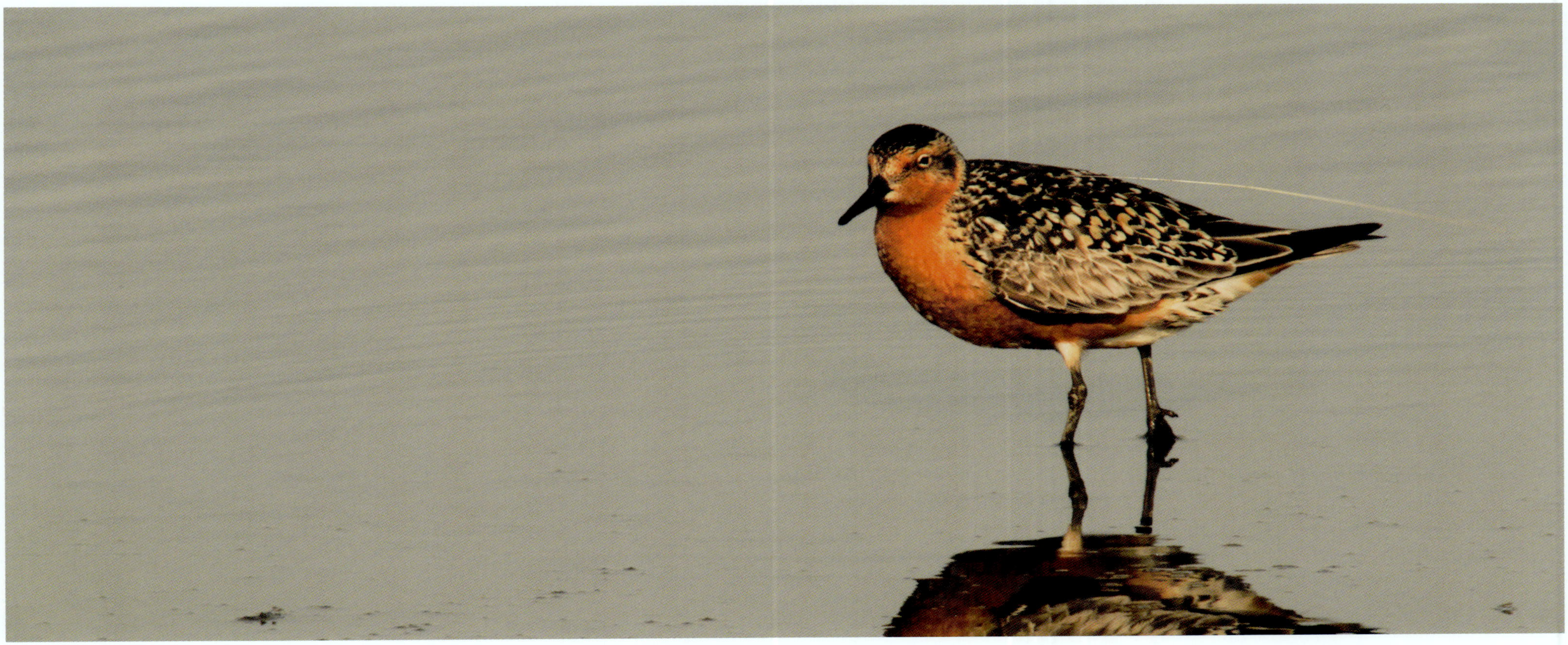

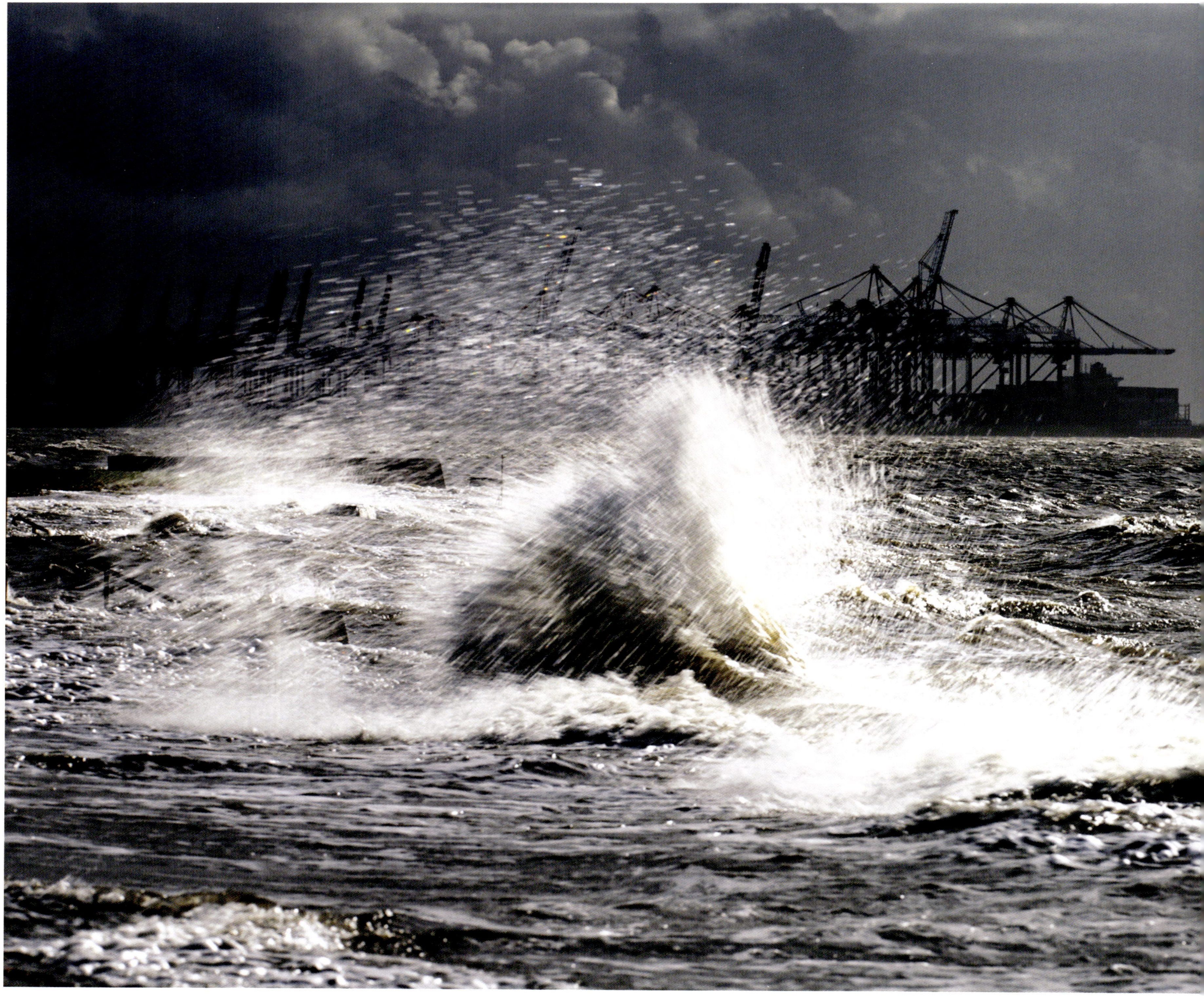

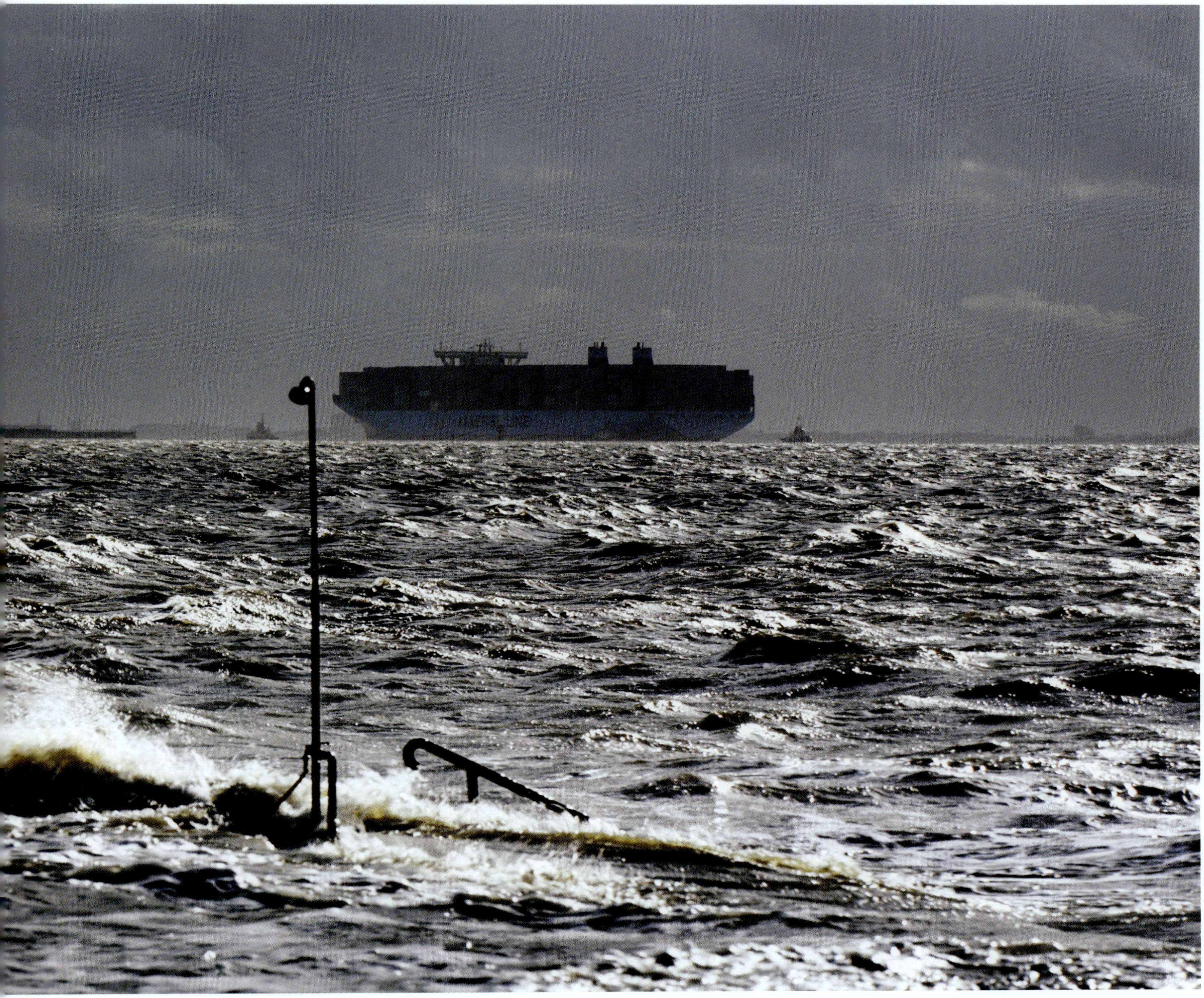

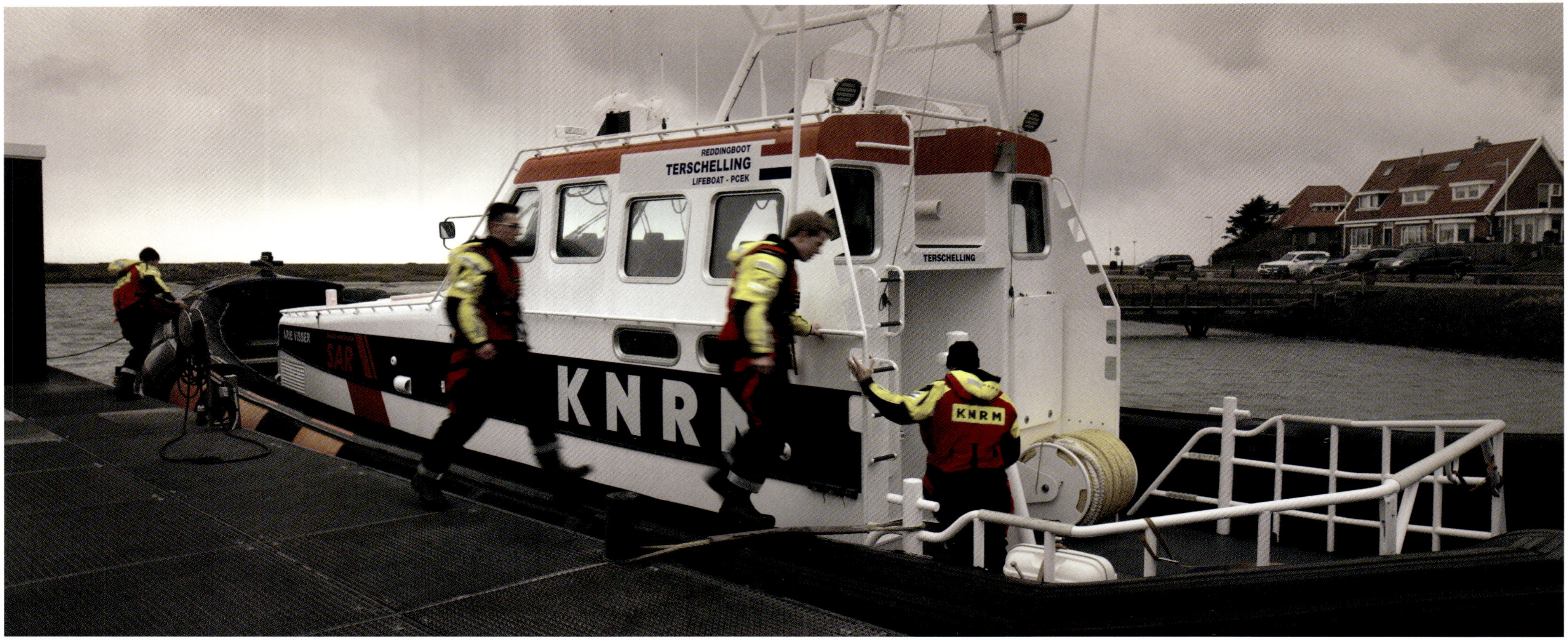
REDDINGBOOT
TERSCHELLING
LIFEBOAT - PCEK
TERSCHELLING
SAR
KNRM
KNRM

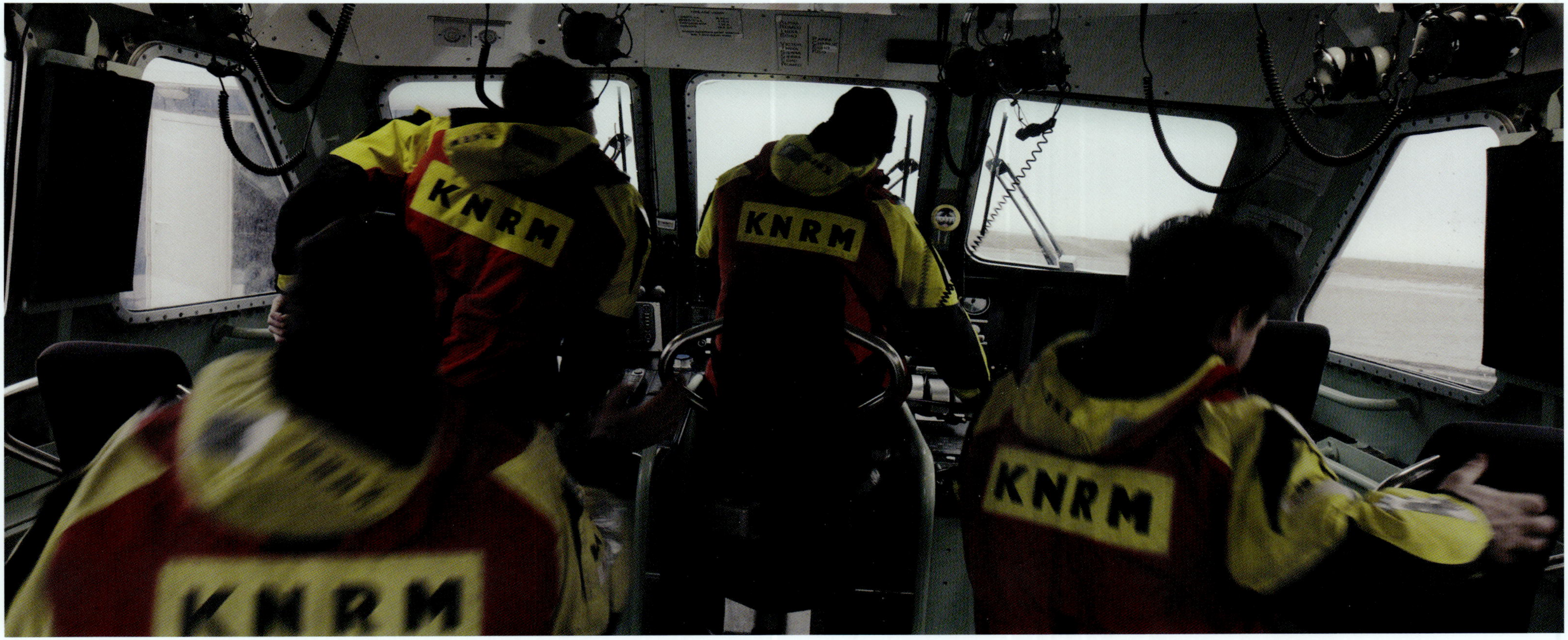
KNRM
KNRM
KNRM
KNRM

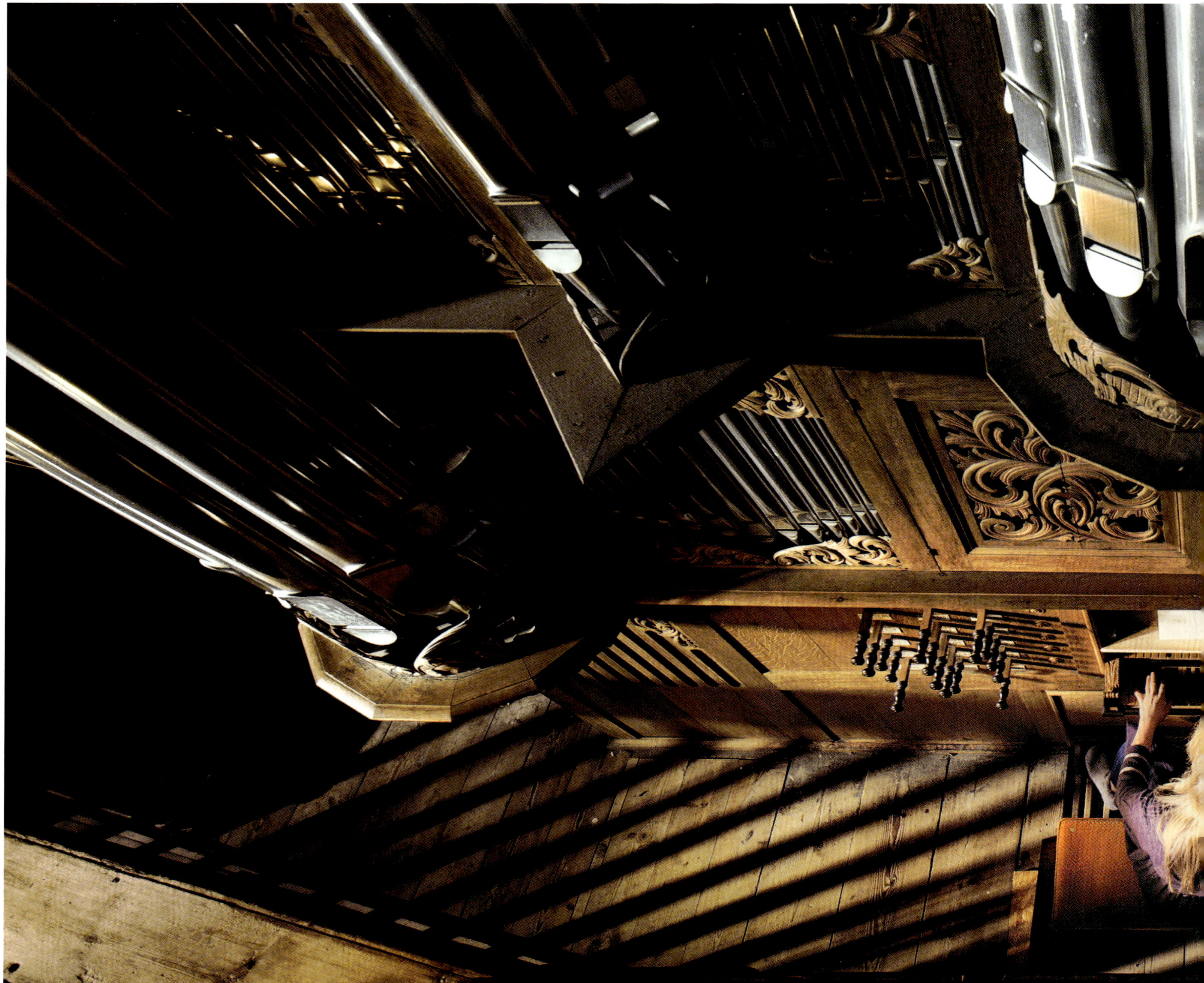

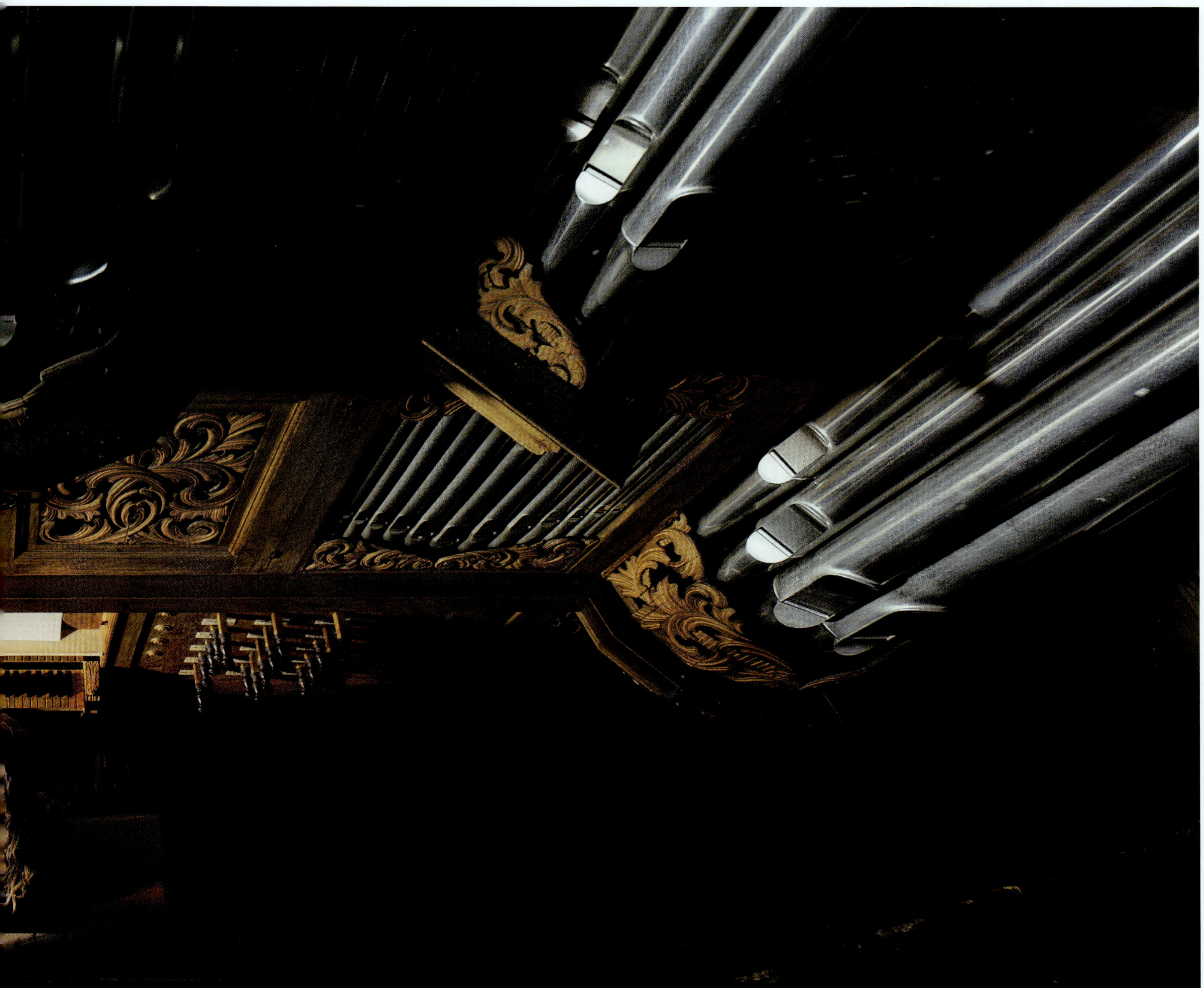

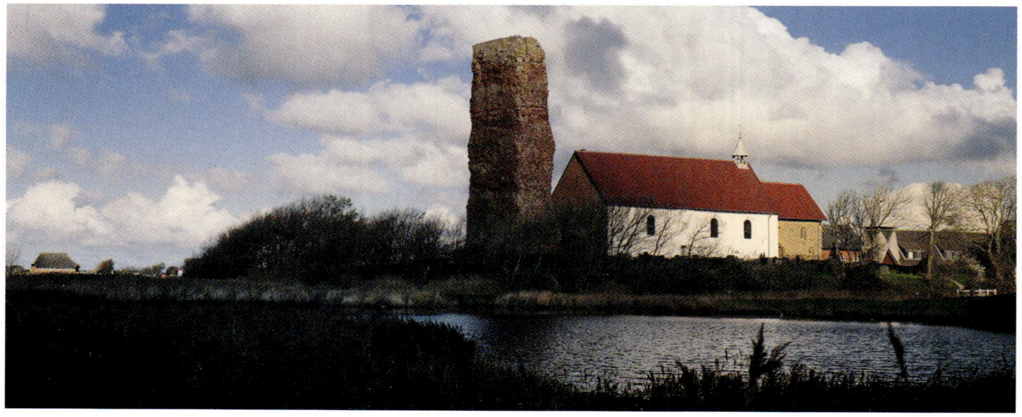

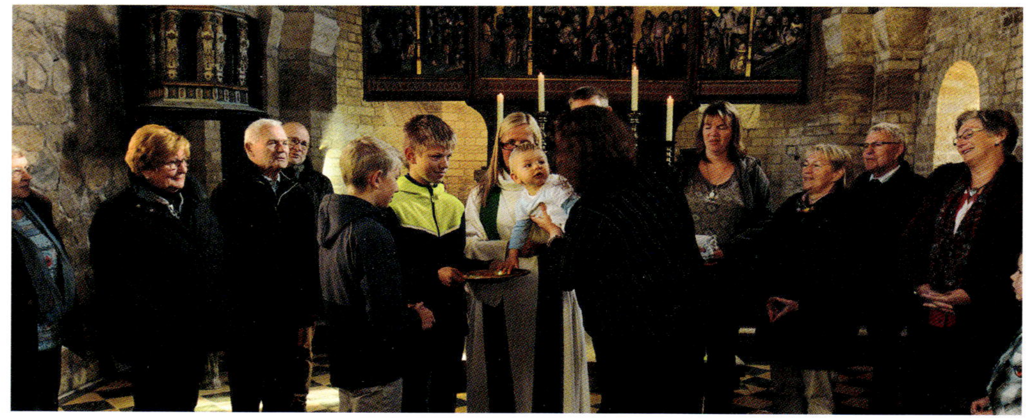

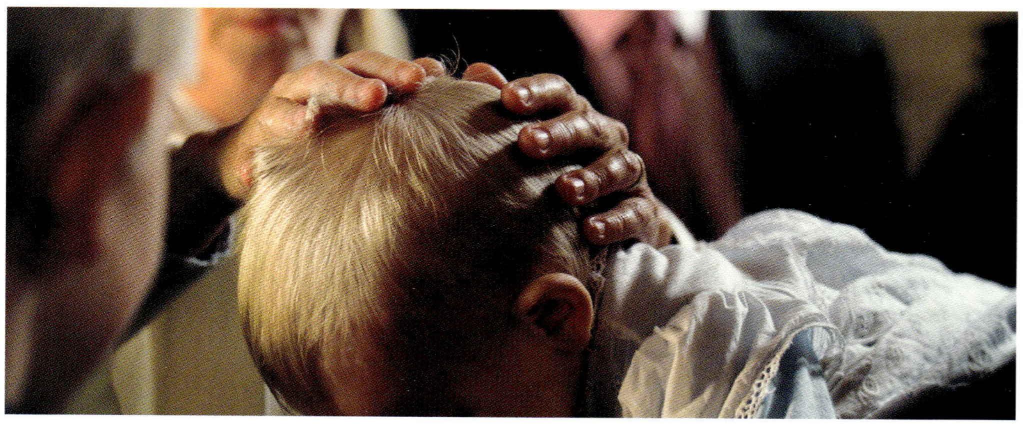

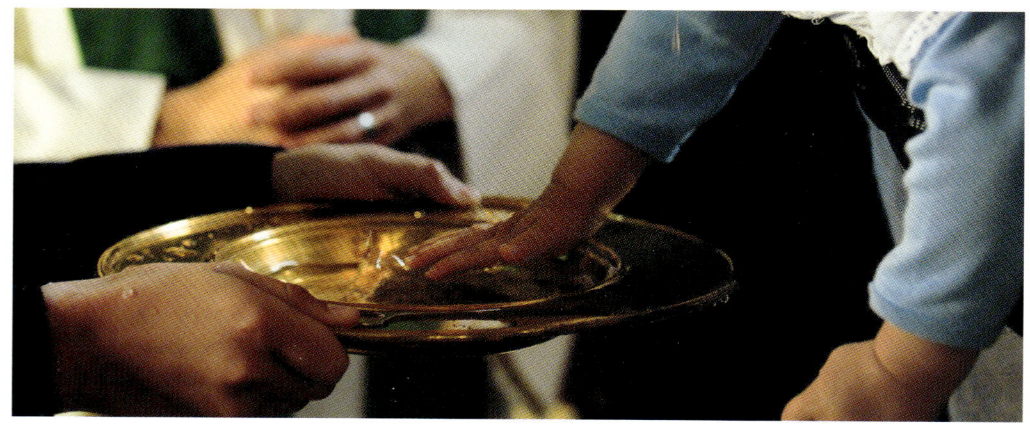

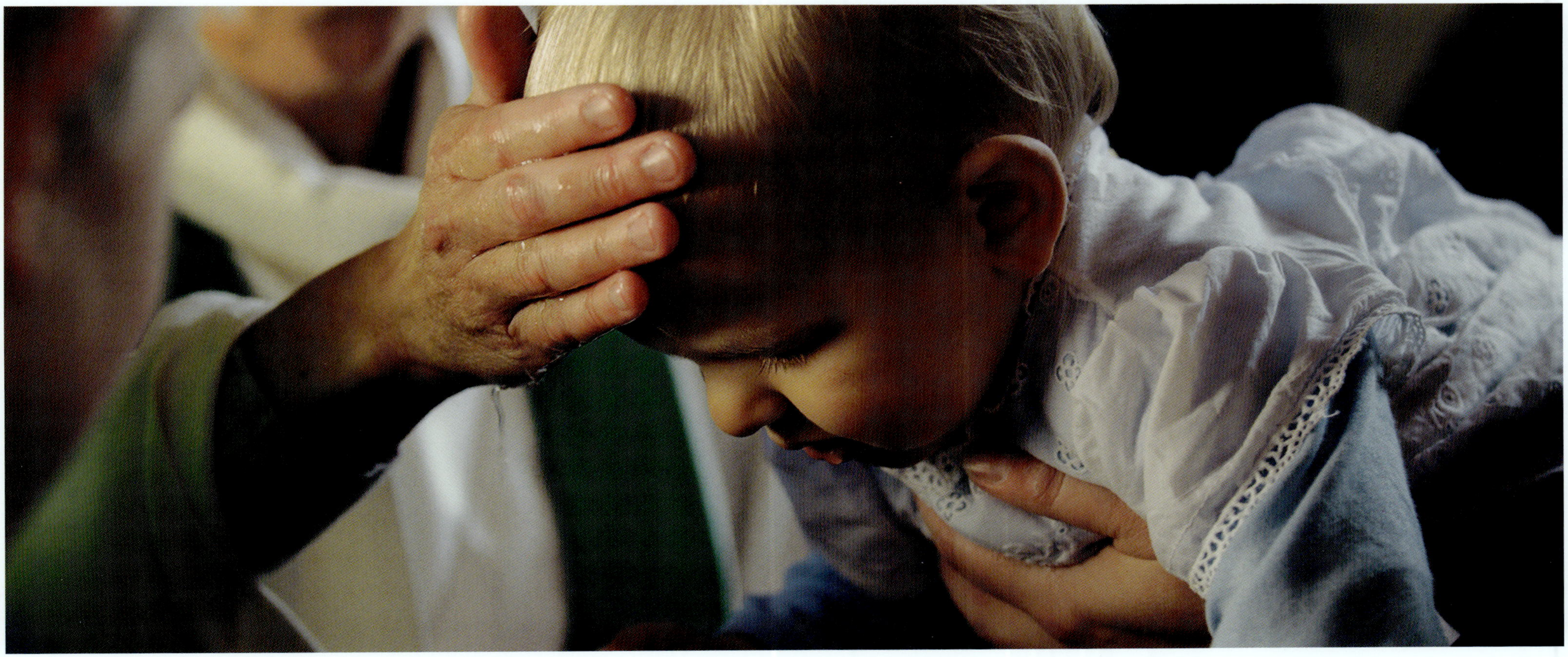

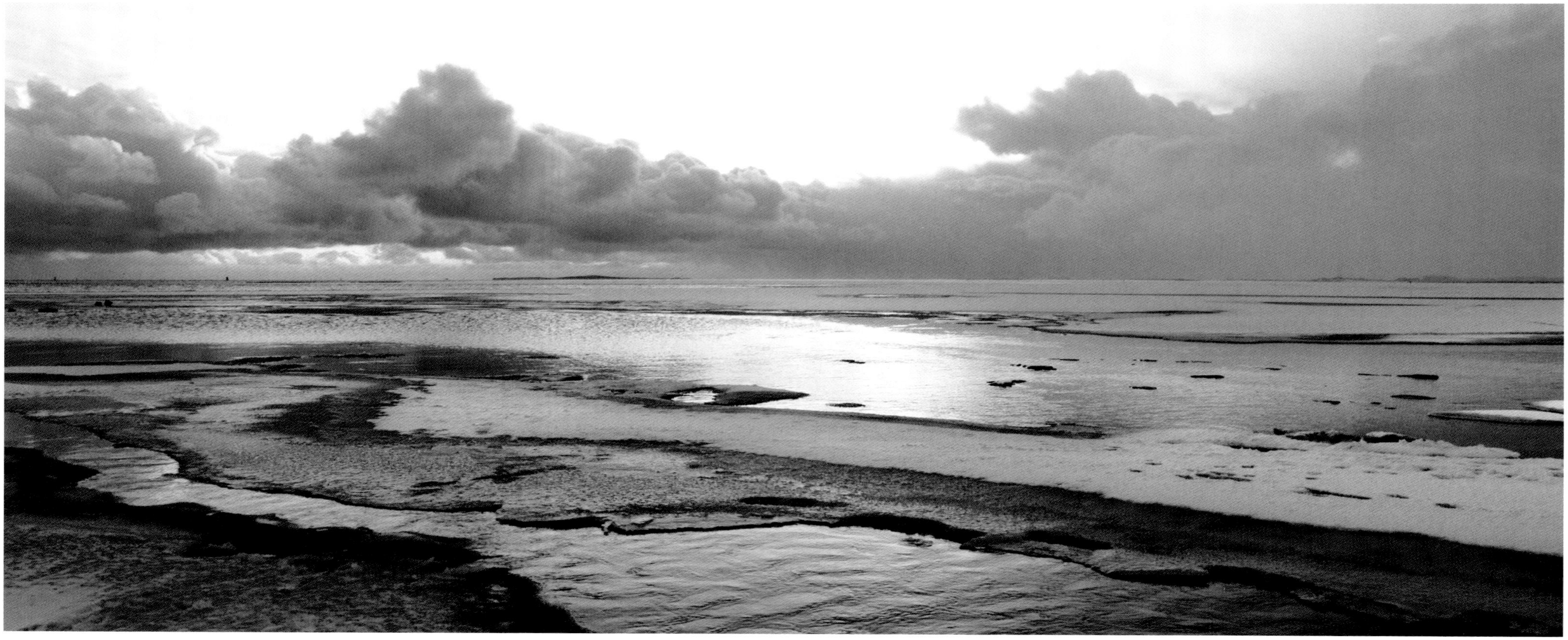

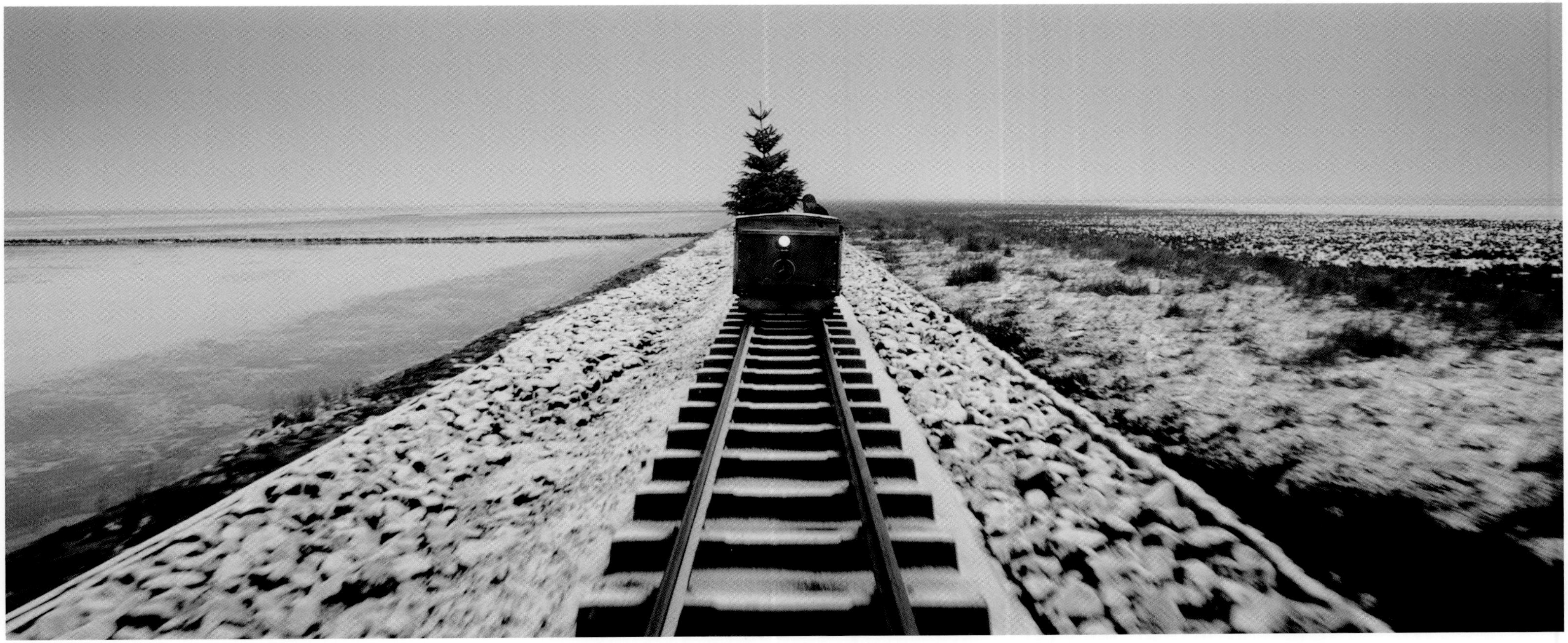

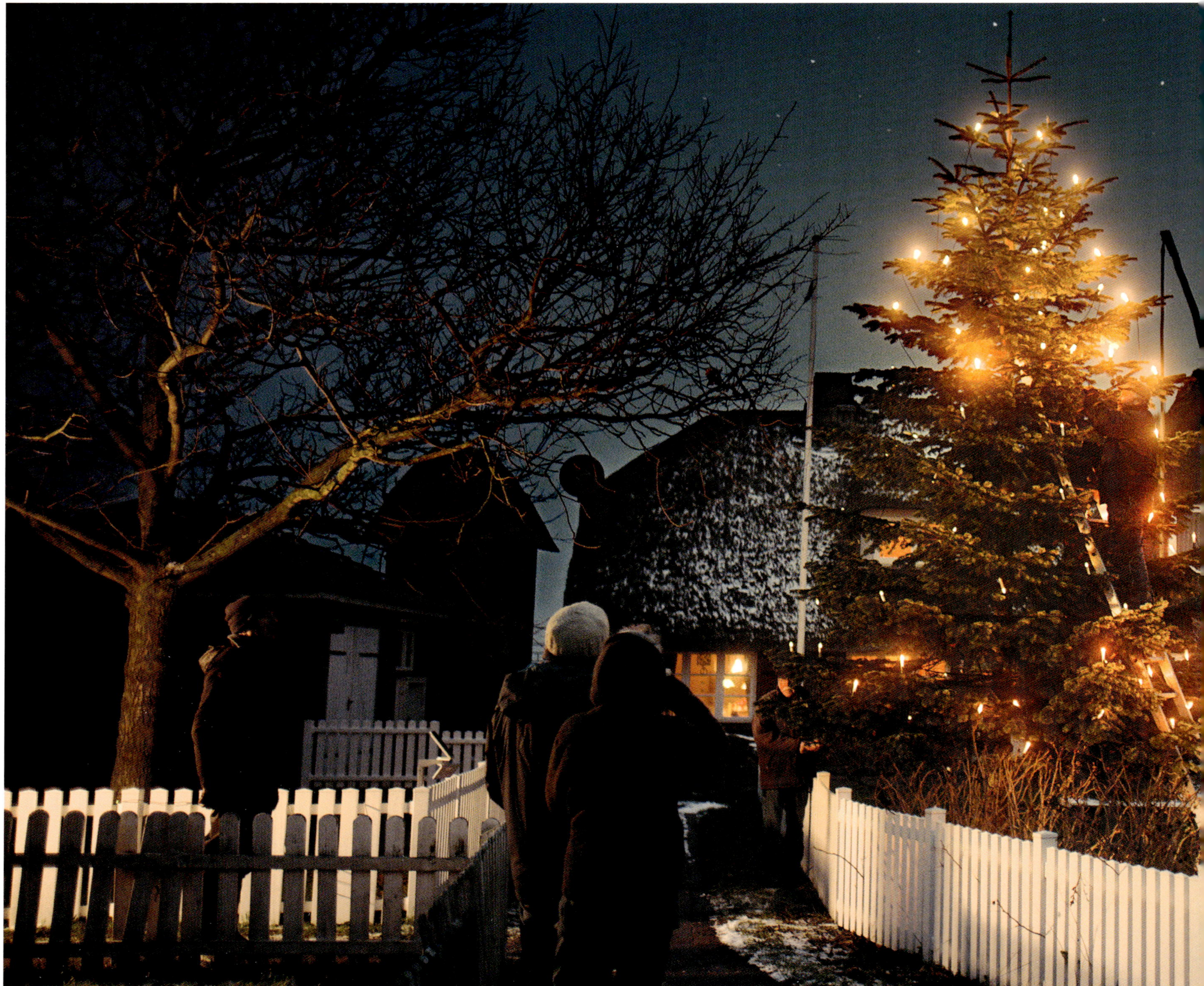

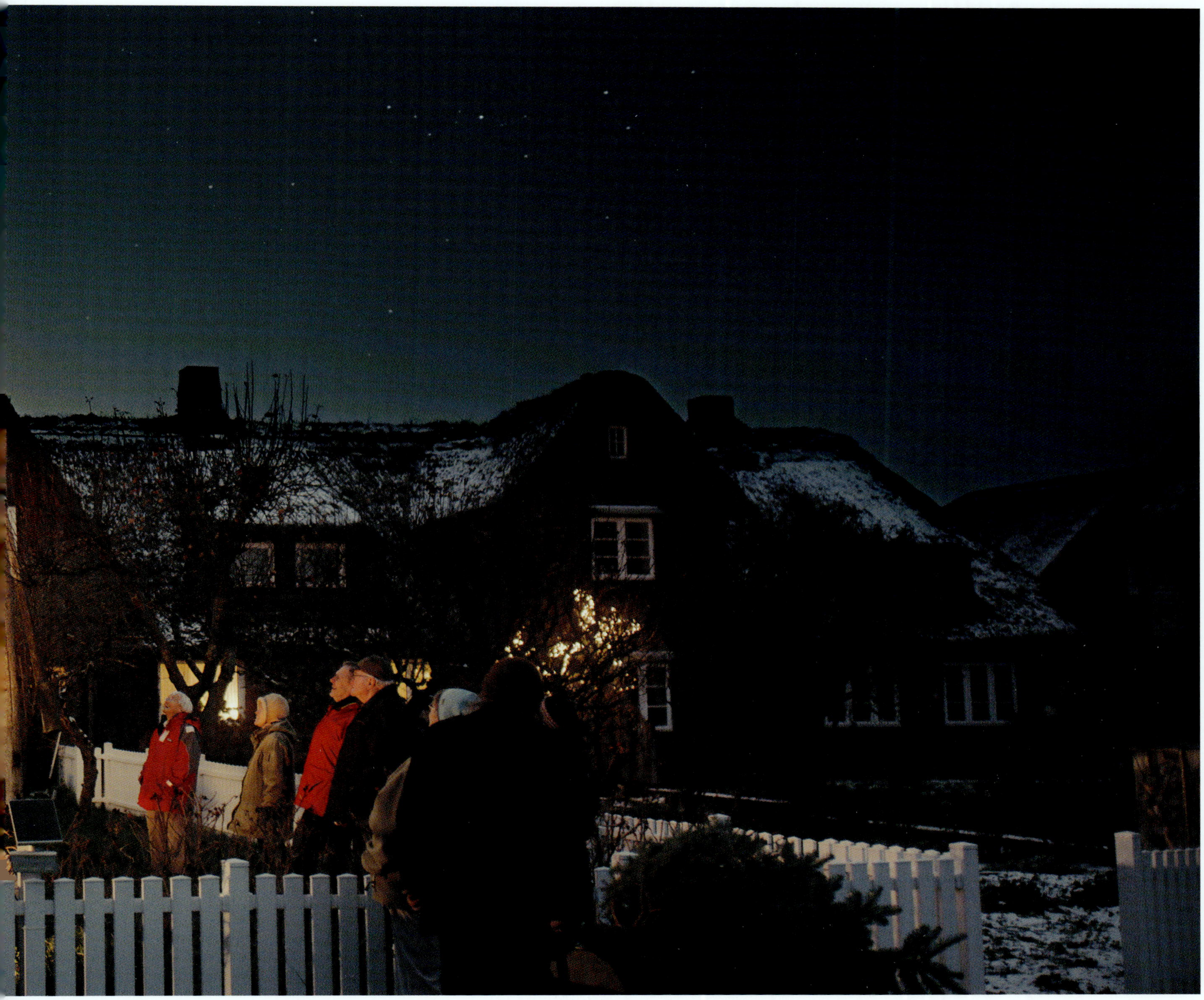

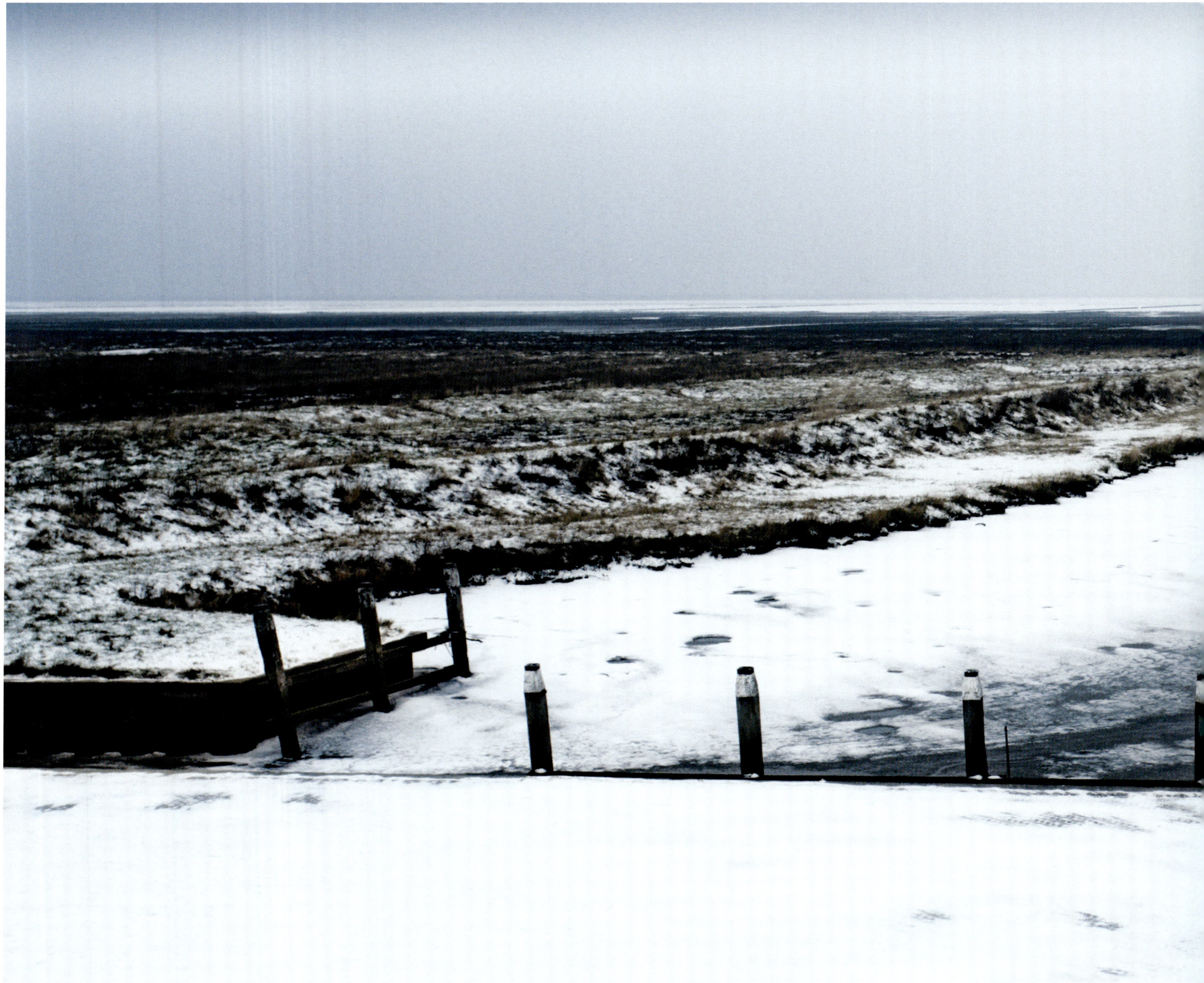

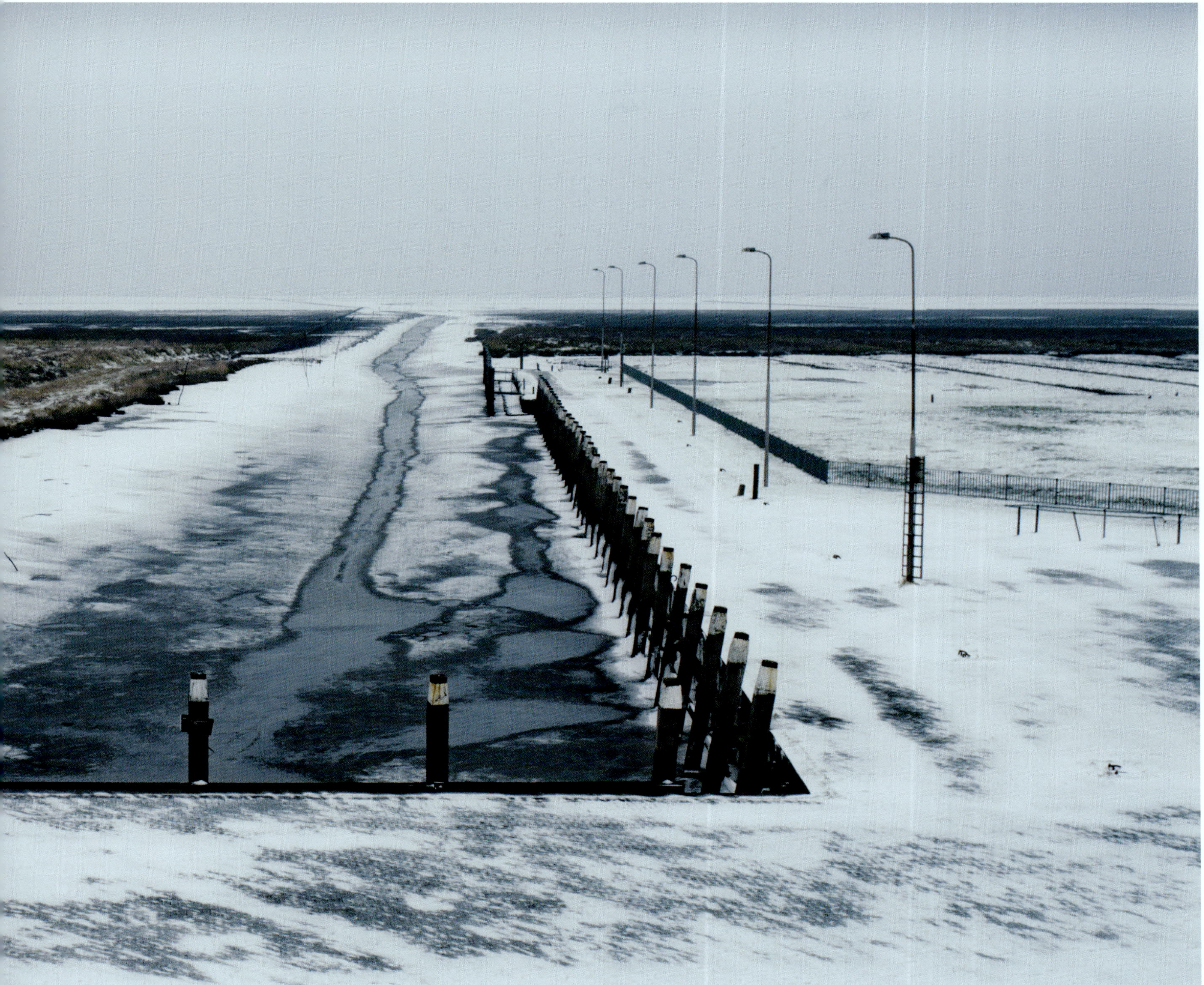

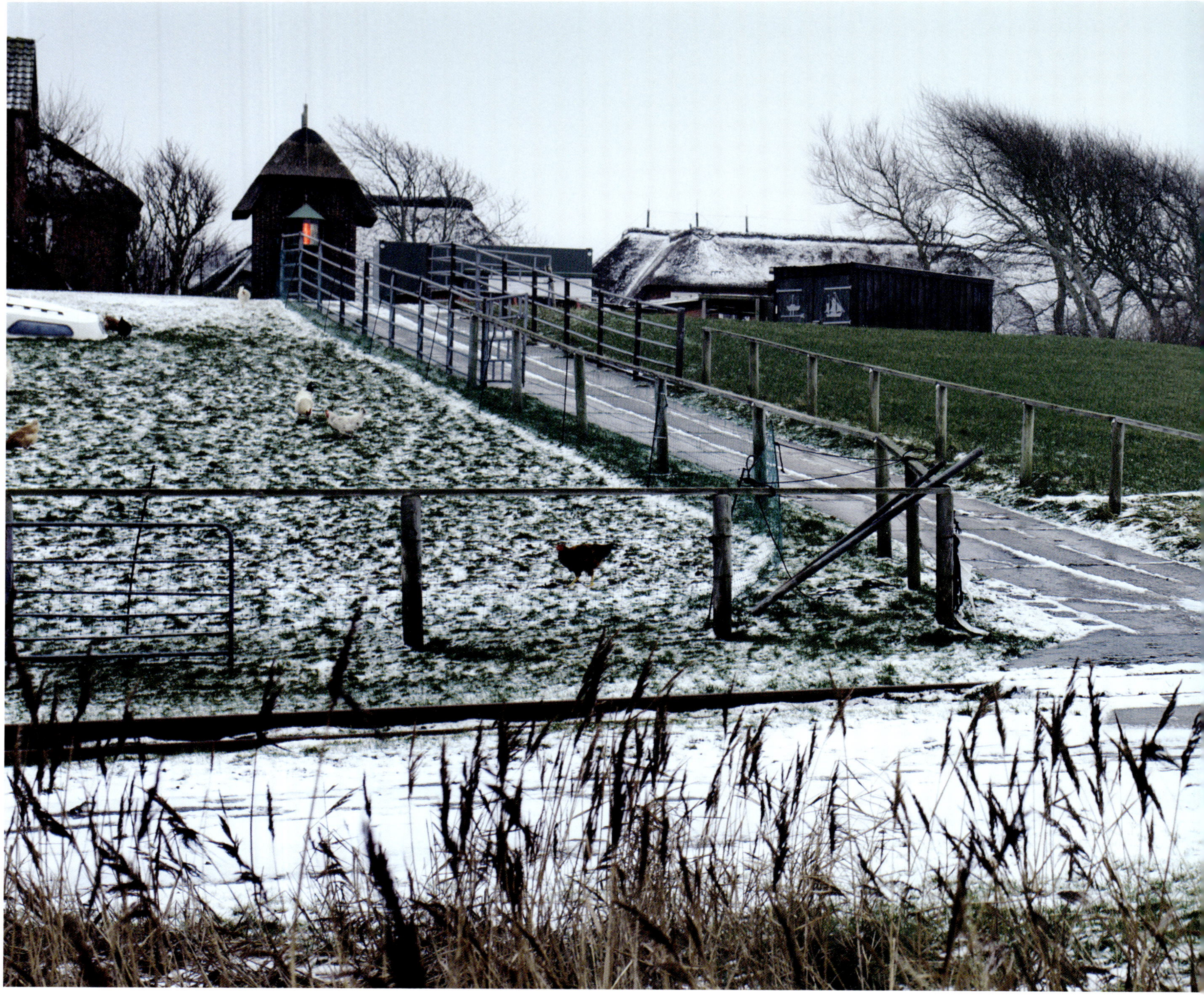

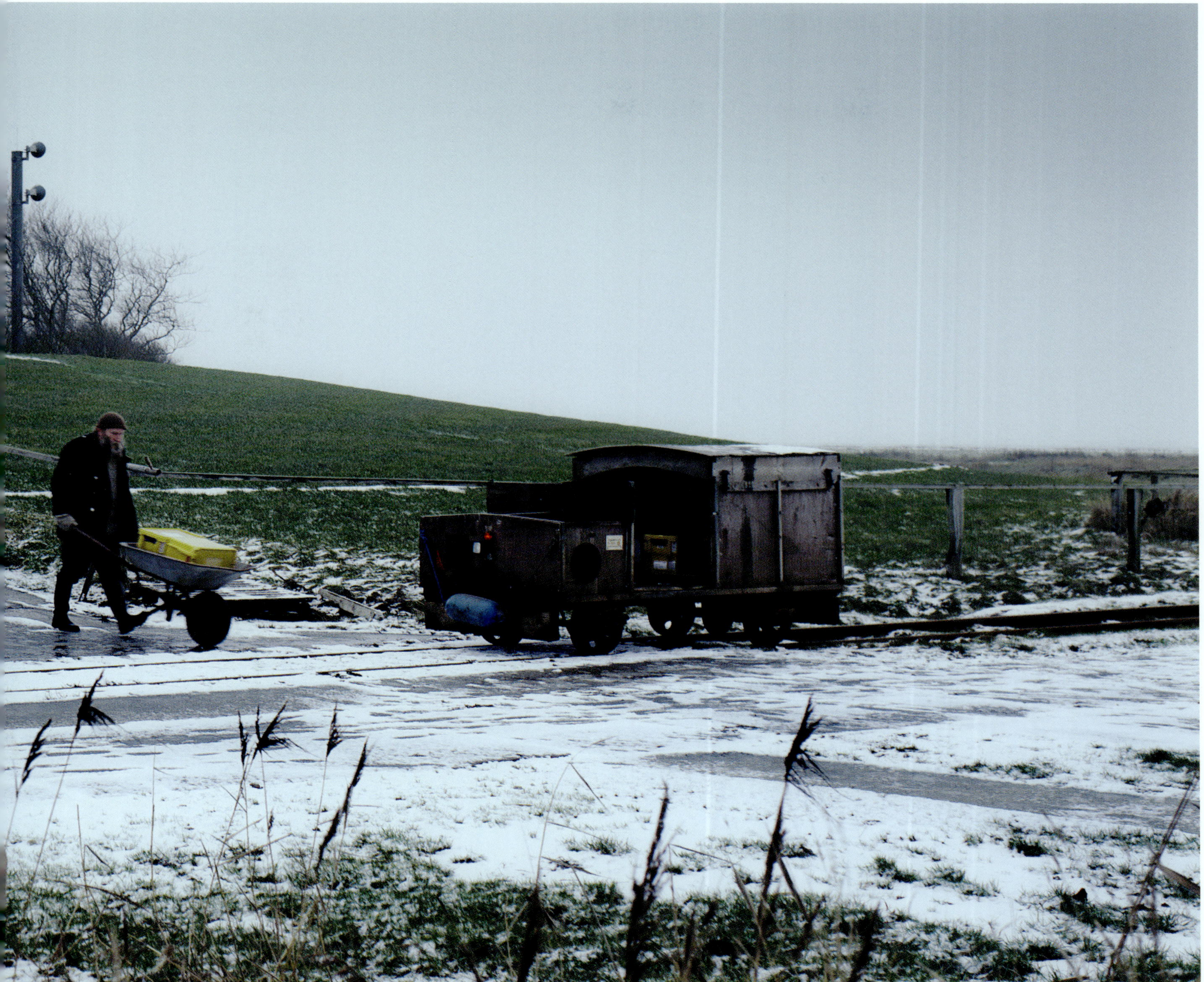

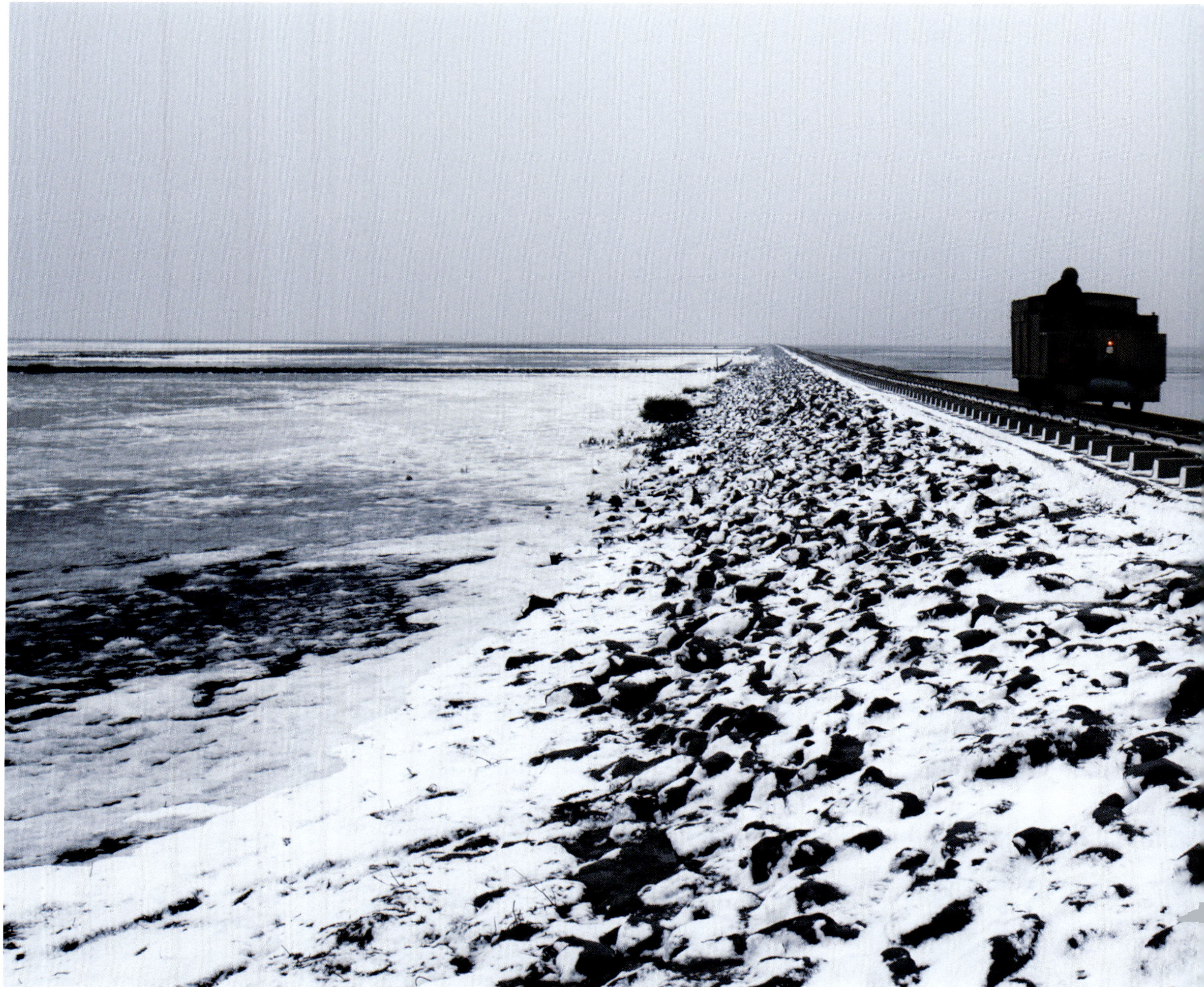

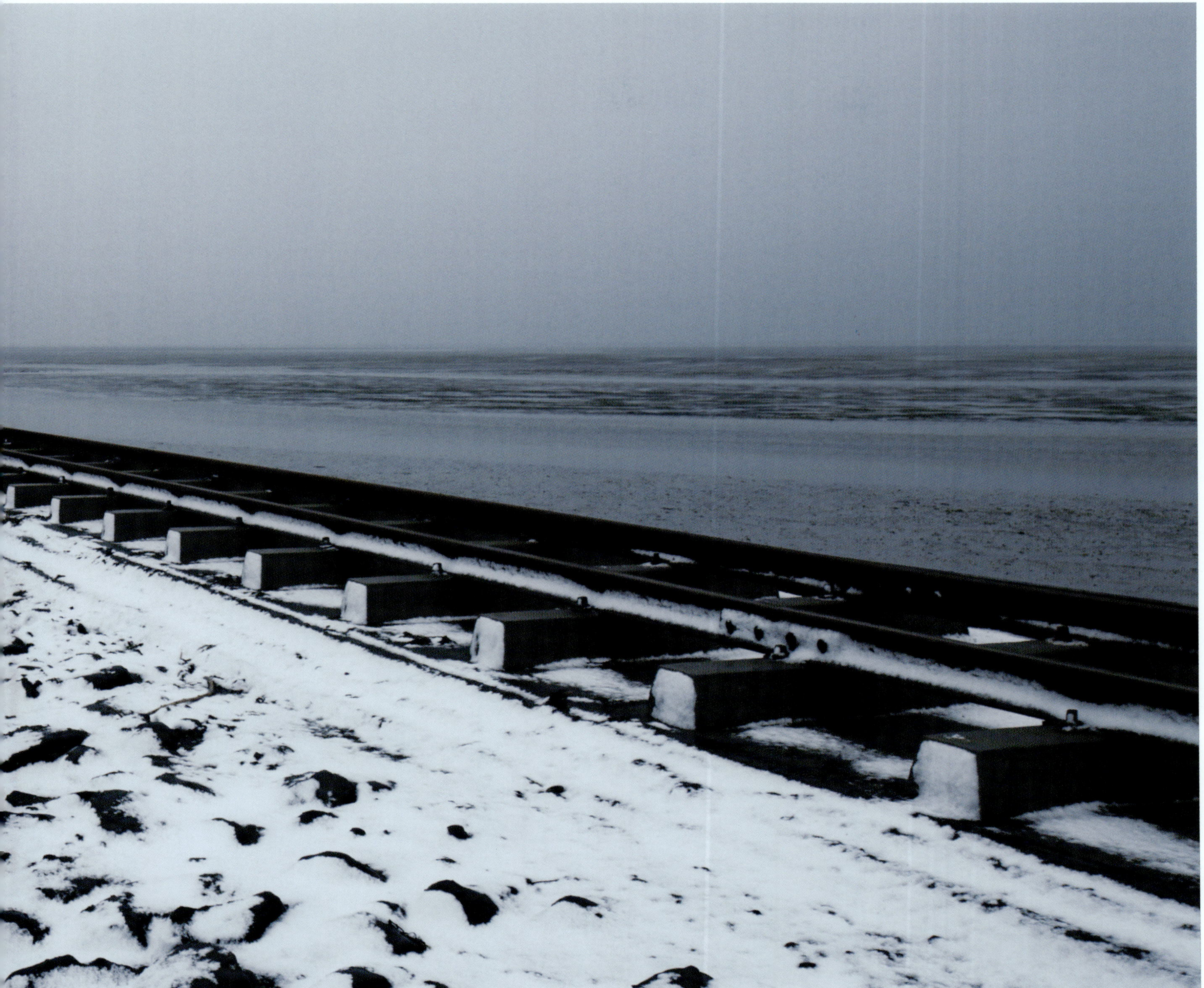

**CHARACTERS**

POSTMAN .......... Johann (Hanni) Petersen
ORGANIST .......... Birgit Wildeman
NAVIGATION POLE SETTERS .......... Pieter Visser
.......... Alex Pizzorni
.......... Mikahil Isenia
VESSEL TRAFFIC OPERATOR .......... Jan van Rees
PASTOR PELLWORM .......... Alexandra Hector
SHEEP FARMER .......... Jan-Willem Bakker
LIGHTHOUSE KEEPER PELLWORM .... Jorgen Nommensen
COCKLE FISHERMAN .......... Bote Teerling
.......... Freek Töpfer
RESEARCHER RED KNOTS .......... Eva Kok
.......... Job ten Horn
RED KNOT 41 .......... Paula
F-16 PILOT .......... Major Ralf 'Lucky' Lukkien
NIOZ FIELD RESEARCHERS .......... Sander Holthuijsen
.......... Lotte Niemeijer
NIOZ LAB RESEARCHER .......... Bianka Rasch
FANFARE .......... Muziekvereniging D.E.K.
TRACTOR DRIVER .......... Anton Bakker
KIDS WADERS .......... Gymnasium Felisenum
YOGA TEACHER .......... Ezra Goudzwaard
OYSTER FISHER & COOK .......... Werner Zuurman
BIRD RINGERS .......... Angelica Kühn
.......... Maria Schiffler
SHEEP SHEARERS .......... Gary & Daniël

**CREW**

DIRECTOR .......... Pieter-Rim de Kroon
DIRECTOR OF PHOTOGRAPHY .......... Dick Harrewijn
SCREENPLAY .......... Pieter-Rim de Kroon
.......... Michiel Beishuizen
PRODUCER .......... Annemiek van der Hell
LINE PRODUCER .......... Reinette van de Stadt
RESEARCH & SCRIPT ADVICE .......... Kees Colenbrander
SOUND RECORDING .......... Victor Dekker
EDITOR .......... Erik Disselhoff,
NCE RE-RECORDING MIXER & SUPERVISING SOUND ..........
.......... Danny van Spreuwel
DATA MANAGING .......... Govard-Jan de Jong
1ST CAMERA ASSISTANT .......... Jeffrey van Houten
.......... Amrit Khalsa
.......... Hans den Hartog
SCRIPT COACH .......... Niek Koppen
PRODUCTION GERMANY & DENMARK .. Kees Colenbrander
PRODUCTION ASSISTANT .......... Elize Kerseboom
ADDITIONAL RESEARCH .......... Wytzia Soetenhorst
.......... Hans den Hartog
SECOND UNIT CAMERA .......... Pieter-Rim de Kroon
SECOND UNIT WILDLIFE CAMERA .......... Marc Plomp
.......... Jeffrey van Houten
UNDERWATER CAMERA .......... Peter van Rodijnen
.......... Klaudie Bartelink
ADDITIONAL CAMERA .......... Jorne Tielemans
GAFFER .......... Erno Das
BEST BOY .......... Wilko van Oosterhout
.......... Robert Groendijk
GRIP .......... Bjorn Schumacher
COORDINATOR LORE RAILROAD .......... Frank Kühn
RIGGING CONSTRUCTION F-16 .......... Vocas Systems
.......... Bas Ladru
CAMERA RENTAL HET RAAM .......... Edwin Verstegen
.......... Damar Jansse
EQUIPMENT VOCAS .......... Ruud Dobber
.......... Andre Kan
.......... Joop Verlinden
EQUIPMENT SONY NETHERLANDS .......... Menno Brouwer
.......... Ian Lopez
EQUIPMENT FOTO VIDEO RETAIL .......... Sraar van Rens
.......... Vaans Ruijten
LENSES SIGMA BENELUX .......... Jan-Willem Verschuuren
.......... Eveline de Wilde
.......... Jasper Bronkhorst
CLOTHING CREW .......... Vriezz Trading
.......... John de Vries
.......... Mike Holtkamp
CASES NANUK .......... Herman Vaszlovszky
EQUIPMENT MAINTENANCE .......... Edwin Schouten
MARITIME TRAINING CREW .......... Get Wet Maritiem
PRINTWORK .......... Hans Tijssen
STORYBOARDS .......... Edu Kisman
PLANETARY SCIENTIST .......... Dr. Maarten Roos
TITLE & POSTER DESIGN .......... Sander Brouwer
3D VISUAL EFFECTS .......... Mirage3D
COPY WRITER .......... Tiffany Davenport
IMAGE POST PRODUCTION STUDIO .......... De Grot
GRADING .......... Joppo in de Grot
COMPOSITING/VFX .......... Robin Hancock
ONLINE EDITOR DE GROT .......... Nino Oosterwijk,
.......... Erik van den Heuvel
INHOUSE PRODUCER DE GROT .. Vera Allertz, Arjan Eekels
OFFICE MANAGER DE GROT .......... Ilse te Veldhuis
AUDIO POST PRODUCTION STUDIO .......... Posta Amsterdam
SOUND DESIGN FX .......... Lawrence Horne
ASSISTANT SOUND FX EDITOR .......... Andrea de Jonge
ADR RECORDIST .......... Max van den Oever
FOLEY ARTIST .......... Julien Naudin
FOLEY RECORDIST .......... Patrick Ghislain
DOLBY CONSULTANT .......... Pavel Stverak
INHOUSE PRODUCTION POSTA AMSTERDAM ..........
.......... Christan Muiser
.......... Chaja Koe
.......... Naomi Polhaupessy
BIRD SOUNDS .......... Henk Meeuwsen
PR & MARKETING .......... Buro Jam
.......... Aafke van der Lippe
.......... Jacqueline Heemskerk
.......... Marcel van der Zee
.......... Hannah Swart
ADMINISTRATION OFFICE .......... Kop of Munt
CASHFLOW .......... On Set Finance
.......... Ronald Hoogenbos
.......... Jordi den Ouden
FINANCIAL CONTROLLER .......... Frank Klein
INSURANCE .......... We Insure
.......... André Schomakers
.......... Shelly Schomakers
DISTRIBUTION .......... Windmill Film Distribution
.......... Wallie Pollé

**WITH THE SUPPORT OF**

Boys with feathers .......... Hero, Bart en Kris
Beach Kids .......... Evi, Ben, Ilona, Stijn, Figo, Antine
Baptized Melf Mommsen ..........
Yogi's .......... Cathy van Nes, Doortje Swart,
.......... Eva Christina van Beek,
.......... Henrieke van Midwoud, Niki Bunnik,
........ Saskia Nadort, Tineke van Dieren, Wubby Luyendijk
All the pupils from Gymnasium Felisenum ..........
.......... Marcel Kemper, Femke Ouwehand
Fanfare D.E.K. .......... Piet Lap
Landbouwhistorie Texel ..........
Museum 't Behouden Huys .......... Richard van der Veen

**ROYAL NETHERLANDS AIR FORCE**

Lieutenant-General Mario Verbeek (former Deputy Commander RNLAF), currently commander (General-Major) of Defensie ..........
Lieutenant-colonel Sidney Plankman ..........
Lieutenant General Dennis Luyt ..........
Major 'T.J.' Adrichem ..........
Lieutenant Elida Abma ..........
Sergeant Major Harrie Mons ..........
Lieutenant Jayme Tol ..........
Major Cynthia Bakker ..........
Sergeant Maud, Sergeant Willem, Sergeant Sven, ..........
Sergeant Niels, Lieutenant Justin, Lieutenant Dylan, .....
Lieutenant Robert, Lieutenant Bas ..........

**DE VLIEHORS RANGE**

Captain Bas Grondhuis, Mr. Michel Nauta, ..........
Mr. Pieter Bruinink, Sergeant René Bijma, ..........
Major Rob Duran, Mr. Jan Stuivenga ..........

**CAMERAPOD F-16**
**By courtesy of the Royal Danish Air Force**

**NETHERLANDS MARINE CORPS**

**ROYAL NETHERLANDS NAVY**

**HNLMS Johan de Witt**

**THE NATIONAL MARITIME MUSEUM, AMSTERDAM**

**ROYAL NETHERLANDS INSTITUTE FOR SEA RESEARCH (NIOZ)**

Dr. Ir. Henk van der Veer ..........
.......... Head of Scientific Department
Professor Katja Philippart .......... Senior scientist
.......... Coastal Systems
André Dijkstra, Anne Dekinga, Dennis Mosk, Erno Vriens,
Henk Brinkhuis, Henriette De Waal, Jeroen Kooijman, .....
Lotte Sanders, Luc de Monte, Margaux Tjoeng, Mijke van 't Hull, Moor de Waal, Pascalle Jacobs, Timme Koumans,
Youk Greeve ..........

**MINISTRY OF INFRASTRUCTURE AND WATER MANAGEMENT (RWS)**

Ilze Rokven, Tony 't Mannetje, Henk Middendorp, ..........
Henk Bruinsma, Peter van der Linden, Tom Burrie, ..........
Peter van Suijlekom, Peter Westerberg, Bert de Boer ......

**ROYAL DUTCH RESCUE COMPANY FOUNDATION (KNRM)**

Kees Brinkman, Jan van Rees, Lieneke de Kroon, ..........
Dick Veen, John Geel, Jan Kooistra ..........

**NAUTICAL SUPPORT**
**Waddenunit**

Arjen Dijkstra, Bert Meerstra, Chris Veenstra, ..........
Eelke Sybren Dijkstra, Freek Jan de Wal, ..........

Geert Hoogerduin, Jan Kostwinner, Nico Laros, ...............
Theo Malsen ..............................................................................

**Clipper Najade**

Hans Vlasbloem, Janet Frieling, Derk Velvis, ....................
Erwin Lucas, Wilfred Visser ................................................

**Senta**

Jan Christiaansen, Rens Christiaansen ............................

**Navicula NIOZ**

Klaas Jan Daalder, Hein de Vries, Bram Fey .......................

**NATUURMONUMENTEN**

Jan-Willem Zwart, Erik Jansen, Sanne van Gemerden, .....
Hanneke Wijnja, Eric Menkveld ...........................................

**STAATSBOSBEHEER**

Anne-Gerben Zorgdrager, Annelies van der Groot, ...........
Bertwin Bergman, Carl Zuhorn, Harry Horn, .......................
Jaap Kloosterhuis, Jan Ellens, Jasper Schut, ....................
Joeri Lamers, Joke Bijl, Mariska Bos, Marjan Veenendaal,
Remi Hougee, Saskia Smit-Vis, Sonja Vrijenhoek, ............
Tamara Bok ...........................................................................

**ADVICE**

André van der Meulen, Arie Baas, Bart Ebbinge, Bob Loos,
Chris Braat, Demian Leendertse, Doortje Dallmeijer, .......
Frank Oosterhoff, Ferk de Kroon, Hanneke Dallmeijer, .....
Harry Smit, Harry Veenstra, Helene Delachaux, ...............
Jan Huneman, Jan Veen, Jelle van Doornik, .......................
Jeroen Visser, Liesbeth Schippers, Marc van der Aa, .......
Monica Boekholt, Oene de Jong, .........................................
Peter Veen, Professor Ursula Siebert, ................................
Professor Victor de Jonge, Raymond Kamstra, ................
Rimke de Kroon, Rob Strietman, Rob de Wind, ...................
Stefan Kuiper, Tjeerd Visser, ...............................................
Wietske Harrewijn-Veenstra, Willem van Duin, ................
Willemiek Kluijfhout .............................................................

**BIRD SOUNDS**

Joost van Bruggen, Jos Korenromp, Patrik Åberg, ..........
Peter Boesman, Stanislas Wroza, Thijs Fijen ....................

**WITH SPECIAL THANKS TO**

General Dick Berlijn ................ Former Commander of the
.................................................... Netherlands Armed Forces
Richard Deen ....................................... Province of Fryslân
Bruno Ens ................................................................... Sovon
Manon Tentij ......................................... Vogelbescherming
Benny and Elisa Thomsen ................ Event Makers Mandø
Belinda Kater ........................................................... Arcadis
Christian Wiege and Michael Rathgeber ........ HD-Skycam
Christian Hoogstra, Derk-Jan Nienhuis .............................
.................................... UMCG Ambulancezorg Terschelling
Cirsten Christiansen ........... Owner Pension Peterswarft
Cor Boschma, Isabel van der Star ..... Slachterij Boschma
Ernst, Yvo en Pip ...................... Hotel Prins Hendrik Texel
Geert Vanwesenbeeck, Karel Foré .................. Jan de Nul
Hanna Bakker, Sonja Bakker, Marjon Bakker ... De Waddel
Hary Veenstra ........................... Wadloopcentrum Fryslan
Heike Hinrichsen ............................... Mayor of Langeness
Huub Lacor, Peter Schauwaert, David de Leeuw ..............
................................................................ Roem van Yerseke
John Frikke ..................................... Project Coordinator at
..................................................... Nationalpark Vadehavet
Kai Edlefsen ........... Churchwarden Alte Kirche Pellworm
Karl August Lötzen ..................... Undertaker at Pellworm
Katherina Tilly, Rebecca Stoermer,Michael Janßen, .......
Vincent Ruge, Anna Karapin-Springorum ........ Helgoland
Kenan Irmak ........................... Owner Casa Piccoli Niebüll
Klaus Melbye .... Leader of the Vandehavscentret in Ribe
Lies Hesselman, Maartje Duin ................................. HHNK
Maarten de Waal, Belinda Brugge ...... Hotel de Waal Texel
Momme and Nicole Mommsen .......... Parents of baptized
.................................................................................. son Melf
Onno Gent .................... Ranger Nationalpark Wattenmeer
Ove Nielsen ........ Horse Carriage Driver and Event Maker
Richard van der Vis ................................................ Texel 21
Roelf Hovinga ......................... Landschap Noord-Holland
Svend Tougaard ...Coordinator Danish Wadden Sea Group
Wim van der Meer, Kees de Lange ......................................
................................ Westcord Hotel Schylge Terschelling
Debby Oppelaar .............. Personal trainer to the director

**World Heritage Wadden Sea**

Sjon de Haan

**Visit Wadden**

Karina Pool, Kees Terwisscha, Mark van den Anker,
Marlies Groot, Martin Cnossen, Roger Davids

**Waddenvereniging**

Professor Hans Revier, Jojanneke Drijver,
Baukje Venema

**Common Wadden Sea Secretariat**

Annika Bostelmann, Bernard Baerends, Harald Marencic

**Committee Netherlands Film Fund**

Anja Cloosterman, Digna Sinke, Kie Ellens,
Miryam van Lier

Anne Marie Slaikjær, Annemieke van Brummelen,
Annika Bostelmann, Annika Levsen, Arie Baas,
Bart de Haan, Bauke Boomstra,, Bjarne Slaikjær,
Carina Bonnema, Chiel Muller, Claudia Nommensen,
Daan Pootjes, Dennis Kleyn, Egbert Zorgdrager,
Flang Cupido, Gisa Hering, Hannes van de Stadt,
Hanny Wentink, Helly Hanson, Huifkarbedrijf Terpstra,
Irina Petersen, Iris Grob, Jan Beekman, Jan Houter,
Jane Madvig Brøndum, Jens Enemark, Jeroen Nadorp,
Jeroen Verhoef, Jesper Jack, John de Vries,
Judith Majoor, JP van Ruitenbeek, Kazuto Yamaki,
Maarten de Kroon, Machiel van der Heijden,
Marieke Wartena, Marijke Huijbregts, Mark Ho,
Mart Zeilemaker, Martijn Harms, Mindaugas Survila,
Noortje Rap, Ove Jensen, Paul van den Bos,
Peter Hering, Pim Lolinga, Regitze Oppenheim,
Rieuwert Pol, Roel Sandvoort, Robin Sip, Sachtler,
Saskia Boelsums, Stanley Quarré, Stichting
Fauna Visie, Tim Visser, Vogel Informatie
Centrum Texel, Wim van Egmond and
Sam Harrewijn

**THE FILM-SCORE IS COMPOSED AND PERFORMED BY**
**Birgit Wildeman**

Recorded on the Arp-Schnitger-Orgel of the Alte Kirche
St. Salvator of Pellworm

**Organ sound recording by Victor Dekker**

**ADDITIONAL MUSIC**

"Prestige" composed by Peter Riedemann
Performer Fandare D.E.K
"Preludes op.28" composed by
Frederique Francois Chopin
Performed by Ida Cernecka
Sonoton Music GmbH & Co. KG
"Kingston Rock" composed and preformed by
Louis Edwards, Tom Wilson, Andrew Peter Kingslow
Sonoton Music GmbH & Co. KG

**SPONSORS**

........................................................................ Sigma Lenses
........................................................ Sony Camera Systems
........................................................ Vocas Camera Support
............................................................... Rederij Wagenborg
................................................................... Rederij Doeksen

**SILENCE OF THE TIDES WAS SHOT ON SONY CINE ALTA VENICE CAMERA & SIGMA CINE PRIME LENSES**

PRODUCER ............. Windmill Film, Annemiek van der Hell
INTERNATIONAL SALES .................... The Party Film Sales
COPRODUCER ......................... Bildersturm Filmproduktion,
.................................................. Birgit Schulz, Monika Mack
THE NETHERLANDS FILM FUND ......... Doreen Boonekamp,
Maarten Wijdenes, Suzanne van Voorst, Monica Wissing
PRODUCTION INCENTIVE .................................. Corine Vos,
........... George van Breemen, Ilke Vernooij, Ilse Ronteltap
AVROTROS ...................... Jessica Raspe, Syrine Krabman,
................................................................. José Schraauwers
CoBO FUND ...................... Jeanine Hage, Christel Rienks,
....................................... Peter van Beek, Ina van der Spoel
NDR ........................................................ Timo Großpietsch
WDR .......................................... Birgit Keller-Reddemann
WILD AT ART ................................................. Peter Warnier

No animals were harmed in the making of this film

**DOLBY ATMOS**
In selected theatres

www.silenceofthetides.com

In loving memory of Dick Hamhuis,
former director of the Wadden Fund, The Netherlands

Silence of the Tides was supported by the Netherlands Film Fund and the Netherlands Film Production Incentive, in coproduction with AVROTROS and Bildersturm Filmproduktion, with the support of CoBO Fund, Province of Noord-Holland, NDR, WDR and Wild at Art.

# INDEX

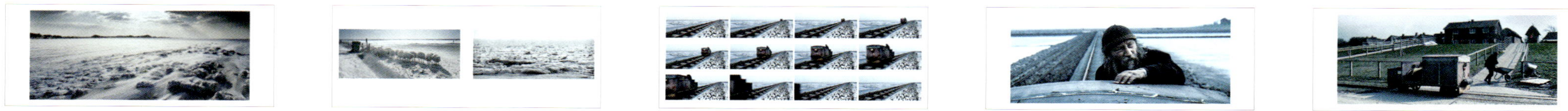



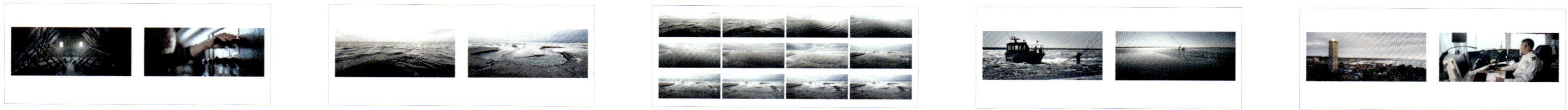



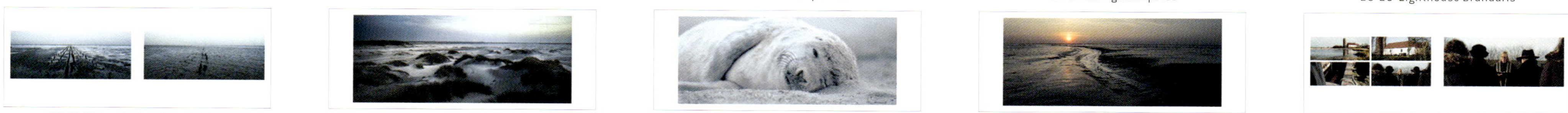



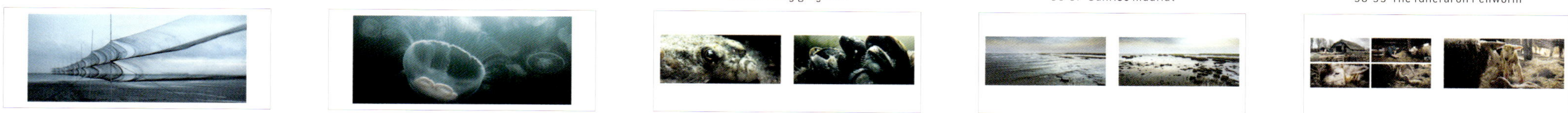



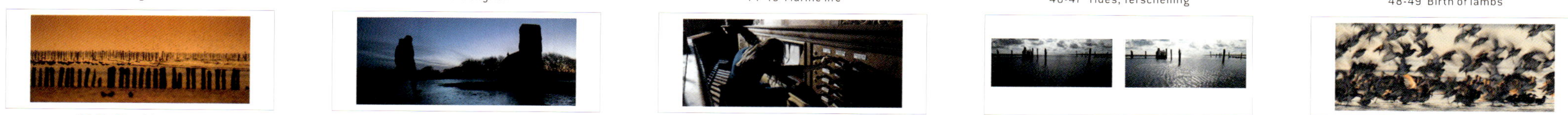



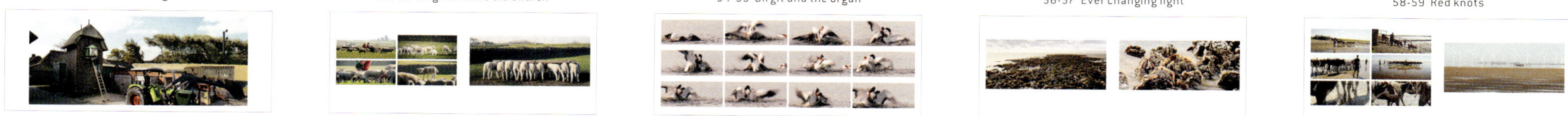



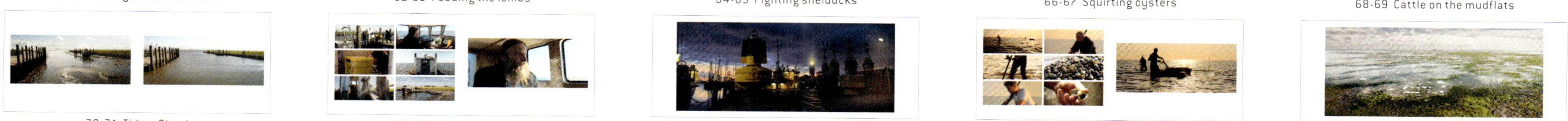



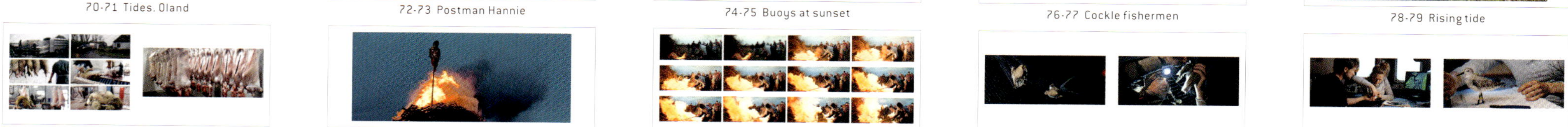



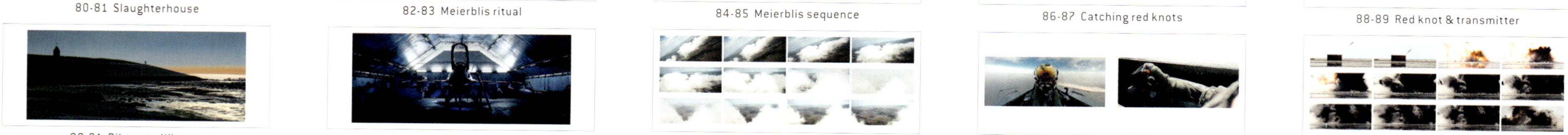

# INDEX

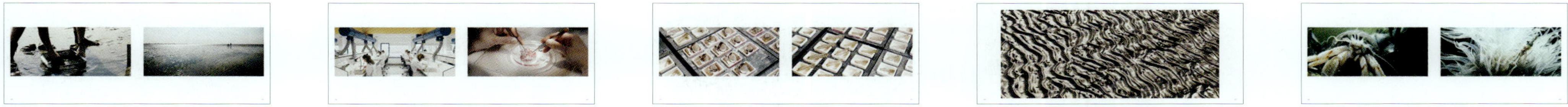



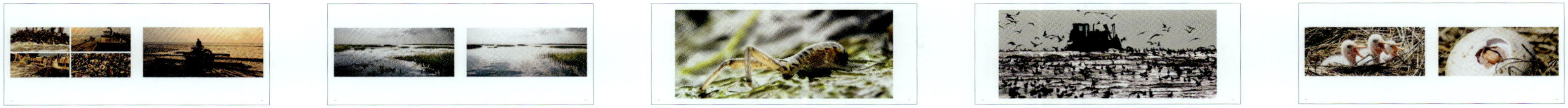



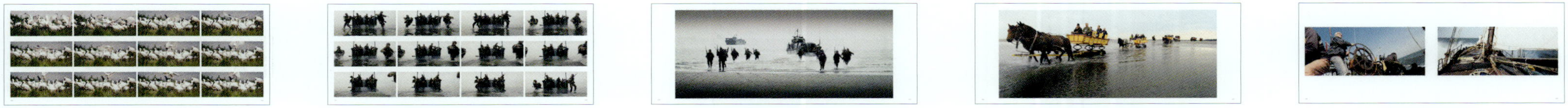



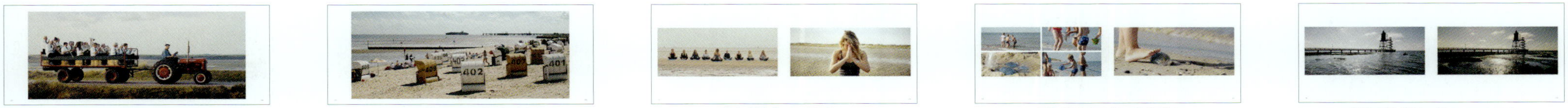



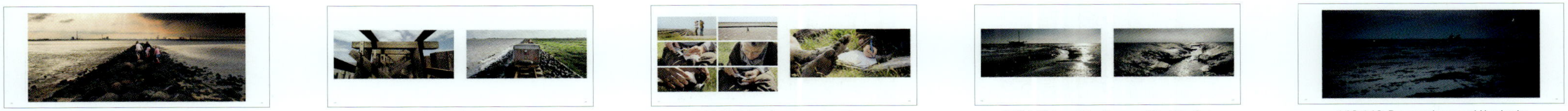



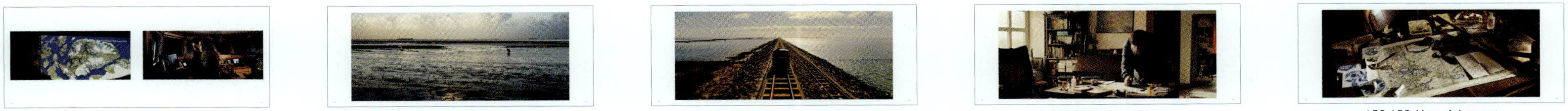



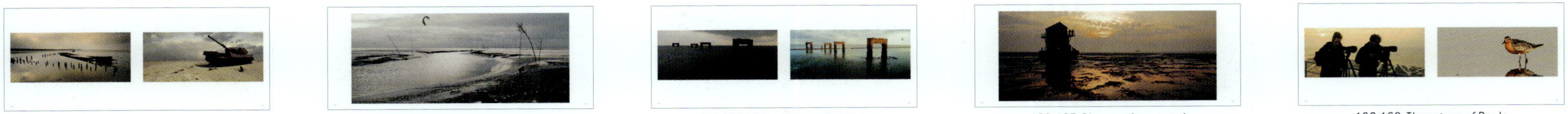



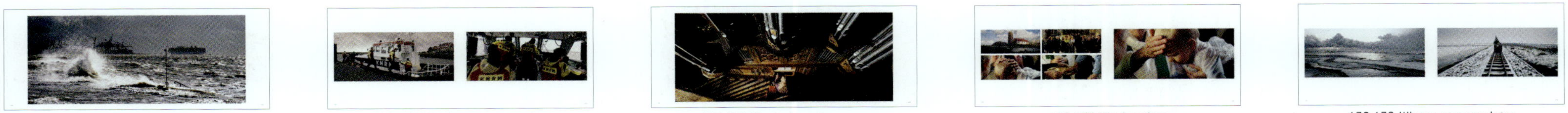



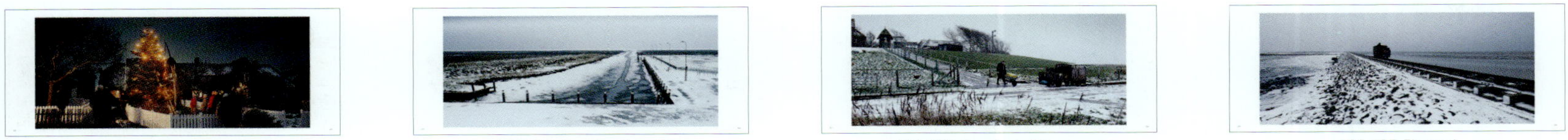

## With the sincere thanks to the contributing partners

take the netherlands

SIGMA CINE LENSES

Kingdom of the Netherlands

Royal Netherlands Institute for Sea Research

PELS RIJCKEN

KNRM

Vocas

SONY

WINDMILLFILM

Pinewood SCANDINAVIAN OUTDOOR LIFE

BILDERSTURM Filmproduktion GmbH

BENRO

the party FILM SALES

DUTCH LIGHT FILMS

REALFICTION